BIBLIOTHÈQUE
DE L'ÉCOLE
DES HAUTES ÉTUDES

PUBLIÉE SOUS LES AUSPICES

DU MINISTÈRE DE L'INSTRUCTION PUBLIQUE

SCIENCES PHILOLOGIQUES ET HISTORIQUES

CINQUANTE-NEUVIÈME FASCICULE

LES ÉTABLISSEMENTS DE ROUEN, PAR A. GIRY

TOME SECOND

PARIS

F. VIEWEG, LIBRAIRE-ÉDITEUR

67, RUE DE RICHELIEU, 67

1885

EN VENTE A LA MÊME LIBRAIRIE

BIBLIOTHÈQUE DE L'ÉCOLE PRATIQUE DES HAUTES ÉTUDES, publiée sous les auspices du Ministère de l'instruction publique. Format in-8° raisin.

1er fascicule : La Stratification du langage, par Max Müller, traduit par L. Havet. — La Chronologie dans la formation des langues indo-germaniques, par G. Curtius, traduit par A. Bergaigne. 4 fr.

2e fascicule : Études sur les Pagi de la Gaule, par A. Longnon. 1re part. : l'Astenois, le Boulonnais et le Ternois, avec 2 cartes. Épuisé.

3e fascicule : Notes critiques sur Colluthus, par Ed. Tournier. 1 fr. 50

4e fascicule : Nouvel Essai sur la formation du pluriel brisé en arabe, par Stanislas Guyard. 2 fr.

5e fascicule : Anciens glossaires romans, corrigés et expliqués par F. Diez. Traduit par A. Bauer. 4 fr. 75

6e fascicule : Des formes de la conjugaison en égyptien antique, en démotique et en copte, par G. Maspero, membre de l'Institut. 10 fr.

7e fascicule : La vie de Saint Alexis, textes des xie, xiie, xiiie et xive siècles, publiés par G. Paris, membre de l'Institut, et L. Pannier. Épuisé.

8e fascicule : Études critiques sur les sources de l'histoire mérovingienne, par Gabriel Monod, et par les membres de la Conférence d'histoire. 6 fr.

9e fascicule : Le Bhâmini-Vilâsa, texte sanscrit, publié avec une traduction et des notes par Abel Bergaigne. 8 fr.

10e fascicule : Exercices critiques de la Conférence de philologie grecque, recueillis et rédigés par E. Tournier. 10 fr.

11e fascicule : Études sur les Pagi de la Gaule, par A. Longnon. 2e partie : les Pagi du diocèse de Reims, avec 4 cartes. 7 fr. 50

12e fascicule : Du genre épistolaire chez les anciens Égyptiens de l'époque pharaonique, par G. Maspero, membre de l'Institut. 10 fr.

13e fascicule : La Procédure de la Lex Salica. Étude sur le droit Frank (la fidejussio dans la législation Franke ; — les Sacebarons ; — la glosse malbergique), travaux de M. R. Sohm, professeur à l'Université de Strasbourg. Traduit par M. Thévenin. 7 fr.

14e fascicule : Itinéraire des Dix mille. Étude topographique par F. Robiou, professeur à la faculté des lettres de Rennes, avec 3 cartes. 6 fr.

15e fascicule : Étude sur Pline le jeune, par Th. Mommsen, traduit par C. Morel. 4 fr.

16e fascicule : du C dans les langues romanes, par Ch. Joret. 12 fr.

17e fascicule : Cicéron. Epistolæ ad Familiares. Notice sur un manuscrit du xiie siècle par Charles Thurot, membre de l'Institut. 3 fr.

18e fascicule : Étude sur les Comtes et Vicomtes de Limoges antérieurs à l'an 1000, par R. de Lasteyrie. 5 fr.

19e fascicule : De la formation des mots composés en français, par A. Darmesteter. Épuisé.

20e fascicule : Quintilien, institution oratoire, collation d'un manuscrit du xe siècle, par Émile Châtelain et Jules Le Coultre. 3 fr.

21e fascicule : Hymne à Ammon-Ra des papyrus égyptiens du musée de Boulaq, traduit et commenté par Eugène Grébaut, avocat à la Cour d'appel de Paris. 22 fr.

22e fascicule : Pleurs de Philippe le Solitaire, poème en vers politiques publié dans le texte pour la première fois d'après six mss. de la Bibliothèque nationale par l'abbé Emmanuel Auvray, licencié ès lettres, professeur au petit séminaire du Mont-aux-Malades. 3 fr. 75

23e fascicule : Haurvatât et Ameretât. Essai sur la mythologie de l'Avesta, par James Darmesteter. 4 fr.

24e fascicule : Précis de la Déclinaison latine, par M. F. Bücheler, traduit de l'allemand par L. Havet, enrichi d'additions communiquées par l'auteur, avec une préface du traducteur. 8 fr.

25e fascicule : Anis el-Ochchâq, traité des termes figurés relatifs à la description de la beauté, par Cheref-eddin-Râmi, traduit du persan et annoté par Cl. Huart. 5 fr. 50

26e fascicule : Les Tables Eugubines. Texte, traduction et commentaire, avec une grammaire et une introduction historique, par M. Bréal, membre de l'Institut, professeur au Collège de France, accompagné d'un album de 13 planches photogravées. 30 fr.

27e fascicule : Questions homériques, par F. Robiou. 6 fr.

28e fascicule : Matériaux pour servir à l'histoire de la philosophie de l'Inde, par P. Regnaud, 1re partie. 9 fr.

29e fascicule : Ormazd et Ahriman, leurs origines et leur histoire, par J. Darmesteter. 12 fr.

30e fascicule : Les métaux dans les inscriptions égyptiennes, par C. R. Lepsius, traduit par W. Berend, avec des additions de l'auteur et accompagné de 2 pl. 12 fr.

31e fascicule : Histoire de la ville de St-Omer et de ses institutions jusqu'au xive siècle, par A. Giry. 20 fr.

BIBLIOTHÈQUE

DE L'ÉCOLE

DES HAUTES ÉTUDES

PUBLIÉE SOUS LES AUSPICES

DU MINISTÈRE DE L'INSTRUCTION PUBLIQUE

SCIENCES PHILOLOGIQUES ET HISTORIQUES

CINQUANTE-NEUVIÈME FASCICULE
LES ÉTABLISSEMENTS DE ROUEN, PAR A. GIRY.

TOME SECOND

PARIS

F. VIEWEG, LIBRAIRE-ÉDITEUR

67, RUE DE RICHELIEU, 67

1885

LES

ÉTABLISSEMENTS

DE

ROUEN

Chartres. — Imp. DURAND, rue Fulbert.

LES
ÉTABLISSEMENTS
DE
ROUEN

ETUDES SUR L'HISTOIRE DES INSTITUTIONS MUNICIPALES

DE ROUEN, FALAISE, PONT-AUDEMER,
VERNEUIL, LA ROCHELLE, SAINTES, OLERON, BAYONNE, TOURS
NIORT, COGNAC, SAINT-JEAN-D'ANGÉLY, ANGOULÊME,
POITIERS, ETC.

PAR

A. GIRY

TOME SECOND

PARIS

F. VIEWEG, LIBRAIRE-ÉDITEUR

67, RUE DE RICHELIEU, 67

1885

TABLE DES MATIÈRES [1]

                                                   Pages.

I. Etablissements de Rouen...................... 2

ROUEN.

II. 1207 (22 avril-31 octobre). Confirmation par Philippe-Auguste des privilèges de Rouen................. 56

III. 1278, mai. Ordonnance de Philippe III déterminant les conditions de l'administration de la justice à Rouen....................................... 64

LA ROCHELLE.

IV. 1208, 31 décembre. Charte de Jean Sans-Terre autorisant la commune de La Rochelle à sortir pour host et chevauchée et à veiller par elle-même à la garde et à la défense de la ville................. 67

OLERON.

V. 1146. Diplôme de Louis VII confirmant, du consentement de sa femme Eléonore, à la Trinité de Vendôme tous les biens situés dans le Poitou et la Saintonge donnés à cette abbaye par Geoffroi, comte d'Anjou, et notamment le quart de l'île d'Oleron, l'église Saint-Georges, les églises Notre-Dame et Saint-Nicolas du château d'Oleron ; il exempte tous les habitants de taille, queste, gîte, procuration, host et chevauchée, réservant seulement au roi ou au sénéchal, en personne, l'exercice des droits de gîte, procuration, host et chevauchée ; il spécifie que la justice de ces domaines appartiendra à

---

[1] Voy. en tête du premier volume la table chronologique des documents publiés in extenso ou par extraits dans tout l'ouvrage.

l'abbaye et que, dans le cas de rébellion, le sénéchal s'associera aux moines pour la répression..... 69

VI. S. d., 1146. Diplôme d'Eléonore, reine de France et duchesse d'Aquitaine, confirmant l'abolition par Louis VII des mauvaises coutumes qui existaient dans l'île d'Oleron au détriment des hommes de l'abbaye de Vendôme.................................. 72

VII. 1224, 14 août. Privilèges concédés par Hugues de Lusignan aux habitants d'Oleron.................... 74

BAYONNE.

VIII. 1204, août. Traité entre le roi de Navarre, Sanche le Fort et la ville de Bayonne........................ 76

IX. 1248, 31 octobre. Traité entre la commune de Bayonne et Thibaut Ier, roi de Navarre et comte de Champagne.. 78

X. 1253, 20 août. Traité entre la ville de Bayonne et Marguerite, reine de Navarre, comtesse de Champagne et de Brie.................................... 80

XI. 1296. Etablissement municipal relatif à la juridiction de la cour du maire de Bayonne.................. 81

XII. 1298, 6 septembre. Etablissement municipal fixant au premier samedi d'avril de chaque année les élections des magistrats de Bayonne..................... 84

XIII. 1299, 20 juin. Etablissement municipal fixant quelques attributions du maire........................ 85

XIV. 1304, 6 mars. Etablissement municipal enjoignant de porter des armes...................................... 87

XV. 1304, 12 décembre. Etablissement municipal instituant des gardes champêtres..................... 89

XVI. 1315, 5 juillet. Etablissement municipal relatif au guet et au contre-guet.................................. 90

XVII. 1327, 26 mars. Etablissement municipal réglant le mode de nomination des officiers municipaux..... 93

TOURS.

XVIII. 1461-1462, 25 janvier-1462, 30 juin. Extraits des comptes municipaux de la ville de Tours........... 96

XIX. S. d., (1137-1152). — Vidimus de 1258). Lettre de Louis VII aux habitants de Châteauneuf.................... 100

XX. 1212, (25 mars-31 octobre). Confirmation par Philippe-Auguste d'un accord conclu entre le chapitre de Saint-Martin et les bourgeois de Châteauneuf...... 101

XXI. 1231-1232, janvier. Confirmation par Louis IX d'une

sentence arbitrale rendue en janvier 1231-1232, par Gautier, archevêque de Sens et Jean de Beaumont, dans un différend entre le chapitre de Saint-Martin et les bourgeois de Châteauneuf.................. 104

XXII. 1232, 12 juillet. Engagement pris par le chapitre de Saint-Martin et par les bourgeois de Châteauneuf, de respecter leurs droits réciproques.............. 106

XXIII. 1305, 23 septembre. Confirmation par Philippe le Bel d'une sentence rendue contre les habitants de Châteauneuf...................................... 107

XXIV. 1461-1462, février. Ordonnance de Louis XI relative à l'organisation municipale de Tours................ 110

XXV. 1464-1465, 7 janvier. Transaction entre les bourgeois de Tours et les gens d'église modifiant l'ordonnance de 1462....................................... 110

NIORT.

XXVI. 1204, septembre. Inféodation des revenus de Niort et concession de la garde du château de cette ville à Guillaume Le Queux par Philippe-Auguste........ 125

COGNAC.

XXVII. 1262, mai. Franchises concédées par Gui de Lusignan à la ville de Cognac............................ 127

XXVIII. 1352, mai. Franchises accordées à la ville de Cognac par Charles d'Espagne comte d'Angoulême, connétable de France.................................. 132

SAINT-JEAN-D'ANGELY.

XXIX. 1332. Nomination par le corps de ville de Saint-Jean-d'Angely de huit élus pour les affaires de la ville.. 136

XXX. 1331, 24-27 août. Procès-verbal d'une réunion à Saint-Jean-d'Angely pour s'opposer aux entraves apportées en Flandre au commerce des vins............ 138

ANGOULÊME.

XXXI. 1542-1581. Extraits des mémoriaux de la ville d'Angoulême....................................... 141

POITIERS.

XXXII. 1199. Privilèges concédés aux habitants de Poitiers par la reine Eléonore................................. 143

XXXIII. 1199. Charte de commune octroyée aux habitants de Poitiers par la reine Eléonore.................... 145
XXXIV. 1204, novembre. Confirmation par Philippe-Auguste des privilèges et de la Charte de commune de Poitiers.. 147
XXXV. 1214 (30 mars-31 octobre). Franchises accordées par Philippe-Auguste aux bourgeois de Poitiers........ 149
XXXVI. 1222, novembre. Privilèges accordés aux bourgeois de Poitiers par Philippe-Auguste.................... 151
XXXVII. 1242-1243, 14 février. Jugement de la commune de Poitiers.. 155
XXXVIII. 1266. Etablissement d'une confrérie entre les pairs de la commune de Poitiers...................... 156
XXXIX. 1267 (23 avril-29 octobre). Sentence arbitrale rendue dans un différend entre la maison des lépreux et la commune au sujet de la *Foire des lépreux*, de Poitiers.. 158
XL. 1335, 8 juillet. Règlement municipal relatif à l'élection du maire...................................... 161

INDEX BIBLIOGRAPHIQUE. — I. Sources manuscrites :
    1º Dépôts d'archives.................................. 163
    2º Bibliothèques 164
  II. Table alphabétique des principaux ouvrages cités......... 167

TABLE ANALYTIQUE... 181

ADDITIONS ET CORRECTIONS

TOME Ier

P. 3, *l.* 4. Le reg. F. de Philippe-Auguste ne porte plus la cote sous laquelle il figure ici ; c'est aujourd'hui le ms. lat. 9778. Voy. l'*Index bibliographique*.

P. 19, *l.* 34, *au lieu de :* art. 42, *corrigez :* art. 12.

P. 24, *l. dernière* ; p. 27, *l.* 30 ; p. 28, *l.* 2, *etc., au lieu de :* Dungeness, *corrigez :* Downgate. C'est sur la foi de M. Chéruel que j'avais accepté Dungeness comme la traduction du nom ancien qui se trouve dans les divers textes où ce port est mentionné : « *apud Londonium portum de Dunegate.* » Dungeness est le nom de la pointe caillouteuse qui forme l'extrémité sud de l'Angleterre sur le Pas-de-Calais. Autrefois pas plus qu'aujourd'hui il n'a pu y avoir de port à cet endroit ; de plus, ni la forme du mot, ni la situation du lieu ne correspondent aux données des textes. C'est à Londres même qu'il faut évidemment chercher le port concédé aux Rouennais. Or *Downgate* était le nom d'une petite anse qui existait autrefois sur la rive gauche de la Tamise entre le pont de Southwark et le pont de Londres, à l'endroit occupé aujourd'hui par les constructions de la gare de Cannon-Street du South-Eastern-Railway. Tout le quartier (*Downgate ward*) fut occupé par des entrepôts du commerce étranger, la gildhalle des Allemands (*gilda aula Teutonicorum*), l'entrepôt de Brême, la maison de la Hanse, la maison des Lombards, la halle des pelletiers, etc.

P. 29, *n., l.* 7, *au lieu de :* 1183, *corrigez :* 1164.

P. 73, *n., l.* 2, *au lieu de :* 574, *corrigez :* 514.

P. 88, *l.* 15 *et suiv.* Ce que je disais ici du sénéchalat avait pour fondement le célèbre traité d'Hugues de Clères, mais j'oubliais alors qu'E. Mabille avait, dès 1871, dans son *Introduction aux Chroniques des comtes d'Anjou*, fait justice de ce document, écrit au XIIe s. uniquement pour favoriser les prétentions des princes angevins. Je reviens donc aujourd'hui sur l'interprétation du passage du diplôme de Louis VII que j'ai discuté, pour reconnaître qu'il ne peut en aucune manière y être fait allusion à Geoffroi Plantagenêt.

P. 93, *l.* 15, *au lieu de :* 1461, *corrigez :* 1462.

P. 96, *n.* 2, *l.* 4, *lisez :* X^{2a} 2, fol. 68 v°.

P. 184, *n.* 3, *l.* 2, *corrigez :* vers 589.

P. 187, *l.* 3, *au lieu de:* le château, *corrigez:* le bourg.

P. 248, *l.* 18, *au lieu de:* 1212, *corrigez :* 1222.

P. 248, *n.* 2, *l.* 2, *lisez:* Aimeri de Thouars ; *l.* 4, *lisez:* comte d'Aumale.

P. 271, *n.*, *l.* 5, *au lieu de:* sénéchal d'Angleterre, *corrigez:* sénéchal d'Angoulême.

P. 272, *n.* 6, *corrigez :* n° 2052.

P. 303, *n.* 1, *corrigez :* Arm. de Baluze, t. 26, fol. 369 v°.

P. 304, *l.* 13, *au lieu de:* 1612, *corrigez :* 1621.

P. 304, *n.* 3, *au lieu de:* O¹, *corrigez :* O1.

P. 310, *n.* 2, *au lieu de:* p. 156, *corrigez :* p. 301.

P. 319, *l.* 22, *au lieu de:* qu'il tenait de sa mère Mathilde, *corrigez:* qu'il tenait de sa femme Mathilde.

P. 375, *l.* 1, *au lieu de :* 1478, *corrigez :* 1473.

P. 420, *n.* 1, Philippe le Long, *corrigez :* Philippe le Bel.

P. 423, *n.* 4, *au lieu de :* 1369, *corrigez :* 1329.

P. 436, *l.* 17, Limoges. L'influence des Etablissements sur l'organisation municipale de Limoges est certaine, et, comme pour Tours, Angers et Bourges, c'est encore à Louis XI qu'elle est due. Un passage publié par Marvaud, des *Chroniques de Limoges,* jusqu'ici inédites, confirme ce fait que les registres consulaires ne nous avaient pas permis d'affirmer. S'il a passé jusqu'ici presque inaperçu, même des historiens locaux, c'est que le régime imposé par l'autorité despotique de Louis XI était en opposition avec les traditions séculaires de la cité et n'a subsisté que pendant quelques années. En 1470, le roi ayant jugé que le mode d'élection des magistrats municipaux donnait de mauvais résultats, parce que les gens des classes inférieures admis à voter créaient des consuls incapables, « pour ceste cause fust changée
» la forme de faire et furent eslus cent des plus notables et apparens
» bourgeois de la ville qui furent appelés *centenaux,* auxquels fust
» attribuée l'authorité d'eslire des consuls ». En 1476, une mairie fut créée en titre d'office en faveur de François de Pontbriant ; l'organisation municipale fut bouleversée et se rapprocha davantage de celle des Etablissements. Les *Chroniques,* après avoir décrit à ce propos l'ancienne constitution de la cité, s'expriment ainsi : « Tout ce fut
» transmué en sept échevins qui estoient esleus par soixante-quinze
» conseillers et douze personnages, desquels ledit maire et soubs-
» maire eslisoient sept eschevins tels que bon luy sembloit qui gou-
» vernoient un an seulement comme faisoient les consuls. » Ce régime que les habitants, au témoignage du chroniqueur, considéraient comme « leur totale ruine et destruction du public », ne survécut pas à Louis XI. « Charles VIII estant à Beaugency supprima le maire de
» Limoges, destituant François de Pontbriant et son substitué, remet-
» tant les consuls comme devant, en leur premier estat, confirmant
» les privilèges octroyés par son ayeul Charles VII et autres ses pré-
» décesseurs aux habitants de Limoges » (Voy. Marvaud, *Histoire des vicomtes et de la vicomté de Limoges,* t. II, p. 386).

— vij —

Tome II.

P. 2, col. 1, *l.* 13, *au lieu de :* fr. 9852, 3, *corrigez :* lat. 9778.
P. 7, col. 1, *l.* 4, *au lieu de :* fasse, *corrigez :* facet.
P. 19, col. 1, *l.* 5, *au lieu de :* si, *lisez :* se.
P. 19, col. 1, art. 11, *l.* 6, *au lieu de :* reys, *lisez :* rey.
P. 21, col. 1, art. 14, *l.* 2, *au lieu de :* sur la cité, *lisez :* en la cité.
P. 25, col. 1, *l.* 2, *compléter ainsi la phrase :* [meffait a aucun de la commune].
P. 27, col. 1, *l.* 11-12, *au lieu de :* en la main, *Sir T. Twiss imprime :* en la merci, *qui paraît plus vraisemblable. — Au lieu de :* major, *lisez :* maior.
P. 31, col. 1, *un bourdon a complétement défiguré la fin de l'art.* 22 *qu'il faut compléter après la l.* 5 : et si uns daus xxiiii jurez porte de ce garentie, il en ert creguz par sa parole. Si duy ou trey dos autres jurez en portent garentie, ou sera fine par lor saicrement, etc.
P. 37, col. 1, *un accident du même genre a mutilé la fin de l'art.* 28, *qu'il faut ainsi restituer, l.* 14 : sans congé dau maior ou sans essoine de son cors, il sera en la merci dau maior et daus esquevins.
P. 37, col. 2, art. 30, *l.* 10, *au lieu de :* il aura, *corrigez :* il jouira de.
P. 49, col. 1. art. 48, *l.* 1. *Le texte porte bien :* Si, *mais le sens exige évidemment qu'on corrige :* Li. — *Au lieu de :* Becoins, *il fallait probablement lire ;* becoms *ou* vecoms, *comme Sir T. Twiss.*
P. 51, col. 1, *l.* 8, *au lieu de :* sunt, *lisez :* seent. — Art. 50, *l.* 4, *au lieu de :* jusques, *lisez :* juques.
P. 53, col. 1, *l.* 3, *au lieu de :* rey, *lisez :* sey. — Art. 54, *l.* 9, *au lieu de :* allegacions, sans parties, *il faut préférer la lecture de S. T. Twiss :* allegacions daus parties.
P. 61, *l.* 1. Capud de Guines *et n., l.* 1, Capud de Gernes, *corrigez :* Capud de Gerneseio. Grâce à la publication en fac-similé du premier registre de Philippe-Auguste par M. Delisle, il m'a été possible de vérifier que le ms. porte certainement : *Gernes,* abrégé *Gñes.* Il n'existe aucun cap de ce nom sur la route que pouvait suivre un bateau venant d'Irlande dans la direction de Rouen. Il y a lieu de croire que le copiste du registre de Philippe-Auguste aura omis le point indiquant l'abréviation de la finale: *Gñes·*. C'est de cette manière qu'est presque toujours figurée l'abréviation de *Gerneseium* dans les rôles anglais et je ne fais nul doute qu'il s'agisse de la pointe de l'île de Guernesey, au large de laquelle devaient en effet passer les navires venant d'Irlande.
P. 69. *P. Just. V.* Il existe de ce document une copie du milieu du xiiie siècle aux Archives Nationales, J. 174, n° 1 ; elle a été publiée par Teulet dans les *Layettes du Trésor des Chartes,* t. I, p. 61, n° 92.
P. 81, art. 1, *l.* 4 et art. 4, *l.* 4, *au lieu de :* Seinhaux, *lisez :* Seinhanx.

P. 85, art. 1, *l. dernière. Au lieu de :* uber ceis, *lisez :* ubert teis.
P. 106, *l.* 2, *du texte du document, au lieu de :* P. Thesaurarius, *lisez :* P., thesaurarius.

PRÉFACE

Ce second volume des *Établissements de Rouen,* qui suit le premier à deux ans de distance, est entièrement composé de documents.

Il contient les Etablissements, une série de pièces, la plupart inédites, relatives aux institutions des villes étudiées dans le premier volume, un index bibliographique et une table analytique des noms propres et des matières.

Au texte latin des Etablissements, j'ai cru devoir joindre deux anciennes versions, l'une en dialecte béarnais faite à Bayonne, l'autre en français faite à Oleron, et une traduction pour laquelle j'ai naturellement suivi le texte latin. J'ai pensé qu'il serait commode pour les travailleurs de trouver les articles correspondants de ces textes et de ma traduction publiés en regard les uns des autres, dût l'ordonnance typographique en souffrir quelque peu. Si les anciennes traductions d'un document du moyen âge sont de quelque utilité, c'est à la condition qu'on puisse d'un coup d'œil se rendre compte des secours que les divers textes se prêtent réciproquement pour l'interprétation des passages ou des termes obscurs.

Je n'ai pas à revenir ici sur les éléments que j'ai utilisés pour établir le texte latin, ni sur les manuscrits où j'ai retrouvé la partie qui en était restée jusqu'à ce jour inconnue. On trouvera ces indications, l'exposé des raisons qui m'ont conduit à prendre pour base de mon édition le rouleau de Niort, et le classement des divers manuscrits, dans le chapitre premier de l'ouvrage et en tête du texte lui-même.

J'ai revu sur les manuscrits, et par là notablement amélioré, le texte de la version bayonnaise déjà publiée par J. Balasque et par Jourdan. Elle a l'intérêt de préciser le sens d'un certain nombre de passages. Si on la compare à ma traduction, on verra que, si j'ai presque toujours accepté les explications qu'elle donnait de certaines expressions ou de certains termes, je m'en suis écarté pour l'interprétation de plusieurs dispositions.

La traduction faite à Oleron occupe la troisième colonne. Bien que moins intéressante que la précédente et moins utile pour l'interprétation du texte, je l'ai publiée cependant, d'abord parce qu'elle constitue le témoignage le plus certain de l'adoption des Etablissements par l'île d'Oleron, et aussi parce qu'il serait intéressant de rendre compte des raisons, encore insuffisamment expliquées, qui y ont fait omettre un certain nombre des dispositions que l'on retrouve dans tous les autres textes. J'avais cru d'abord cette version inédite et ne la connaissais que par la copie faite sur le manuscrit d'Oxford par M. Paul Meyer et qu'il avait obligeamment mise à ma disposition. J'ai su depuis qu'elle avait été publiée, d'après ce même manuscrit, en même temps que la coutume d'Oleron et les autres documents qu'il contient, par Sir Travers Twiss, dans la compilation qui forme l'appendice du recueil intitulé : *The black book of the Admiralty* (Collection des *Chronicles and memorials of Great-Britain and Ireland*). Sir T. Twiss a joint à son édition des notes et une traduction anglaise qui ne sont pas d'un grand secours pour interpréter ce document. Chose singulière ! il a appelé cette coutume : *The constitution of the commune of Royan* et attribué à cette bourgade (*town at the mouth of the Gironde, on the north bank*), la coutume intitulée dans le texte français: *L'Establimenz de la commune de Roam*. Cette méprise est d'autant plus extraordinaire que Sir T. Twiss explique dans une note que la constitution de *Royan* « s'était modelée sur celle de *Rouen* en Normandie, type de la commune anglo-normande imité dans les localités du sud-ouest de la France soumises à la domination anglaise, » et que, pour interpréter le texte français, il a eu recours à diverses reprises au texte latin des Etablissements publié dans le *Recueil des Ordonnances*. Royan, qui n'était au moyen âge qu'une misérable bourgade de pêcheurs et dont le développement date d'hier, n'a bien entendu jamais été régie par les Etablissements, et l'on ne saurait, sur la foi de Sir T. Twiss, l'ajouter à la liste des localités qui les ont adoptés.

Si l'on ne conteste guère l'utilité de publier avec les textes latins d'anciennes traductions, qui se recommandent d'ailleurs d'elles-mêmes, il n'en est pas tout à fait de même des traductions modernes. On a perdu, à peu près complètement en France, l'habitude de traduire les documents du moyen âge. Me sera-t-il permis de le regretter, au moins en ce qui touche les anciens textes de droit public ou privé, dont le sens est si souvent douteux, l'expression équivoque, les termes peu clairs, et dont il y a intérêt à préciser l'interprétation ?

Je ne me suis pas contenté de publier les textes des Etablissements et de les traduire, je les ai annotés; j'ai cru utile d'indiquer au lecteur des rapprochements, des points de comparaison, des moyens de contrôle et de vérification. Ce commentaire se compose presque exclusivement de renvois à d'autres textes ou d'extraits de documents.

J'ai également cru bon d'annoter les pièces que j'ai publiées à la suite des Etablissements; mais pour elles l'annotation est moins copieuse: indépendamment des variantes et des corrections, j'ai, sauf de rares exceptions, borné les rapprochements aux sources mêmes des textes que je publiais. Il m'a paru intéressant de montrer ainsi comment on composait souvent les chartes concédées aux villes, et comment les mêmes dispositions étaient sans cesse recopiées. Pour mieux mettre en lumière les faits de cet ordre et pour rendre en même temps plus sensibles les changements qui peu à peu s'introduisaient dans les textes, j'ai, lorsque les notes ne suffisaient pas, imprimé en petit texte les passages recopiés, en ayant soin d'indiquer leur origine.

J'ai déjà exprimé le regret d'avoir été obligé de réduire le nombre des documents publiés ; il m'eût été facile d'en ajouter beaucoup d'autres que j'ai dû me contenter de citer au cours de mon travail. Chacune des villes dont j'ai étudié les institutions pourrait fournir la matière d'un curieux et important recueil de pièces. Mais c'est des sociétés provinciales qu'il faut attendre la publication d'ouvrages de cette nature.

L'*Index bibliographique* que j'ai placé à la fin de l'ouvrage a pour but d'abord de faciliter les vérifications et les rectifications, en donnant sur les sources et les ouvrages que j'ai utilisés des indications plus détaillées que celles qui se trouvent dans les notes, où elles sont nécessairement abrégées. J'espère aussi que les travailleurs me sauront gré d'avoir groupé ces indications, qui constituent pour l'histoire des villes de l'ouest de la France une sorte de bibliographie, bien incomplète sans doute, puisqu'elle est restreinte aux seuls ouvrages que j'ai cités, mais où l'on pourra à l'occasion trouver cependant quelques renseignements utiles.

Le volume se termine par une *Table alphabétique* étendue. J'y ai fait figurer non seulement les noms propres, mais aussi les matières et particulièrement les noms des institutions, les titres des magistratures et des offices. J'ai voulu que sur chacun des points traités dans l'ouvrage, sur chacun de ceux sur lesquels les pièces justificatives fournissent des indications, l'on pût, à l'aide de cette table, se renseigner rapidement et trouver les mentions ou les explications dispersées dans l'ouvrage et dans les documents. J'ai voulu aussi qu'elle pût servir à préciser, à contrôler ou même à rectifier les indications que l'on trouve dans le livre. Pour atteindre ce but, je n'ai pas hésité à lui donner un développement que l'on pourra trouver excessif, mais qu'il était difficile de restreindre, car cette table, embrassant à la fois le texte de mon ouvrage et celui des documents, a pris nécessairement le caractère d'une sorte de dictionnaire, et les explications que j'ai ajoutées à certains mots m'ont semblé à peu près indispensables. Si imparfaite qu'en soit l'exécution, j'ai la confiance de n'y avoir rien omis d'essentiel, d'avoir réussi, grâce à des vérifications multipliées, à atteindre l'exactitude ; j'espère enfin qu'on trouvera en elle un instrument commode pour la recherche ; ce sont là, si je ne me trompe, les principales qualités qu'on est en droit d'exiger d'un travail de ce genre.

La revision attentive à laquelle je me suis livré pour l'exécution de cette Table, m'a conduit à découvrir un certain nombre de fautes d'impression, d'inexactitudes, d'omissions, ou d'erreurs qui m'avaient échappé ; je les ai relevées dans une série d'additions et de corrections que j'ai placées en tête de ce volume, et qui s'ajoutent à l'*Erratum* du tome premier.

Il est probable qu'il sera facile d'augmenter encore cette liste. Un travail de la nature de celui-ci, qui embrasse une si longue période de temps et qui contient tant de petits faits d'histoire locale, ne peut se flatter d'avoir évité les erreurs. J'ose compter cependant sur une critique indulgente, en faveur de l'effort que j'ai fait pour faciliter son contrôle et ses rectifications.

Paris, Décembre 1884.

DOCUMENTS

I.

ÉTABLISSEMENTS

TEXTE LATIN

1° *Manuscrits.* — A. Copie du commencement du XIII° siècle. Archives municipales de Niort. — B. Copie du commencement du XIII° siècle. Archives municipales de Poitiers. — C. Copie de 1204. Cartul. A de Philippe Auguste (Vatican. Ottoboni 2796) fol. 30. — D. Copie de 1211. Cartul. C. de Ph. Aug. (Arch. nat., JJ 7) fol. 47, d'ap. C. — E. Copie de 1220. Cartul. E de Ph. Aug. (Arch. nat. JJ 26) fol. 83 v°, d'ap. D. — F. Copie de 1247. Cartul. F. de Ph. Aug. (Bibl. nat. ms. fr. 9852. 3) fol. 60 v°, d'ap. D. — G. Copie du commencement du XIV° siècle. Cartul. B. de Ph. Aug. (Arch. nat. JJ 8) fol. 35, d'ap. C. — H. Copie du commencement du XIV° siècle. Cartul. D. de Ph. Aug. (Arch. nat. JJ 23) fol. 58 v°, d'ap. D. — I. Copie du XIV° siècle. Bibl. nat., ms. lat. 11032, p. 17. — J. Copie de la fin du XIV° siècle. Arch. nat., JJ 105, fol. 418. — K. Copie de 1412. Archives municipales de Poitiers, d'ap. B. — L. Copie de la fin du XV° siècle. Archives municipales d'Angoulême. Mémorial A, fol. 1 v° — M. Copie du milieu du XVI° siècle. Arch. nat., X¹ᵃ 8616, fol. 418 v°.—N. Copie du XVI° siècle. Arch. du Calvados. — O. Copie du XVIII° siècle. Arch. nat., K. 184, n° 58, d'ap. L. — P. Copie faite au XVIII° siècle par Dom Fonteneau. Coll. Fonteneau (Bibl. de Poitiers) t. XX, p. 127, d'ap. A. — Copie faite en 1863, par M. Paul de Fleury. Bibl. nat., ms. lat., 18,395, d'ap. P.

2° *Editions.* — *a.* Duchesne, *Historiæ Normannorum scriptores*, 1619, p. 1066, d'ap. E. — *b. Les privilèges*.....

TEXTE PROVENÇAL

1° *Manuscrits.* — A. Copie de 1336. Archives municipales de Bayonne, AA 1, fol. 55. — B. Copie du XVI° siècle. Archives municipales de Bayonne, AA 3.
2° *Editions.* — *a.* J. Balasque, *Etudes historiques sur la ville de Bayonne*, t. I, 1862, p. 452, d'ap. A. — *b.* Jourdan, *Mémoire sur le statut..... de la Rochelle*, 1863, p. 65, d'ap. *a*.

Aquest es lo privilegi de le çomunie que en Johan d'Angleterre de aus ciptadans de Baione.

Johan per le gracie de Diu, rey d'Angleterre, seinhor d'Irlande, duc de Normandie e de Guiayne e coms d'Anjau, als arcibesques, als abesques, als abatz, als comptes, als barons, als justizies, als vescomptes, als probostz, aus foresters et a todz sons bailes e sons fideus, saludz. Sapiadz que nos avem autreiat et ab aqueste nostre carthe confermat, al maire e al cosseilh e als nostres prodomes en la ciptat de Bayone, e a lors

DE ROUEN.

TEXTE FRANÇAIS

Ms. — Cop. de 1344, Oxford, bibl. Bodléienne, ms. Douce, 227, fol. 69.

Ed. — Publ. avec traduction anglaise par Sir Travers Tviss, *The black book of the admiralty*, t. II, p. 399.

(*Table des articles*).

(NOTA. — Les chiffres romains qui précèdent les titres des articles sont ceux qu'ils portent dans le ms. d'Oxford. Les chiffres arabes sont ceux des articles de notre édition).

I. Eslite dau mayor, daus esquevins et daus conseillers [1-4].
II. Quant aucun esquevin vout aler en Angleterre [5 et 8].
III. Si li mayres trespasse l'establiment de la commune [9].
IV. Quant aucun conoichet sa choze sur larron [10].
V. Quant jurez de commune ocist aucun [11-12].
VI. Si aucuns fait traison en la cité [13-14].
VII. Quant aucuns qui ne seit pas de la commune meffait a aucun de la commune [17].
VIII. Si aucuns ha esté mis en pillori [15].
IX. Si femme est conveincu d'estre tenzose [16].
X. Si aucuns jurez fait clamor de meffait [18].
XI. Si aucuns jurez est mis en merci [19].
XII. Comment prover qui aucuns sei jurez [20].
XIII. Quant deptres non veoget faire dret [21].
XIV. Quant est comptenz de depte ou de convenant [22].

TRADUCTION

(Cette traduction est faite sur le texte latin sauf pour la Charte de Jean Sans-Terre, concédée à Bayonne, qui ne se trouve que dans le texte provençal.)

C'est le privilège de la commune que Jean d'Angleterre donna aux citoyens de Bayonne.

Jean, par la grâce de Dieu roi d'Angleterre, seigneur d'Irlande, duc de Normandie et de Guyenne et comte d'Anjou, aux archevêques, aux évêques, aux abbés, aux comtes, aux barons, aux juges, aux vicomtes, aux prévots, aux forestiers et à tous ses baillis et ses féaux, salut. Sachez que nous avons octroyé et par notre présente charte confirmé au maire, au conseil et à nos prudhommes

TEXTE LATIN

d'*Angoulême*, 1627, p. 2, d'après L. — c. *Ordonnances des rois de France*, t. I, 1723, p. 306, d'ap. *a*. — *d. Ordonnances des rois de France*, t. V, 1736, p. 671, d'ap. J, M et *b*. — *e*. Michon, *Histoire de l'Angoumois*, 1846, p. 82, d'ap. J. — *f*. Jourdan, *Mémoire sur le statut..... de La Rochelle*, 1863, p. 65, d'ap. *d*.

A, B, K, P, Q, contiennent la rédaction développée, C, D, E, F, G, H, I, J, L, M, N, O, et tous les imprimés contiennent la rédaction abrégée. Si l'on désigne par X l'original perdu, par X², le texte du cartulaire perdu de Philippe-Auguste (voy. Delisle, *Catalogue*, p. IX) et par X³ divers intermédiaires inconnus dérivant de C, on peut établir la filiation des mss. et des éditions de la manière suivante :

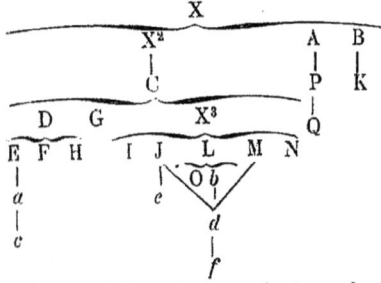

Nous publions le texte de A en donnant en notes les variantes de B et de C.

TEXTE PROVENÇAL

ers, que aien en medisse le ciptat communie de medisse maneire que an los nostres borges de la Rochele en la nostre biele de la Rochele, saubas a nos, en totes causes, nostra perbostat e nostres costumes e nostres franqueses que en medisse la nostra ciptat de Baione devem aver, assi cum avem en le nostre biele de la Rochele. Per que volem e manam fermemens quels davant diitz lo maire el cosseilh els prodomis nostres, estans en nostre ciptat de Baione, e lors hers, aien per todz los temps del mon le davant diite comunie, assi cum es diit. Testimonis son : en W. com. [de] Barenn, W. Brigveir, Savarig de Mauleon, en Vairin, filh de don Geralt, W. de Harecurt, Johan de Baissingebeirn, en Johan filh d'en Hugos, Fulc. de Briaut. Dade fo per le man de maiester Richard de Marisco nost chanceler, au Temple Nau, Londoniarii, hin XIX die d'abriu, hin XVI° an de nost regnement.

Stabilimentum communie Rothomagi[1].

[1] Hoc est stabilimentum communie Rothomagi et Ffalesie et Pontis Audomari. (C.) — Philippus, Dei gratia Francorum rex, dilectis et fidelibus suis universis juratis communie Pictavensis salutem et dilectionem. Noveritis quod nos, ad peticionem vestram, vobis mittimus rescriptum communie Rothomagensis in hunc modum. (B.)

1. Si oporteat majorem in Rothomago[1] fieri, illi centum, qui pares

1. Si mestir es de far maire en Baione, los C. qui son establitz

| TEXTE FRANÇAIS | TRADUCTION |

XV. Un jurez ert creguz par sa parole [22].
XVI. Quant jurez portent garantie [23].
XVII. Quant aucuns fait clamor de terre [23].
XVIII. De requerre sa cort de sa terre [24].
XIX. De requerre sa cort de depte [25].
XX. Quant aucuns deit debte a aucun [26].
XXI. Si homme estranges fait clamor de debte [27].
XXII. Quant la commune deit aler fors dau pais [28].
XXIII. Quant aucuns ha mesdit de la commune [46].
XXIV. Qui refudet lo saigrement de la commune [47].
XXV. Quant vecoms pot metre mayn au jurez de la commune [48].
XXVI. Si aucuns defors commune meffait a aucun de la commune [49].
XXVII. Quiconques trayra cotea ou espée [50].
XXVIII. Se il convient aler au besoig de la vile [51].
XXIX. Nus ne poet veer sa chevau a aler por la vile [52].
XXX. Li mayres jurera que il ne fera priere vers lo seignor dau pais [53].
XXXI. Li mayres jurera a juger dret [54].
XXXII. Li mayres jurera qui il ne prendra lougers [54].
XXXIII. La peine de celui mayor qui aura pris lo loger [55].

en la cité de Bayonne et à leurs hoirs, qu'ils aient commune en ladite cité de la même manière que l'ont nos bourgeois de la Rochelle en notre ville de la Rochelle, sauf, en toutes choses, la prévôté, les coutumes et les franchises que nous devons avoir en ladite cité de Bayonne, de même que nous les avons dans notre ville de la Rochelle. Pourquoi, voulons et mandons fermement que les devant dits, maire, conseil et prudhommes de notre cité de Bayonne et leurs hoirs aient à perpétuité la susdite commune, ainsi comme il est dit. Sont témoins, Guillaume comte de Warenne, Guillaume Bruyère, Savari de Mauléon, Garin fils de sire Géraud, Guillaume d'Harcourt, Jean de Bassingbourn, Jean fils de Hugues, Foulques de Bréauté. Donné par la main de maître Richard de Marreys, notre chancelier, au Temple neuf, à Londres, le 19ᵉ jour d'avril et la 16ᵉ année de notre règne (*19 avril 1215*).

Ceu est l'Establimenz de la commune de Roam.

Etablissements de la commune de Rouen.

1. Si au convent a faire lo mayre en la cité de Roam, li cent

1. Lorsqu'il faudra faire un maire à Rouen, les cent qui sont

TEXTE LATIN

constituti sunt, eligent tres proborum hominum civitatis quos domino regi presentabunt, ut de quo illi placuerit majorem faciat.

[1] sive in Falesia. (C.) — sive in Phalesia. (B.)

2. De centum vero paribus[1] eligentur viginti quatuor, assensu

TEXTE PROVENÇAL

pars eslieran III. prodomes de la biele, los quaus presenteran a nostre seinhor lo rey qui de quau a luys plague fasse maire.

2. Dels cent davant diits pars seran esliits XXIIII., per consen-

---

1. Cette disposition a sans doute été la source de l'article 1 de l'Ord., de 1256, réglant la nomination des maires en Normandie : « Crastino beatorum Simonis et » Jude (*29 oct.*), major qui illo anno fuerit simul cum aliis probis hominibus ville » eligant tres probos homines, qui tres homines presententur nobis in octabis » S. Martini (*11 nov.*) sequentis apud Parisius. De quibus tribus probis hominibus » nos trademus unum ville in majorem. » (*Ord.*, t. I, p. 83.) Une Ordonn. quelque peu postérieure étendit cette disposition à toute la France.—LA ROCHELLE, 1407.«Se- » lon qu'il est escript et contenu ou *Livre noir*, ou premier folio des *Establimans* de » la ville et commune, escript en latin, les cent pairs qui sont constituez et ordonnez » pour le gouvernement d'icelle, doibvent eslire, chascun an, trois prudhommes de » ladicte ville et iceulx presenter au roy, nostre sire, desquelz il prendra et fera maire » celuy qui lui plaira. » (Extrait rapporté d'ap. Galland par Jourdan, *Mém. cit.*, p. 126). — SAINT-JEAN-D'ANGÉLY et ANGOULÈME. 1373-1374, mars. « S'ensuit la forme » et maniere de l'élection du maire. Et premierement que chascun an le dimenche » devant Pasques fleuries, que l'on chante en saincte Église *Judica me* (*Dimanche de la Passion*) le maire ycelli jour par le commandement qu'il faict a ses sergens, » fait sonner a prime haulte le grand sain de la commune bien lalant d'une lieue, et » le sain sonnant, tous les eschevins, conseilliers et pers de la commune viennent en » eschevinage, et quant le sain est achevé de sonner, le maire, les échevins, con- » seilliers et pers s'en vont oudit eschevinage en leur lieu secretaire et illecques assis » ainsi que les sieges le portent, c'est assavoir le maire en son siege, les eschevins » au plus pres de luy et les conseilliers empres et les pers en leur ordinaire, le » soubz-maire devant le maire ou millieu de touz. Et convient en droit nombre » pour faire maire : premierement, le maire, douze eschevins, douze conseilliers, le » soubz-maire, et le demourant en pers jusques au nombre en touz de cent. Et ceulx » cent ainsi assemblez, le maire estant celui jour en son siege, prent le papier de la » commune, ou sont touz les noms dudict nombre de cent, et devise a touz la maniere » de constituer le maire, qui se peut faire en troiz manieres. La premiere pour la » voix du Saint Esperit; c'est-a-dire que s'il y a aulcun proudomme qui de la volenté » Dieu et de son esmouvement dit : *Beaus seigneurs, s'il vous sembloit a tous que » bien soit, le Saint Esperit m'a donné en volenté de vous nommer troiz personnes, » pour estre des troiz l'un maire, c'est assavoir tel, tel et tel; et si aiez aviz sur » cecy et s'il gret a tous, plezet le vous savoir.* Si alors, de la volenté Dieu n'y a nul » contredisant, ceulz troiz demouront pour esleuz et seront présentés cellui jour » par le maire au seneschal ou a son lieutenant pour prendre des troiz cellui qui » lui plaira. *Item*, la seconde maniere de faire l'esleccion est par voye de scrutine : » c'est asavoir que chascun an deviset troiz, telx comme bon lui semblera; et a les

TEXTE FRANÇAIS	TRADUCTION
per qui sunt establi esliront treys daus prodeshomes de la cité et les presteront au roy, que de celuy qui a luys plague fasse mayre.	constitués pairs éliront trois prud-hommes de la cité qu'ils présenteront au roi, qui nommera maire celui d'entre eux qu'il choisira.
2. Et da cent pers davant diz esliront liditz cent per vint et	2. Parmi les cent pairs, vingt-quatre seront élus du consentement

» mectre en escript, ainsy comme chascun les deviset, sont tant seulement le maire
» qui encore est et le maire qui a esté l'année paravant et le soubz-maire tant
» seulement, et sont en un lieu privé ou n'a ame fors que eulx ; et viennent a eulx
» illecques l'un apres l'autre ; et quant chascun en a dit sa volenté et il est mis
» par escript, les diz maire qui encore est, et le maire qui a esté avant lui et le
» soubz-maire regardent leur escript bien et diligemment ; et ceulx troiz a qui il
» ont donné plus de voix, ilz prennent ceulx trois noms et rompent alors l'escript
» que il ont faict afin que nulz ne puisse avoir aigne ; et ce fait s'en vien-
» nent arrieres en leurs sieges et reprent adoncques le maire le parler en disant :
» *Beaux seigneurs, nous avons eleccion, loué soit Dieux: c'est assavoir tel, tel et*
» *tel.* Et ce fait, encontinent celui mesme jour sont présentés au seneschal ou a
» son lieutenant pour prendre celluy qui allui plaira, si comme dessus est dict. *Item,*
» la tierce maniere de faire eleccion est par voye de compromis ; c'est-a-dire que
» le maire prent ledit papier de la commune et l'ouvre et regarde les noms des pers
» et d'iceulx pers en prent quatre telz comme ilz lui vient a plaisir et ceulx quatre
» viennent devant lui et lui font serement sur les sains Evvangiles nostre seigneur
» que bien et loyaulment il nommeront et ordeneront troiz bons hommes souffisans
» pourquoy l'un puisse estre maire ; et ce fait, ces iiij vont en un lieu secret
» de l'esclavinage ou il n'a ames mes eulx, et portent aveccques eulx ledit
» papier et es douze qui sont conseillers, il en prennent deux telz comme bon
» leur semble et les viennent nommer au maire et le maire les prent et les fait
» venir a soy et leur fait faire le serment comme aus autres iiij ; et ce fait, les
» iiij pers et les ij conseillers s'en vont au lieu ou lesdiz pers estoient partiz
» et quant il sont touz six ensemble, il prennent le papier derechef et
» regardent les douze eschevins et d'iceulx en prennent deux, non mie de ceulx
» qui pourroyent cheoir en election, maiz des aultres et viennent nommer au
» maire ceulx deux eschevins, et le maire les fait lever et leur fait faire le
» serment comme aux autres et s'en vont au lieu ou les autres six sont ; et quant
» touz les huit sont assemblez, ilz regardent pour le proufit de tout le commun et
» de la ville troiz bons hommes pourquoy l'un des iij soit maire ; et quant ils
» sont touz a un accort, il apportent et nomment au maire en presence de touz,
» les iij que il ont esleuz, et tantost ce fait, cellui mesmes jour le maire les va
» presenter au seneschal ou a son lieutenant par la maniere que dit est. » (*Arch. nat.,*
JJ. 105, n° 418). Le même mode d'élection a été employé à Limoges, voy. *Registres consulaires de Limoges*, t. I, p. 45. Cf. *Decret Greg.*, IX, lib. I, tit. VI, cap. XLII et *La vie et passion de mgr. S. Didier par Guillaume Flamang* (mystère de 1482) publ. par Carnandet., p. 15.

TEXTE LATIN

centum parium, qui singulis annis removebuntur ; quorum duodecim eschevini vocabuntur, et alii duodecim, consultores. Isti viginti quatuor, in principio sui anni, jurabunt se servaturos jura sancte ecclesie et fidelitatem domini regis atque justiciam, quod et ipsi recte judicabunt secundum suam conscienciam[2], quod et si quid major[3] celari preceperit, celabunt. Hoc quicunque detexerit, a suo officio deponetur et in communie misericordia remanebit.

[1] predictis paribus (B et C). — [2] conscientiam suam (C), consciencianm suam (B). — [3] major forte (C).

TEXTE PROVENÇAL

timent dels c. pars, qui a cascun an seran mudats ; dous quaus los XII. seran aperads esquevins, eus autz XII., cosseilhedors. Aquetz XXIIII. jureran, en lo comensament de lor an, que garderan les dreituries de sante glizie e le fideutat de nostre seinhor lo rey e justizie, e que dret judgeran segon lor consciencie, e que celerant so que lo maire los manera celar ; e qui ag descobrira en paulre, sera despauzat de son offici e armaira en le merce de le comunie.

3. Major vero et duodecim eschevini convenient bis quaque ebdomada pro civitatis negociis[1] ; et si in aliquo agendo dubitave-

3. Lo mayre els esquevins s'amasseran dues vedz cascune sedmane per le coite de la biele ; e si dopteran aucue cauze, apere-

2. LA ROCHELLE, 1407. « Selon qu'il est escript ou *Livre noir*, ou second article » de l'Establissement de lad. ville, des cent pairs d'icelle ville doibvent estre elus » XXIV du consentement et volonté des pairs, desquels XXIV, les douze seront » appelez eschevins et les autres douze conseillers, et seront muez chascun an ; » c'est assavoir que ceux qui seront eschevins seront conseillers en l'aultre an » suivant et *e converso*. » (Jourdan, *Mém. cit.*, p. 131.) Comme on le voit par cette citation, à La Rochelle les vingt-quatre étaient nommés à vie et le seul changement annuel était une espèce de roulement entre les échevins et les conseillers. — SAINT-JEAN-D'ANGÉLY et ANGOULÊME, 1373-1374 mars. «..... Et lors le maire qui » maintenant est prent par la main le maire qui avoit esté et lui fait faire sere- » ment en telle maniere qu'il lui promet loyalment faire durant son temps office » d'eschevin, c'est-a-dire que il jugera bien et loyalment en son absence : pour

TEXTE FRANÇAIS	TRADUCTION

uatre qui en seront chacun an sté, daus quaus seront establi ouze esquevin et doze conseiller. es vint et quatre jureront ou ommencement de lor année que garderont les dreistures de ainte yglize et la feauté et la reyture lou rey et que il jugeont dreyture segont leur escient. si li mayres lor commandet ucune choze a celer, il la celeont; et cilz qui ou revelera sera esposez de son office et sera en la nerci dau mayor et daus esqueins et de la commune.

des cent pairs[1]; ces vingt-quatre seront changés chaque année; douze d'entre eux seront nommés échevins et les douze autres conseillers. Ces vingt-quatre, au début de leur année, jureront de maintenir les droits de la sainte église, de garder fidélité au roi et de maintenir sa justice[2]; ils jureront aussi de bien juger eux-mêmes selon leur conscience, et si le maire leur confie un secret, ils le garderont; et si l'un d'eux le révèle, il sera révoqué de son office et mis à la merci de la commune.

[1] Quoique le texte prête à l'équivoque, c'étaient bien les cent pairs qui étaient les électeurs des vingt-quatre jurés. C'est ainsi que l'ont entendu le traducteur d'Oléron et tous les commentateurs. — [2] Contre l'opinion des éditeurs des Ordonn. et de M. Jourdan, je pense que *Justiciam* désigne la justice du roi et non celle que doivent exercer les magistrats qui prêtent serment. Le traducteur d'Oléron semble l'avoir interprété ainsi.

3. Li mayres et li douze esqueins se assembleront chascune emaine doez fez por les negoyces e la cité ; et si il doptent en

3. Le maire et les douze échevins se réuniront deux fois par semaine pour les affaires de la ville, et s'ils hésitent en quelque affaire,

ce que touz les eschevins peuent juger en l'absence du maire ; et aussi que il le conseilleront bien et loyalment. Et ainsi jusques au nombre de douze eschevins lui font serement, et empres ce douze conseillers, en telle maniere que il promettent et jurent le conseiller bien et loyalment. » (*Arch. nat.*, JJ. 105, n° 418.)
3. BAYONNE, 1296. Cf. pièces justif. XI, art. 8 et 9. — LA ROCHELLE, XVᵉ siècle. Jureront les eschevins et conseillers qu'ilz seront assemblez en l'eschevinage une foys chascune semaine avec led. M. le maire pour les negoces de la ville ; c'est assavoir chascun samedy, dedans heure de prime, et les pairs chascun samedy de quinzaine pour faire conclusion de ce que lesd. M. le maire, eschevins et conseillers auront traicté leurd. jour pour lesd. negoces du commung. » (Jourdan, *Mém. cité*, p. 134). — SAINT-JEAN D'ANGELY ET ANGOULÊME, 1373-1374, mars.
... que touz les moys une foiz le maire, eschevins et conseillers et pers se

TEXTE LATIN

rint, de duodecim consultoribus quos[2] voluerint convocabunt, super hoc concilio fruituri[3]. Et duodecim consultores cum majore et eschevinis quoquo[4] sabbato simul erunt; et quaque quindena, die sabbati, similiter omnes centum pares.

[1] vel castelli Falesie negotiis (C). — [2] quot (B). — [3] convocabunt, eorum consilio super hoc fruituri (C). — convocabunt eorum consilio fruituri (B). — [4] quoque (C).

4. Quicunque vero predictorum omnium[1] ad dies, ut predictum est, sibi constitutos, antequam prima cantetur, sine submonicione[2], cum aliis non affuerit paribus, si sit eschevinus, paccabit[3] quinque solidos ad negocia[4] civitatis Rothomagi[5], et consultor absens, tres solidos, et si de aliis paribus, duos solidos[6], nisi idoneam excusacionem[7] die precedenti majori notam fecerit. Et quicumque predictorum, sine licentia majoris, abierit de congregacione[8] aliorum, tantumdem paccabit[9] quantum ci paccare[10] statutum est si ad horam prime non venisset. Et si major aliquando aliquibus istorum eguerit predictorum[11], tunc si quis eorum ad ejus mandatum et submonicionem[12] non venerit, preconstitutam sibi emendacionem[13] paccabit[14], nisi apertam excusaci[onem ostenderit][15].

[1] omnium predictorum (B et C). —

TEXTE PROVENÇAL

ran dels XII. cosselhedors qual se voleran, e sob so auran lo cosseilh. Els XII. cosselhedors a lo maire e ab los esquevins sera ensemps cascun dissapte; e tu los o. pars autressi, cascue qui zeie, au dissapte, sien ensemps a lor.

4. Quauque de totz los davan diitz no sera, seis amonestement ab los autres pars, aus dies qui son establitz, cum diit es davant avans que le prime sie cantade, s es esquevin, paguera V. ss. a le coites de le biele; el coselhedo qui no i sera, III. ss.; e dous autre pars, II. ss., si combien excusacio no affeite conneisser lo davant di au maire. E quals qui dels davan diitz s'en ira, sens licence de maire, de l'asemblement del autres, autretant paguera quan establit es de pagar, si ad ore d prime no fos bincud. Et se l maire aucue vedz ab obs aucun dous davant diitz, si la betz aucu de lor no bin a son mant e a so semoiment, paguera l'amend qu'il es establide, si no mostr uberte teis.

» doibvent assembler en leurs esclavinage pour les afaire de la ville et commune
» et tenir leur mezée empres le sain de la commune sonné; et de tout ce que i

TEXTE FRANÇAIS

ucune choze faire, il apeleront eluy ou ceaus qu'il voudront des xii. conseillers et useront sus cele choze a lor conseil. E li xii. coneiller seront assemblé ob lo mayor et ob les esquevins chasune quinzaine lou semadi, et tuit i cent per.

4. E quicumque daus davant diz esquevins e conseillers et pers ne vendra au davant dit jor avant que prime seit chantée, sanz moticion, ob les autres esquevins et conseillers, si il est esquevins, il paiera V. s. aus affaires de la cité ; e si conseillers qui ne seit pas en la ville, il paiera III. s. et si est pers, II. s., si il, a aucun jor avant, ne a dit au maior raizonable escusacion par quei il ne i puchet estre. E quicumques daus davant diz s'en ira, sans congé dau maior, de l'assemblé daus autres, paiera autant comme il paieret se il ne veneit a l'ore de prime. E si li mayres aucune fet a mestier de aucun de eos, adonques si aucuns de eos ne vent a son mandement, il paiera l'avant dite pene, se il ne mostre aperte excusacion.

TRADUCTION

ils appelleront ceux des douze conseillers qu'ils voudront, pour avoir leur avis. Les douze conseillers se réuniront chaque samedi avec le maire et les douze échevins ; et de même chaque quinzaine le samedi, tous les cent pairs [1].

[1] Le texte d'Oléron ne connaît que deux sortes de réunions, celle de l'échevinage deux fois par semaine et la réunion plénière de quinzaine.

4. Quiconque des susdits ne viendra pas aux réunions les jours susindiqués, avant prime chantée, sans convocation préalable, avec les autres pairs, paiera, s'il est échevin, cinq sous au profit de la ville de Rouen. Le conseiller absent paiera trois sous, et l'un des autres pairs, deux sous, à moins que la veille le maire n'ait reçu excuse valable. Quiconque des susdits quittera l'assemblée sans permission du maire paiera la même amende que s'il n'était pas venu à l'heure de prime. Et si parfois le maire a besoin de quelques-uns d'entre eux, si l'un d'eux ne se rend pas à son ordre et à sa convocation, il paiera l'amende établie, à moins qu'il ne produise excuse valable.

» auront l'advis et la oppinion de chascun il se doivent tenir a la plus saine
» partie et le mettre par escript en leur papier. » (*Arch. nat.*, JJ 105, n° 418.)

TEXTE LATIN

² submonitione (C). — ³ pagabit (C), pacabit (B). — ⁴ negotia (C). — ⁵ vel castelli Falesie (C), vel castelli Phalesie (B). — ⁶ etsi de aliis paribus. Et solidos (sic C). — ⁷ ydoneam excusationem (C). — ⁸ congregatione (C). — ⁹ pagabit (C), pacabit (B). — ¹⁰ Idem (B et C). — ¹¹ istorum predictorum aliquibus eguerit (B et C). — ¹² summonitionem (C). — ¹³ emendationem (C). — ¹⁴ pagabit (C), pacabit (B). — ¹⁵ B et C.

TEXTE PROVENÇAL

5. [Si]¹ quis duodecim eschevinorum in Angliam sive in regionem longinquam vel peregrinacionem² abire voluerit, licenciam³ accipiet a majore et aliis eschevinis, quando erunt sabbato congregati, et ipsi statim communiter eligent⁴ quem in loco⁵ ejus statuant, donec repatriet.

¹ B et C. — ² peregrinationem (C). — ³ licentiam (C). — ⁴ eligent ibi (C). — ⁵ quem loco (C).

5. Si aucun dels xii. esquevin volera anar en Angleterre, o i autre terre loinhau, o in peregrinadge, prenera lezer del maire dels autres esquevins, quant sera aiustadz au dissapte; e id ade aqui comunaumens eslieran aucu que establisquen en log de luy trou que tornie.

6. Si major et escheveni sederint in eschevinagio, et, loquente majore, aliquis verba ejus interruperit, vel aliquem, quem major auscultari¹ velit, disturbaverit, major ei tacere precipiet, et si postea turbaverit memoriam ejus qui loqui debet, mox paccabit² duodecim³ denarios, si sit de jura-

6. Sil maire els esquevins seden en esquevinadge, quant lo maire parlera si aucun l'enterompera sas palauras, o desputera aucun hom queu maire volera que sie escoutat, lo maire lo manera carar; e si despuis destorbera le memorie d'aquet qui parlar deu, ades paguera XII. dies, si es dels jurads

4. BAYONNE, 1296. Cf. pièces justif., XI, art. 12. — LA ROCHELLE, xvᵉ siècle.
« Quiconque des dessus nommez ne sera aux jours ainsy establis, dans le temps
» de l'expédition des causes, sans semonces ne estre tremis querir, s'il est eschevins
» ou conseiller, il paiera cinq sols, et s'il est pair, deux sols six deniers aux negoces
» de la ville, s'ils ne montrent excusacion ou exoine raisonnable ; et quiconque
» des dessus nommez se destira de la congregation ou de son lieu jusqu'a ce que
» la conclusion du conseil soit faicte, sans licence du maire, il payera autant
» que s'il n'estoit venu dedans le temps dessus dict. Et si led. M. le maire a
» aucune fois besoin des dessus nommés ou d'aulcun d'eux et s'il [ne] vient a son

TEXTE FRANÇAIS	TRADUCTION
5. Si aucuns daus xii. esquevins vout aler en Angleterre ou en autre oig païs, il deit prendre congé dau nayre e daus esquevins, quant il seront lo samadi assemblé ; et il adonques esliront communaument celuy que il establiront en luec de uy, juques il seit venuz.	5. Si l'un des douze échevins veut aller en Angleterre ou dans un pays éloigné ou en pélerinage, il en demandera l'autorisation au maire et aux autres échevins, le samedi, quand ils seront assemblés, et ceux-ci aussitôt choisiront d'un commun accord quelqu'un pour le remplacer jusqu'à son retour.
	6. Lorsque le maire et les échevins siègent en échevinage et que le maire parle, si quelqu'un l'interrompt ou trouble celui auquel le maire a donné la parole, le maire lui ordonnera de se taire, et si ensuite il trouble de nouveau les idées de celui qui doit parler, il paiera, si c'est un des jurés de la com-

» mandement, il payera lesd. amandes, s'il n'a exoine ou excusation raisonable. »
(Jourdan, *Mém. cit.*, p. 136.)

5. BAYONNE, 1296. Cf. pièces justif. XI, art. 15. — LA ROCHELLE, xvᵉ siècle.
« Selon qu'il est escript ou *Livre noir*, sy aulcuns des douze eschevins veulent
» aller hors du pays en lointaines parties ou en pelerinage, il doibt prendre congé
» et licence de monseigneur le maire et des autres eschevins, a ung sabmedy
» qu'ils seront assemblez ou le leur faire assavoir. Lesquelz eschevins esliront
» lors ung des pairs, qui exercera l'office d'eschevin tant que led. eschevin sera
» absent. » (Jourdan, *Mém. cit.*, p. 138.)

TEXTE LATIN

tis communie, quorum octo[4] erunt in usu[5] civitatis Rothomagi[6], et quatuor habebunt clerici et servientes.

[1] ascultari (C). — [2] pagabit (C). — [3] XII[os] (C). — [4] octo manque (B). — [5] in usus (B et C). — [6] vel castelli Falesie (C), Phalesie (B).

7. Si quis eschevinorum, consultorum seu aliorum parium, diebus sibi constitutis, postquam pro recto faciendo cum aliis sederint[1], sine[2] majoris licencia[3], sedem suam consiliandi causa reliquerit[4], paccabit[5] duodecim[6] denarios, octo scilicet urbis Rothomagi[7] proficuo et quatuor[8] clericis et servientibus.

[1] sederit (C). — [2] si sine (C). — [3] licentia (C). — [4] relinquerit (B). — [5] pagabit (C). — [6] XII[os] (B). — [7] vel castelli Falesie (C). — [8] denarios, si sit de juratis communie, quorum octo erunt in usu civitatis Rothomagi vel castelli Phalesie et quatuor (B).

TEXTE PROVENÇAL

de le comunie ; e seran ne los VIII. dies au profit de la biele, eus IIII. dies auran ne los clerxs els serbens dou maire.

7. Si alcuns dels esquevins e dels cosseilhedors o deus autres pars, en lors dies establitz, posque per dret far sera assetiat ab los autz, lachera son seti per cosseilhar, sans lezer dou maire, paguera XII. dies, los VIII. au profit de le biele, eus quate aus clerxs e aus sirbens.

---

6. BAYONNE. Fin du XIIIe siècle. « 1. Si lo maire e conseilh, sedens en tribunal o fasens dret a les partides, es interromput de son parlar o no es escoutat u obedit mandan scilenci, tau interrompedor e desobedient sera mes en preson e paguera cent solz Guians, applicquedeys, le mitad a le vile, e l'autre mitad sera repartide aus sergens e au greffier et procuredor de la ciutat. — 2. Item, e si augun en judgement fey aucun exces, com es injuria ung abocat o partide a l'autre, o jura, o blasfemma, sera mes en preson per estar punit a l'arbitre deudit maire e conseilh. — 3. Item, e si augun interrom le opinion e parlar deu maire, son loctenent, clerc ordinari, esclevin, jurat o vingt quoate, o jurera lo nom de Diu, o mentavera maligne esprit, paguera l'amende de vingt solz tornes per chacune regade, avans que sailhi deu conseilh, applicquedeyre aus affars de le ciutat. — 4. Item, e si los deu segrement deu conseilh injurie autre verbaument o reaument qui sie deu conseilh, sera punit per los medichs deu conseilh, segretement, chens aver recours a autre judgement ni en autre part. — 5. Item, es estat establit que les gens deu conseilh no sailhin deus setis ne de le crampe chens le congit deudit maire o son loctenent, sus le peine applicquedeyre come desus. » (Arch. mun. de Bayonne, AA. 3, fol. 117.) — LA ROCHELLE, 1209. « Selon ce qu'il est escript ou livre de la mairie de sire P. Aimery, l'an M. CC. IX. un appelé

TEXTE FRANÇAIS	TRADUCTION
	mune, douze deniers, dont huit au profit de la ville de Rouen et quatre aux clercs et sergents.
	7. Si l'un des échevins, conseillers ou pairs siègeant avec les autres, aux jours déterminés, pour faire droit, quitte sa place sans autorisation du maire pour conseiller [1], il paiera douze deniers dont huit seront attribués à la ville de Rouen et quatre aux clercs et sergents.

[1] *Consiliandi causa :* aucun des anciens traducteurs n'a expliqué cette expression. La Terraudière traduit : pour causer, pour opiner; Balasque : pour conseiller l'une des parties.

Lucas de Roches, pair et du college, pour ce que luy estant au conseil en l'eschevinage, apres ce qu'il eust faict plusieurs clameurs et empeschements aud. conseil, admonesté par trois fois par led. maire qu'il se teust, dont il fut refusant et dict aud. maire plusieurs paroles arrogantes, sans luy porter reverence ne aud. college, fut led. Lucas en lad. mairie, privé dud. college a jamais et constitué en l'amende envers la ville ; laquelle fut depuis taxée par led. college a dix marcs d'argent, pour les apporter aud. eschevinage le samedy prochain apres suivant. » (Galland, *Discours au roy*, p. 51.) — XVe siècle. Selon qu'il est escript ou *Livre noir* en l'Establimant de la commune, quand Monseigneur le maire et les cent pairs seront assemblez au conseil, se aulcun d'eux interrompt led. maire quand il parlera, ou aultre qu'il aura commandé estre ouy et escouté, ledict Monseigneur le maire luy commandera de faire silence et qu'il se taise ; et sy apres ce, il destourbe celuy qui devra parler, il payera pour chascune foys deux sols six deniers tournois, desquels vingt deniers seront au profficit de la ville et dix deniers au clerc et au sergent de lad. ville. » (Jourdan, *Mém. cit.*, p. 141.) — Ces spositions furent renouvelées par un règlement du corps de ville, le 10 juillet 1566. urdan, *Mém. cit.*, p. 141.)

7. LA ROCHELLE. XVe siècle. « Selon qu'il est escript ou *Livre noir* et aux Esta-

TEXTE LATIN

8. Si major et eschevini sederint[1] in eschevinagio, et[2] aliquis convicietur alii in audiencia[3], erit in misericordia majoris et eschevinorum, secundum quantitatem convicii[4] et[5] quod conviciari[6] consuevit.

[1] sedeant (C). — [2] et tunc (B. et C). — [3] audientia (C). — [4] convitii (C). — [5] et secundum (B). — [6] convitiari (C).

9. Si quis[1] major institucionem[2] communie transgressus fuerit, ad dupplum[3] erit in misericordia quam[4] esset aliquis eschevinorum, quia ab eo debet sumi juris et equitatis exemplum et instituta servandi.

[1] quis *manque* (C). — [2] institutionem (C). — [3] duplum (C). — [4] erit misericordie quod (B et C).

10. Si contigerit aliquem aliquid interciare[1] de suo[2] super latronem vel falsonarium in Rothomago[3] captum et convictum, et possit ostendere, legali testimonio vicinorum, suum esse quod

TEXTE PROVENÇAL

8. Si lo maire eus esquevin sedent en esquevinadge, e alor augun ditz mau ad autre en audiense, sera en merce dou maire dous esquevins, segon le gravess dou maudiit, e segon que es acotumat de maudizer.

9. Si lo maire trespassera l'Establiment de la comunie, al dob. sera de merce que seri I. dous esquvins, car de luis diu esser pr ischemple de dreiture e de rigaut de gardar los Establimentz.

10. Si habiere que aucuns ho tuscera augue cause dou son sob layron o sober faussari en Baio pres o pravat, e pucque monstra per leyau testimoni de vezin que sie son so que cride, aredut

» blimans, si aulcun eschevin, conseiller ou pair, au jour que l'on tiendra cons
» laisse son siège sans cause et sans avoir licence de Monseigneur le mai
» jusques a la conclusion dudict conseil, il payera l'amende comme dessus
» proffict de la ville. » (Jourdan, *Mém. cit.*, p. 144.)

9. BAYONNE. Coutume de 1273. XVII. « *Costume cum lo mayre deu passar do*
» *peine que feri hun autre si fey contre los Establimentz.* Si lo maire qui d
» saubar los Establimentz, fey lo contre e va contre acquetz, o da favor de far
» ad augun, deu passar doble pene que hun autre feri si a l'encontre anabe. » —12
Cf. Pièces justif. XI, art. 16.—Fin du XIII siècle « ..... com l'eschemple deu sail

— 17 —

TEXTE FRANÇAIS

8. Si li maires e li esquevin se seent en l'esquevinage, e aucuns daus jurez dit vilanie a l'autre en la presence et en l'audience dau mayor e daus esquevins, il ert en la merci dau mayor e daus esquevins et sera puniz segont la grandor dau medit et segont ceu que il est acostumé de mesdire.

9. Si li mayres trespasse l'Establiment de la commune, il ert par les esquevins puniz a double paine que seret un daus esquevins se il trespassoit, se il n'a aperte desacusance, quar de luy deit estre pris esemple de dreiture et de egauté et de guarder les Establimentz.

10. Si ol avent que aucuns conoichet aucune choze dau son sur larron ou faussoner pris ou convencu a Roan, et il puche mostrer par leau garentage de ses veysins la choze estre soe, elle li ert ren-

TRADUCTION

8. Si le maire et les échevins siègent en échevinage et que quelqu'un[1] dise des injures à un autre en pleine audience, il sera à la merci du maire et des échevins qui apprécieront la gravité du délit et les conditions de récidive.

[1] *Aliquis*, je crois qu'il s'agit plutôt ici du public, des plaideurs, que des échevins.

9. Si le maire viole les Etablissements de la commune[1], sa condamnation sera le double de celle qui frapperait un échevin, car il doit donner l'exemple de l'observation du droit et de l'équité et du maintien des Etablissements.

[1] Il ne s'agit pas ici d'attentat contre la commune, mais seulement de non-observation des règlements ou plutôt des Etablissements. Le texte français, qui paraphrase un peu, ajoute que le maire sera jugé par les échevins et admet la possibilité d'excuse légitime.

10. Si quelqu'un retrouve quelque chose qui lui appartienne sur un voleur ou sur un faussaire arrêté et convaincu à Rouen, et qu'il puisse prouver par loyal témoignage de ses voisins qu'il est

» deu cap,..... quent lo contrari fera, sera punit per lo conseilh per doble pene
» que sons justiciables deuren estar, si faren lo semblable. » (Arch. mun. de
Bayonne, AA 3, fol. 214). — LA ROCHELLE. XVᵉ siècle. » *Item*, selon led. *Livre noir*
» et aud. Establimant, se Monseigneur le maire ou aucun des eschevins outre-
» passent, transgressent ou font contre les institutions, ordonnances et Establimans
» de la commune, ou contre aucun d'iceulx, [seront condamnés] au duple de
» pugnition et d'amende que seroit ung autre bourgeois de lad. commune, et
» reputez pour manifestes parjures, pour ce que ils doibvent estre l'exemple
» (*alias* la lumiere) des autres et sont constituez principalement pour punir les
» delinquans contre lesd. statuts et ordonnances. » (Jourdan, *Mém. cit.*, p. 148.)

TEXTE LATIN

clamat, reddetur[4]; et latro vel falsonarius judicabitur per communiam et ponetur in pillorico[5], ut omnes eum[6] videant atque cognoscant, et si debet habere *merc*, fiet ei; et si forisfecerit[7] menbrum vel amplius, reus et castallus[8] tradentur justiciis domini regis ad faciendum de eo justiciam.

[1] intertiare aliquid (C). — [2] interciare de suo aliquid (B). — [3] vel castello Falesie (C), Phalesie (B). — [4] reddetur ei (B et C). — [5] pilorio (C), pillorio (B). — [6] eum omnes (B. et C). — [7] forifecerit (C). — [8] catellus ejus (C).

11. Si juratus communie juratum suum occiderit, et fugitivus vel convictus inde fuerit, domus sua prosternetur et ipse reus cum castallis[1] suis tradetur justiciis domini regis, si poterit teneri.

[1] catallis (B et C).

12. Si juratus juratum menbro aliquo debilitaverit, placitum inde et emendacio[1] erit domini regis et ipse reus in misericordia communie remanebit, eo quod juratum suum menbro[2] debilitaverit.

[1] emendatio (C). — [2] menbro juratum suum (B et C).

13. Si quis sedicionem[1] in urbe Rothomagi[2] fecerit, et duo de viginti quatuor juratis hoc viderint,

TEXTE PROVENÇAL

sera; eu lairon eu faussari sera judiat per le comunie, e sera pauzat en lo pidloric, que totz lo veien eu coneguen; e si deu aver seinhau, que l'aura. E se a forfeit menbre o autre cause plus, lo coupau e son captau seran livradz a le justizie del rey a far de luy justizie.

11. Si jurad de le communie aucidera son jurat, eu sera faidiu o pravat, sera sa maison darrocade e medis lo coupau sera livrat, ab sons captaus, a les justizies del rey, si pot estar tincut.

12. Si jurad afreblezira son jurad d'aucun menbre, lo pleit et l'amende d'aquero sera de nostre seinhor lo rey, e ed medis armaira en merce de la comunie, per so car son jurad aura afreblezit de son menbre.

13. Si aucun fera discension de barailhe en le biele, e dus dous XXIIII. juradz veiran asso e au-

13. La Rochelle. XVe siècle. « Que si aucun fait sedition en lad. ville et deux
» des vingt-quatre eschevins et conseillers le voient ou oyent confesser aud
» forfaiteur, par le tesmoignage desd. deux eschevins ou conseillers et par leur

TEXTE FRANÇAIS

lue, et li leres ou li faussoners sera mis ou pillori[1], si dreiz requert, que toz le veent et le conoichent; et se il deit aveir merci[2], il o aura. E si il a mesfait par quey il deiet perdre membre ou plus, il et ses chozes seront livrées a la justice lo rey, a faire dreit.

[1] Le traducteur a omis *judicabitur per communiam*. — [2] Le traducteur n'a pas compris *merc*.

11. *Quant jurez de commune ocist autre.* — Si li jurez de la commune ocist son juré et il en seit fuitis o convencuz, sa maison ert abatue et il et tuit si ben seront livrez aus justices lo reys, se il puet estre tenuz.

12. Si aucun dau[s] jurez maagnet son autre de aucun de ses membres, ou en autre manerè li ait li meffait, et il en seit convencuz, il remaindra en la merci dau mayor et daus esquevins, porce que il aura maagné son juré de son membre ou lo aura feru ou li aura tort fait.

13. Si aucuns fait traïson en la cité et duy daus XXIIII. en ayent veu ou oy, li traitres en sera

TRADUCTION

propriétaire de ce qu'il réclame, il lui en sera fait restitution et le voleur ou le faussaire sera jugé par la commune et mis au pilori pour que tous le voient et le connaissent, et s'il doit subir la marque, qu'il soit marqué; s'il a forfait un membre ou plus, l'accusé et ses biens mobiliers seront livrés aux gens de justice du roi pour qu'il en soit fait justice.

11. Si un juré de commune tue son cojuré, et s'il est ensuite fugitif ou convaincu, sa maison sera abattue, et s'il peut être pris, il sera livré avec ses biens meubles à la justice du roi.

12. Si un juré estropie de quelque membre son cojuré, le plaid et l'amende appartiendront au roi, et l'accusé lui-même sera à la merci de la commune, parce que ce sera son cojuré qu'il aura estropié.

13. Si quelqu'un a fait une sédition dans la ville de Rouen et que deux des vingt-quatre jurés l'aient

» simple parole seront creux sans faire serment, pour ce qu'au commencement
» qu'ils furent faits eschevins ils jurerent de dire verité de ce qu'ils sçavoient et
» qu'ils auroient veu et ouy. » (Gallant, *Discours au roy...*, p. L.)

TEXTE LATIN

reus verbo eorum convincetur. Qui ideo solo verbo credentur, quia in inicio[3] sui[4] eschevinatus[5] juraverant se verum dicturos de hoc quod audierint et viderint. Si duo[6] de ceteris paribus viderint, reus (verbo[7]) eorum convincetur juramento ; et remanebit[8] in misericordia et emendabit intuitu majoris et eschevinorum malefactum, secundum quod est et juxta quod consuetus est forisfacere[9].

[1] seditionem (C). — [2] vel in castello Falesie (C), Phalesie (B). — [3] initio (C). — [4] sui manque (B). — [5] eschevinitus (B). — [6] si qui vero duo (C), si vero (B). — [7] Ce mot qui rend la phrase incompréhensible n'a été ajouté certainement que par une erreur du copiste. — [8] reus juramento illorum convictus remanebit (B. et C). — [9] forifacere (B et C).

TEXTE PROVENÇAL

diran, lo coupau sera pravat per le palaure de lor, qui seran credudz per lor palaure, per so car juran au comensement de lor esquevinadge que ver dizerin desso que veirin e audirin ; si dus dous c. pars ac veden, lo coupau sera pravat per lor segrement ; e armaira en merce e esmendera, per esgoart dou maire e dous esquevins, lo mau feit, segon que es e segon que es acostumat de forfar.

14. Si aliquis alicui verbo conviciabitur in civitate, sive in vico, sive in domo[1], convincetur per duos testes de centum paribus sine juramento, et emendabit, in misericordia majoris et eschevinorum, convicium[2], secundum quod est[3] et juxta quod est consuetudinarius[4] inferre convicia[5] ; et si conviciatus[6] non habet testes de paribus, querela ejus deducetur lege terre.

[1] castelli Falesie sive in castello (C). — [2] convitium (C). — [3] erit (B). — [4] consuetudinarius est (B et C). — [5] convitia (C). — [6] convitiatus (C).

14. Si aucun dizera mau en le biele ad aucun, o en arrue o en maizon, sera pravat per II. tastimonis dous c. pars, seis segrement ; armaira en merce dou maire e dous esquevins, segon queu mau diit es, e segon que es acostumat de mau dizer ; e se lo maumiat no ha testimonis dous pars, son clam sera miat per ley de le terre.

14. BAYONNE. Coutume de 1273. CXV. « Mau diit nos pot pravar si no ab dus

TEXTE FRANÇAIS	TRADUCTION

convencuz par la simple parole de eaus dous, par ceu seront creguz par lour simple parole, car il jurerent ou commencement de lor an qu'il direent verité de ce que veirient et oyreent. Si duy daus autres pers ou ayent veu ou oy, il en ert convaincuz par lor sairement de eaus dous; et en ert conveincuz en la merci dau mayor et dos esquevins et amendera, a l'esgart lau mayor et daus esquevins, lo meffait, segont que il sera et segont que il ert costumez de meffaire.

vu; accusé, il sera convaincu par leur parole, les jurés étant crus sur leur simple parole, parce qu'au commencement de leur échevinage ils ont juré de dire la vérité sur ce qu'ils entendraient et verraient. Si deux des autres pairs l'ont vu, l'accusé sera convaincu par leur témoignage sous serment. Il sera à la merci du maire et des échevins et amendera son crime à leur appréciation, selon sa gravité et les conditions de récidive.

14. Si aucun mesdit de convice aucun sur la cité, ou en rue ou en maison ou en autre luec, il en ert conveincuz par dous garenz daus cent pers sans saicrement ou par II. autres jurez ol saicrement[1]; et amandera par lo mayor et par les esquevins le convice, segont que il ert et segont que il ert acostumez de mesdire et de convice dit a son juré, remaindra en la merci dau maior et daus esquevins. Et si cilz qui aura esté ydengez n'a garenz daus cent pers ou daus autres jurez sa quelle sera demenée segont la loy de la cort.

14. Si quelqu'un en injurie un autre dans la ville, soit dans une rue, soit dans une maison, il sera convaincu par le témoignage sans serment de deux des cents pairs, et amendera son injure à la merci du maire et des échevins, selon la gravité du délit et son habitude d'injurier. Si l'injurié n'a pas de témoins parmi les pairs, l'affaire sera jugée suivant la loi de la terre.

[1] Le traducteur ajoute ici l'alternative du témoignage sous serment de deux bourgeois.

testimonis deus cent partz quiu serin credutz pou segrement que fen a l'entrade

TEXTE LATIN

15. Si quis in pillorico [1] fuerit [2], non propter furtum set quia egerit [3] contra statutum communie aliquid [4], et aliquis ei exprobraverit [5] ut faciat ei verecundiam [6] coram conjuratis [7] vel coram aliis hominibus, paccabit [8] viginti solidos, quorum is [9] cui exprobracio [10] facta est habebit quinque solidos, et quindecim erunt ad negotia [11] civitatis Rothomagi [12]. Et si ille qui exprobraverit [13] non velit vel non possit pagare viginti solidos, ponetur in pillorico [14].

[1] pilorio (B et C). — [2] fuerat (C). — [3] aliquid egerit (C), egerit aliquid (B). — [4] aliquid *manque* (B et C). — [5] exprobraverit (C). — [6] verecondiam (C). — [7] juratis (B). — [8] pagabit (C), pacabit (B). — [9] his (B). — [10] exprobratio (C). — [11] negotia (C). — [12] vel castelli Falesie (C) — [13] exprobravit (C). — [14] pilorio (B et C).

TEXTE PROVENÇAL

15. Si aucun sera pauzat eu pitloric, no per lairois, mas car aura feit aucune cause encontre l'Establiment de le communie, e aucuns lac artreitera per queu fasse bergoinhe davant los juradz, o davant autres homis, paguera XX. ss., dous quaus, aquet a cui l'artreit es estat feit aura los V. ss., eus XV. ss. seran a les coites de le biele. E si aquet qui artreitat lac aura, no bou o no pot pagar los XX. ss., sera pauzat hin pitloric.

---

16. Si femina convincatur esse litigiosa vel [1] maledica, alligabitur fune subter ascellas [2], et ter in aquam proicietur; cui si quis vir exprobraverit, paccabit [3] decem solidos; si vero femina exprobraverit, decem solidos paccabit [4] vel in aquam proicietur [5].

[1] et (C). — [2] subtus assellas (C). — [3] pagabit (B et C). — [4] id. — [5] vel ter proicietur (C).

16. Si feme es pravade barailhose o maudizent, sera ligade a corde sodz les aicheres e sera getade tres vedz en l'aygue a turn. Si augun baron l'ag artreite, paguera X. ss., e si femne l'ag artreite, paguera X. ss., o sera getade III. vedz en l'aygue.

» deu lor offici. » — LA ROCHELLE. XVe siècle. « Que si aucun fait villenie o
» dommage a autre, en rue ou en maison, sans cause raisonnable, il doit estr
» pris et mis en prison par le tesmoignage de deux des cent pairs, sans sermer
» qu'ils en soient tenus de faire, et l'amander a l'ordonnance du maire et de
» eschevins selon le delict. Et si l'envillem (*sic*) n'a aucun tesmoin des cent pairs
» son action sera desduite selon la loy et la coustume du pays. » (Gallant, *Discour*
au roy..., p. L.)

15. Cf. 36.

16. BAYONNE. XIIIe siècle. « *Femme baralhose gita en l'aigue.* — Et es estat esta

— 23 —

TEXTE FRANÇAIS

15[1]. Si aucuns ha esté mis ou pillori non pas par layrousin mais par autre choze que il ait essayé a fayre contre les Establimens de la commune, et aucuns luy reprochet par quey il li facet vergoigne davant les jurez ou davant autres homes, il paiera XX. s., daus quaus, cilz a qui aura esté diz li convices aura V. s., et li XV. s. seront au besoig de la vile. Et si cilz qui lo li aura reproché ne le veaut ou ne puet paier, il sera mis ou pillori.

[1] L'art. qui porte le n° 17 se trouve placé ici ; nous le rétablissons à son rang à cause de la concordance.

TRADUCTION

15. Si quelqu'un a été mis au pilori, non pour vol, mais pour infraction aux Etablissements de la commune[1] et que quelqu'un le lui reproche pour lui faire honte devant ses cojurés ou devant d'autres hommes, celui-ci paiera vingt sous, dont l'injurié aura cinq sous et dont quinze seront attribués à la ville. Et si celui qui a injurié ne veut ou ne peut payer les vingt sous, il sera mis au pilori.

[1] Je suis porté à croire qu'ici encore il ne s'agit pas d'un attentat contre la commune, toujours si sévèrement puni, mais d'une simple contravention, d'un délit moins grave qu'un vol.

16. Si feme est conveincue d'estre lenzoge ou mesdisanz, ele sera liée ob une corde soz les aysseles et sera gitée par III. fez en l'aigue ; et si aucuns lo y reprochet, cilz paiera X. s., et si fame lo y reproche, ele paiera X. s. ou sera colée III. fez en l'aigue ; e cis X. s. sunt au besoig de la cité.

16. La femme convaincue d'être querelleuse ou médisante sera attachée par une corde sous les aisselles et trois fois plongée dans l'eau ; si un homme le lui reproche il paiera dix sous, si c'est une femme, elle paiera dix sous ou sera plongée dans l'eau.

» blit par los qui dessus, que tote fempne barailhose et arriotose u acostumade de
» estar condempnade, per clains contre ere feytz de maubatz et injurios parlas,
» sera condempnade a estar ligat ab cordes jus les yscheres et messe en le cange
» de fer et gectade tres vegades en l'aigue publicquement ; et si d'aqui en la fey
» lo semblable, sera autrevetz gitat en l'aigue et apres banide le ciutat et juri-
» diction d'aquere, a le discretion deus que dessus. « (Arch. de Bayonne, AA 3,
fol. 174 v°). Les archives de Bayonne contiennent de nombreuses condamnations de la cour du maire à ce supplice. A partir du XIIIe siècle au moins la condamnée était enfermée dans une cage de fer. Sentence de 1557 (FF 3), de 1599, (FF 35.)

TEXTE LATIN

17. Si aliquis qui non sit[1] de communia forisfecerit[2] alicui jurarato communie, mandabitur ei quod emendet forisfactum[3]; quod si contempserit, defendetur juratis[4] ne communicent ei[5] vendendo, neque credendo, nec emendo, nec hospitando, nisi dominus rex vel filius ejus adsint[6] Rothomagi[7] vel assisia; et si ille per hoc forisfactum[8] emendare noluerit, communia ostendet justiciis domini regis, et jurato suo auxiliabitur[9] rectum perquirere; et si quis juratorum contra prohibicionem[10] hanc fecerit, erit in misericordia majoris et eschevinorum.

[1] fuerit (C). — [2] forifecerit (C). — [3] forifactum (B et C). — [4] juratis communie (B). — [5] ei *manque* (C). — [6] assint (C), adsit (B). — [7] vel Falesie (C). — [8] forefactum (C). — [9] voluntarie et de jure auxiliabitur (B). — [10] prohibitionem (C), proibicionem (B).

TEXTE PROVENÇAL

17. Si aucuns hom, qui no sie de le comunie aura forfait ad augun jurat de le comunie, sera manat que emendi lo forfeit; si ed ag meinhs preze, deffenera hom aus juradz de le comunie que no comengien ab luys, en bener, ni en crompar, ni en prestar, ni en hostalar, si nostre seinhor lo rey o son filh no es en Baione, o assise; o si ed no bou emendar lo forfeit, per so le comunie ag mustrera a les justizies del rey, e aiudera au jurad a domanar son dreit. Et se aucuns dous juradz fera contre quest debet, sera en merce dou maire et dous esquevins.

La plus récente que j'aie rencontrée est de 1745. Trois filles libertines sont condamnées à être exposées pendant une demi-heure, visages découverts et têtes rasées, dans la cage du pont Panecau, l'exposition devra être suivie de trois immersions dans la rivière et de leur expulsion de la ville (Ibid. FF. 210). Cf. t. I, p. 171. — OLERON. XIV° siècle. A Oleron cette peine n'était pas appliquée seulement aux femmes querelleuses ou débauchées, mais aussi aux juifs qui ne payaient pas le péage, ainsi qu'en témoigne le passage suivant de la coutume :
« *Ceu est lou peage des juez*. — Chascuns juez et jueve non estant en Oleron, par
» chascune fois que il venent en Oleiron devent de leur cheif iiij. d. do paage au
» rey. E si la jueve est prainz, elle en deit viij. par sey et par l'enffant dau ventre.
» Et dit hom que Guarners Chasteaus, quand il fut seneschaus d'Oleyron, juja
» quant li jues ou la jueve s'en aloit ob lodit peaage (*sic*) il sereit qualez en la
» mer une foyz par le gage daudit peage, et la jueve prainz i seit qualée does fez
» par sey et por l'enffant. Quar por ceu que tout l'aver aus jues sont aus grans
» seignors daus terres sor cuy il estout et ne sereit pas cortesie que on en preist
» lor deners por gage, mas au meisme corz dau jues qui fait la malefaite encort
» le demage. Et apele-t-hom qualer, que hom est estachet par desoz les aiseles ob
» une fort corde et puys est gitez en la mer, et apres est traiz sus que ne muret. »
(Bibl. Bodléienne, ms. Douce 227, p. 111.). — LA ROCHELLE. On y avait remplacé dès le début du XV° siècle la corde sous les aisselles par une corbeille (Voy. Jourdan, *Mém cit.*, p. 162, qui cite plusieurs textes). — Cette peine était des plus

TEXTE FRANÇAIS	TRADUCTION
17. Si aucuns qui ne seit pas de la commune................, li mayres mandera a celuy par son message ou par autre que il amandet lo forfait, et si amander ne le vaust, il est deffenduz aus jurez de la commune que il n'aient ob luy communauté en vendant, ne en achatant, ne en creant, ne en parlant, ne en ostau, ne en autre manere n'ayent ob luy communauté, si li sires ou sis filz n'est a Roan ou en assisia ; et si cilz ne veaut par ce le forfait amander, li mayres lo mostera aus justices lo rey et ajuera a son juré a conquerre en sa dreiture, et si aucun daus jurez de la commune fait contre ceste deffense, il sera en la merci dau mayor et daus esquevins.	17. Si quelqu'un qui ne fait pas partie de la commune forfait à quelque juré de la commune, il sera sommé d'amender ce délit ; s'il refuse, il sera défendu aux jurés d'avoir avec lui des relations, de vente, de prêt, d'achat, de logement, sauf en cas de présence à Rouen du roi ou de son fils ou d'assise. Et si dans ce cas il refuse d'amender son délit, la commune le dénoncera à la justice royale et aidera son juré à poursuivre son droit[1]. Si l'un des jurés contrevient à cette interdiction, il sera à la merci du maire et des échevins.

[1] Le texte de Poitiers spécifie que ce sera spontanément que la commune prêtera aide à son juré.

répandues au moyen âge. Une disposition des usages de Saint-Quentin, qui remontent au commencement du xiie siècle, est presque semblable à celle de nos Établissements : « Et se aucune fame tenchereisse et acoustumée de mesdire, du » pont en l'eaue sera gettée, et le mauvez ribauz lecheeur sera batu et ensement » bouté en l'eaue et apres bouté hors de la ville. » (*Le Livre rouge de l'hôtel de ville de Saint-Quentin*, p. XXI.) On sait que les usages de Saint-Quentin avaient été adoptés par Eu, Chauny, Corbie et Péronne, etc. Le supplice de la *schupfe* à Strasbourg était analogue ; on l'appliquait au marchand de vin qui usait de fausses mesures. Une potence avec poulie était dressée au-dessus d'une fosse remplie de boue. La patient était placé dans une cage de fer suspendue à une corde passée dans la poulie ; le bourreau la hissait et le laissait retomber plusieurs fois dans la boue. (Statuts de Strasbourg, art. 48, dans Strobel, *Hist. d'Alsace*, p. 331.) A Marseille le supplice de l'immersion dans l'eau était appliqué aux blasphémateurs. Statuts cités par Ducange, v° *Accabussare*.) — On le retrouve en Angleterre sous le nom de *poena tymboralis* ou *tumbrellum* (voy. Bracton, lib. 3, cap. 6, § 1. — Fleta, ib. 2, cap. I, § 8. — *Leg. burg.* cap. 21), à Toulouse (voy. Molinier, *De la répression des attentats aux mœurs*, p. 7), à Pavie (voy. Cantù, *Hist. des Italiens*, t. IV, p. 39 de la trad. fr.), et dans nombre d'autres villes. Sur son origine, cf. Tacite, *Germania*, 12, et Grimm., *Deutsche Rechts. Alth.*, p. 726, v° *Prelle*.

17. Cf. art. 21 et 49. — Saint-Jean-d'Angely. 1331 juillet : Voy. t. I, p. 313. — La Rochelle. xve siècle. « Si aulcun qui ne sera pas de la commune faisoit aulcune

TEXTE LATIN

18. Si quis fecerit clamorem de sibi malefacto et rectum inde judicio[1] majoris et eschevinorum accipere noluerit, retinebitur, et positus per vadium et plegios, jurabit pro malefacto[2] illo non malefacturum se illi de quo clamaverat; si vero postea pro forisfacto[3] illo sibi malefecerit, judicabitur sicut transgressor juramenti.

[1] juditio (C). — [2] forifacto (C). — [3] forefacto (C), forifacto (B).

TEXTE PROVENÇAL

18. Si aucuns fera clam de mau que hom l'aie feit, e non bou prener dret per judgement dou maire e dous esquevins, sera artincut e pauzat per gadge e per pleges, e jurera per que aquet forfeit no fera mau ad aquet de cui se sera clamat; e si per aquet forfeit lo fey mau, sera judiat assi cum perjuri.

19. Si quis juratorum communie[1] sit in misericordia positus pro forisfacto[2] suo et fecerit nos inde requiri ab aliquo, nisi fiat precepto domini regis, sua misericordia duplicabitur[3], quia nolumus habere malivolenciam[4] divitum[5] vicinorum nostrorum[6].

[1] juratorum nostrorum (C). — [2] forifacto (B et C). — [3] multiplicabitur (C), dupplicabitur (B). — [4] malivolentiam (C), malevolenciam (B). — [5] divitum *manque* (B). — [6] nostrorum vicinorum (B).

19. Si aucuns dous juradz de le comunie es pausat en merce per son forfeit, et non fei arrequerit ad aucun homis, si no es feit per comandement de nostre seinhor lo rey, sa merce sera doblade, car no volam aver la maubolense de nostz aricomis vezins.

» chose a aulcun juré de la commune, il luy sera mandé qu'il amende ledict
» forfaict, et s'il le contredit, refuse ou delaye, il sera defendu a tous jurez de la
» commune qu'ilz ne luy administrent aulcune chose qui luy soit necessaire, en
» vendant, en achetant, ne aultrement, ne loyer, ne prester, ne donner, senon que
» le Roy ou son filz fussent en la ville ou ou pais. Et sy celuy qui aura faict led
» forfaict ne le veult amender par ce que dict est, lad. commune s'en doibt
» complaindre aux juges royaulx et requerir que l'on leur en fasse raison. Et se
» aulcun desd. jurez faict contre ceste prohibition, il sera en la mercy du maire
» et des esquevins. » (Jourdan, *Mém. cit.*, p. 164). — Cette espèce de mise en interdit des personnes que la juridiction de la ville ne pouvait pas atteindre se retrouve dans le droit municipal de toutes les régions de la France. Voy. par exemple à Saint-Omer, XIIe s. (Giry, *Histoire de Saint-Omer*, p. 181.); à Arles

— 27 —

TEXTE FRANÇAIS

18. Si aucuns jurez fait clamor de meffait que sis jurez li ait fait ou de toute autre quereille et ne volget dreit prendre davant lo mayor et davant les esquevins, il sera retenuz et sera mis par gages et par pleges, jurera que il ne meffera par celuy meffait a celuy de cuy il avet fait clamor ; et si apres par celuy meffait il li meffait, il sera juget parjure et sera en la main dau major et daus esquevins dau trespas.

19. Si aucuns jurez de la commune est mis en merci par son meffait, et il fait prier par aucun son riche veisin de relaschement de sa merci, se il no fait par lo commandement lo rey, sa merci sera doblée, quar n'est pas bon aver la mauvolence de ses riches veisins.

TRADUCTION

18. Si quelqu'un a déposé une plainte contre un homme coupable envers lui d'un meffait et ensuite refuse qu'il lui soit fait droit par jugement du maire et des échevins, il sera arrêté et devra fournir gage et garants et jurer que pour ce meffait il ne fera pas de mal à celui dont il s'était plaint. Si dans la suite pour le même meffait il lui fait quelque mal, il sera jugé comme parjure [1].

[1] C'est une espèce d'assurement exigé de ceux qui se désistent des plaintes qu'ils avaient formées contre des bourgeois. Le texte français restreint cette disposition aux bourgeois et aggrave la peine.

19. Si l'un des jurés de la commune mis en merci pour un délit commis par lui nous fait solliciter par quelqu'un, sauf le cas où ce serait par ordre du roi, sa condamnation sera doublée, car nous ne voulons pas encourir la malveillance des bourgeois puissants [1].

[1] Le texte de Poitiers ne donne aucune qualification au mot *vicini*.

entre 1162 et 1202. (Statuts, 147. dans Giraud, *Essai sur l'histoire du droit français*, t. II, p. 234) ; à Toulouse, en 1226 (Arch. de Toulouse, *Cartul. du Bourg*, n° 97, fol. 114 v°). — Lorsque le roi ou son fils était dans la ville, ou lorsqu'on y tenait une assise, la justice royale se substituait à la justice locale comme l'explique la coutume de Normandie. (Voy. Tardif, *Le Très-Ancien coutumier de Normandie*, cap. XLIV, 2.) — L'aide due par la commune au bourgeois contraint à plaider devant une autre juridiction que le tribunal municipal est stipulée dans un grand nombre de textes de toutes les régions de la France. Cf. l'établissement de 1307 où la commune de Bayonne déclare se porter garante de son voisin envers et contre tous. t. I, p. 157, n 3.

18. Cf. dans les *Etablissements de Saint-Louis*, liv. I, chap. xxj (éd. Viollet, t. II, p. 46), les peines portées contre le violateur de l'assurement.

TEXTE LATIN

20. Si quis dixerit se esse nostrum juratum et nos inde minime certi simus, testimonio duorum juratorum approbabit esse [1] quod dicit [2].

[1] verum esse (C). — [2] approbabit quod dicit esse (B).

21. Si clericus aliquis seu miles debet [1] debitum cuiquam de civitate [2] Rothomagi [3], et debitor justiciari per majorem neque per pares communie noluerit [4], defendetur quod nullus [5] communicet ei vendendo, nec emendo, nec hospitando, nisi dominus rex vel filius ejus [6] adsint [7] Rothomagi [8] vel assisia. Quod si quis contra prohibicionem [9] hanc fecerit, reddet debitum creditoris [10] et erit in misericordia majoris et communie ; et si per hoc debitor non vult justiciari, communia auxiliabitur jurato [11] rectum perquirere.

[1] debeat (C). — [2] cuidam communie (B). — [3] sive de castello Falesie (C). — [4] voluerit (C). — [5] defendetur ne (C). — [6] ejus filius (B). — [7] assint (C). — [8] vel Falesie (C). — [9] proibitionem (B). — [10] creditori (B et C). — [11] jurato suo (B).

22. Si sit in communia contencio [1] de debito vel conventione vel aliquo mercato, ipsa terminabitur recordatione [2] duorum de viginti quatuor juratis, qui solo verbo suo credentur, quia juraverunt [3] hoc in

TEXTE PROVENÇAL

20. Si augun dizera que es nostre vezin e nos no em certans, per testimoniadge de dus juradz pravera que ver es so que ed ditz.

21. Si aucun clerc o caver deu deute ad aucun de le biele de Baione, eu deutor nos bou justiziar peu maire ni peus c. pars de le comunie, sera deffenut que nulhs hom no comingie ab luys, ni bener, ni en comprar, ni en prestar, ni en hostalar, si nostre seinhor lo rey no es en Baione o assize. E se augun fera contre quest debet, arrenera lo prest au prestedor, e sera en merce dou maire e de le comunie ; e si lo deutor per so nos bou justiziar, le comunie aiudera a iurad a domanar son dret.

22. Si en le comunie aura contente de deute o de combent o d'aucun marcat, sera terminade per arcordanse, o per testimoniadge de II. dous XXIIII. juradz qui seran credudz per sole palaure, car au-

---

21. Cf. art. 17. — BAYONNE. « Si lo clerc o lo caver es deutor envert lo jurat de
» le comuni et non bou prener dret per lo maire, lo maire deu far anar son
» ban et sa cride per Baione que nulh no participi a Baione ab luy, ni ostalan, ni

| TEXTE FRANÇAIS | TRADUCTION |

20. Se aucuns dit que il seit jurez de la commune et li mayres ne li esquevin n'en seent ben certain, il en provera par lou garentage de II. jurez.

20. Si quelqu'un se prétend notre juré sans que nous en soyions certain, il prouvera la vérité de son allégation par le témoignage de deux jurés.

21. Si clers ou chevaler det depte a aucun juré, et li deptres n'en veoget faire dreit por lou mayor et por les esquevins, on deffent que nus jurez ait communauté ob luy en bevant, ne en menjant, ne en vendent, ne en achatant, ne en parlant, ne en autre manere, si li reis ou sis filz n'est a Roan ou assisia. Et si aucuns jurez fait contre ceste deffense, il rendra la depte au creancer et sera en la merci dau mayor et daus esquevins ; et si par ceu li deptiers ne veaut faire dreit au creancer por lo mayor et por les esquevins, li maire ajuera au juré a querre son dreit par les autres justicers.

21. Si un clerc ou un chevalier débiteur de quelqu'un de la cité de Rouen décline la juridiction du maire et des pairs, on fera défense à quiconque d'avoir avec lui des relations de vente, d'achat ou de logement, sauf en cas de présence à Rouen du roi ou de son fils ou d'assise. Si quelqu'un contrevient à cette interdiction, il paiera le créancier et sera à la merci du maire et de la commune. Si le débiteur décline toute juridiction [1], la commune aidera son juré à poursuivre son droit.

[1] Le texte français dit : Décline la juridiction du maire et des échevins ; je crois qu'il s'agit du cas où le débiteur repousse même la juridiction royale.

22. Si en la commune est comptenz de depte ou de convenant [sera finie] par lo recort et par lo garantage de II. des XX. et IIII. jurez qui seront creguz par lor simple parole, quar jurarent ce ou

22. S'il y a contestation dans la commune en matière de dette, de contrat ou de marché quelconque, elle sera terminée par le témoignage et le record de deux des vingt-quatre jurés qui seront crus

» en minjan, ni en beven, ni en crompan, ni en venen, et que qui affera, paguera
» lo deut au prestedor et puichs armayra en merser dou maire et de le comuni. »
(Coutume de 1273. C. 3).

TEXTE LATIN

inicio⁴ sui eschevinatus; et si postquam perfecerint annum sui eschevinatus et depositi fuerint, surgit contencio⁵ de debito coram eis credito, vel de convencione⁶, vel aliqua re ante eos facta, juramento eorum⁷ finietur; si vero unus de viginti quatuor juratis portat inde testimonium, et unus vel plures de reliquis paribus ferunt testimonium, juramento rem terminabunt. Et si nullus centum parium testis fuerit, querela deducetur⁸ lege et consuetudine terre; et si de decem solidis vel minus⁹ querela fuerit, testimonio parium sine juramento finietur.

¹ contentio (C). — ² recordatione et testimonio (B et C). — ³ juraverant (C). — ⁴ initio (C). — ⁵ contentio (C). — ⁶ conventione (C). — ⁷ illorum (C). — ⁸ ducetur (C). — ⁹ vel de minus (B et C).

TEXTE PROVENÇAL

ran jurat au comensement de lor esquevinadge que ver dizeran desso que veiran e audiran; e si puihs que id auran acabat l'an de lor esquevinadge e seran despauzatz, sodz contente de deute davant lor prestade, o de combent, o d'aucue cause davant lor feite, sera fenide per lor segrement. Mas si I. dous xxIIII. juradz porte d'aquero testimoniadge, e I. o meis dous autres pars ab luy, aquet qui es dous xxIIII. juradz sera credut per sole palaure, eus autres per segrement. Mas si tres dous autres pars porten testimoniadge, termineran le cause per segrement. E si necun dous c. pars no es testimoni, lo dam sera miat per ley e per costume de le terre. E si de X. ss. o de meis es lo clam, sera fenit per testimoniadge dous pars seis segrement.

23. Si quis fecerit clamorem de terra super alium, clamans dabit vadium et plegios sequendi clamorem suum; et si postea facta fue-

23. Si augun fera clam de terre sober autre, lo clamant dera gadge et pleges de seguir lo clam. E si apres es feite conoischense d'a-

22. LA ROCHELLE. XVᵉ siècle. « S'il est entre bourgeois contention de debte ou
» de convenance d'aucun marché, elle peut etre determinée par le tesmoignage et
» recors de deux des douze jurés eschevins, qui en seront creux par leur simple
» parole, pource qu'ils auront juré de dire verité des le commencement qu'ils
» furent faictz et créez eschevins, comme dessus est dict. Et si, emprez l'an qu'ils

| TEXTE FRANÇAIS | TRADUCTION |

oumencement de lor an et si l'an
passé et eaus deposez soit contenz
le depte cregue ou de convenant
ait davant eaus ou d'autre choze,
un sera fine par lor saicrement;...
et si uns daus jurez n'en porte garentie, la querele sera demenée seront la codume dau païs ; et si de
X. sols ou de mains est la querele,
ele sera fixée par lou garantage de
los pers sans saigrement.

sur leur seule parole, parce qu'ils ont prêté serment au commencement de leur échevinage. Et si, lorsqu'ils auront achevé leur année d'échevinage et qu'ils auront été déposés, il y a contestation au sujet de dette, de prêt, de contrat ou de quelque autre acte fait par-devant eux, cette contestation sera terminée par leur serment ; si un seul des vingt-quatre porte témoignage avec un ou plusieurs des autres pairs, ce témoignage sous serment terminera la contestation. S'il n'y a aucun des cent pairs pour témoins, l'affaire sera jugée suivant la loi de la terre. Si l'action n'est que de la valeur de dix sous ou moins, le témoignage de pairs sans serment suffira pour la terminer [1].

[1] Le texte provençal est, pour cet article, plus développé que les autres. Il répète d'abord que les jurés ont prêté serment en entrant en charge de dire la vérité sur ce qu'ils voient et entendent ; dans la seconde partie de l'article, il fait une distinction : si un juré témoigne en même temps que des pairs, le juré sera cru sur parole, les pairs sur leur témoignage donné sous la foi du serment. Il ajoute que le témoignage de trois pairs, donné sous serment, terminera l'affaire.

23. Si aucuns fait clamor de terre ou de possession sur autre, la plainte sera pleges ou gage de segre sa clamor et si apres est

23. Si quelqu'un revendique une terre sur un autre, le demandeur devra donner gage et caution pour poursuivre son action ; et si plus

» ne seront eschevins ladite cause n'est finie, par ceux qui seront eschevins l'an
» suivant sera determinée, se par reclam elle est pendante par devant les douze
» eschevins. Se l'un desdits XXIV. eschevins et conseillers porte tesmoignage, et
» avec luy un des pairs, led. eschevin ou conseiller sera creu par sa simple parole
» et ledit pair par son serment. » (Jourdan, *mém. cit.*, p. 175).

TEXTE LATIN

rit recognicio[1] de terra ista et clamans sit convictus per cognicionem[2] de falso clamore, remanebit in misericordia majoris et eschevinorum[3] de quinquaginta novem solidis Andegavensium.

[1] recognitio (C). — [2] cognitionem (C). — majoris et communie (C).

24. Si quis requisierit curiam suam de terra, concedetur ei ; et nisi fecerit rectum clamanti in duabus quindenis, communia faciet, nisi ipse justam habuerit[1] excusacionem[2] quam major et eschevini sciant.

[1] habuerit justam (B et C). — [2] excusationem (C).

25. Si quis requisierit curiam suam de debito, concedetur ei, et faciat rectum clamivo (sic) in duabus octonis ; et nisi fecerit, communia faciet, nisi qui tenet curiam habeat exonium justum quod major et eschevini[1] sciant.

[1] major et duo eschevini (C).

TEXTE PROVENÇAL

quere terre, eu clamant per reconoischense es bencut de faus clam, armaira en merce dou maire e dous esquevins de LIX. ss. d'Angevins.

24. Si augun requerira sa cort de terre, autreiade lo sera ; e si no feit dreit au clamant en II. quinzeies, le communie ne u fera, si ec non a dreiture tenis que eu maire e dus dous esquevins sapien.

25. Si augun requer sa cort de deute, autreiade lo sera, per que fasse dreit au clamant en II. oiteies ; si no ag fei, le comunie ne u fera, si aquet qui tin sa cor no a dreiturer tenis, queu maire e dus esquevins sapien.

23. NIORT. XVIIe siècle. La Terraudière traduit : « Si quelqu'un a fait clameu
» de haro sur la terre d'autrui... » (Thresor... de Nyort, p. 178).
24. Cf. 25 et 27. — ROUEN. Fin du XIIe siècle. « B. de S. Wal. majori et paribu
» communie Rothomagensis, salutem et magnum amorem. Audivi quod vos misist
» in placitum Walterum fratrem meum de masura mea que est juxta atrium bea
» Marie de Rothomago, unde non parum miror, cum non defecerim alicui de rec
» tenendo. Mando igitur vobis quod dimittatis mihi curiam meam sicut alii baron
» regis vel et minores habent quum libuerint. Quando requisitus fuero rectu
» faciam. » (Cartul. de la Cathédrale, fol. 112, ch. 189.) — NIORT. XVIIe siècl
La Terraudière fait ici un contre-sens en traduisant : « Si quelqu'un veut fai

TEXTE FRANÇAIS

faite reconoissance de cele choze et si la plainte seit conveincuz de fausse clamor, il sera en la merci dau mayor et daus esquevins de LIX. s., quar ha fait fausse clamor en lour audience.

24. *De requerre sa cort.* — Si aucuns requert la cort de sa terre, il l'aura ; et s'il ne feit dreit à la plainte en II. quinzenes, li maires et li esquevin ou feront, se il n'a ogn dreite desaccusance que li maires et dui esquevins sachent.

25. Si aucuns requert sa cort de depte, il l'aura, et facet dreit a la plainte en deux octaves ; et s'il ne fait, li mayres et li esquevins ou feront, si cil qui tent la cort ne ha essoyne que li mayres et dui esquevin sachent.

TRADUCTION

tard, après *reconnaissance* faite, le demandeur est convaincu par là de fausse action, il sera en merci du maire et des échevins de cinquante-neuf sous angevins [1].

[1] Le texte français répète à la fin : parce qu'il a fait fausse clameur à leur audience.

24. Si un justicier évoque la connaissance d'une affaire en matière de terre, elle lui sera concédée ; mais s'il ne fait pas droit au demandeur en deux quinzaines, sauf le cas d'excuse légitime connue du maire et des échevins [1], la commune jugera.

[1] Le texte provençal et celui d'Oléron stipulent que l'excuse devra être connue du maire et de *deux* échevins.

25. Si un justicier évoque la connaissance d'une affaire en matière de dette, elle lui sera octroyée, et il devra faire droit au plaignant dans deux huitaines, sinon la commune jugera, à moins que celui qui tient la cour n'ait excuse légitime connue du maire et des échevins [1].

[1] Cf. la note de l'art. précédent.

» attribuer droit de justice foncière à quelque sienne terre, elle luy sera
» accordée... » (*Thresor... de Nyort*), p. 178. — Inspectione terre petite facta,
» reddenda est curia domino feodi, si eam petierit... » (*Le très ancien coutumier de Normandie*, éd. Tardif, p. 89, 10.)

25. Cf. 24 et 27. — ROUEN. 1207. Confirmation de la commune par Philippe Auguste. *Pièces justif.*, II, art. 3. — NIORT. XVIIe siècle. La Terraudière fait ici un nouveau contre-sens en traduisant : « Si quelqu'un veut avoir droit de plaidz. » (*Thresor..... de Nyort*, p. 178.) — Cf. les *Etablissements de Saint-Louis* : « Li vavassor en auroit la cort se il la requeroit. » (Ed. Viollet, t. II, p. 60.)

TEXTE LATIN

26. Si quis debeat[1] alicui debitum quod non possit vel nolit reddere, tantum de suo tradetur creditori quod pagetur, si tantum habet; et si debitor non habet tantum unde ille possit pagari[2], tamdiu ponetur extra civitatem Rothomagi[3] quod faciat gratum majoris et creditoris sui; et si inventus fuerit in civitate Rothomagi[4] priusquam gratum illorum fecerit, tamdiu retinebitur in carcere communie donec redimatur de centum solidis, per se vel per amicos suos; et tunc jurabit se non reversurum in dictam civitatem[5] donec fecerit gratum majoris et creditoris[6].

[1] debet (B). — [2] perpagari (C). — [3] vel castelli Falesie (C). — [4] sive in castello Falesie (C). — [5] sive in dictum castellum (C). — [6] creditoris sui (C).

TEXTE PROVENÇAL

26. Si aucun deu deute ad aucun que no pusque o no vulh soube, tant livrera hom dou son au prestedor que pagat ne sie, si tant ha. Si lo deutor no ha tant ons que pusque ester perpagat, tant longuement sera pauzat defore le ciptat trou aie feit l'agrat dou maire e de son prestedor. E se es trobat en le biele aus que aie feit l'agrat de lor, tant longuement sera artincut en le carce de le comunie trou que sie dardemut de C. ss. per si o per sons amicz; e alore jurera que no tornera en le biele trou aie feit l'agrat dou maire et dou prestedor.

27. Si homo forensis fecerit clamorem[1] in communia de debito[2] quod juratus ei debeat, dominus ejus habebit inde curiam, si eam requisierit; et nisi ipse rectum in tribus diebus clamanti[3] fecerit, communia faciet.

[1] clamorem fecerit (B et C). — [2] pro debito (B et C). — [3] ipse in tribus diebus clamanti rectum (B et C).

27. Si hom forestang se clame d'augun de le comunie per deute que jurad lo deie, lo seinhor de luy n'aura sa cort, si la requer; e si ed en IIII. dies no fey dret au clamant, le comunie n'ou fera.

---

26. Cf. 39. — ROUEN. 1207. Confirmation de la commune par Philippe Auguste. Voy. plus loin. *Pièces justif.* II, art. 5. — BAYONNE. Coutume de 1273, CVI. 2. Cf. t. I, p. 166, ce qui a été dit de la *paie de commune :* « .... Et si nos pode trobar
» desson moble affar lodit paguement ni heretatz de que podos dar pague de
» communi, deu esser gitat fore de Baione per quoauque portau ne vuilhe echir;
» et se y tornabe chetz de far paguement devra a la viele cent ss. de Morl. de
» caloni, o estar au fontz de le tor dou castel cent dies, et puichs que, sera arer

— 35 —

TEXTE FRANÇAIS

26. Si aucuns deu depte a aucun et il ne volget ou ne puchet paier, on baillera tant dau son au creancer que il sera paiez, si cilz ha tant dont li creancer puchet estre paiez ; et s'il n'a tant, il sera mis fors la cité jusque il aura fait lo gré dau maior et daus esquevins et do creancer. Et si il est trobez en la cité avant que il ait fet lour gré, il sera mis en chartre jusque il seit reins de C. s., ou par sey ou par autre ; et adonques jurera que il ne retornera en la cité jusqu'à tant que il aura fait lo gré dau mayor et daus esquevins et dau creancer.

TRADUCTION

26. Si quelqu'un a contracté vis-à-vis d'un autre une dette qu'il ne puisse ou ne veuille acquitter, il sera donné sur ses biens au créancier de quoi se désintéresser, si les biens suffisent. Si le débiteur n'a pas de quoi payer, il sera banni de la ville de Rouen jusqu'à ce qu'il donne satisfaction au maire et à son créancier. Et s'il est rencontré dans la ville de Rouen avant d'avoir donné satisfaction, il sera détenu dans la prison de la commune jusqu'à ce qu'il ait payé, par lui-même ou par ses amis, cent sous pour sa libération et juré de ne plus rentrer dans la ville sans avoir auparavant donné satisfaction au maire et à son créancier.

27. Si hom estranges fait clamor au mayor et aus esquevins de debte que jurez li det et li jurez ait seignor et li sires requert sa cort, il l'aura, et se il ne fait dreit a sa plainte dedenz III. jors, li mayres ou li esquevin ou feront.

27. Si un étranger intente une action dans la commune au sujet d'une créance qu'il a sur un juré, le seigneur du plaignant en aura la connaissance s'il la revendique, mais s'il ne fait pas droit au plaignant dans les trois jours, la commune la retiendra [1].

[1] Le traducteur de Bayonne a fait un contre-sens en traduisant *fecerit clamorem in communia* par *se clame d'augun de le commune* ; le traducteur d'Oléron en a fait un autre en supposant que c'est le sei-

gitat de Baione, et so per tante betz cum y tornera per lo present de le carte de le comunie. » — LA ROCHELLE. XVᵉ siècle. « Sy aucun juré doibt a aucune personne aucune debte, qu'il ne peut ou ne veut payer, il doibt estre baillé au creancier par le maire tant de bien dud. debteur qu'il soit payé. » (Jourdan. *Mém. cité*, p. 183.)

27. Cf. 24 et 25.

TEXTE LATIN   TEXTE PROVENÇAL

28. Si communia precepto do-   28. Si le comunie, per lo co-
mini regis vel justicie sue debeat mandament de nostre seinhor lo
iter facere, major et eschevini   rey o de la justizie, devra anar en
providebunt quos statuant[1] reman- augun log, lo maire eus esquevins
suros ad urbem Rothomagi custo-   perveiran quaus establisquen ad
diendam[2], et qui, post horam no- armader a gardar le biele ; e qui,
minatam exeundi, inventus fuerit   apres l'ore nomiade d'essir, sera
in civitate dicta[3], ille convictus erit trobat en le biele, aquet sera pra-
per illos qui custodes urbis[4] re- vat per aquetz qui seran armas
manserunt, et erit in misericordia gardes en le biele et sera en merce
domini regis et in misericordia   de nostre seinhor lo rey et en
communie de domo sua proster-   merce de le comunie de sa maizon
nanda vel de centum solidis, si   darrocar, o de C. ss., si maison
domum non habuerit ; et si, post-   no ha. E si puihs que le comunie
quam communia moverit, aliquis   se mauera, aucun s'en departira,
ab ea recesserit causa hospitandi   per auqueison d'aubergar o d'au-
vel alterius rei, sine licencia ma- tra cause, seis lezer dou maire o
joris vel sui corporis exonio, erit seins tenis de son cors, sera en
in misericordia[5].   merce.

[1] statuent (C). — [2] Rothomagi vel castellum Falesie custodiendos (C). — [3] in
dicta civitate vel in dicto castello (C), in
dicta civitate (B). — [4] vel castelli Falesie
(C). — [5] misericordia communie (B). — *Ici
s'arrête le texte de C.*

29[1]. Major Rothomagi ad man-   29. Lo maire, per lo coman-
datum domini regis communiam   dement de nost seinhor lo rey de
debet submonere et in exercitum   samoir le comunie e mjar en ost
ducere; et quicunque remanserit,   e quasque armaira, deu armade
ejus precepto debet remanere ; si   per son man. E se aucun arma
vero aliquis sine ejus licencia re- seis lezer de luys, lo maire lo de
manserit, major debet eum punire   peinherar segon que sera, si no
secundum quod erit, nisi habeat   arresoable tenis perque deie ar
racionabile exonium per quod de-   mader.
beat remanere.

[1] *Cet article manque dans B.*

TEXTE FRANÇAIS	TRADUCTION
	gneur du juré débiteur qui peut requérir sa cour ; il est évident que le juré n'était justiciable que de la commune et que son adversaire seul pouvait avoir un seigneur.
28. Si la commune deit aler fors dau pais par commandement lo rey ou de sa justice, li mayre et li esquevin les quaus il establiront a garder la cité ; et qui apres l'iure de issir sera trobez en la cité, sera convencuz par ceaus qui seront remes a garder la cité, et sera en la merci dou maior et daus esquevins d'abatre sa mayson ou de C. s., se il ne l'a ; et si puys que la commune sera mogue, auguns s'en depart par aler ou par autre choze, sans congé dau maior et daus esquevins, [sera en la merci.]	28. Si la commune, par ordre du roi ou de sa justice, doit se mettre en route, le maire et les échevins pourvoiront à désigner ceux qui devront rester pour garder la ville de Rouen. Celui qui après l'heure indiquée pour le départ sera trouvé dans la ville, sera convaincu par ceux qui sont restés à la garde de la ville et sera à la merci du roi, et de plus à la merci de la commune en ce qui touche l'abattis de sa maison, ou pour une amende de C. sous, dans le cas où il n'aurait pas de maison. Si, lorsque la commune est en marche, quelqu'un s'en éloigne, pour se loger ou pour une autre cause, sans permission du maire et sans excuse personnelle, il sera en merci.
	29. Le maire, sur l'ordre du roi, doit convoquer la commune et la conduire à l'host ; quiconque reste, doit rester par son ordre. Si quelqu'un reste sans sa permission, le maire doit le punir selon qu'il y aura lieu, à moins qu'il n'ait excuse raisonnable qui l'autorise à rester.

TEXTE LATIN

30. Nemo ultra annum et diem infra civitatem manere debet, nisi juratus[1] communie; nec interim nec etiam priusquam juraverit[2], aliquam habebit libertatem civitatis; et non debet recipi in communia nec eam jurare, nisi per majorem et eschevinos quando sedent in eschevinagio suo ; postquam vero juraverit, habebit libertates civitatis.

[1] nisi sit juratus (B). — [2] juravit (B).

31. Quicunque de jurato communie conqueri voluerit, ad majorem veniet et major inde ei[1] rectum tenebit de omnibus querelis usque ad vadium belli, nam ex quo duellum initum est ad ballivum regis[2] pertinet.

[1] major ei inde (B). — [2] domini regis (B).

32[1]. Adulteri deprehensi non judicantur per nos, nisi per manum ecclesie.

[1] Cet article manque dans B.

33[1]. Si major et jurati quamlibet missionem facere voluerint, per se ipsos eam facient, nullius licencia vel consilio postulato.

[1] Cet article manque dans B.

TEXTE PROVENÇAL

30. Nulhs hom outre L an e I. die no deu estar en le biele, si no er jurat de le communie, ni entertant ne ans que jurat aie, no aura le franquesse de le biele ; e no deu estar arcebut en le comunie ni iurarle si no pou maire e pous esquevins, quant sedent en lor esquevinadge ; mas puis jurat aie, aura le franquesse de le viele.

31. Si augun se volera clamar de jurat de le comunie, biera au maire eu maire tier ne la a dret de tot clam trou au gadge de batailhe; car puis batailhe es empreze, au bailiu dou rey apertin.

32. Los adoutres pres no son judjatz, si no per man de sainte glizie.

33. Si lo maire eus juradz volen far nulh mession per lor medis, le feran seis que no i domaneran cosseilh ni lezer de nulh homi.

---

30. BAYONNE. Voy. t. I, p. 154. — LA ROCHELLE. Voy. t. I, p. 83. — XVe siècle.
« Nul ne doibt demeurer ni faire sa résidence en lad. ville outre un an et ung
» jour senon qu'il soit juré de ladite commune, ou s'il n'est juré, il ne jouira point
» de la liberté d'icelle. » (Jourdan, *Mém. cit.*, p. 190.)

31. LA ROCHELLE. XVe siècle. « Dès l'Establissement de la commune fut faite
» cette ordonnance que j'ay leu en la compilation de l'an 1454, fol. 1, que quiconque
» se voudroit complaindre d'aucun juré de la commune veinst au maire d'icelle

| TEXTE FRANÇAIS | TRADUCTION |

30. Personne ne doit demeurer au delà d'an et jour dans la ville s'il n'est juré de la commune. Pendant ce séjour et avant d'avoir juré, il ne pourra jouir d'aucune des libertés de la ville. Il ne peut être reçu en la commune et la jurer, sinon par-devant le maire et les échevins siégeant en échevinage. Le serment prêté, il aura toutes les franchises de la ville.

31. Quiconque voudra former une plainte contre un juré de la commune viendra au maire ; et le maire fera droit sur toute plainte jusqu'au gage de bataille, car du moment que le duel est commencé, la direction en appartient au bailli du roi.

32. Les adultères pris ne sont pas jugés par nous, mais par la main de la sainte église.

33. Si le maire et les jurés veulent faire quelque dépense[1], ils la peuvent faire par eux-mêmes sans demander permission ni conseil.

[1] M. Jourdan (*Mém. cit.*, p. 193) a traduit le mot *missio* par *voyage* ; au xviie siècle, La Terraudière le traduisait par *députation* (*Thrésor ... de Nyort*, p. 179).

» ville et il luy feroit droict de toutes actions quelconques, soit de gages de bataille
» ou autrement. » (Galland, *Discours au Roy*, p. 29)

32. BAYONNE. V. 1190. *Charte des malfaiteurs.* Totz hom moilherat qui sera
» prees ab moilher maridade, correra nut per le viele, segont le costume de le
» viele ; et ychementz le moilher, si es maridade. » (Balasque, *Etudes historiques*,
t. 1, p. 421.)

TEXTE LATIN

34. Latro deprehensus et attinctus[1] infra Rothomagum vel in banleua[2], ad majorem debet adduci et per ipsum et per ballivum regis[3] judicari et per ministros ipsius ballivi debet puniri ad custum regis[4]. Et omnia que cum latrone inventa fuerunt, erunt domini regis, nisi aliquis illa racionabiliter probare poterit esse sua, que ei integre debent reddi ; et si forte latro domos habuerit infra Rothomagum vel in banleua[5], domus illa in qua ipse manebat, statim postquam judicatus fuerit, obruetur per justiciam communie ; et postea dominus rex terram[6] et tenementa latronis et eorum proficua per annum et diem habebit ; postea vero domini feodorum ad quos respiciunt tenementa ea[7] a domino rege vel a ballivis suis postulabunt, et ipsa habebunt et tenebunt in perpetuum[8].

[1] attintus (B). — [2] banleugna (B). — [3] domini regis (B). — [4] domini regis (B). — [5] banleugna (B). — [6] terras (B). — [7] et ea (B). — [8] imperpetuum (B).

35. Similiter de homicidis et de aliis qui pro aliquo iniquitatis delicto terram domini regis relinquentes fugitivi fiunt.

TEXTE PROVENÇAL

34. Lairon pres e atent dedens Baione, o en le bailie, au maire deu ester amiat, e per luy e per lo bailiu dou rey deu estar judjat, e per los menistres de medis lo bailiu deu estar peiat au cost dou rey. Et totes les causes qui seran trobades aber lairon seran dou rey, si augun no pot probar arresouablement que aqueres causes sien soes, car aqueres lo deven estar arrendudes entieremens ; e si lo lairon a maisons dedens le biele o en le bailie, le maison ons ed estauo sera abatude per les justizies de le comunie ades puis que sera judjat ; e apres nost seinhor lo rey aura per 1. an e 1. die les terres e los tiemens deu layron e les ischides ; apres los seinhors deus fius a cuy los tiemens apertien los demanderan au rey, o a sons bailius, e aver los an todz temps meis.

35. Hischemens e dels homicidaus e dels autres qui per aucue iniquitat an lachat le terre de lor seinhor lo rey e son feidius.

34. Cf. 10. — BAYONNE. *Coutume de* 1273. Lorsqu'un coupable est condamné à mort, le roi « deura aber totes sas causes... sons deutz et sons embarcs pagatz ; » les causes de linhadge que thiera lo... per hun an et un die, et puichs ne tornera » au prim. » (CIII, 18.)

35. Voy. coutume de Normandie : « ..... e se aucun est fuitis por aucun crime

TEXTE FRANÇAIS	TRADUCTION
	34. Le voleur pris et arrêté dans Rouen, ou dans la banlieue[1], doit être amené au maire et jugé par lui et par le bailli du roi; l'exécution de la sentence doit être faite par les officiers du bailli, aux frais du roi. Toutes les choses qui seront trouvées en possession du voleur appartiendront au roi, à moins que quelqu'un puisse prouver raisonnablement qu'elles lui appartiennent, auquel cas elles lui seront rendues sans réserve. Dans le cas où le voleur aurait des maisons à Rouen ou dans la banlieue, celle dont il faisait son habitation sera, aussitôt après sa condamnation, abattue par la justice de la commune; ensuite le roi jouira pendant an et jour des terrains et des ténemens du condamné et de leurs fruits. Après ce délai, ils seront revendiqués auprès du roi ou de ses baillis par les seigneurs dont ils dépendent; ceux-ci les auront et les tiendront à perpétuité.

[1] Le texte de Bayonne substitue la *bailie* à la *banlieue*.

35. Il en est de même des homicides et de ceux qui à la suite de quelque méfait ont quitté le territoire du roi et sont fugitifs.

..... et il n'ose venir a la justice, si chatel soient pris et soient rendu a la justice, et ses nons soit escriz es roles le duc e sa meson soit arsse, se elle est en vile, et se elle est en borc ou en cité elle soit abatue et portée hors de la vile et arse en droit midi ; ..... li vergier au fuitif doivent estre abatu o congniées en droit midi. » (Marnier, p. 28. — Cf. *Le très ancien coutumier*, éd. Tardif, p. 32, 2.)

— 42 —

TEXTE LATIN

36[1]. Si aliquis juratorum in pillorico ponatur pro suo delicto, et postea aliquis exprobraverit ei delictum et penam, ponetur in pillorico vel domus sua prosternetur vel paccabit centum solidos, ad libitum majoris et parium.

[1] Cet article manque dans B.

37. Transgressor juramenti deprehensus, erit in misericordia majoris et parium de domo sua obruenda aut de catallo suo, secundum quod erit, ad libitum majoris et parium ; et nisi habuerit domum vel catallum sufficiens, abjurabit villam per annum et diem, in misericordia majoris et parium.

38. Si aliquis juratorum communiam relinquere voluerit, ita quod dicat quod de communia amplius esse nolit, oportet eum a communia exire, et postea non habebit libertates communie nec ad eam redire poterit antequam manserit extra communiam per annum et diem, set non nisi per majorem et pares in eschevinagio, et communiam iterum jurabit.

TEXTE PROVENÇAL

36. Si alcun dels juradz sera pauzat en pitloric per son forfeit, e augun lac artreitera son forfeit e sa peie, sera pauzat hin pitloric e sa maison sie darrocade et paguera C. ss., au plazer dou maire e dous cent pars.

37[1]. Cet qui sera pres en perjur sera en merce dou maire e dou pars de sa maizon darrocar, o de son captau, segon que sera a plazer dou maire et dous pars ; e si no aura maizon ne captau abondos, forjurera le biele per i. an e i. die, en merce dou maire e dou pars.

[1] Dans ce texte, cet article est plac après le suivant.

38. Si alcun dous juradz volera lachar le comunie, assi que digue que dessi en avant no bo esser de le comunie, combiera eischir de le comunie, e puis n aura le franquesse de le biele, n no porra arrer tornar a le comu nie ans que aie estat fore le com munie i. an e i. die ; mas asso no si no pou maire e pous pars e esquevinadge, e darrecaps qu jurie le comunie.

36. Cf. 15.
37. Je ne sais pourquoi La Terraudière entend que le maire et les pair « auront le choix de faire démolir sa maison de ville ou de campagne. » (Thréso ..... de Nyort, p. 180).
38. BAYONNE. Coutume de 1273. « Costume cum lo vesin no pot renunciar ass » vesiautat si no perdavant lo maire eus cent partz. Renunciement que augu » fasse dessa vesiautat ni s'en desgeste nos valos si doncx no que fasse en co » perdavant lo mayre eus cent partz. (XVIII). — Etablissement municipal a » 1336 : « En l'an de nostre seinhor MCCC et XXXVI es estat establit et ordenat qu

TEXTE FRANÇAIS   TRADUCTION

36. Si un juré est mis au pilori pour délit commis par lui et que plus tard quelqu'un lui reproche son délit et la peine subie, le calomniateur sera puni au gré du maire et des pairs, du pilori, de l'abattis de maison ou d'une amende de cent sous.

37. Le coupable de parjure sera à la merci du maire et des pairs qui selon le cas pourront à leur gré démolir sa maison ou saisir ses biens meubles ; si le coupable n'a ni maison ni biens meubles suffisants, il sera banni de la ville pendant an et jour, à la merci du maire et des pairs.

38. Si un juré veut abandonner la commune et dit qu'il ne veut plus dorénavant en faire partie, il doit sortir de la ville et dès lors il ne jouira plus des franchises de la commune et ne pourra y rentrer qu'après être resté au dehors an et jour et seulement en jurant de nouveau la commune en plein échevinage, pardevant le maire et les pairs.

» si aucun vesin vol lachar et sailhir de la comune et declari que non vol estar
» vesin plus, no pot aver le franquesse de le ciutat, ne gaudir deus privillegis,
» ny tornar a estre vesin que prumeyrement no en vinque far requeste au maire
» el conseilh passat ung an et ung jorn et prestar lo segrement de besiautat per
» davant luy et son integre conseilh. » (Arch. de Bayonne, AA 3, fol. 71.) — LA
ROCHELLE. XVe siècle : « Se aulcun des jurez veult laisser la commune, et il la
» laisse par an et jour, il n'aura plus la liberté de la ville, ny ne pourra plus estre
» receu en icelle. » (Jourdan, *Mém. cit.*, p. 201.)

TEXTE LATIN

39. Si major alicui pro debito suo domos et tenementa alicujus debitoris tradiderit, tenebit ea per acquiptum[1] ; et postea si debitor inventus fuerit catallum habere, major illud capi faciet et tradi creditori in solucionem debiti, eo quod catallum debitoris sit.

[1] aquitum (B).

40. Major debet custodire claves civitatis et cum assensu parium talibus hominibus tradere in quibus salve sint.

41. Si aliquis se absentaverit de excubia, ipse erit in misericordia majoris[1], secundum quod tunc fuerit magna necessitas excubandi.

[1] majoris de V. solidis vel de pluribus (B).

42[1]. Si aliquis juratorum venire noluerit ad mandatum majoris, debet puniri ea pena que ei in submonicione fuerit nominata, secundum voluntatem majoris et parium.

[1] *Cet article manque dans* B.

TEXTE PROVENÇAL

39. Siu maire livrera aucun les maizons eus tiemens d'aucun deutor per sa deute, tier les ha per aquet; apres siu deutor sera trobat que aie captau, lo maire fera prener lo captau e far lo livrar au prestedor en soute de le deute, empero siu captau sie deutor.

40. Lo maire deu gardar les claus de le biele, et ab autrei deus pars a tau homi livrar en cuy sien saubes.

41. Si augun hom s'en hira de la esquiugayte, sera en merce dou maire de XV. ss. o de plus, segon que la beiz ere grant mestir esquiugaytar.

42. Si augun dous jurads no volera bier au man dou maire, deu ester dannat d'aquere peie quiu sera estade mentahude au somoiment, segon l'establiment deu maire e dous pars.

39. Cf. 26.— BAYONNE. Coutume de 1273 : « ..... pero si endemis se pode trobar
» deu moble deu deutor sera livrat au prestedor. » (CVI, 2).— LA ROCHELLE. XV°
siècle : « Sy le mayre baille a aulcun creancier les maisons ou tennemens d'aulcun
» debteur pour sa debte, led. creancier les tiendra en acquit de sa debte et sy
» apres il est trouvé que led. debteur ayt chastel, led. maire le fera prendre et
» bailler audit creancier en solution de ladicte debte sy led. chastel y peult suffire. »
(Jourdan, *Mém. cit.*, p. 203.)

40. BAYONNE. Etablissement municipal de 1334 : « ..... lo maire qui a present
» es e sera ou son loctement en son absenci guoardera les claus deus portaus et
» fortalesses de le ciutat de part son auctoritat et conseilh. — 2. *Item, les* quoaus
» claus seran bailhades per obrir et barrar a personatge legau et fideu qui sera

TEXTE FRANÇAIS

TRADUCTION

39. Si le maire a livré à un créancier les maisons et les tènements d'un débiteur en acquit de sa dette, le créancier les prendra en acquit de ce qui lui est dû ; et si plus tard le débiteur est en possession de biens meubles, le maire les fera saisir et livrer au créancier en solde de sa dette, parce que ce sont les biens meubles de son débiteur.

40. Le maire doit garder les clefs de la ville, et ne les confier qu'avec l'assentiment des pairs en mains sûres.

41. Si quelqu'un s'absente du guet, il sera à la merci du maire, qui tiendra compte de la plus ou moins grande utilité du guet dans la circonstance.

42. Si un juré refuse de se rendre à l'ordre du maire, il doit être puni de la peine spécifiée dans la convocation, à la volonté du maire et des pairs.

» depputat et eslegit per lodit mayre et conseilh en comune assemblade. —
» 3. *Item*, et lo quau depputat sera tincut de prestar segrement sus lo cors saint
» de Mosseinhor sent Leon, enter les mangs deudit maire et conseilh de estar bon,
» fideu et leyau au rey nostre soviran seinhor et audit maire, conseilh et commu-
» nitat de ledite ciutat embert totz et contre totz et que a le guoarde de lesdites
» claus no comectera augun fraude ny a le guoarde de les fortaresses. — 4. *Item*,
» aussi lodit depputat sera tingud de obrir et barrar los ditz portaus et fortaresses
» a l'hore qui lui sera ordenade en le presenci deus portalers et incontinent apres,
» tant lo jorn que le noeyt, sera tingud de rendre et portar a tote diligenci en le
» compainhie d'ung portaler per lo cappitayne depputat lesdites claus audit maire
» o son loctenent chens fentrar en augun hostau ny anar en autre part. (Arch.
de Bayonne, AA 3, fol. 130.)

TEXTE LATIN

43[1]. Et[2] notandum quod omnes misericordie et omnia gagia que ad manum majoris veniunt, expenduntur in negociis communie ad consilium majoris et parium.

[1] *Cet article, dans B, est placé à la fin des Etablissements.* — [2] *Et est (B).*

44. Si juratus juratum in causam traxerit[1] alibi quam coram majore, donec major inde defecerit[2], ipse erit in misericordia majoris et parium.

[1] *tracxerit (B).* — [2] *sibi defecerit (B).*

45[1]. Si prepositus vel vicecomes domini regis de jurato conqueri voluerit, ad majorem veniet, et ibi, coram majore, super hoc rectum debet habere.

[1] *Cet article manque dans B.*

46[1]. Iterum, sciant omnes quod statutum est in communia Rothomagi quod si quis de communia maledixerit et dictis forisfecerit, si duo ex eschevinis audierint, per verbum illorum attinctus est ; et si duo ex juratis audierint, per juramentum illorum inde attinctus est ; et si unus tantum audierit, ille qui forisfecerit per juramentum suum et per sex homines expurgare se potest.

[1] *Cet article manque dans B.*

TEXTE PROVENÇAL

43. E devedz saber que totes les merces e tods los gadges q binent a le man dou maire s despenudz a les coites de le bie per cosseilh dou maire e do pars.

44[1]. Si aucun jurat treura aut iurat ailhor en pleit que davant maire, trou queu maire l'en s deffalhit, sera en merce dou mai e dous pars.

[1] *Cet article, dans le texte de Bayonn est placé après le suivant.*

45. Siu prebost eu beguer do rey nostre seinhor se volera cla mar del jurat, biera au maire, aqui davant lo maire deu aver dret

46. Et devedz saber tut que es tablit es en le comunie de Baion que si aucun dizera mau de l comunie e ab los ditz forfera, s dus deus esquevins ag audiran per le palaure de lor es d'aquer atent. E si tres dous juradz a audiran, per segrement de lor e d'aquero atent. Si I. solemens a audira, aquet qui aura forfeit s pot porgar per son segrement e per VI. homis.

44. LA ROCHELLE. XVe siècle. « Dès l'etablissement de la commune fut faicte
» ceste ordonnance que j'ai leu en la compilation de l'an 1454 : ... Se aucun juré
» de ladite commune fait convenir autre juré d'icelle commune pardevant autre
» juge que pardevant ledit maire, de cause dont il puisse et doive avoir la cognois-

| TEXTE FRANÇAIS | TRADUCTION |

43. Il est à noter que toutes les amendes et tous les gages qui viennent entre les mains du maire doivent être employées aux affaires de la ville, suivant les décisions du maire et des pairs.

44. Si un juré fait citer en justice un autre juré ailleurs que devant le maire, à moins qu'il y ait deffaut de droit de la part du maire, il sera à la merci du maire et des pairs.

45. Si le prevost ou le vicomte du roi notre sire veut intenter une action contre un juré, il devra se présenter au maire, et là, devant le maire, il devra lui être fait droit.

46. Encore sachent tuit que establi est en la commune que si ucuns a mesdit de la commune et e son dict a forfait, si ii. daus squevins ont ou oy, par lor imple parole seront atainz et proez et sera en la merci dau mayor t des esquevins ; et si ii. des jurez u ont oy, par lor saigrement eront proez et sera en ladite lerci ; et si uns sous ou a oy, cil ui aura mesdit se puet espurger ar son saigrement et par vi. omes.

46. Il faut savoir en outre qu'il est établi dans la commune de Rouen que si quelqu'un parle mal de la commune ou lui forfait en quelque manière par ses paroles, et que deux échevins l'entendent il sera condamné sur leur simple déclaration ; si deux jurés l'ont entendu, il est condamné sur leur témoignage sous serment ; s'il n'y a qu'un seul témoignage, l'accusé se pourra disculper par son serment et par celui de six hommes.

sance, jusques a ce que le maire en soit defaillant, delayant ou refusant, il sera en la mercy du maire et des pairs. » (Galland, *Discours au roy*, p. 29).
46. Les six témoins dont le serment s'ajoute à celui de l'accusé pour le disculper ont certainement les héritiers des six conjurateurs que l'on voit figurer dans les

TEXTE LATIN

47[1]. Quicunque ex villa respuit juramentum communie, qui inde attinctus fuerit, capi debet, et, vinculis ferreis ligatus, poni debet in carcerem, donec satisfacionem communie fecerit.

[1] *Cet article manque dans* B.

48. Vicecomes ville[1] non potest mittere manum super forisfactum juratorum[2] communie absque morte hominis; et ipse qui de morte hominis attinctus est[3], in manu domini regis est[4] et omnia catalla ejus; et si domûm vel virgultum habuerit, hoc est majoris[5] et communie, ad faciendam justiciam.

[1] Vicecomes civitatis (B). — [2] manum propter aliquod forefactum super juratum (B). — [3] fuerit (B). — [4] erit in manu domini regis (B). — [5] hæc sunt majori (B).

49[1]. Et si aliquis de extra communiam forisfecerit jurato communie et ipse possit capi, ligari debet vinculis ferreis et poni in carcerem donec satisfacionem communie factam habuerit; et si

TEXTE PROVENÇAL

47. Quauques hom de le biel arfugue lo segrement de le comunie que de aquero sera atent, de ester pres e ligat de ligamis de fe e deu ester pauzat en le carce tro aura feit emende a la comunie.

48. Lo beguer de la biele n pot metre man sober forfeit de jura de le comunie seins mort d'omi e aquet qui de mort d'omi e atent, es en le man dou rey, todz sons captaus; e si mayson berger aura, so es au maire e a l comunie a far justizie.

49. Si aucuns hom de fore l comunie forfera a jurat de le co munie e pot ester pres, deu este ligat de ligamis de fer e esta pauzat en le carce trou que aie fe emende a le comunie; e si no pc

mêmes conditions dans un certain nombre de documents de l'époque mérovingienne. Voy. par exemple un placite de Thierry III de 680 dans lequel l'une de parties doit se justifier : « aput sex, sua mano septima » (*Diplomata*, t. II, p. 185 L'expression a même persisté dans les *Fors de Bearn*, l'accusé se justifie « sa ma » septabe o ab trente christiaas. (art. 66). C'est à tort que Mazure et Hatoulet o rapproché ces six conjurateurs des sept témoins dont la présence était nécessai à la confection du testament romain. — La même expression se trouve dans u texte de 1263 relatif à Verneuil que nous avons cité (t. I, p. 53, n. 3.)

47. BAYONNE. Etablissement municipal de 1415 : « *Item* es estat establit qu » aucun no pusque reffusar lo segrement de besiautat sus le pene de cent livr

— 49 —

TEXTE FRANÇAIS

47. Hon quiconques seit de la vile qui refudet lo saigrement de la commune, s'il en est proez, il deit estre pris et mis en lians de fer et en le chartre de la commune.

48. Si, becoins de la vile ou autre baillis par lo rey no pot metre mayn au jurez de la commune, par lor meffait, si ne sunt convencu en la cort au maior de mort d'ome ; et cilz qui de la mort est atains et conveincuz, [il] et si chataus sunt en la mayn lo rey et s'il ha maison o verger, c'est au mayor et a la commune a en fayre dreiture ; les autres choses sunt aus hers si il les ha.

49. Si aucuns defors commune meffait a aucun de la commune et il puchet estre pris, il deit estre liez en lians de fer et mis en la chartre de la commune juques il aura fait l'amande au maior et aus

TRADUCTION

47. Quiconque parmi les habitants de la ville refuse le serment de la commune et en est convaincu doit être arrêté, enchaîné et mis en prison jusqu'à ce qu'il donne satisfaction à la commune [1].

[1] Le texte d'Oléron ne traduit pas : *donec satisfactionem communie fecerit*.

48. Le vicomte de la ville ne peut à raison d'un forfait mettre la main sur un juré [1], sauf le cas de mort d'homme. Celui qui est convaincu de mort d'homme, est avec tous ses biens meubles dans la main du roi notre sire ; s'il possède maison ou verger, ces immeubles sont entre les mains du maire et de la commune pour en faire justice [2].

[1] Je suis ici le texte de Poitiers (B), plus satisfaisant que celui de Niort (A). — [2] Le texte d'Oléron ajoute ici que le reste échoit à ses héritiers ; mais quel pouvait être ce reste ?

49. Si un étranger à la commune commet un délit au préjudice d'un juré de la commune et s'il peut être arrêté, il doit être enchaîné et mis en prison jusqu'à ce qu'il donne satisfaction à la

» quent sera mandat, appliquedeyres aus affars de le ciutat, et de estar mes en
» preson per aqueres pagar. » (Art. 3. Arch. de Bayonne, AA 3, fol. 264 v°.).
— Establiment municipal de 1449 : « *Item*, et aussi los qui no auran prestat lo
» segrement de fidelitat et de vesiautat seran tingutz de lo prestar, et si se inge-
» rissen de habitar en le ciutat plus haut de quinze jorn chens venir et se offrir et
» presentar de aquet far audit maire et conseilh, seran peinheratz et punitz come
» dessus. » (Art. 4. Arch. de Bayonne. AA 1, p. 355). — Cf. t. I, p. 154.
48. ROUEN. 1278. Voy. plus loin, *Pièces justif.*, II, art. 2. — SAINT-JEAN-
D'ANGÉLY. 1331, art. 2. (*Ordon.*, t. v., p. 676). — Cf. t. I, p. 39 et 313.

GIRY, *Établissements de Rouen.*

TOME II. — 4.

TEXTE LATIN	TEXTE PROVENÇAL

capi non potuerit, communia, per dominum illius qui forisfecerit, rectum inde requirere debet; et si per eumdem dominum rectum habere non poterunt, de illo ipsi qui de communia erunt, quando illum capere poterunt, rectum suum inde capient.

[1] *Cet article manque dans* B.

ester pres, le communie deu [...] manar dret d'aquero pou seinh[...] d'aquet qui aura forfeit; e si p[...] medis le seinhor dret de luy porran aver, aquet qui de le c[...] munie seran, quant lo porran p[...] ner, sent prenerant dret.

50. Quicunque de juratis cutellum[1] vel ensem vel armam esmolutam traxerit super hominem[2], debet capi et poni in carcere[3] donec satisfacionem communie fecerit.

[1] costellum (B). — [2] aliquem hominem (B). — [3] carcere communie (B).

50. Quasque deus juradz trei[...] coutet o espade o arme esmolu[...] sober homi, deu ester pres e est[...] pauzat en le carce trou que a[...] feit emende a le comunie.

51. Si oportuerit[1] ire in negocium ville, per majorem et pares provideri debet; et quicumque recusabit ire, si requisitus fuerit, in misericordia majoris et parium remanebit.

[1] oporteat (B).

51. Si mestir es d'anar en coy[...] de le biele, peu maire e peus pa[...] deu ester pervist; e qui arfugue[...] anar, si arrequerit n'es, armaira [...] merce dou maire e dous pars.

52. [Nemo[1] potest equm suum prohibere ad mittendum pro negociis ville, et si prohibuerit, in misericordia majoris et communie remanebit.]

[1] *Cet article ne se trouve que dans* B.

52. Nulhs hom no pot deveda[...] son cavat a tremeter a les coyt[...] de le biele, e si ag debede, armai[...] en merce dou maire e dous pars

49. Cf. 17. — BAYONNE. Coutume de 1273. « Si augun fore estant a forfeyt a
» jurat de le communi, lo maire deu requerir lo seinhor de cuy es qu'eu fase dre[...]
» et si no affey, lo maire, siu pot trobar, lo deu tant thier en ligamis de fer tr[...]
» age amendat lo forfeyt au jurat et outre tant meis cum sera le merser dou mai[...]
» et de le comuni. » (C. 2.)

51. LA ROCHELLE. XVe siècle. « S'il convient aulcun d'aller hors pour les negoc[...]

TEXTE FRANÇAIS	TRADUCTION

esquevins et a celuy a cuy il aura fait lo meffait ; et s'il ne puet estre pris, li maires en deit requerre dreit au seignor de celuy qui aura meffait. Et si par son seignor li maires ne puet aver de celuy dreit par son juré, cil qui seront de la commune quicunques sunt, quant il lo porront prendre, il en prendront lor dreit sanz autre clamor.

50. Quicunques daus jurez trayra cotea o espée ou armes esmolues sur son juré, il deit estre pris et mis en la chartre jusques a tant que il ait fait amende au maior et a l'autre.

51. Se il convient aler au besoig de la vile, li mayres et li esquevins devent porveer. Quicumques refuidera aler, puys que il en sera requis, il ert en la merci dau mayor et des esquevins.

52. Nus ne puet veer son chevau a aler por le besoig de la vile, et se il, treys fez amonestez dau maior ou de son commandement, ou veet, il ert en la merci au maior.

commune. S'il ne peut pas être arrêté, la commune doit demander justice au seigneur de celui qui a commis le délit ; et si l'on ne peut obtenir justice dudit seigneur, ceux de la commune qui le pourront prendre en feront justice.

50. Le juré quel qu'il soit, qui tirera couteau, épée ou arme émoulue sur un homme, doit être arrêté et mis en prison jusqu'à ce qu'il donne satisfactoin à la commune.

51. S'il est besoin de faire un voyage pour les affaires de la ville, il y sera pourvu par le maire et les pairs. Quiconque, s'il en est requis, refuse d'y aller sera à la merci du maire et des pairs.

52. Personne ne peut refuser de prêter son cheval pour le service de la ville ; celui qui le refuserait serait à la merci du maire et de la commune.

» de la ville, il doibt estre pourveu de ce qu'il luy fauldra pour ledit voyage par
» le maire et par les pairs ; et si aulcun recuse d'y aller et il en est requis par
» ledit maire, il sera a la mercy du maire et des pairs, s'il n'a exoine ou excusa-
» tion raisonnable. » (Jourdan, *mém. cit.*, p. 214.)

52. BAYONNE. 1415. « *Item*, es estat establit que aucun no pusque reffusar sa
» persone, rossin ny autres besti per los affars et quoeutes de la ville, sus le pene

TEXTE LATIN

53[1]. Major autem, in principio sui anni, jurabit quod nunquam perquisierit nec perquisicionem aliquam faciet, erga dominum terre nec erga barones, ut remaneat ultra annum major, nisi per communem assensum ville.

[1] *Cet article manque dans* B.

54[1]. Iterum, major et eschevini et pares, in principio sui eschevinatus, jurabunt eque judicare, nec pro inimicicia nec pro amicicia injuste judicabunt. Iterum, jurabunt se nullos denarios nec premia capturos, quod et eque judicabunt secundum suam conscienciam.

[1] *Cet article manque dans* B.

TEXTE PROVENÇAL

53. Lo maire, au commensement de son an, jurera que gardera los dreits de sante glizie e le fideutat de nostre seinhor lo rey e justizie, e que judgera dreiturerementz segon sa consciencie, e que nulh percas no fera bert nostre seinhor lo rey ni bert sons barons que armanque maire outre I. an, si no per comunau autrei de la biele.

54. Lo maire els esqueyins els cosseilhedors els pars, al comensement de l'an de lor esqueyinadge, jureran que judgeran dret segon lor consciencie, e que nulh diers ni nulh loguers no prenerant, e que per amistat ne per anemistat a tort no judgeran, e qu'els cosseilhs deus esquevins celeran.

» de quoarante livres Guian. et de estar mes en preson per aqueres pagar. » (Etablissement municipal. Arch. de Bayonne, AA 3, fol. 264 v°). — LA ROCHELLE. « Nul juré ne doibt desiner son cheval pour les negoces de la ville, et s'il ne le » donne, il sera à la mercy du maire et des pairs de quarante sols un denier d'a- » mande et ledit cheval sera commis à la ville (Jourdan. *Mém. cité*, p. 214.)

53. BAYONNE. 1327. Un établissement municipal de cette date relatif au serment du maire reproduit mot pour mot toute la traduction de cet article des Etablissements. (Arch. de Bayonne. AA 1, fol. 146.) Cf. d'autres serments de 1327 et de 1383 déjà analysés; voy. t. I, p. 145.— LA ROCHELLE. XV° siècle. « Le nouvel maire » jurera aux saints evangiles, touché le livre, de garder la ville au roy nostre sire » et a son hoir masle et que, en la fin de la mairie, il la rendra en la vraye obeis- » sance de la couronne de France ; qu'il gardera les droits de sainte eglise a son » plein pouvoir, qu'il fera bonne justice et jugera droicturierement, aussi bien pour » le pauvre comme pour le riche. » (Jourdan. *Mém. cité*, p. 217.)

54. BAYONNE. 1336. « Vos juratz per Diu vostre creator et les vertutz de sant » Per, sant Pau et sant Leon que bien et degudement exerceratz vostres officis, lo » proffit et utillitat de la cause publicque de queste ciutat guoarderatz, feratz dret » e justici a ung chacun chens acceptions de personnes, ni aver regard a paren- » telle, affinitat, ne amistat, dons et promesses, et judgeratz segon les costumes,

TEXTE FRANÇAIS

53. Li mayres jurera, au commencement de s'année, que il ne fera priere, par rey ne par autre, vers lo seignor ne vers barons ne vers baillis, que il seit maires outre cele anné[e], se il non estoit par le communau assentement de la vile.

54. Encore jurera li maires et li esquevin et li per a juger dreit, ne par amor ne par aigne ne jugeront autre chose. Encore jureront que il ne prendront deners ne lougers por dreit fere et que il jugeront dreiture segont lor conscience et segont les raisons et les allegacions, sans parties.

TRADUCTION

53. Le maire, au commencement de son année, jurera de ne point faire solliciter le seigneur de la terre ni les barons pour rester maire au delà de son année, sinon par le commun consentement de la ville [1].

[1] Dans le texte de Bayonne, il est stipulé de plus que le maire jurera de respecter les droits de l'église, d'être fidèle au roi et de juger selon sa conscience.

54. Le maire, les échevins et les pairs, au commencement de leur échevinage, jureront de juger avec équité, et de ne se laisser entraîner à l'injustice ni par l'inimitié ni par l'amitié. Ils jureront de n'accepter ni deniers, ni cadeau et de juger en équité selon leur conscience [1].

[1] Les divers termes de ce paragraphe sont intervertis dans la rédaction de Bayonne qui mentionne en outre le serment de discrétion ; cf. art. 3.

» establimentz, ordonnances et ancians usatges de ladite ville, segond Diu et cons-
» ciencie, guoarderatz et observeratz lesdites costumes, mesmement le costume et
» establiment deus vins et pomades, viendratz au conseilh de bonne hore los jorns
» ordinaris, et aus autres jorns et hores quent seratz mandatz, chens retardation
» aucune, et tiendratz segret et no revelleratz directement o indirectement so que
» vos sera mandat tenir segret per lodit maire o son lieutenant, et eslegiratz et
» nomeratz en los officis de thresorier, ponter, inquestor, et autres officiers de
» ladite ciutat, personnatges ydoynes et sufficiens per los exercer, cessans totz portz
» et favors. » (Etablissement municipal déterminant le serment des membres du
corps de ville. Arch. de Bayonne, AA 3, fol. 267).—V. 1383. « Seg se lo segrement
» que los cent pars deven far suber l'autar Sen Per au seinhor eu maire de Baione,
» au comensement de lor offici : que garderatz les dretz de sancte mayre glisie, le
» fideutat de nostre seinhor et justici; bey et leyaumens judgeratz segon Diu et
» vostres consciensses ; vieratz a le cort quent y seratz aperat, tieratz segret so
» que lo mayre bos mandera tier segret, e tieratz l'arcort feyt enter les gens de le
» glisie e le ciutat en todz puntz et capitos. (Etablissement municipal, Ibid., AA 1,
» 383). — Saint-Jean-d'Angély et Angoulême. 1372 9 novembre, 1373-1374 mars.
» ..... Et ce fait sanz plus attendre, le maire qui avoit esté et encore l'estoit jusques
» a tant que le maire nouveau lui a fait le serment, s'en viennent en l'Esclavi-

TEXTE LATIN

55. Si aliquis juratorum[1] possit conperi[2] accepisse premium[3] pro aliqua questione de qua aliquis trahatur in eschevinagio, domus ejus, scilicet majoris vel illius[4] qui premium acceperit, sine contradicto prosternatur[5]; nec amplius ille qui super hoc deliraverit[6], nec ipse, nec heres ejus[7] dominatum in communia habebit[8].

[1] vigenti quatuor juratorum (B). — [2] experiri (B). — [3] premium contra jus (B). — [4] scilicet majoris vel illius, *manque dans* B. — [5] prosternetur (B). — [6] qui super hoc deliraverit nec ipse. *manque dans* B. — [7] suus (B). — [8] *L'article qui porte dans notre édition le numéro 43, a pris place ici dans* B. — Actum Senonis, anno Domini millesimo ducentesimo quarto, mense novembris (K).

TEXTE PROVENÇAL

55. Si aucun dous juradz pot ester trobat que aie pres loguer per aucun clam de que hom sie treit en esquevinadge, la soe maizon, so es del maire o d'aquet quiu loguer aura pres, sera darrocade seins contrediit; e aquet qui sober so aura desviat, e ne son heret, no aura meis seinhorie en le comunie.

» nage et se met ledit maire qui encore est en son siege, et appelle a soy le
» maire nouveau, en lui disant : « *Sire, vous me feres le serment que nos prede-*
» *cesseurs ont acoustumé a faire, s'il vous plaist, puisque Mons. le seneschal vous*
» *a prins et esleu pour maire ;* » et lors il se agenouille et fait le serment par
» la forme et maniere qui s'ensuit ; c'est assavoir que tout premierement il gar-
» dera l'onnour et le droit du roy, et lui promet porter foy a lui et a son hoir
» male a vie et a mort en telle maniere que, se il peut appercevoir homme qui
» le voulsist grever en sont droit, il feroit son povoir de le destourber ou le feroit
» assavoir aus gens le roy au plustost que il pourroit, et que il gardera la ville
» de Saint Jehan a lui et a son hoir male, bien et loyalment, et fera droit au
» povre et au riche, et gardera les loyaulx Establimens de la commune et nulz
» mauvaiz n'y eslevera a son escient, et perpetuelment il fera obeissance aus
» maires ses sucesseurs comme homme de commun, et que tout ce que son pre-

TEXTE FRANÇAIS

55. Si li mayres ou aucuns daus esquevins poet estre provez que il ait pris louger por dreit faire de aucune querelle par quey aucuns ait esté en esquevinage, la maison de celuy maior ou de celuy esquevin qui aura pris lo loger sera abatue sanz contredit ; et cilz qui sur ceu aura meffait, ne si her, ne auront jamais seignorie de mayre ne de autre office de la commune.

Explicit iste liber,
Sit scriptor crimine liber,
Qui scripsit ludat,
Ludere scriptor eat, eat, eat.

TRADUCTION

55. Si l'on peut prouver que l'un des vingt-quatre jurés a reçu un présent pour une affaire qui a conduit quelqu'un devant l'échevinage, sa maison, c'est-à-dire celle du maire ou celle de celui qui aura reçu le cadeau, sera abattue sans contredit, et ni celui qui en cette affaire aura failli, ni son héritier ne pourront plus desormais exercer aucune fonction dans la commune.

» decesseur ou predecesseurs aura ou auront commencié a l'asentement du com-
» mung il acomplira a son povoir ou le delaissera ob l'asentement du commun
» et non autrement. Lequel serment ainsi fait, le prend par la main et le met
» en son siege ou il estoit..... Et empres ce, les pers qui sont ou nombre de cent,
font serment au maire ou au soubz maire ; c'est assavoir que il seront obeissants
et garderont les segrés de la commune. (Arch. nat., JJ 105, pièce 418.)
55. BAYONNE. Coutume de 1273. XV. — LA ROCHELLE. XVe siècle. « Les maires et
» eschevins doivent juger droicturierement en leur consciences en chascune de
» leurs jurisdictions, sans prendre aucun don ne loyer de nul et sans juger injuste-
» ment, par amitié ou inimitié d'aucun. Et si aucun d'eux fait le contraire et il en
» est atteint, sa maison doit estre ruée jus pour ladite cause et jamais n'aura lieu
» (sic) ny les siens aucun honneur, degré ne seigneurie en ladite commune. »
» (Galland, *Discours au roy,* p. 29)

ROUEN.

II.

1207. Du 22 avr. au 31 oct. Paci.

Confirmation par Philippe-Auguste des privilèges de la commune de Rouen.

<small>Minute de la Chancellerie royale, Reg. A de Philippe-Auguste, Bibl. du Vatican, Ottoboni 2796, fol. 59. (Je dois la collation de ce document à l'obligeance de mon confrère, M. A. Tuetey). — Le texte publié dans le recueil des *Ordonnances*, t. II, p. 411, est criblé de fautes et souvent inintelligible. — Cf. Delisle, *Catal. des actes de Philippe-Auguste*, n° 1024.</small>

Philippus Dei gratia Francorum rex. Notum, etc., quod nos dilectis et fidelibus nostris civibus Rothomagensibus consuetudines et libertates suas concedimus sicut inferius continentur.

1. Concedimus siquidem eis quitanciam de hiis que ad nos pertinent de propriis mercaturis suis, per totam terram quam Henricus quondam rex Anglie tenuit, preterquam in comitatu Ebroicensi et in Vulquasino Normanno et apud Paciacum et in terra Hugonis de Gornaco, et preterquam a Ponte Arche superius versus Franciam.

2. Modiacionem tamen nostram de vino Rothomagi reddent nobis, preterquam de vino quod eis datum fuerit ad potum suum, quod nullo modo vendere poterunt quin inde reddant modiacionem.

<small>1. Cf. art. 1 de la charte de Jean Sans Terre de 1199 : « Sciatis nos concessisse... libertates et quietancias suas per totam terram nostram citra mare et ultra mare, per terram et per aquam de omnibus que ad nos pertinent. » (Chéruel, *Hist. de Rouen*, t. I, p. 250.)

2. Cf. *Ibid.* : « Salva modiatione nostra vini Rothomagi; ipsi autem, de vino quod possint affidare ad potum suum illis dari, nullam modiationem donabunt. » — Cf. art. 5 de la charte de Henri Plantagenêt</small>

3. Concedimus eciam quod ipsi habeant communiam et banleugam ad metas quas Ricardus quondam rex Anglie eis concessit et justiciam suam infra metas, salvo tamen jure dominorum qui ibi terras habuerint. Et habeant eciam placita de hereditatibus et catallis suis et convencionibus factis Rothomagi et infra banleugam, salvis curiis dominorum qui ibi terras habuerint. Qui domini habent curias hominum suorum in villa tenendas, usque ad recognicionem. Recognicio autem fiet in communia.

4. Recordacionem quoque tenebunt de hiis que pertinent ad communiam suam, videlicet de hiis que facta fuerint inter eos, salvo nobis placito ensis.

5. Super debitis mutuatis apud Rothomagum, si debitorem infra Rothomagum invenerint, ex quo de equo descenderit, catallum vel hernesium suum per majorem, propter debitum, arrestari poterit, quousque illud cognoverit vel negaverit; nisi tamen ita sit quod per summonicionem nostram illuc venerit vel in exercitum eat. Quod debitum si cognoverit, in communia de eo jus faciet ad diem; si vero illud negaverit, jus inde faciet coram ballivo nostro apud Rothomagum, et ballivus noster de eo securitatem accipiet ad diem veniendi et jus ibi coram ipso faciendi. Et si debitor, vel ille qui convencionem Rothomagi fecerit, Rothomagum non veniret, si in justicia et potestate nostra esset, compellemus ipsum ut Rothomagum veniret et super hoc juri pareret coram ballivo nostro Rothomagensi.

de 1150 : « Quod nullus eorum det pro modiatione nisi vinum, etc. » (Chéruel, *ouvr. cit.*, p. 242.)

3. Cf. art. 12 et 23 de la charte de 1199 : « Ut ipsi habeant recogni-
» tiones suas et recordationes in Rothomago per legales homines civi-
» tatis de hereditatibus suis, vadiis, mercatis et omnibus conventionibus
» suis quas habent intus Rothomagum et infra leucatam Rothomagi, et
» quod habeant leucatam Rothomagi ad justitiam ejusdem civitatis. »
— « Concedimus etiam et confirmamus eisdem civibus Rothomagi
» communiam suam cum omnibus libertatibus suis et justitia sua, sicut
» unquam eam melius habuerint. » (Chéruel, *ouvr. cit.*, pp. 252 et 254.) — Cf. *Etablissements*, art. 24.

4. *Le copiste du reg. JJ., 26 (fol. 83) a remplacé* recordacionem *par* recognitionem.

5. La dernière partie de cet article a été confirmée par Louis VIII en janvier 1223-1224 en ces termes : « Nosse vos volumus nos conces-
» sisse per cartam nostram dilectis et fidelibus nostris Rothomagi ut si

6. Nullus civium Rothomagi potest appellari ab aliquo latrone confesso, vel aliquo crimine convicto vel deprehenso, vel falsario, nec etiam ab aliquo qui legem non habeat.

7. Contra omnes legitimos homines et legales testes respondebunt, sicut alii de Normannia.

8. Preterea cives Rothomagi cogere non poterimus ad custodiendum prisones nostros, nec in carcere nec alibi, nisi tantummodo quousque illos tradiderint ballivo nostro, si eos ceperint.

9. Nullum insuper ipsorum cogere poterimus ad custodiendam monetam, vel vicecomitatum, vel aliud ministerium nostrum.

10. Nec eos cogemus ad reddendum nobis talliam per consuetudinem, nisi sponte sua nobis dare voluerint.

11. Nullus civium Rothomagi debet accipere intersignia a vicecomite ad barrarium, sed affidet barrario quod consue-

---

» super debitis vel conventionibus factis Rothomagi, debitor vel ille
» qui conventionem fecit cum civibus Rothomagi vel aliquo eorum,
» Rothomagum non veniret, nos, si in justicia vel potestate nostra esset
» constitutus, compelleremus ad veniendum Rothomagum et juri
» parendum coram majore Rothomagi, si debitum vel convencionem
» recognoverit, et si debitum vel convencionem negaverit, ad standum
» juri coram baillivo nostro Rothomagi. » (Chéruel, ouvr. cit., t. I, pr., p. 264.)

6. Cf. art. 2 de la charte de 1150 : « Quod nullus eorum respondeat » pro appellatione alicujus latronis recognoscentis, vel aliquo crimine » convicti vel deprehensi, vel alicujus falsatoris. » (Chéruel, ouvr. cit., p. 241.) — Cf. l'art. 3 de la charte de 1199 qui est la reproduction du précédent. (Ibid., p. 251.)

8. Cf. art. 4 de la charte de 1150 : « Quod nullus eorum custodiat » prisonem, vel in gaiola vel alibi, et id concessit eis rex Henricus. » (Ibid., p. 242.) — Cet art. se retrouve dans la charte de 1199 (art. 4, Ibid., p. 251.)

9. Art. 12 de la charte de 1150 : « Quod nullus eorum in moneta vel » vicecomitatu, vel in aliquo ministerio ponatur nisi sponte sua. » (Ibid., p. 243.) — Cet art. se retrouve dans la charte de 1199 (art. 7, Ibid., p. 251).

10. Art. 13 de 1150 : « Quod nec tailliam faciam super eos nec res » eorum capiam, nisi sua bona voluntate prestare voluerint michi. » (Ibid., p. 243). — Cet art. se retrouve dans la charte de 1199 (art. 8, Ibid., p. 251).

11. Art. 15 de 1150 : « Quod nullus eorum de terra sua intersignia a

tudinem non debet, si aliter ei non crediderit, et nil dabit barrario nisi voluerit.

12. Preterea, vinum, quod apud Rothomagum in taberna capietur ad opus nostrum, ad forum capietur quo aliis venditur. Illud autem quod non erit in taberna, per quatuor legitimos homines civitatis, super fidem vel sacramentum eorum, appreciabitur, et precium inde reddetur.

13. Preterea, predicti cives cum mercaturis suis quecumque fuerint, venientes in domaniis nostris, poterunt eas licite vendere ad detallium vel alio modo, sicut voluerint, pacifice et quiete, et eas chargiare et dischargiare, et portare et reportare ubicumque voluerint, preterquam in illis terris quas supra excepimus.

14. Nullus mercator cum mercatura sua poterit transire Rothomagum per Sequanam, ascendendo vel avalando, nisi per cives Rothomagi.

» vicecomitatu accipiat ad barrarium, sed ipse barrario affidet quod
» consuetudinem non debet, si ei aliter non crediderit ; et nullus det
» aliquid berrario nisi sponte sua. » (*Ibid.*, p. 243).— Cet art. se retrouve dans la charte de 1199 (art. 10, *Ibid.*, p. 252).

12. Art. 16 de la charte de 1150 : « Item, quod de vino alicujus
» civium Rothomagi, quod ad servitium ducis accipietur, quartus de-
» narius non cadat. » (*Ibid.*, p. 244). — Art. 11 de la charte de 1199 :
« Item, quod servientes nostri vinum eorum ad servitium nostrum
» non capiant in taberna, nisi ad forum quod erit ; sed si servientes
» nostri ad servitium nostrum vinum capiant quod non sit de taberna,
» adpreciatum sit judicio legalium civium qui hoc juraverunt, et pre-
» tium reddatur. » (*Ibid.*, p. 252).

13. Art. 13 de la charte de 1199 : « Item, quod ipsi cives Rothomagi,
» ubicumque venerint in terram nostram, cum mercaturis suis que-
» cumque sint, eas pacifice et quiete vendant ad destallagium vel alio
» modo ad libitum suum, et carcent eas et decarcent, et portent et repor-
» tent ubicumque voluerint, salva nostra prisa vinorum suorum quam
» habemus apud Londonias ad opus nostrum, ad bibendum et do-
» nandum ubi nobis placuerit, et non ad vendendum ; scilicet de una-
» quaque navigata vini duo dolia, vinum ante mastum et aliud retro
» mastum, ad electionem nostram et ad advenantum, quum alia vina
» illius navis vendita fuerint, et quod pretium illorum vinorum que
» habebimus, intra xv. dies integre reddatur ; et volumus quod prisa
» illa fiat intra octo dies postquam illi qui vina illa adducent scire
» facient baillivo nostro qui prisam nostram faciet apud Londonias, et
» nisi intra istum terminum ita fiat, ex tunc predicti cives de eis faciant
» quod voluerint, absque licentia ab aliquo capienda. » (*Ibid.*, p. 252).

14. Art. 15 de la charte de 1199 : « Item, nullus mercator transeat

15. Nullus nisi manens fuerit apud Rothomagum poterit dischargiare vinum in cellario vel in domo apud Rothomagum propter illud revendendum.

16. Preterea concedimus eis pasnagium et pasturagium porcorum et animalium suorum ad suum proprium usum in forestis et domaniis nostris in Normannia, preterquam ubi aliis gentibus faciemus prohibicionem, exceptis tamen terris quas supra excepimus.

17. Naves quoque et homines ipsorum cum averiis et pecuniis suis poterunt ascendere et avalare per aquam Sequane in quamcumque partem voluerint, et pontes et perchias, si eis necesse fuerit, et levare et reficere, sine licencia alicujus, preterquam in illis terris quas superius excepimus.

18. Nulla navis de tota Normannia preterquam de Rothomago poterit eskipare ad Hiberniam, excepta una sola cui semel in anno de Cesarisburgo licitum erit eskipare. Et que-

---

» Rothomagum cum mercatura sua per aquam Secane, ascendendo
» vel advallando, nisi civis manens ad Rothomagum fuerit. » (*Ibid.*, p. 253.) — L'art. 26 de la charte de 1150 est conçu dans les mêmes termes, sauf qu'il y a « sursum vel deorsum » au lieu de « ascendendo vel advallando. » (*Ibid.* p. 246.)

15. Art. 27 de la charte de 1150 : « Item, nullus extraneus potest
» decarcare apud Rothomagum in cellario. » (*Ibid.*) — Art. 16 de 1199 :
« Item, nullus nisi sit manens in Rothomago potest vinum descarcare
» in cellario vel in domo. » (*Ibid.* p. 253). — En 1266, les citoyens de Rouen renoncèrent au monopole que leur assurait cet article :
« Touz marchaanz de par toutes terres porront amener a Roen leurs
» marchaandises par yaue et par terre et porront icelles marchaan-
» dises a Roen descharchier a sesche terre et en couvert et les porront
» vendre en gros a qui que il voudront, fors a ceus a qui il auraient
» part ou compagnie de yees marchaandises... » (Delisle, *Cartulaire normand*, p. 159.)

16. Art. 17 de la charte de 1199 : « Item, ut ipsi cives sint quieti a
» pasnagio et pasturagio per omnes forestas et terras nostras. » (Chéruel, *ouvr. cit.*, p. 253.)

17. Art. 18 de la charte de 1199 : « Item, quod ipsi cives Rothomagi
» et naves et homines sui, cum averiis et pecuniis suis, ascendant et
» advallent et transeant per cheminum aque nostre Secane, in quam-
» cumque partem voluerint, et pontes et portas, absque alicujus licen-
» tia, si eis necesse fuerit, levent et iterum reficiant. » (*Ibid.*)

18. Art. 18 de la charte de 1150 : « Item, nulla navis de tota Nor-
» mannia debet eschippare ad Hiberniam nisi de Rothomago, excepta
» una sola cui licet eschippare de Cesarisburgo semel in anno. Et que-

cumque navis de Hibernia venerit, ex quo capud de Guines transierit, Rothomagum debet venire, unde nos de unaquaque navi habebimus unum tinbrum martrinarum vel decem libras, si mercatores navis jurare poterunt quod martrinas non invenerint emendas ad portum in quo chargiaverunt, neque id fecerint pro consuetudine nobis auferenda; et vicecomes Rothomagi de qualibet navi habebit xx^t sol., et cambellanus de Tanquarvilla unum ostorium. vel xvi. sol., si nullum ostorium habuerint.

19. De mercaturis que de ultra mare venerint apud Rothomagum, nullus extraneus poterit emere ad revendendum nisi per cives Rothomagi; quod si quis fecerit, medietas mercis erit nostra et altera medietas civium Rothomagi pro forisfacto.

» cumque navis de Hibernia venerit, ex quo caput de Gernes transierit,
» Rothomagum veniat, unde ego habeam de unaquaque nave unum
» tymbrium de marturis aut x. libras Rothomagi, si ejusdem navis
» mercatores jurare poterint se ideo non mercatos fuisse illas martures
» ut auferrent consuetudinem ducis Normannie; et vicecomes Rotho-
» magi de unaquaque habeat xx. solidos Rothomagi, et camerarius
» Tancarville unam accipitrem aut xvi. solidos Rothomagi. » (Ibid.,
p. 244). — L'art. 19 de la charte de 1199 est conçu dans les mêmes
termes, sauf les variantes suivantes : « equippare — Hyberniam — nos
» habebimus — timbrum de martrina — si navis mercatores jurare
» poterunt quod illas martrinas non invenissent emendas ad portum
» in quo carcaverunt non pro consuetudine nostra auferenda, et vice-
» comes... » (Ibid., p. 254). — « La nef qui vient de Hybernie doit a
» la visconté de l'eaue de Rouen xx. s., et auchastel de Rouen i. timbre
» de martines ou x. l. de tornois, mes que serement soit avant feit
» des marchaans qu'il ne pourent trouver a vendre ledit timbre es
» parties de Ybernie ou la nef fut carchie ; et se il aront aporté ledit
» timbre, il jureront que il fu acheté es parties de Ybernie ne en autre
» maniere il ne doit pas etre recheu. — Item, la nef desusdite doit au
» chambellenc de Tanquarville i. ostour ou xvi. s., mes que le serement
» soit avant feit des marchaans en la forme et en la maniere si comme
» il est desus dit ; et por ice est tenu ledit chambellenc trouver bosc a
» raparellier ladite nef, se mestier li en est, a la requeste du ma-
» rinier ou du mestre de ladite nef, et de ceste nef doit l'en prendre
» congié as viscontes de l'eaue. » (Coutumier du xiiie siècle, Beaurepaire, *De la Vicomté de l'Eau*, p. 299). — Le timbre contenait de 40 à 60 peaux. Voy. Ducange au mot *Timbrium*.

19. Art. 19 de la charte de 1150 : « Item, nullus extraneus emat
» merces illarum navium nec aliarum que venerint de ultra mare nisi
» per manus hominum Rothomagi ; si quis autem hoc fecerit, medietas
» mercimonii erit mea et alia medietas hominum Rothomagi pro foris-
» facto. » (Chéruel, *ouvr. cit.*, p. 244). — Art. 20 de la charte de 1199 :

20. Nulla mercatura potest chargiari apud Rothomagum in navi ad ascendendum sursum versus Franciam sine societate civium Rothomagi quin inde in forifactum nostrum incidat; et nos pro forifacto medietatem illius mercature habebimus et cives Rothomagi alteram, salvis consuetudinibus quibus ville de terra nostra use sunt erga Rothomagum, et Rothomagum erga eas, temporibus Henrici et Ricardi quondam regum Anglie.

21. Item, nullum de civibus Rothomagi cogere poterimus de eis maritandis nisi de voluntate sua.

22. Volumus eciam ut nullus eorum possit retari de usura, nec jurea flet super eum, vel super heredes ejus post mortem suam.

« Item, nullus extraneus mercaturas illarum navium vel aliarum que
» venerint de ultra mare emat, nisi per manus hominum Rothomagi. Si
» quis autem hoc fecerit, medietas de tali misericordia, cum cives
» Rothomagi judicabunt, erit nostra et alia civium Rothomagi pro foris-
» facto. » (*Ibid.*, p. 254).

21. Cf. des dispositions analogues dans les privilèges concédés en novembre 1220 et en février 1220-21 à Caen et à Falaise (t. I, p. 49 et t. XII, p. 295); dans ceux concédés à La Rochelle par Richard Cœur de Lion avant son avènement (*Ordonn.*, t. XI, p. 318); dans la charte de la reine Eléonore pour Saintes, en 1199 (Teulet, *Layettes du trésor*, t. I, p. 208); dans celle d'Othon de Brunswick pour Oléron, du 29 décembre 1197 (Rymer, *Fœdera*, t. I, part. I, p. 34), et dans sa confirmation par la reine Eléonore en juillet 1199 (*Ibid.*, p. 36); dans la charte de Philippe-Auguste, d'octobre 1204, pour Saint-Jean-d'Angély (t. I, p. 294, n. 4), et enfin dans celle de la reine Eléonore, en 1199, pour Poitiers (*Pièces justif.*, XXXII, art 1,) confirmée par Philippe-Auguste en novembre 1204 (*Ibid.*, XXXIV).

22. Cf. la charte de Philippe-Auguste adressée en janvier 1217-1218 aux baillis de Normandie pour leur recommander de faire justice des usuriers (Chéruel, *ouvr. cit.*, t. I, p. 115, n. 1). — Voy. aussi le *Très ancien Coutumier de Normandie*, éd. Tardif, p. 40, cap. XLIX :
» Si aliquis usurarius obierit et usuram notam, sacramento duodecim
» vicinorum hominum, per annum et diem ultimum vite sue tenuerit,
» omnia catalla ejus habebit Dux, in cujuscunque terra manserit usu-
» rarius; uxor enim et ejus liberi nichil habebunt de catallis, nec
» presbiteri similiter. Uxori [et] liberis hereditas remanebit. » — Cf. *Ibid.*, p. 84, cap. LXXX, 7.) — En confirmant la commune de Falaise (mai 1204, *Ordonn.*, t. VI, p. 640, art. 2), Philippe-Auguste avait également promis de ne poursuivre aucun bourgeois « ad occasionem
» usure, nisi denarium pro denario vel equivalenciam alicui commodaverit. » — Des dispositions analogues se retrouvent à Caen. Charte de juin 1204 (Delisle, *Cartul. normand*, n° 1072) et charte du 9 novembre 1220 (*Ordonn.*, t. XII, p. 295).

23. Item, nullus manens infra muros Rothomagi debet foagium.

24. Concedimus quoque quod ipsi teneant, per libertatem Rothomagi, omnia placita et omnes mesleias infra Rothomagum et infra banleugam Rothomagi, in quibus mors vel mehaigne vel placitum ensis non appendet, et si illa placita non fuerint secuta per vadium belli, salvo sicut dictum est jure dominorum qui ibi terras habuerint.

25. Preterea, si quis de ballivia majoris fuerit in prisonia nostra vel in monasterio, vel se absentaverit pro aliquo delicto, volumus quod major custodiat catalla ejus in manu sua et ballivus noster inde habeat quoddam scriptum et major aliud, donec judicetur; et si dampnatus fuerit, catalla ejus nostra erunt.

26. Item, major habebit omnes summoniciones hominum ballivie sue, et illos habebit ad rectum, nec aliquis in eos manum apponet sine ipso vel serviente suo, nisi sit de placito ensis; et ad hoc ballivo nostro debet major auxilium impendere ad justiciam faciendam de ballivia sua.

27. Item, non nisi per marescallum nostrum poterunt vetare advenientes ad hospitandum, nisi ipsi eis forifecerint, vel nisi cives rationabilem causam ostenderint quare id facere non possint.

Quod ut perpetuum robur obtineat, ea, sicut superius continentur, salvo jure nostro et salvo jure ecclesiarum nostrarum confirmamus. Actum Paciaco, anno Domini millesimo ducentesimo septimo.

---

24. Cf. *Etablissements,* art. 10, 11, 12, 31, 48.

26. Cf. art. 42 des *Etablissements.* — En 1279, le bailli conteste au maire le droit de semondre les habitants ; le Parlement décide en faveur du maire (*Olim*, éd. Beugnot, t. II, p. 135).

27. Art. 9 de la charte de 1150 : « Item, quod nemo intra Rotho» magum aliquem hospitetur ex precepto nostro nisi per proprium » marescalum civitatis. » (Chéruel, *Ouv. cit.*, p. 243.) — Il est reproduit dans l'art. 6 de la charte de 1199 qui ajoute : « ..... per proprium » marescalum civitatis constitutum per duodecim legales cives Rotho» magi. » (*Ibid.*, p. 251.)

III.

1278. Mai. Paris.

Ordonnance de Philippe III déterminant les conditions de l'administration de la justice dans la ville de Rouen.

<small>Cop. du commencement du xive siècle. Arch. nat., JJ 42 ᴮ, pièce 148, folio 72 v°, dans un vidimus de décembre 1309. — Publ. *Ordonn. des rois de France*, t. I, p. 306 d'ap. JJ 42 ᴮ, et t. II, p. 415 d'ap. JJ 80, pièce 322.</small>

Philippus Dei gracia Francorum rex. Notum facimus universis tam presentibus quam futuris quod, cum, per ballivum nostrum Rothomagensem, dilectis et fidelibus nostris majori et civibus Rothomagi imponeretur ex parte nostra, quod dicti major et illi de communia abusi fuerant aliquibus justiciis ad placitum ensis spectantibus, contra cartam inclite recordacionis Philippi quondam regis Francie proavi nostri [1], quam dicti major et illi de communia in deffensione sua ostendebant, asserentes pluribus rationibus se posse bene uti justiciis quibus utebantur, et dicentes, quod de punctis sive articulis dicte carte poterant usus eorum trahi veraciter, cum longissima et pacifica teneura, quam habuerant in predictis; tandem nos, habito super hoc consilio, volumus et concedimus :

1. Quod dicti major et illi de communia et eorum successores habeant, teneant et exerceant omnimodam jurisdictionem ad nos pertinentem, tam de placitis spate quam de aliis, que accident, et amodo accidere poterunt in civitate et banleuca Rothomagensi in placitis, jurisdictionibus et justiciis quibuscumque, retenta nobis justicia mortis, mehagnii et vadiorum belli quando sequta fuerint [2].

---

[1] Charte de 1207. *Pièces justificatives*, II.
[2] Cf. ch. de 1207, art. 3, 4, 24 et 26. — Cf. art. 10, 11, 12, 42, 48 des Etablissements.

2. Ita, quod malefactores, qui in civitate et banleuca Rothomagensi capientur, in prisione majoris et juratorum tenebuntur, quousque de morte, vel mehagnio clarum fuerit per dictum cirurgicorum ad hoc nobis et dictis majori et civibus juratorum; et tunc ducentur ad gentes nostras et liberabuntur eisdem, ita tamen quod delinquentes, in casibus in quibus justiciam retinemus, per servientes nostros possint capi, si primo eos invenerint, aut per servientes majoris, si eos invenerint, ita quod in prisione majoris et juratorum tenebuntur nobis reddendi eo modo quo superius est expressum [1].

3. Latrones vero, multrarii et alii capti pro crimine capitali, capientur per gentes nostras, si primo eos invenerint, vel per gentes majoris et civium, si primo eos invenerint. Sed si gentes nostre primo eos invenerint et ceperint, ducent eos ob pericula evitanda ad majorem, vel locum suum tenentem; qui major vel locum suum tenens eos vel a gentibus nostris vel suis sic captos ducent et liberabunt gentibus nostris, quam cito absque omni fraude fieri poterit bono modo.

4. Et debent dicti major et cives gentes nostras juvare ad capiendos malefactores hujusmodi, cum ab ipsis fuerint requisiti; proximiores tamen loco in quo invenientur malefactores super hoc primitus requirentur.

5. Ita etiam, quod bona ipsorum per majorem custodiantur; de quibus ballivus noster habebit quoddam scriptum [2] et major aliud, quousque dampnati fuerint; et tunc bona mobilia erunt nostra, et immobilia, secundum consuetudinem patrie, retenta etiam nobis emenda monete, pro qua emenda major justiciabit in civitate et banleuca Rothomagensi, nomine nostro, venientes contra deffensum monete [3], retenta etiam nobis cognitione de debitis negatis coram majore ab illis

---

[1] Cf. art. 48 des Etablissements.

[2] Cf. art. 25 de la charte de 1207 (*Pièces justif.*, II.) et art. 48 des Etablissements.

[3] La juridiction en matière de monnaie faisait partie de la haute justice d'après une enquête par jurés « tempore regis Henrici » insérée dans le *Très ancien Coutumier de Normandie* où sont énumérés les plaids qui appartiennent « ad ensem ducis » : « Similiter omnis » justicia de exercitu vel de moneta ad solum ducem pertinent. » (Ed. Tardif, p. 65, cap. LXX).

qui non sunt de communia Rothomagensi, eo modo quo declaratum est in carta dicti regis Philippi[1] et usque nunc extitit usitatum, nec non medietate forefactorum pannorum, vinorum, falsi argenti, auri, et aliarum falsarum mercaturarum quarumcumque, eo modo quo extitit usitatum ; que forefacture, cum acciderint, judicabuntur per majorem et cives Rothomagi, et pars nostra dictarum forefacturarum per manum ipsorum nobis reddetur[2].

6. Consuetudines, franchisias, libertates, a predicto rege Philippo et ab aliis predecessoribus nostris dictis majori et civibus concessas, et alia in dicta carta contenta non etiam minuentes nec in aliquo retrahentes, retento nobis tamen resorto judicii et defectus juris et justicia excessuum, quorum punicio vel vindicta ad nos pertinet tantummodo, racione regie dignitatis, videlicet in hiis excessibus quorum justicia non mansit in aliquo, nec in aliquem transire potest concessione gene rali.

Que ut perpetue stabilitatis robur obtineant, presentes litteras sigilli nostri fecimus impressione muniri. Actum Parisius, anno Domini M° CC° septuagesimo octavo, mense maio.

---

[1] Art. 5 de la charte de 1207. (*Pièces justif.*, II.)

[2] Cf. *Olim*, éd. Beugnot, t. I, p. 775, XIV, un arrêt de 1269 attribuant au contraire au bailli royal la justice en matière de choses forfaites.

LA ROCHELLE.

IV.

1208, 31 décembre. Winchester.

Charte de Jean Sans-Terre autorisant la commune de La Rochelle à sortir pour host et chevauchée et à veiller par elle-même à la garde et à la défense de la ville.

Vidimus des privilèges de La Rochelle donné à la requête des bourgeois de Poitiers, par le garde du scel de La Rochelle, en date du 6 octobre 1369. Archives communales de Poitiers [1].

Johannes Dei gratia rex Anglie, dominus Hibernie, duc[2] Normanie et Aquitanie, comes Andegavie, dilectis et fidelibus suis majori et communie de Ruppella. Sciatis quod volumus quod catinus[3] in exercitum vel equitacionem, pro aliqua simmonicione[4] vobis facta, nisi prius per ballivos nostros et per nos provideatur, quod, salvo statu ville nostre, exire possitis, et ita quod inde nobis vel ville nostre dampnum non possit evenire, quandieu[5] nobis placuerit; et vobis mandamus quod, sicut honnoram[6] nostrum et vestrum diligitis, provideatis et diligenter intendatis, ad commodum nostrum et vestrum et ad salvitatem vestre ville, ne quis miles extraneus vel alius villam vestram egrediatur per quem vobis forcia

---

[1] Je dois communication de cette pièce à l'obligeance de mon confrère M. Alfred Richard, archiviste de la Vienne. Le texte en est très altéré; il eût été facile d'y faire beaucoup de corrections, mais j'ai préféré lui laisser toutes ses fautes qui éclairent sur la valeur de cette copie.
[2] dux.
[3] quatinus.
[4] summonitione.
[5] quamdiu.
[6] honorem.

fierit[1] possit, vel nobis et vobis aliquid dampnum vel dedecus inferri. Mandamus eciam vobis rogantes quod quilibet vestrum qui potest sine gravamine, habeat equm[2] aptum ad servicium nostrum; et volumus et firmiter percipimus[3] quod nullus vestrum distringatur ad aliquam equm[4] vendendum vel commodandum nisi per gratum et voluntatem suam. Concessimus eciam et volumus quod mercatores terrarum nostrarum eant et redeant per totam terram nostram con[5] rebus et mercandisiis insula[6], quandiu fuerint in eo statu quomodo sunt ad fidem nostram. T. domino Wint. episcopo et G. Filio Petri, apud Winton., xxxi . die decembris, anno regni nostri decimo.

[1] fieri.
[2] equum.
[3] precipimus.
[4] aliquem equum.
[5] cum.
[6] suis.

OLÉRON.

V.

1146. Paris.

Diplôme de Louis VII confirmant, du consentement de sa femme Eléonore, à la Trinité de Vendôme tous les biens situés dans le Poitou et la Saintonge, donnés à cette abbaye par Geoffroi, comte d'Anjou, et notamment le quart de l'île d'Oléron, l'église Saint-Georges, les églises Notre-Dame et Saint-Nicolas du château d'Oléron; il exempte tous les habitants de taille, queste, gîte, procuration, host et chevauchée, réservant seulement au roi ou au sénéchal, en personne, le droit d'exercer les droits de gîte, procuration, host et chevauchée; il spécifie que la justice de ces domaines appartiendra à l'abbaye et que, dans le cas de rébellion, le sénéchal s'associera aux moines pour la répression.

Original; Archives de Loir-et-Cher, série H, abbaye de la Trinité de Vendôme; prieuré de Saint-Georges d'Oleron[1].

In nomine sanctę ac individuę Trinitatis. Ludovicus Dei gratia rex Francorum et dux Aquitanorum. Regie liberalitatis interesse dinoscimus ecclesiarum quieti pie providere, et collatam eis ab antecessoribus nostris libertatem integram inviolatamque conservare. Tunc enim concessum nobis regni diadema ab eterno rege vere cognoscimus si sponsam ejus, sanctam matrem ecclesiam, pro commissę nobis potestatis offitio et diligimus et veneramur. Notum proinde facimus universis tam presentibus quam futuris quod, petitionibus Roberti venerabilis Vindocinensis ęcclesię abbatis et monacorum loci ejusdem, rogante pro eis dilecto fidelique nostro

---

[1] Je dois communication de cette pièce et de la suivante à l'obligeance de mon confrère, M. F. Bournon, archiviste de Loir-et-Cher.

Gaufrido, duce Normannie et comite Andegavensi, benigne condescendentes, universa que quondam eidem monasterio a Gaufrido comite Andegavensi et uxore sua Agnete comitissa Pictavorum, annuente filio ipsius comitisse Guillelmo, comite Pictavensi, in pago Pictavensi et in pago Xanctonico pia devotione collata sunt, nos quoque, cum assensu et voluntate Alienordis regine collateralis nostre, prefate ecclesie Vindocinensi ita libere sic integre perpetuo possidenda concedimus, sicut a predictis antecessoribus nostris fuere collata, et in ipsorum munitione manifeste vidimus et fideliter designata. Sunt autem hec in pago Pictavensi : apud villam Galniacum, terra que dicitur Ad petram ; in ipsa civitate, due domus in foro ; in suburbio ipsius, mansio una ; apud Avaisiam, parrochialis ecclesia sancti Martini cum integritate sua ; medietas ecclesiarum Olomne, cum decima salinarum et vinearum et omnium inde exeuntium. In pago vero Xanctonico sunt ista : boscus sancti Aniani, et boscus de Columbariis, cum omnibus utilitatibus, salinis, aquis, molendinis, piscationibus, totum et ad integrum quicquid divisione accingitur quam predicti comes et comitissa ibi fecerunt ; medietas quoque nostre partis sepiarum per totum Sanctonicum pagum ; ecclesia quoque de Poio Rebelli, cum omnibus ad eam pertinentibus, et nostra pars excluse de ponte Sanctonico. In insula Oleronis : ecclesia beati Georgii cum quarta parte ejusdem insule, et ecclesia beate Marie que est in ipso castro, et in ejusdem parrochia, ecclesia sancti Nicholai. Preterea vero, ad majorem ejusdem ecclesie immunitatem, regia nimirum auctoritate, statuimus ut nullus deinc[eps] prepositorum vel servientum nostrorum in omnibus superius enumeratis, nec talliatam aut questam, nec jacere vel procurationem, nec exercitum vel e[quitat]um habeat aut requirat, nec omnino aliquam exactionem aut violentiam vel exigat, vel imponat ; solummodo autem, nos et dapifer noster jacere et procurationem in eis, exercitum et equitatum, si presentes erimus, habebimus. Prefata vero ecclesia Vindocinensis in omnibus presignatis integra servitia et integras justicias obtinebit, et si forte homines suos in aliquo rebelles aut contradicentes invenerit, dapifer noster monachis prefati loci cum adjutor extiterit. Ut hoc igitur ita ratum in perpetuum inconcussumque permaneat, scripto commendari, sigilli nostri auctoritate muniri, nostrique nominis subterinscripto karactere fecimus consignari. Actum publice

Parisius, anno ab incarnatione Domini M° C° XL° VI°., regni vero nostri X°., astantibus in palatio nostro quorum nomina subtitulata sunt et signa. Signum Radulfi Viromandorum comitis dapiferi nostri. — Signum Guillelmi buticularii. — Signum Mathei camerarii. — Signum Mathei constabularii. — Data per manum Cadurci (*Monogramme.*) cancellarii.

Ego Alienordis regina laudavi hoc, et sigillum meum, cum sigillo domini regis, apposui. (*Traces de deux sceaux pendant sur lacs de soie jaune.*)

VI.

S. d., 1146.

Diplôme d'Eléonore, reine de France et duchesse d'Aquitaine, confirmant l'abolition par Louis VII des mauvaises coutumes qui existaient dans l'île d'Oléron au détriment des hommes de l'abbaye de Vendôme.

> Original, Archives de Loir-et-Cher, série H, abbaye de la Trinité de Vendôme, prieuré de Saint-Georges d'Oléron. — Fac-simile, collection de l'Ecole des Chartes; héliogravures, n° 221.

Ego Alienordis Dei gratia regina Francorum et Aquitanorum ducissa. Notum fieri volumus universis quam presentibus tam futuris quod pravas illas consuetudines quas in hominibus Vindocinensis ecclesie de Olerone servientes seu ministeriales nostri male tenuerant, prout a domino nostro rege Ludovico condonate sunt et dimisse[1], ita et nos eidem ecclesie condonamus atque dimittimus, et, sicut per auctoritatem regalis precepti destructe sunt, in perpetuum eas abolemus ac deinceps requirendas non esse sanccimus. Erant autem he

---

[1] Le diplôme de Louis VII auquel il est fait ici allusion est également conservé dans le fonds de la Trinité de Vendôme. Le dispositif n'est pas différent de celui de l'acte que nous publions, et que nous avons préféré, parce que c'est une des très rares pièces, émanées d'Eléonore comme reine de France, dont l'original existe encore. Voici le début de l'acte de Louis VII : « In nomine sancte ac individue Trini-
» tatis. Ludovicus Dei gratia rex Francorum et dux Aquitanorum, om-
» nibus in perpetuum. Dignum nos exequi credimus regie potestatis
» officium si pravas consuetudines, quarum usus in dampnum eccle-
» siastice libertatis inolevit, penitus extirpemus. Quo nimirum intuitu,
» dilectissimorum nostrorum Gaufridi videlicet Burdegalensis archie-
» piscopi, Gosleni Suessionensis, Bernardi Xanctonensis episcoporum
» interventionibus exorati, Roberti Vindocinensis ecclesie abbatis peti-
» tionem propitiis auribus attendentes, pravas quasdam consuetudines
» quas in hominibus ipsius Vindocinensis ecclesie de Olerone ser-
» vientes seu ministeriales nostri male tenuerant in perpetuum abo-
» lemus..... » La suite comme au diplôme d'Eléonore.

consuetudines : impetebant siquidem servientes seu ministeriales nostri quemlibet hominum Vindocinensis ęcclesię in prefata insula de quolibet forisfacto absque presentis testis productione, et inposite culpę purgationem, nisi per duellum vel per calide aquę judicium, nolebant omnino recipere. Intendebatur autem preterea a servientibus seu ministerialibus nostris adversus quemlibet hominum presignatorum, — vel abaltero adversus alterum, vel etiam a quolibet adversus eosdem, — quod supra regiam prohibitionem aliquid presumpsisset, ut vel hominem illum aut illum percutere, vel capere pignus pro debito, vel quidlibet aliud. Harum vero consuetudinum prior, *appellatio,* secunda, *defensio regis* appellabatur, et in intolerabile gravamen hominum illorum pessime creverant, dampnose perseverabant. Alteram igitur earum, id est *defensionem*[1], prefatę ęcclesię ex toto dimittimus ; alteram autem, id est *appellationem,* nisi cum presentis testis productione facta fuerit, perenni quoque silentio condempnamus. Quod ut ratum in posterum inconcussumqūe permaneat, scripto commendari et sigilli nostri auctoritate corroborari precepimus[2]. (*Traces de sceau pendant.*)

[1] Le diplôme du roi ajoute ici : « pro summę reverentia divinitatis » nostrorumque indulgentia reatuum Vindocinensi ecclesie..... »

[2] Voici les formules finales du diplôme de Louis VII; elles ont l'intérêt de dater les deux actes : « Quod ut ratum in posterum inconcus- » sumque permaneat, scripto commendari, sigilli nostri auctoritate » muniri, nostrique nominis subterinscripto karactere fecimus consi- » gnari. Actum publice Pictavis, anno ab incarnatione Domini M⁰ C⁰ » XL° VI⁰., regni vero nostri X⁰., astantibus in palatio nostro quorum » nomina subtitulata sunt et signa. Signum Radulfi Viromandorum » comitis, dapiferi nostri. S. Mathei camerarii. S. Guillelmi buticularii. » S. Mathei constabularii. — Data per manum Cadurci (*Monogramme.*) » cancellarii. » (*Traces de sceau pendant.*)

VII.

1224, 14 août. La Rochelle.

Privilèges concédés par Hugue de Lusignan aux habitants d'Oléron.

Copie du xviii° siècle [1]. Bibl. nat., coll. Moreau, vol. 634, fol. 13.

Universis tam presentibus quam futuris presentem cartulam inspecturis, Hugo de Leziginaco[2] comes Marchie et Engolinnis[3], salutem. Noverit universitas vestra quod dominus Ludovicus rex Francie dedit et concessit nobis et heredibus nostris insulam de Olenore[4] cum omnibus pertinenciis suis, tenendam ab ipso et heredibus ejus in perpetuum et pacifice possidendam. Nos autem, in presencia ipsius, dedimus et concessimus fidelibus hominibus nostris dicte insule et heredibus eorum et omnibus in dicta insula habitantibus et manentibus, tam futuris quam modernis, per totam terram nostram et per totum posse nostrum, omnes illas libertates et dignitates quas dominus rex Francie supradictus dedit et concessit per terram suam burgensibus suis de Rupella, prout in cartula sua continetur, quam super hoc eisdem burgensibus sigillo suo roboratam donavit. Volumus insuper et precipimus quod dicti homines nostri de Olerone et heredes eorum suam communiam habeant et teneant pacifice et quiete, eodem modo et eadem libertate qua dicti burgenses de Rupella suam communiam tenebunt et habebunt. Omnes vero supradictas convenciones dictis hominibus nostris de Olerone et heredibus suis,

---

[1] Cette copie, faite pour Bréquigny sur un ms. de Londres (Mus. Brit., Cott. Julius, E 1, fol. 4), est très défectueuse; nous en avons laissé subsister toutes les fautes ; elles ont cet intérêt d'éclairer sur la valeur de la copie.

[2] Lezigniaco.
[3] Engolisme.
[4] Olerone.

in presencia domini regis, super sacrosancta evangelia, juravimus nos in perpetuum bona fide conservaturos et quod ipsos et res eorum fideliter et benigne, sicuti homines nostros, custodiemus. Ipsi autem, simili modo, pro se et heredibus suis, juraverunt quod fidelitatem nostram et heredum nostrorum bona fide contra omnes homines, salva fidelitate domini regis Francie, in perpetuum observabunt. Actum apud Rupellam, anno gratie M° CC° vicesimo quarto, mense augusto, in vigilia Assumpcionis beate Marie, videntibus et audientibus fratre Garino Silvanectensi episcopo, domino Enjorando de Cocy, domino Bartholomeo de Roies, domino Johanne de Bellomonte, domino G. de Rancon, militibus, R. Fulcheri, P. de Faia, J. Galerne, et G. de Cavig, burgensibus de Rupella. Et ut hoc ratum et stabile permaneat in perpetuum, dictis burgensibus nostris et heredibus eorum dedimus presentes[1] cartulam, sigilli nostri munimine roboratam.

[1] presentem.

BAYONNE.

VIII.

1204, Août. Pampelune.

Traité entre le roi de Navarre Sanche le Fort et la ville de Bayonne.

> Cop. de 1237. Arch. de la Chambre des comptes de Navarre à Pampelune. Cartulaire 3, p. 239[1].

DE CONPOSITIONE FACTA INTER S. REGEM NAVARRE ET BURGENSES DE BAYONA. — Hec est carta conpositionis facte inter dominum regem S., regem Navarre, et burgensses de Baiona. Notum sit itaque omnibus hominibus quod ego S., per Dei gratiam rex Navarre, recipio sub mea protectione et defensione homines de Baiona et omnes rex (*sic*) ipsorum, [tam] mobiles quam immobiles, volens et mandans ut veniant, eant et redeant per totum meum regnum ab orta Baione salvi et securi, cum omnibus rebus suis, persolvendo michi mea pedagia in locis consuetis et pedagia consueta ; et sint salvi et securi in eundo et redeundo, tam de me quam de omnibus hominibus regni et de aliis, pro posse meo, et quod predicta securitate maneant quantum mihi placuerit, ita tamen quod, quandocumque mihi placuerit datam eis securitatem infringere, faciam hoc scire ante concilium Baione per iij. menses, et homines de Baiona, qui tunc fuerint in regno meo et habuerint ibi res suas, habeant securitatem unius anni circa personas suas et ad recuperandas interim res quas habuerint in regno meo ; et si infra annum non possent eas re[cu]perare, sint etiam amplius securi, donec eas recuperarent, nisi illud tantum quod propter defectum justicie fuerit a partibus, nomine pignoris,

---

[1] Ce cartulaire de 287 pages in-folio, d'une belle écriture, à longues lignes, a été écrit en 1236 et 1237 par Pierre Ferrand, notaire public du conseil de Tudèle, sur l'ordre de Thibaut Ier, roi de Navarre et comte de Champagne.

retentum. Adicio etiam predictis quod si homines de Baiona fecerint recuperare meis hominibus, faciam ego similiter eis recuperare res suas infra annum vel post annum, et conducere personas et res earum usque ad Baionam. Et sciendum quod omnia malefacta et querimonie hinc et inde debent emendari per homines juratos ex utraque parte, infra spacium viiij. dierum per inquisitionem veritatis vel per forum terre. Preterea homines de Baiona debent custodire caminum et defendere ad totum posse suum et debent se catare de toto dampno regis Navarre et regni sui per mare et per terram; et quod non adjuvent inimicos regis Navarre contra ipsum nec valeant eis auxilio neque consilio, salva tamen in omnibus fidelitate regis Anglie. Hec omnia supradicta debent intelligi et observari per bonam fidem et sine inganno ex utraque parte. Dant (*sic*) apud Pampilonam, mense augusti, sub era M^a CC^a XL^a II^a. Ad majorem confirmationem hujus facti presentem cartam hoc meo sigillo corroboro ac confirmo.

IX.

1248, 31 octobre. Urdax.

Traité entre la commune de Bayonne et Thibaut Ier*, roi de Navarre et comte de Champagne.*

Cop. contemporaine. Arch. de la Chambre des comptes de Navarre à Pampelune. Cartul. 3, p. 279 [1].

Conoscida cosa sea a todos aquellos qui esta carta veran e odran que nos, el mayor e los jurados e el communal conseillo de Bayona, recebimos en nostra garda e en nostra comienda a don Thibalt, por la gracia de Dios noble rey de Navarra, de Campaynna e de Bria cuende palazin, e toda su compayna, con todas lures cosas, si por aventura el denantdito don Thibalt, rey de Navarra, quisiere o quisiesse entrar alguna vegada en Bayona por passada o passare por logar ailli aderredor, o por mar o por tierra, eill o su compayna, que se estienda a nostro poder, queremos e prometemos en buena fe, sen mal engayno, que eill e toda su conpayna passen salvos et seguros con todas lures cosas. Otrosi, recebimos en nostra garda e en nostra comienda todos sus omes e sus gentes, con todas lures cosas e con todas sus mercaduras, que vayan et viengan todos por la villa de Bayona o por ailli aderredor que pertanezca a nostro poder, e que vendan e compren toda manera de mercaduria, pagando costumbre si por aventura la devieren. E si por aventura aviniesse que oviessemos a contramandar esta denandita conveniença, por mandamiento de nostro seynor el rei d'Anglaterra, que lo fiziessemos asaber en buena fe, sen mal engayno, al denandito rei de Navarra e a sus gentes; e si por aventura alguno o algunos omes del rei de Navarra fuessen en

---

[1] Ce document, le suivant et plusieurs autres, émanés de Thibaut Ier, ont été ajoutés au cartulaire formé en 1236 et 1237.

Bayona o en logar que se estienda a nostro poder, que ayan quaranta dias de espatio, pues que lis fuere feito asaber, de issir salvos et seguros de nostra commarca, con todas lures cosas. E si por aventura alguno o algunos omes del rei de Navarra, non sabiendo el vedamiento que nos feito avriamos, viniessen de d'aillent mar o d'aquent mar en Bayona o a logar que se estienda a nostro poder, nos que ge lo fagamos; e pues que lo sopieren, que ayan quaranta dias de espatio por se issir de nostro poder, salvos e seguros los cuerpos e los averes, a qualque partida quisieren ir. E por que todas estas denantditas convenienças sean firmes e estables, seyellamos esta carta con nostro seiello pendient. Actum apud Urdacum, in vigilia omnium sanctorum, anno Domini M° CC° XL° viij°.

X.

1253, 20 août. Bayonne.

Traité entre la ville de Bayonne et Marguerite, reine de Navarre, comtesse de Champagne et de Brie.

Cop. contemporaine. Arch. de la Chambre des comptes de Navarre à Pampelune. Cartul. 3, p. 283.

Conegude causa sia a totz aqueds qui esta carta beran e audiran que nos, lo mayre eus jurads eu comunau conseil de Bayone, recibem en nostra garda, en nostra comana le noble dame ne Margarita, per la gracia de Dieu reyna de Navarra, de Campayna et de Bria comdessa palazina, et en Th. son fil, e todas lors compaynas, ab totas lors cauzas, si per ambenture bolem entrar per passada en nostre biele de Bayone o passar per aucun log d'entorn, per mar o per terre, tant come nostre poder s'esten, a bona fee, sen mal engan. Autresi, recibem en nostra comana e en nostra enparanssa tots sos homis et sas gens, ab totas lors causas e ab totas lors mercaderies, anan e bien per la bile de Bayone o per aqueu enbiron qui sie de nostre poder, e qui benien e conpren tota manera de mercadarie, pagan las costumes que deurin. E si per aventure avem de desmanar aquest denantdit encombentement, per mandament de nostre seygnor lo rey d'Anglaterri, o per nos medis, que ag fessem saber a bona fee, sens maul engayn, a le denantdita reyna de Navarra e a son fil e a lors gents ; e si per abenture eus medis o aucus autres lors homis eren en Bayone o aucun log or nostre poder s'estenes, que ayan XL. dies de termin, despuys quaus ag avrim feit saber, de ysir saubs e segurs de nostres apertinences ab totas lors cauzas. E si per abenture auguns deu lors homis non sabem aquest desman que nos avrim feyt, bien per mar o per terre en Bayonne o en log o nostre poder s'estenes, nos quals ag fessem labeds saber ; e depuys que ag saberin, que ayan XL. dies d'espassi per medische guise quom es desus part devizat. E per que aqueds denandits conbents entirament sian tinguds e guarads e scheds tot corrompiment, havem seierad queste present carte dou seied de nostra comuna. Actum Baione, XIII° kalendas sebtembris, anno Domini M° CC° L° tercio.

XI.

1296. Bayonne.

Etablissement municipal relatif à la juridiction de la cour du maire de Bayonne.

Cop. du xvie siècle. Arch. communales de Bayonne, AA 3, p. 211.

DE LA JURIDICTION DE LE CIUTAT. — En l'an de nostre Seinhor mil dus cens nanante e chiis, en le mairetat de en Pascoau de Ville e de son conseilh, ab tot lo poble fo establit que, a future memori, fosse escriute le juridiction de le ciutat, e le extencion d'equere fosse seguide e exercide de tant de temps enssa que deu contrari no es memori; lo quoau es come s'enseg :

1. Prumeyrement, es ledite juridiction e dex de ledite ciutat de tote ancianetat despuichs lo loc de Boret enssa, e despuichs lo Bocau, e despuichs Horgave, Sent Johan de Vintz, Ustaritz e Sent Martin de Seinhaux e Sent Johan de Lus.

2. Item, e pareilhement per tote l'arribeyre de l'Ador, despuichs lodit Bocau d'equi a Horgave inclusivement, tant que l'arribeyre crechs e puye per sons coustatz e estrems ab lo flot de le mareye per esters, aigues e arroilles e tote le terre d'equi a ont ledite mareye va per losditz costatz.

3. Item, e pareilhement per l'arribeyre deu Nybe, tant que ledite mareye va au long e cap sus e per los costatz, com dit es, ab totz los vergers, bartes, camps e terres.

4. Item, e jassie que, per guerres e disferences anticques, ledicte juridiction sie estade usurpade aucunement per terre per los circumvesins, tant deu costat de l'Ador que de Seinhaux, totes betz, so nonobstant, la juridiction e possession d'equere es estade posssedide e se possedichs au long e au large de lesdites arribeyres e per les terres, vergers, e bartes adjassentes, come dessus es dit.

5. Item, que, en ledite ciutat, aigues e terres, an lodit maire e conseilh tote juridiction, haulte e basse e moyan, e so que en depend, e l'exercici d'equere, a memori pergude e per costume anticque, e autrement a bons e justes titres e permission expresse u tacite deu visconte de Bayonne e de Labort et deus reys qui an succedit ; e son judges en purmeyre figure e istance, e an le purmeyre conechence de totz cas indiferentement.

6. Item, e no es ny sera permes, ainchi que es de costume inveterade, a aucun judge d'appel ny autre, prener cort, conechence ny juridiction sus los manans, vesins e habitans de ledite ciutat e dex d'equere, en purmeyre figure e istance, de queinh cas que sie, sino que per appel.

7. AU CONSEILH ASSEMBLA. — En excercin ledite juridiction e justici, lo maire e son conseilh, e en son absenci son loctenent, se amasseran a le mairetat e feran lor judgement degud e resonnable.

8. Item, e losquoaus se assembleran dus jorns cascune sempmane en le maison comune per tenir cort e audience publicque [1].

9. Item, e los dissaptes viendran au conseilh los juratz per assistir lodit maire e esclevins [2].

10. Item, e quant plaira audit maire o son loctenent, puyra far assemblar losditz esclevins, juratz e vingt-quoate e mes lo seinher clerc ordinari per los conseilhar [3].

11. Item, e so que sera expedit e arrestat per le maior part en nombre de personnes deus presens en ledite assemblade, valera e sortira son effect, chens aver regard a les butz, dignetat ny merit deus oppinans, sino que deudit maire solet qui deu aver dues butz ; mes lo clerc no a aucune butz, car no es que conseilher.

12. Item, e per comparir e benir aus jorns e hores ordinaris en le maison comune de le ciutat, no deben estre mandatz

---

[1] Cf. *Etablissements*, art. 3.
[2] Cf. *Ibid*.
[3] Cet article et le suivant paraissent avoir été remaniés après 1451 ; ce fut alors que le corps de ville se composa des échevins, des jurés et des vingt-quatre. Cf. t. I, p. 99.

ny assignatz per los sergens, mes chascun s'i deu trobar, sus pene de sinq solz l'esclevin, e lo jurat sus pene de tres, e los vingt-quoate sus pene de dus, peinherables e applicables come desus es dit[1].

13. Item, mes aus autres actes extraordinaris seran mandatz de par lodit maire u son loctenent, per los sergens de masse parlant a lor o a lor famili en le maison ous demoreran ; e si no venen, seran punitz come dessus ; e lo neguoci se expedira per los presens, nonobstant le contumacie deus abcens, enquoare sien malaus u negligens.

14. Item, e despuichs que seran en ledite maison comune no s'en puyran partir chens licenci deudit maire o son loctenent, sus mediches penes.

15. Item, es estat establit si augun deus dotze esclevinx volera anar en Angleterre o en autre terre loeinhau ou en pelegrinadge, prenera congit deu maire e deus autres esclevinx, quent seran ajustatz au dissapte, e id ades que comunaumens eslegiran aucun que establisquen en loc de luy, entro que torny[2].

16. Si lo maire trespassera l'Establiment de le comune, al doblie sera de merce que s'era ung deus esclevins, car de luy deu esser pres ichemple de dreituri e de rigautat de guoardar los Establimens[3].

17. DE SEGUI ET ACOMPANHA LO MAYRE, SON LOCTENENT ET CONSEILH. — Et es estat establit et ordenat que, quent lo maire o son loctenent per deliberacion de conseilh voleran far aucun acte, expleit honorable u de justici, puyra far assemblar les gens deus officis e autres justiciables, qui seran tingudz de los seguir e acompainhar e obedir, armatz, en bon punct e ordi, e aux despens comuns de les copes[4], dus jorns solemens ; e d'equi enla a lor volunctat, sauban tot jorn le fidelitat deu rey e sus le pene de cent livres de Morlanx e de restar a le merce deudit maire e conseilh, applicquedeys comme desus[5].

---

[1] Cf. *Etablissements,* art. 4.
[2] Cf. *Ibid.,* art. 5.
[3] Cf. *Ibid.,* art. 9.
[4] *Les copes,* les coupes contenant l'argent, dans chaque corporation d'arts et métiers, qui y puisait pendant deux jours quand elle allait en guerre (*Note de M. Balasque*).
[5] Cf. *Etablissements,* art. 28 et 29.

XII.

1298, 6 septembre. Bayonne.

Etablissement municipal fixant au premier samedi d'avril de chaque année les élections des magistrats de Bayonne.

Copie de 1336. Arch. communales de Bayonne, AA 1, p. 112. — Publ., Balasque, *Etudes historiques*, t. II, p. 689.

Item, lo dissapte apres le festi de sant Gregori, en l'an de nostre Seinhor mccxcviii, en le mairetat doudiit Pelegrin de Biele, fo feit establiment per lo maire e per los cent pars, e autreiat per lo cosseilh comunau a le claustre amassatz, que todz temps mes, sober lo mudement dou maire e dous juradz e dous cent pars, que s'fasse la eleccion dou maire e dous cent pars qui en l'an seguentz deurant esser e governar le biele, per lo maire e per los cent pars e per los autres juradz qui lor an auran complit, e que sien esliitz cascun an a todz temps, lo primer dissapte dou mes d'abriu; e que lo maire e los cent pars e los autres juradz, quant lo maire e los cent pars e los autres juradz, qui lor an auran complit e esliitz los autres, demorin e armanquin en lor offici a tant de temps entrou que lo maire navet sie confermat per lo seinhor, e que lo maire qui l'an aura acabat aie pres lo segrement, segon que acostumat es dou maire navet qui labedz sera confermat; e que aquet maire aqui medis prenqui lo segrement dous xij. juradz e dous cosseilhers e dous cent pars navetz.

XIII.

1299, 20 juin. Bayonne.

Etablissement municipal fixant quelques attributions du maire.

Copie du xvie siècle. Arch. communales de Bayonne, AA 3, fol. 220 v°.

AB QUOAUTZ LO MAYRE FAR CONSELH ET JUSTICI. — En l'an de nostre Seinhor mil dus cens nanante nau, en le mairetat deu seinhor n'Arremon Duran de le Bille, lo dissapte empres le Trinitat, en centeye degude, amassade en le maison de le besiau, fo feit establiment per lo maire e per los cent pars que, dessi en avant, totz dies que lo maire tiera cort, sien ab luy e demorin, a tant com le cort durera, ung deus dotze et ung deus vingt-quoate conseilhers[1] per aoir los puntz que los abocatz deran en les arrezons l'ung contre l'autre, e per conseilhar lo maire en les causes que mestir lo seran aquetz deus dotze e aquetz conseilhers que lo maire fera manar au serment; e que aquetz qui y sien e y demorin despuichs que le cort sie comensade entro que sie finide, en pene de chiis sols de Morlanx que se daunera a le bille aquet qui no y sere, chens nulhe mercer, si donx lo jorn d'abant no ave mustrat ubert ceis au maire per que no y podos estar.

2. SY LO MAIRE POT FAR LO LOCTENENT. — Lo maire pot mectre e instituir son loctenent, loquoau deu presentar a son conseilh; e en lor presenci fera lo segrement ainchi que lo maire aura feit a l'ingres de son offici.

3. Totes betz, si lo conseilh trobe que lodit loctenent non sie sufficient o aye inpreffection e deffectuositat manifeste, lo puyran reffusar.

4. EXPEDI LES CAUSES PETITES. — Lodit maire o son loc-

---

[1] Cette mention des douze et des vingt-quatre montre que ce document a été remanié après 1451. Cf. t. I, p. 98.

tenent poden soletz expedir e despachar chens autres conseilh les causes petites e sommaris.

5. Depausa lo loctenent. — Lodit loctenent pot esser demes e estremat de l'offici a le volunctat deudit maire.

6. De l'auditor. — Lodit maire a facultat de instituir son auditor a sa volunctat, provedit que sie bon costumer e pratician, autrement lodit conseilh y pot empachar e contrediser, e no valera sa institucion; e d'equi a tant que y aura provedit, o quent vaquera per mort o renunciation, e en abcenci deudit maire, lo conseilh n'y puira instituir ung.

7. De non vaquer avant lo segrement. — Lodit maire o son loctenent no poden excercir los officis, com no fasen los autres officiers, avant prestar lor segrement.

8. Lo maire o son loctenent poden assemblar lo poble e los contreinher de los seguir per tote le juridiction, armatz e autrement, le ville demoran provedide.

XIV.

1304, 6 mars. Bayonne.

Etablissement municipal enjoignant de porter des armes.

Copie de 1336. Arch. communales de Bayonne, AA 1, p. 120.

En l'an de nostre Senhor M CCC e IIII., dissapte apres le feste de sant Laon de martz, en le mairetat dou seinhor en Pelegrin de Biele, fo ordenat e feit establiment per lo maire e per los cent pars e per moutes autres bones gens, en le maison de le veziau de Baione, que todz los brassers e hobres de Baione de binhes o de bergers o todz autres, quant iran per mar o per terre, dessi en avant, a les hobres, quaus que sient, portin lor armes, lances e dartz e balestes e manbaus, cascun aqueres armes de que melhor se sabera servir, e que ab lor les aien e tinquin totes vedz assi pres de lor que augun maufeitor no los pusqui panar ni prener.

2. E aquet brasser qui hiri hobrar estiers d'armes e aquet quiu logari estiers de portar armes que s'daunera VI. s. de Morlans a le biele, sans nulhe merce.

3. E se escat per aventure que ad augun vezin de Baione o d'augun brasser e obrer estrainh qui de Baione en fore seri ischit, augun persone fei o bou far dampnadge, e aquere persone cride: *biafore*, o cride en autre maneire, que todz los brassers e obrers que aquet *biafore* o crit audiran e seran en loc que audir ag deien, laissin ades lors hobres a tantost cum lo *biafore* o crit audiran, e que prenquin les armes, e que anin aiudar ad aquere persone qui cridat auri, en pene de VI. ss. de Morlans que s'dauneri a le biele aquet qui no i iri.

4. E si abie que los brasses qui iran ab lors armes au crit, cum diit es, augun d'aquetz maufeitors o banitz qui bierin mau far en les heretadz de Baione o a les persones de la biele de Baione o ausdiitz brassers o obries, plagauen o aucident

que sens balhe, e que lo maire ni le biele de Baione d'arres nous en pessegui nius en fasse augun mau, mas queus issien en totes cauzes, effors e aiude. E aquetz qui hiran a le *biafore* o au crit, cum diit es, los seinhors qui logan los auran, queus paguin todz lors iornaus atabei cum si tot lo die aven hobrat, sodz la pene dessusdiite.

XV.

1304, 12 décembre. Bayonne.

Etablissement municipal instituant des gardes champêtres.

Copie de 1336. Arch. communales de Bayonne, AA 1, p. 114.

Item, aquet medis die, [en l'an de nostre Seinhor M CCC IIII., lo dissapte apres le sent' Nicholau abesque e confessor, en le mairetat d'en Pelegrin de Biele,] fo establit que pressones sien esliites e assignades qui sient tincudz, per segrement feit en mang dou maire, de gardar le bies eus camins e de gardar los baradz, e les arroilhes, e les hobres que hom fera, a pretz feit o en autre guize, en vinhes o en bergers o en cazaus o en autres terres fore de Baione, si esteran plan ni si seran feites dehudemens; e que aqueres persones pusquin les vinhes e los vergers e les autres terres que hom volera partides e los cazaus fore de le biele bei e leiaumens, sober lor segrement. E desso far e gardar son esliitz aqui medis: en Bidau de Bardos, en Peis de Faiet, en Peis de Sent Miqueu.

XVI.

1315, 5 juillet. Bayonne.

Etablissement municipal relatif au guet et au contre-guet.

Copie du xvi⁰ siècle. Arch. communales de Bayonne, AA 3, fol. 181 v°.

DEU FFEIT DEU GUOAIT. — En l'an de nostre Seinhor mil tres cens e quinze, lo dissapte apres le feste de sent Pey, fo establit per monseinhor lo maire, esclevins, e conseilh que totz aquetz e aqueres qui yran de nuitz u de jorns per aygue o per terre, per deffens le ciutat o per deffore, quent lo guoait, esquiuguoeit, portalers o autres los domanderan qui son, e ni auderan, que vinquen a lor, o arribin a terre, sien tingutz de obedir, e si lo contrari fasen, si los auciden o plagauen, que se los valos, e eu fossen quictis, et si plegar ny aucider no los volen, que, per le desobedience, ung chacun sera mes en preson e detingudz, a l'arbitre deus qui dessus, e avant lor elargissement pagueran vingt livres Guian., le terce part applicquedeyres aus escusedors e revelledors, e lo plus aus affars de ledite ciutat.

2. IDEM. — Item, aqui medichs fo establit que tot home maridat sie tingud de anar far lo guoait, esquiuguoayt e porte, une vetz le sempmane, segond sa facultat, en propre personne, sus pene de estar mes en preson e de pagar vingt solz tornes avans que en sailhi, le terce part applicquedeire aus qui ag revelleran, e lo plus a le bille.

3. IDEM. — Item, si ere lo cas que se abscentassen, u fossen vieilhs, malaus, o autremens legitimemens impeditz, seran tincutz de presentar en lor loc audit maire o son loctenent personnatge sufficient quy aye feit lo segrement de vesiautat, autrement no y poira mectre ny subrogar en son loc autre personnatge, sus le pene que dessus.

4. IDEM. — Item, es estat establit que losditz deu guoayt,

esquiuguoayt e porte, sien armatz com si anaben a le guerre, e no pusquen partir los de l'esquiuguoayt e porte, de dessus les murrailhes, tant que le noeyt dure, e los portalers deus portaus, despuichs que se obrin d'enqui a que sien barratz, sus mediches penes.

5. Idem. — Item, e les gens de l'esquiuguoayt seran tingutz anar per dessus les murrailhes e rues de ladite ciutat, los ungs d'equi a le myeyt noeyt, e los autres despuichs d'equi a los portaus son ubertz, sus mediches penes.

6. Idem. — Item, e en anan audit esquiuguoait, e aussi los deu guoayt, no puyran ny deuran cridar ny far bruyt per les rues ny per les murrailhes ; mes yran escotan dossement e segretement, tant per obviar a le maubade enterprese de enemix que deus lairons e mauffeitors de le ciutat.

7. Idem. — Item, e si troben que los deu guoayt sien adurmitz, los puyran prener los armes e tot so qui porteran ab lor, per esser repartit enter los de l'esquiuguoayt, per le purmeyre vegade, chens autre judgement; e per le seguonte, los puyran gectar de le murrailhe en bat ; le terce, seran a le merce deudit maire e conseilh.

8. Idem. — Item, et pareilhement si troben per les rues o en autres partz aucuns mauffeitors, gent suspecte, corredors de rues, armatz o no armatz, ab lutz o chens lutz, los puyran prener e mectre en preson, e si se esforssauen e no se volen lachar prener, si los plaguen o auciden, que se los valos, e que en fossen credutz a lor segrement, edz e los sergens, desso que feran e lor sera feit.

9. Item, pareilhement es establit que si lesdites gens deu guoait, esquiuguoait e portalers no mecten a ezceqution ledite puchance e facultat qui los es donade, o no le revellen audit maire e conseilh, per negligenci, meinchspretz, graci, favor, parentelle, corruption o autrement, seran mes en preson, incontinent que sera sabut, e aqui detingudz per an, e demoran le merce e judgement deus qui dessus.

10. Idem. — Item, aussi es estat establit que lesdites gens de l'esquiuguoayt e portalers seran tingudz de creder e obedir a lor cappitaine per so que conscernichs le polici deudit esquiguoayt e porte, e de se rendre a le porte de sa maison a l'hore qui failh comenssad (*sic*) lodit esquiuguoait, sus pene de

estar empresonàtz e de pagar l'amende, applicable come dessus.

11. Idem. — Item, e si aucun differento dobte abie e occor sus le polici deudit guoait e esquiuguoait, se retireran per devert lodit maire o son loctenent, qui a tot james es estat lor cappitaine generau de la ciutat, per mectre ordre e regle en lo dit different e totz autres qui en sortiran.

XVII.

1327, 26 mars. Bayonne.

Etablissement municipal réglant le mode de nomination des officiers municipaux.

Copie du xvie siècle. Arch. mun. de Bayonne, AA 3, fol. 163.

DE LES ELLECTIONS DEUS OFFICIES. — En l'an de nostre Seinhor mil tres cens e vingt sepd, lo dissabte davant arramps, en le mairetat deu seinher en Johan Dardir maire de Baionne, en centeye degude, fo feyt establiment perpetuaumens duredor, publicat e approbat, sus lo feit de le election deu maire e autres officiers, e maiorement que los sirvens deu maire e conseilh, cappitaines e guoardes de le ciutât e totz autres officis se fasen e donen per election, e ainchi medichs s'entrevin quent lo cas lo requerira.

2. DEUS SERJANTZ. — Item, e losditz sergens quent l'offici vaquera per mort, renunciation u privation, sera eslegit ung autre en son loc per lodit maire, si present es, qui aura dues botz, esclevins, juratz et vingt-quoate[1] qui n'auran chacun le soe ; et si es present, son loctenent, qui aura une butz, e ainchi medichs sera, quent l'en voleran gectar o suspende.

3. IDEM. — Item, et au regard deus autres officis e officiers qui preneran gadges, y sera provedit per election deudit maire, esclevinx et juratz, assemblatz com dit es.

4. IDEM. — Item, mes los officis de clerc e procuraire ordinaris de le ciutat seran donatz e feitz per election de tot lo conseilh integrement ; car la confirmation deudit clerc ap-

---

[1] Cette disposition indique que le texte de ce document, comme celui des pièces XI et XIII, a été remanié après 1451.

pertin au rey nostre souvyran seinhor, a lor election nomination et presentation.

5. IDEM. — Item, empero lodit maire, juratz, esclevinx e vingt-quoate e lo loctenent, en absenci deudit maire, donen e comferichen l'offici de procuraire, et an le facultat de acquet bailhar de pley dret ad aquet qui es eslegit per lo solete election et nomination, provedit que en prenque titre, signat deu greffier et sagerat deu saget de le maiorie, incontinent que aura prestat lo segrement en tau cas requerit et acostumat.

6. IDEM. — Item, et au regard deus officis de braymans, sortidors, hachers, relotgé, bergantine, cride, trompete, jaulé, portalers, mestes charpenters deu pont, lo leumant deu Bocau, e autres semblables, seran ainchi medichs feitz et expeditz per election deudit maire esclevinx et juratz, chens los vingt-quoate, car ainchi es acostumat, et preneran totz lors titres signatz et sageratz com dit es.

7. COM SE ASSEMBLEN. — Item, et es ancian usatge que, en totz los cas que lodit maire et conseilh expedichen per comune assemblade election ou nomination, lodit maire u son loctenent tremet ung o plusors sergens a le maison deus esligens, outz parlan a lors personnes o a lor famili et son assignatz per losditz sergent de se trobar a le maison comune de ledite ciutat.

8. DE EODEM. — Item, en lequoau maison apres que los repportz seran feitz deusditz sergens de ledite assignacion e hore escadude, los qui seran presens, sie le maior o le menor partide de le universitat, puyran procedir au feit de ledite election ou nomination, chens demorar los autres. E so qui sera feyt per le maior partide en nombre de personnes et butz deus presens aura valor e efficace, nonobstant aucune discrepance o contredriction, et tau election sortira son effect et l'eslegit juyra de son offici et en aura l'exercisi et gadges pendent lo proces, si aucun s'en mabe.

9. REVELAR LO FEYT DEU CONSEILH. — Item, es estat establit et ordenat que si aucun revelle so que sera altercat en lodit conseilh en fasen ledite election, com es les reproches o meritz qui seran estatz ditz deus nominatz, et autres lengadges qui no se deven revellar, tau reportedor u revelledor sera privat de son offici [1] et james plus no aura offici en lo

[1] Cf. Etablissements, art. 2.

conseilh, tornera los gadges qui n'aura pres, et sera mes en preson, incontinent que sera sabut, et paguera cent livres Guian. applicquedeires aus affars de le ciutat, avans son largissement.

10. DE LES INJURIS SEGRETES DEU COSEILH. — Item, et es estat establit que si en lo conseilh segret, se mau question et debat contre les gens deudit conseilh, et si inferichs injuri verballe o realle, sino que fos de mort o mutilation de membre, les gens deudit conseilh termineran segretement et sommariment lodit disferent per lor sentenci, de lequoau les partides se contenteran et no puyran haver recors en autre part, sus pene de estre privatz a james de les prerogatives et priminences dequere.

TOURS.

XVIII.

1461-1462, 25 janvier. — 1462, 30 juin.

Extraits des comptes municipaux de la ville de Tours.

Arch. mun. de Tours. Registres des comptes de la ville, t. XXXVI, fol. 59, v° à 61 v°.

A M^{os} Jehan Dupuiz et Pierre Lailler, bourgeois de Tours, la somme de lxiij. l. xiij. s. vj. d. qui deue leur estoit pour les causes cy apres declairées, c'est assavoir : cinquante et une livre pour ung voyage par eulx fait par l'ordonnance des bourgois et habitans de ladicte ville pour ce assemblez, le xxv° jour de janvier mil iiij° lxj., en la presence de Baudet Berthelot, lieutenant de Monseigneur le bailli de Touraine et de maistre Jehan d'Argouges, advocat du roy notre sire oudit bailliage, desdits esleuz, de Jehan Ruzé, maistre Jehan Bonnart, Pierre Lailler, Jehan Barbot, Mace Touchart, Pierre Quetier l'ainné, ... (*en tout 16 noms.*), et plusieurs autres habitans de ladicte ville, a aler de ceste dicte ville a Saint-Jehan-d'Angely, devers le roy nostredit seigneur, pourchacer le privilege que ledit seigneur avoit donné a icelle ville durant le temps qu'il y estoit, et tel comme ont ceulx de La Rochelle, ouquel privilege sont encore comprins les dons autreffoys faiz par ledit seigneur a ladicte ville et autrement, et pour porter audit seigneur cinq cens escus d'or qu'il vouloit avoir en ce faisant. Auquel lieu de Saint Jehan d'Angely, lesdits Dupuiz et Lailler furent et firent requerir audit sieur que ladicte ville eust ledit privilege ainsi et tel comme il leur avoit donné, lequel seigneur fut content et l'accorda derechief, moyennant qu'il en auroit maire et eschevins comme a ladicte Rochelle et non autrement. Et pour ce que iceulx Dupuis et Lailler n'oserent en ce proceder

— 97 —

sans en parler aux gens de ladicte ville, s'en retournerent par deça et laisserent en garde lesdits v^c. escus a Jehan Godeau qui estoit par dela, et en firent ainsi leur rapport a ladicte ville. Auquel voyage faire, lesdits Dupuis et Lailler vacquirent, tant a aler audict Saint Jehan d'Angely, sejourner que eulx en retourner, par l'espace chascun de xvij. journées qui font xxxiiij. jours a eulx deux . . . .
. . . .

Item, a maistre Nouel de Fribois, jadis secretaire du roy, pour ses peine et salaire d'avoir fait la minute dudit privilege et mise en beau latin, fut par eulx a lui baillé pour ce faire, avant le partement de cestedicte ville. . . . . . c s. t.
. . . .

A Jehan Briçonnet et maistre Gervaise Goyet, bourgoys de Tours, la somme de xj^c iiij^{xx} ij. l. ij. s. vj. d. qui deue leur estoit pour les causes cy apres declairées : c'est assavoir, cv. l. pour ung voyage par eulx fait par l'ordonnance et deliberacion des bourgoys et habitans de ladicte ville pour assemblez en l'ostel d'icelle, le premier jour de mars mil iiij^c lxj., en la presence de honnorable homme Jehan Bernard, juge et lieutenant general de Mons. le bailli de Touraine, de . . . . . (*en tout 24 noms.*) et plusieurs autres bourgoys et habitans de ladicte ville, a aler de ceste ville de Tours en la ville de Bourdeaulx, devers ledit seigneur et son conseil, pourchacer le privilege que icellui seigneur avoit promis donner et bailler a celle ville, tel comme ont ceulx de la ville de la Rochelle, et en icellui comprins le privilege tel comme les roys de France ont autrefoiz donné et confermé a celle ville, et aussi autres articles et dont comprins en icellui et de bailler les cinq cens escuz qui avoient esté promis autrefoiz en ce faisant audit seigneur. Et pour ceste cause avoient de par icelle ville esté autrefoiz esleuz et commis maistre Jehan Dupuiz et Pierre Lailler a aler devers ledit seigneur, ou ilz furent, a Saint-Jean-d'Angely, ou icelluy seigneur leur accorda que ceste dicte ville auroit ledit previlege, tel comme dit est, pourveu qu'il y auroit maire et eschevins comme audict lieu de La Rochelle, et autrement on n'auroit point ledit privilege. Et pour ce que iceulz Dupuiz et Lailler n'oserent en ce proceder sans premierement parler aux gens de ladicte ville, s'en retournerent par deça et laisserent en garde lesdits v^c. escuz a Jehan Godeau qui estoit par deça, qu'ils avoient portez par commandement de ladicte ville pour bailler audit seigneur pour ledit privilege, et en firent ainsi leur raport a icelle ville; et pour ce, fut par les dessuz nommez apres ce deliberé que icellui privilege seroit poursuy et recouvert aux despens de ladicte ville. Et pour retourner a y aler furent esleuz lesdits Briçonnet et Goyet, ausquelz fut chargié et dit qu'ilz feissent tant qu'il n'y eust a celle ville par ledit privilege aucun maire ne eschevins, et aussi a ne bailler pas tous lesdits v^c. escuz, s'ilz povoient, pour ledit privilege avoir, mais si autrement ne se povoit faire, qu'ilz se consentissent a faire le bon plaisir du roy. Lesquels Briçonnet et Goyet alerent devers ledit seigneur audit lieu de Bourdeaulx et firent oudit voyage telle diligence, nonobstans leurs compediteurs qu'ils avoient des gens d'eglise d'icelle ville qui poursuyvoient et empeschoient que icelle ville n'eust ledit privilege pour ce qu'ilz disoient qu'il estoit contre leurs privileges, par quoy ledit voyage fut plus long nonobstant toute diligence a ce faire a eulx possible. Ils vacquerent tant a aler oudit Bordeaulx ou ledit seigneur estoit, sejourner que a retourner, par l'espace chacun de xxx. et cinq jours entiers, qui font lxx. jours a eulx deux, dont leur eschut pour leur salaire cv. l. t.

Item, ont baillé audit seigneur lesdits v^c. escus par le bail dudit privilege qu'il leur a convenu prandre et avoir, ainsi que ledit sieur a voulu qu'il fust fait, nonobstant quelque chose dicte et proposée par lesdits Briçonnet et Goyet audit seigneur et autres de sa court qu'il n'y eust nulz maire ne eschevins. Si a ledit seigneur ainsi voulu et avoir tous lesdits v^c. escuz, valans a monnoye vj^c iiij^{xx} vij. l. x. s. t.

. . . .
Audit maistre Gervaise Goyet, la somme de lj. l. xij. s. vj. d. qui deue lui estoit pour les causes cy apres declarées: c'est assavoir, xxxiiij. l. x. s. t. pour ung voyage par lui fait pour ladicte ville, a aller d'icelle ville en la ville de La Rochelle, devers les maire et eschevins et maistre Jehan Merichon dudit lieu de La Rochelle, leur porter certaines letres closes que leur rescrivoit tant Monsieur le bailli de Touraine que les gens de cestedicte ville, a ce qu'il leur pleust envoyer aux gens d'icelle le double ou vidimus de leurs privileges et ordonnances sur ce faictes a ladicte ville, pour le doubte de la forme de non bien eslire maire et eschevins et a ne se gouverner et user par icelle ville comme a icelle Rochelle. Et pour ce que lesdits esleuz ne trouvoient personne seure qui

portast lesdictes letres, aussi qui prenist la peine de ce faire et pourchacer lesdits vidimus, ordonnances et autres choses qu'il failloit avoir et recouvrer de ladicte Rochelle, fut advisé d'y envoyer ledit Goyet comme propice a ce faire de par ladicte ville, lequel a fait ledit voyage et apporté ce que dit est. Auquel voyage faire a vacqué, tant a aler audit lieu de la Rochelle a deux chevaulx, sejourner que retourner, par l'espace de xxiij. jours entiers, dont lui eschiet pour le salaire et despens de lui et de sesdits deux chevaulx, xxx. s. t. par jour, qui est pour lesdits xxiij. jours, audit pris, ladite somme de xxxiiij. l. x. s. t. Item, pour le double ou vidimus du privilege de ladite Rochelle et pour le double du papier et ordonnance d'icelle, qu'il a fait faire et escripre, collacionner et signer du greffier et du maire, et sceller des seaulx de ladite Rochelle, lesquelz, tant pour l'escripture, seing du greffier, collacion, seel, que pour autres menues parties de mises faictes aux clercs et autrement, a cousté audit Goyet, comme il a dit et certiffié, en tout pour ce, xvij. l. ij. s. vj. d. Lesquelles deux parties sont et montent ensemble ladite somme de Lj. l. Lxij. s. vj. d., laquelle a esté payée audit Goyet par vertu des letres de mandement desdits esleuz. Donné le derrenier jour de juing mil iiij^c Lxij., cy rendues, avec quictance d'icellui Goyet pour ce, cy, Lj. l. Lxij. s. vj d. t.

XIX.

S. d., entre 1137 et 1152. (Dans un vidimus de l'official de Tours de 1258.)

Lettre de Louis VII aux habitants de Châteauneuf.

Cop. de D. Housseau. Bibl. nat., *Coll. de Touraine*, t. 7, n° 3106.

Ludovicus Dei gratia Francorum rex et dux Aquitaniae, amicis et hominibus suis de Castello Novo, salutem et gratiam nostram. Consuetudines vestras justas et bonas universitati vestrae concedimus, et si quis eas violare niteretur, non pateremur. Pro amore etiam vestra, saisionem domus et omnes querelas de quibus a nobis fueritis submoniti dimittimus, excepto Bartholomeo, cui etiam satisfacienti nobis et jus prosequenti gratiam nostram reddemus. Preterea, omnium vestrum querentes commodum, precipimus ut si quis nocuerit vobis, vestra aufferendo vel debita non reddendo vel quocunque modo vos infestando, nullum inveniat in tota villa vestra qui ei serviat neque adjuvet neque recipiat; et si quis mandatum nostrum neglexisse deprehensus fuerit, et dampnum emendet, et nobis atque thessaurario legem persolvat pro commisso. Recolentes itaque quam nobis optime servistis soepius, dimissis omnibus querelis, ut nobis liberaliter serviatis expectamus, et sicut amicos nostros rogamus. Ita autem confederati sitis et inter vos ligati, ut si mandatum nostrum laudaveritis, ex ipsa confirmatione et federe amodo relinquere non possitis.

Datum hujus transcripti die Jovis in Penthecosten, anno Domini MCCL. octavo. — Matheus de Haia.

XX.

1212 (entre le 25 mars et le 31 octobre). Paris.

Confirmation par Philippe Auguste d'un accord conclu entre le chapitre de Saint-Martin et les bourgeois de Châteauneuf.

Cop. de Baluze. Bibl. nat., *Coll. Baluze*, t. 77, fol. 232. — Cf. Delisle. *Catalogue*, n° 1313.

In nomine sanctae et individuae Trinitatis, Amen. Philippus Dei gratia Francorum rex. Noverint universi praesentes pariter et futuri quod haec est compositio coram nobis facta inter capitulum et thesaurarium ecclesiae Beati Martini Turonensis ex una parte, et burgenses de Castro Novo ex alia.

1. In primis, decem jurati pro communitate villae et sacramentum aliorum factum illis decem cessabunt in perpetuum, nec de coetero aliquam communiam vel commune sacramentum aut communem obligationem facient.

2. Quando autem continget misiam facere, quod oportebit ad communem utilitatem villae, homines de Castro Novo ad capitulum et thesaurarium vel eorum mandatum accedentes hoc eis proponent causam eis exprimentes.

3. Tunc homines de Castro Novo eligent usque ad vigenti ad plus, prout viderint expedire, ita quod de singulis excubiis unus ad minus eligetur; et illi electi coram capitulo et thesaurario vel eorum mandato jurabunt quod misiam illam bona fide facient in se et in aliis, nec aliquem amore allevabunt vel odio gravabunt. Hoc facto, illi electi infra duos menses misiam illam colligent.

4. Quod si aliquis misiam solvere contradixerit, thesaurarius, si ad ipsum delata fuerit querela, sine emenda solvi faciet vel tradi vadia infra septem dies bona fide; similiter, si ad capitulum delata fuerit de hominibus manentibus in

burgis suis, similiter capitulum tenebitur facere infra septem dies et sine emenda.

5. Collecta misia illa, electi, accedentes ad thesaurarium et capitulum vel eorum mandatum, dicent se ita fecisse et tale residuum superesse; et illud residuum alii duo burgenses reservabunt, donec contigerit pro necessitate ville eas expendi; nec illud residuum poterit ultra trigenta vel quadraginta libras extendi.

6. Hoc facto, totum juramentum et officium illorum electorum prorsus expirabit; et si postea aliam misiam fieri contigerit, secundum formam praenotatam fiet.

7. Et sciendum est quod nullam misiam poterunt facere contra thesaurarium vel capitulum vel aliquem de capitulo, nec etiam pro muris circa villam faciendis, nisi de assensu thesaurarii et capituli.

8. Quando autem oportebit fieri excubias, quae vulgo dicuntur *echaugetes,* burgenses accedentes ad thesaurarium et capitulum vel eorum mandatum hoc eis exponent causam exprimentes.

9. Et tunc singuli de singulis officiis per vices suas successive excubias nocturnas facient, ita quod duo de singulis officiis electi ab aliis, praesentati thesaurario et capitulo vel eorum mandato, fidem dabunt quod bona fide facient fieri excubias illas, nec pro amore aliquem supportabunt nec odio aliquem gravabunt.

10. Et de illis qui excubias facere noluerint quatuordecim denarios illi recipient ad opus excubiarum expendendos.

11. Et ille qui hujusmodi quatuordecim denarios solvet, per totum annum quitus erit et immunis de excubiis faciendis, nisi propter majorem necessitatem villae excubias communes fieri contigerit.

12. Officium autem illorum qui praeerunt excubiis faciendis elapso anno exspirabit, et alii de novo substituentur. Si autem, aliquo praenominatos quatuordecim denarios reddere non volente, inde clamor factus fuerit, sine emenda tam thesaurarius quam capitulum reddi faciet.

13. Omnia vero sacramenta praenotata in capella sancti

Nicolai fient, ubi thesaurarius et capitulum, vel eorum mandatum requisitum a burgensibus, convenient.

. 14. Quod si capitulum vel thesaurarius contra cartam istam venerint, burgensibus licebit misiam facere ad se defendendos.

15. Thesaurarius autem et capitulum debent jurare burgenses ad jus suum et libertatem suam custodiendam bona fide contra omnes praeterquam contra nos.

16. Et si forte querela emergeret per quam oporteret quod venirent ad nos, thesaurarius et capitulum venirent vel mitterent ad nos tribus vicibus cum propriis expensis pro unaquaque querela.

17. Et si contingeret [quod] amplius quam tribus vicibus ad nos mitterent vel venirent, ad expensas burgensium hoc facerent.

18. Et si burgenses hoc requirerent quod isti mitterent ad curiam Romanam vel alibi pro jure suo custodiendo, ad expensas burgensium hoc facerent; et expensae quae sic ad custum burgensium fierent, ad testimonium ejusdem burgensis fierent quem burgenses ad hoc custodiendum instituerent.

Ut autem omnia ista firma et stabilia permaneant in futurum, praesentem paginam sigilli nostri auctoritate et regii nominis charactere inferius annotato, salvo jure nostro, confirmavimus. Actum Parisius, anno ab incarnato [verbo] M° CC° duodecimo, regni vero nostri anno tricesimo tertio. Astantibus in palatio nostro quorum nomina supposita sunt et signa. Dapifero nullo. Signum Guidonis buticulariii. Signum Bartholomaei camerarii. S. Droconis constabularii. Data vacante cancellaria.

XXI.

1231-1232, janvier. Paris. — 1231-1232, janvier. Vincennes.

Confirmation par Louis IX d'une sentence arbitrale rendue à Paris, en janvier 1231-1232, par Gautier, archevêque de Sens et Jean de Beaumont, dans un différend entre le chapitre de Saint-Martin et les bourgeois de Châteauneuf.

Cop. de dom Housseau, d'après « Titre de l'hôtel de ville de Tours. » Bibl. nat., *Coll. de Touraine*, t. 7, n° 2711.

Ludovicus Dei gratia Francorum rex. Noverint universi praesentes pariter et futuri quod nos litteras dilectorum et fidelium nostrorum Galterii Senonensis archiepiscopi et Johannis de Bellomonte inspeximus sub hac forma :

Galterius Dei gratia Senonensis archiepiscopus et Johannes de Bellomonte, omnibus presentes litteras inspecturis, salutem in Domino. Noverint universi quod, cum discordia verteretur, coram domino rege, inter venerabiles viros, decanum, thesaurarium et capitulum B. Martini Turonensis ex una parte, et burgenses de Castro Turonensi ex alia, super eo quod dictus decanus, thesaurarius et capitulum dicebant quod undecim burgenses de castro Turonensi violenter et de nocte infregerant domum dicti thesaurarii sitam in claustro B. Martini Turonensis ; dicebant etiam quod tota communitas praefati castri culpabilis erat in hoc facto, et propter hoc petebant eandem injuriam a supradictis undecim et tota communitate sibi emendari ; memoratis burgensibus e contrario dicentibus quod, secundum consuetudinem Castri Turonensis, non debebant trahi in placitum extra Castrum Turonense ; quam consuetudinem prefati decanus, thesaurarius et capitulum eis denegabant ; et propter hoc oblata essent gagia de duello a memoratis burgensibus, coram domino rege, super predicta consuetudine probanda ; et Renaldus de Ploseyo, miles, procurator decani, thesaurarii et capituli ex adverso gagia sua dedisset, negando consuetudinem memoratam ;

tandem, de consilio bonorum virorum, cum assensu domini regis, salvo honore utriusque partis, prenotatae partes super eadem discordia compromiserunt in nos haut et bas. Nos autem ita ordinavimus quod omnis communitas premissa, pro bono pacis, dabit dictis decano, thesaurario et capitulo trecentas marchas argenti ad pondus trecentarum (*sic*) et desuper centum librarum Turonensium, in proximis nundinis Bairi reddendas, apud Turones; predicti vero undecim burgenses jurabunt, coram dicto thesaurario vel mandato suo, quilibet, se tertio bonorum virorum, quod de predicta violentia plenam dicerent veritatem; sex vero boni viri a tota communitate eligentur qui auctoritate nostra inquirent de dicta violentia, post juramenta supradictorum undecim, et eos quos in culpa inveniunt, secundum quantitatem excessus in prenotatae solutione pecuniae punient, secundum quod eis videbitur expedire, et illi qui inventi fuerint culpabiles in excessu predicto emendam gagiabunt thesaurario; scilicet aliam non levabit emendam quam pecuniam supradictam. Nolumus autem quod processus, coram domino rege et coram nobis habitus sive placitando sive pacificando, super antedicta querela, quantum ad libertates et consuetudines ecclesiae et ville, aliquod commodum vel incommodum alterutri parti possit afferre, nec aliquid de predicta consuetudine declaramus. In cujus rei memoriam et testimonium, presentes litteras sigillorum nostrorum munimine duximus roborandas. Datum apud Parisios (*sic*), anno Domini M CC. tricessimo primo, mense januario.

Nos autem, in hujus rei memoriam et testimonium, presentibus litteris, ad peticionem utriusque partis, sigillum nostrum duximus apponendum. Actum apud Vincennas, anno Domini M CC tricesimo primo, mense januario.

XXII.

1232, 12 juillet. Saint-Martin de Tours.

Engagement pris par le chapitre de Saint-Martin et par les bourgeois de Châteauneuf de respecter leurs droits réciproques.

Cop. de dom Housseau, d'après « Titre de l'hôtel de ville de Tours. » Bibl. nat., *Coll. de Touraine*, t. 7, n° 2721.

Universis Christi fidelibus, praesentes litteras inspecturis, Alb. decanus, P. Thesaurarius, totumque capitulum ecclesiae Beati Martini Turonensis, salutem in Domino. Noverit universitas vestra quod nos promittimus burgensibus Castri Novi Turonensis quod jura et libertates eorum, bona fide, eis observabimus, salvo omni jure ecclesiae nostrae et alieno et salvis omnibus libertatibus nostris et ecclesiae memoratae. Ipsi vero burgenses nobis juraverunt quod amorem et honorem et jura ecclesiae nostrae et nostra nobis, bona fide, observabunt. Et ad amoris unitatem inter nos et ipsos conservandam, tam litterae nostrae quam eorum juramenta, de quinquennio in quinquennium renovabuntur. Datum in crastino octabarum estivalis festi b. Martini, anno Domini M CC XXXII.

XXIII.

1305, 23 septembre. Vernon.

Confirmation par Philippe le Bel d'une sentence rendue contre les habitants de Châteauneuf.

<small>Cop. de dom Housseau. Bibl. nat., *Coll. de Touraine*, t. 8, n° 3433.</small>

TRANSCRIPTUM. — Philippus Dei gratia Francorum rex, universis presentes litteras inspecturis, salutem. Notum facimus quod, cum dudum, insinuatione decani, thesaurarii et capituli ecclesiae B. Martini Turonensis in nostra gardia specialiter existentium, ad nostrum pervenisset auditum quod habitatores Castri Novi Turonensis, ipsorum decani, thesaurarii et capituli justiciabiles, inique. . . . .
. . . . . [1] nostra et regni nostri generalia instituta, ac ipsorum decani, thesaurarii et capituli privilegia sub ficto velamine confratriae quasi monopola facientes nomenque communiae usurpantes . . . . . collectas, contra etiam eorumdem decani, thesaurarii et capituli bannum, in eodem castro, audientibus ipsis habitatoribus . . . .
. . . . . defferentes arma patenter coadunata ipsorum habitatorum . . . multitudine armatorum, Dei et b. Martini timore postposito, sic dicta nostra gardia speciali non sine nostro vituperio parvipensa, idem habitatores seu confratres in rebellione. . . . .
. . . . . in dictos decanum, thesaurarium et capitulum, eorum familiares et claustrum suum, quod eadem immunitate qua et ecclesia sua gaudere dicitur, conspirationem juramentis firmatam inierant, ac ipsum claustrum clausum, — decano, canonicis et eorum familiaribus metu conjurationis predictae ad tuitionem suam se reclusos intus tenentibus, — introeuntes cum armis patentibus et ad plures portas ipsius

---

[1] Les lacunes indiquées ici par des points existent dans la copie de dom Housseau.

claustri clausi se dividentes, clamando ad arma et ad mortem in dictos decanum, canonicos et eorum familiares; et claustrum hostiliter intr[aver]ant, ad portas ipsas cum ensibus et aliis ferramentis aeviter percutientes crebro et spisse, infra claustrum lapides projecerant, ad unam de portis ipsis ignem in noctis crepusculo incenderant, nonnullique, cum armis patentibus, per unam de portis, evaginatis ensibus, in claustrum violento impetu intraverant, et inde clericum palam tonsuram clericalem gerentem per violentiam extraxerant, ipsumque multis plagis lethaliter afflixerant, et afflictum in . . . . . turpiter procuraverant; Petrum natum quondam clarae memoriae, Bouchardum . . . . . B. Martini canonicum, claustrum intrare et eos pacificare volentem et quemdam ejus armigerum ausi fuerant interficere, ac dicti Petri pallafredum duabus plagis vulneraverant; quemdam vicarium . . . . . B. Martini, extra claustrum, per vicum publicum licite gradientem, quidam castri satellites, animo ut verisimiliter presumitur interficiendi, cum evaginatis ensibus insequuti fuerant, et in ipsum fugientem enses usque ad murum claustri inaniter projecerant; armati per ecclesiam et claustrum insidias minasque inferendo canonicis et eorum familiis. . . . incesserant contra portas ecclesiae, decano, canonicis, vicariis et aliis ipsius ecclesiae prioribus clericisque divina celebrantibus in ea et supra capitulum decano et canonicis ibidem capitulantibus ferociter lapides projecerant; praeterea, dictos decanum et canonicos, vicarios aliosque presbiteros et clericos ecclesiae ac eorum familiares in ecclesia et claustro servatos per plures dies tenentes obsessos, ipsosque fame et inedia nitentes opprimere, inhibuerant publice et patenter ne quis eis victualia vel alia necessaria vendere vel cujusvis humanitatis obsequium presumeret exhibere. Plures ex ipsis decani, thesaurarii et capituli prisionem fregerant, necnon et congregati invicem ad modum communiae, licet corpus vel collegium non habeant jure vel privilegio quocumque subnixum, dictos decanum et canonicos ecclesiae predictae ad faciendum sibi certas personales emendas per concitationem et arctacionem hujusmodi ac per minas, vim et metum qui cadere poterant in constantem vivum, ac etiam ad recipiendum ab eis certam emendam pro hujusmodi excessibus. . . . . . . habitatorum libitum compullerant, atque dictis decano et capitulo, familiis. rebus et bonis ipsorum injurias, violentias, oppressiones, gravamina, hostilles insultus, multa quoque alia incommoda, vituperia. . . . . in ecclesia, in claustro et extra, dictis et factis enormibus, etiam servientibus nostris presentibus et prohibentibus, habitatores seu confratres praedicti et eorum complices, irrogarant. Nos excessus hujusmodi . . . . . moleste, nec volentes eos, sicut nec debemus, dimittere impunitos, super eis ex officio nostro per dilectos et fideles magistrum R., archidiaconum Algiae in ecclesia Lexoviensi, clericum, et Guillelmum de . . . . . nostros, inquestam, vocatis evocandis, commisimus et mandamus faciendam, qua facta, visa, et nobis et consilio nostro repportata fideliter et diligenter audita, ac consideratis omnibus quae . . . . . movere poterant et debebant, quia sub velamine predictae confratriae, quae confratria sancti Eligii nuncupatur, excessus et delicta hujusmodi commissi fuisse reperti sunt, confratriam ipsam suspendimus per beneplacitum voluntatis, condampnantes nichilominus habitatores Castri Novi predictos, pro praemissis excessibus et delictis, ad emendam decem millium librarum Turonensium, juxta qualitatem excessus vel delicti et quantitatem facultatum uniuscujusque ipsorum, imponendam per nos cuilibet et per manum nostram levandam, cujus emendae tertiam partem predictis decano, thesaurario, capitulo et ecclesiae, et duas partes nobis detinuimus applicandas, reservantes nobis quod habitatoribus ipsis vel illis ex eis de quibus secundum facti exigentiam expedire viderimus, loco emendae pecuniarum sibi impositae, penam corporalem infligere valeamus. Per praemissa autem vel aliqua praemissorum nec volumus nec intendimus libertatibus, immunitatibus vel franchisiis, ecclesiae, decani, thesaurarii et capituli predictorum, aut jurisdictioni vel justiciae quam in dicto burgo ac in predictos homines habere noscuntur, aliquod prejudicium generari. In cujus rei testimonium, praesentibus litteris nostrum fecimus apponi sigillum. Actum Vernone, die jovis post festum b. Mathaei apostoli et evangelistae, anno Domini millesimo ccc^{mo} quinto.

XXIV.

1461-1462, Février. Saint-Jean-d'Angély.

Ordonnance de Louis XI relative à l'organisation municipale de Tours.

> Cop. du xv° siècle. Arch. nat., JJ, 198, n° 326, fol. 287. — Publ. : Jean Chenu, *Recueil des antiquitez et priviléges de la ville de Bourges et de plusieurs autres villes capitales du royaume*, Paris, 1621, in-4°, p. 271, avec l'attache relatant vérification des Trésoriers de France (3 avril 1461-1462), l'attache relatant vérification de la Cour des aides (13 mai 1462), la relation de la publication au bailliage (26 avril 1462), l'injonction de Louis XI aux gens des Comptes (13 décembre 1462), et l'attache relatant la vérification de la Chambre des comptes (28 mai 1464). — *Ordonn.*, t. XV, p. 332. — Isambert, *Recueil général des anciennes lois françaises*, t. X, p. 432.

Loys, par la grace de Dieu roy de France, savoir faisons a tous presens et avenir que nous, considerans la notable et ancienne fondacion de nostre ville et cité de Tours, l'assiete d'icelle, et comme elle est grandement adornée et decorée des plus belles et notables eglises de nostre royaume tant metropolitaine et collegialles que abbayes et autres monasteres ; que

---

XXV.

1464-1465, 7 janvier. Tours.

Transaction entre les bourgeois de Tours et les gens d'église modifiant l'ordonnance de 1462.

> Copie contemporaine. Arch. de Tours. *Registres des délibérations*, t. XII, fol. 21.

Le lundi vii° jour du mois de janvier mil iiij° lxiiij., en la presence de Monsieur le Maire de la ville, se sont assemblez : (*Liste des membres du corps de ville et des députés du clergé. — Relation du compromis fait avec le clergé et des pouvoirs des délégués.*)

en nostre jeune aage, en ladicte ville et ou pais de Touraine nous avons esté grant partie du temps nourry et y avons eu et trouvé de grans plaisirs et curialitez, ceulx desdite ville et pais fort enclins a nous complaire et voulans faire choses a nous plaisans et prouffitables ; que au chastel dudit lieu de Tours feu nostre tres chier seigneur et pere, que Dieu absoille, print le sacrement de mariage avecques nostre tres chiere et tres amée dame et mere, et nous aussi nostre premier mariage avecques feu Marguerite d'Escoce, dont Dieu vueille avoir l'ame; la joyeuse, bonne, grande et notable recepcion qui nous a esté faicte par lesdits habitans en nostre dicte ville quand depuis nous sommes venuz a noz royaume et couronne, premier avons fait nostre entrée en icelle ; les grans ordre et bonne police qui y a esté mis, tant pour les logeiz, provisions, pris de vivre et entretenement de nous, noz parens, gens et officiers et autres qui nous ont acompaigné et suyvis; et aussi des grandes et grosses ambassades des princes et seigneurs estrangers et autres qui illec sont survenuz vers nous. Et par ce et autrement saichans et congnoissans que en nostredicte ville sont grant nombre de notables, hommes, bourgois, marchans et autres qui, comme appert par les vestiges, ont grandement et notablement conduit les euvres et affaires d'icelle et autres choses dessusdites, voulans, pour ce et autres causes et consideracions a ce nous mouvans, augmenter et accroistre les honneurs et prerogatives de nostredicte ville et cité a l'exemple des autres, et pour donner couraige et vouloir aux habitans en icelles de bien et mieulx eulx gouverner, nous, de nostre certaine science, auctorité et puissance royale, a nostredicte ville et cité, pour les bourgoys, marchans et autres manans et habitans en icelle, avons donné et octroyé, donnons et octroyons de grace especial par ces presentes, les droiz, prerogatives, privilleiges, preheminences, franchises, libertez et autres qui s'ensuivent.

1. Et premierement, avons voulu et ordonné, voulons et ordonnons que lesdits bourgoys, manans et habitans laiz de nostredicte ville et cité de Tours puissent eslire par chacun

---

Au premier article. Les gens d'eglise esliront pour la premiere foiz douze d'entre eulx qui seront enregistrez ou livre de la ville et se nommeront Conseillers, lesquelz auront

an l'un d'eulx en maire, avec vingt et quatre eschevins, conseillers perpetuelz a vie, et apres la mort d'icellui, desdits eschevins y en eslire ung autre en lieu du decedé, ainsi et par la forme et maniere que font et ont acoustumé de faire les manans et habitans de nostre ville de La Rochelle, pour gouverner doresnavant les affaires communes de ladite ville et cité de Tours, lequel maire aura seullement les gaiges que lesdits manans et habitans de ladite ville lui ordonneront, et plus grans gaiges ne pourra pour ce avoir ne demander.

es assemblées et deliberations de la ville les premieres voix et autres telz droiz, honneurs et prerogatives comme les eschevins laiz; et si l'un desdits xii. cede ou decede, en sera esleu ung autre desdits gens d'eglise, par iceulx maire, gens d'eglise, eschevins, manans et habitans de ladicte ville; et le maire se nommera es mandemens de la ville : *maire de la ville sur le fait du gouvernement, fortification, emparement, garde et deffense de la ville,* et ainsi que paravant se nommoient les esleuz; et les maire et eschevins ne autres gens laiz de ladite ville ne feront aucunes assemblées particulieres ou generales pour traicter et gouverner les affaires communes d'icelle sans le fere assavoir, par l'un des clercs de la ville, aux arcevesque et chappitres des eglises de Tours et de Monsieur saint Martin de Tours ou a leurs commis et depputé a la distribution des deniers et a trois des conseillers desdits gens d'eglise, l'un dudit arcevesque, l'autre de chapitre de Tours, et l'autre de chapitre de Saint-Martin dudit Tours, qui trouver les poura, sinom, es domicilles; et en icelles assemblées, tant esdites afferes communes que es eleccions ou institucions des maire, eschevins, esleuz, receveurs et autres officiers, lesdits gens d'eglise, conseillers et autres chanoynes auront lieux et voix en icelles les premiers et chescun en son ordre, ainsi que paravant l'institucion desdits maire et eschevins avoient acoustumé; et le maire mettra les materes en deliberacion, demandra les oppinions et conclura ainsi qu'il appartendra, et comme paravant faisoit ung des esleuz; et par ce n'auront lesdits maire, conseillers d'eglise et eschevins ne aucun d'eulx en general ne en particulier police, justice, auctorité ou juridiction quelconque sur les hommes habitans en icelles, autres que celles que avoyent les esleuz

2. Et pour accroistre l'onneur desdits maire et eschevins et de leur posterité et leur donner couraige de valoir et mieulx servir a la chose publicque, affin que ce soit exemple a tous, et que chascun mécte peine en soy de valoir, pour parvenir a l'estat de maire ou eschevin, iceulx maire et eschevins ainsi esleuz, combien qu'ilz ne soient nez et extraiz de noble lignie, avons anobliz et anoblissons par ces presentes, et du previlleige de noblesse eulx et leur lignie et posterité née et a naistre en loyal mariage avons decorez et decorons, voulans et concedans que, ou temps avenir, ilz et chascun d'eux, avec toute leur dicte lignée et posterité née et a naistre en loyal mariage, soient repputez, tenuz et euz pour nobles, et pour telz de tous en tous actes et faiz receuz, et que des privilleiges, franchises et libertez que usent les autres nobles de nostre royaume, ilz joissent et usent, puissent venir et parvenir a

---

paravant l'octroy desdites lettres, et dont ilz usoient et avoient acoustumé de user ; et iceulx maire, conseillers d'eglise et eschevins pourront fere assemblées particulières a traicter menues et communes matieres, pourveu que s'il y a difficulté de matiere, laquelle aucuns requierent estre remise a l'assemblée generale de la ville, seront tenuz les dessusdits la y remettre, pour plus seurement y deliberer. Et en icelles assemblées generales la voix ou oppinion de chacun desdits conseillers ou eschevins ne sera compté plus que celle qui ne sera conseiller ou eschevin.

Touteffoiz, si aucun proces ou questions pendaient entre lesdiz gens d'eglise et habitans laiz, lesdits habitans laiz ne seront tenuz appeler iceulx gens d'eglise es assamblées qui se feront pour lesdites questions. Et ledit maire aura xxx. l. t. de gaiges seulement ; et chacun conseiller sera tenu au commancement de son institucion jurer qu'il ne consentira que ledit maire ait plus grans gaiges, dons, pensions ou bienffaiz que ladicte somme de xxx. l. t.

Et pour ce que en ce premier article est faicte mencion que lesdits maire et eschevins seront esleuz ainsi et par la forme et maniere que ont acoustumé ceulx de la Rochelle, n'en sera usé autrement que en la forme dessusdite, sans le consentement desdits d'eglise, comme si apres plus a plain sera declairé.

l'estat de chevalerie en temps et en lieu et acquerir en nostre royaume fiefz, juridiccions et seigneuries nobles et noblement tenuz, sans pour ce ne autrement paier a nous [ou a] noz successeurs aucune finance, laquelle en tant que besoing est, pour nous et nosdits successeurs, leur avons donnée, quictée et remise, donnons, quictons et remectons par cesdites presentes, pourveu que les successions qui leur escherront se diviseront entre eulx comme suc[ces]sions de coustumiers, selon la coustume du pais ou elles seront.

3. Et, de plus ample grace, avons donné et octroyé, donnons et octroyons par cesdictes presentes, ausdits habitans de nostredicte ville et cité de Tours, et a chacun d'eulx puissant et qui aura en biens, meubles et heritaiges, la valeur de cinq cens livres tournois, pour une foiz, que pareillement il puisse en nostredit royaume, ou bon leur semblera, acquerir fiefz et autres choses nobles, et iceulx, avec ceulx qu'ilz auront, et par eulx ou leurs predecesseurs ont esté acquis, tenir, sans d'iceulx paier a nous ou a noz successeurs roys de France, aucune finance de franc-fief ou de nouvel acquest ; et laquelle finance leur avons semblablement donnée, quictée et remise, donnons, quictons et remectons par cesdictes presentes.

4. Et d'abondant, d'icelle mesme grace, lesdicts maire, eschevins, bourgoys, manant et habitant de nostredicte ville et cité de Tours, avec leurs femmes, familles, et tous et chacuns leurs biens meubles et immeubles, droiz, choses, possessions et biens quelxconques, avons prins et mis, prenons et mectons par cesdictes presentes en nostre proteccion et sauvegarde especial. A la conservacion de leur droit tant seullement, et pour leur gardiateur en icelle, leur avons commis et depputé, commectons et depputons nostre bailly

---

Le ij° et iij° articles sont accordez ; et en iceulx s'il plaist au roy seront emploiez les genz d'eglise ; et pourveu que les droiz feodaulx et seigneuriaulx des eglises et autres soient sauvez et gardez.

Au iiij° article, faisant mencion de la sauvegarde generale, lesdits habitans laiz n'en useront contre ne ou prejudice des fiefs et justices des eglises ne de leurs subgitz, soit en demandant ou en deffendant.

— 115 —

de Touraine des ressors et exempcions d'Anjou et du Maine, ou son lieutenant.

5. Et en oultre, pour ce que nostredicte ville est située et assise en bas pais, circuit de rivieres, et est de grand pourprise et estandue, parquoy chacun jour y eschiet faire plusieurs repparations qui sont de grant coust a entretenir, et y a plusieurs gens de divers estaz qui se dient previllegiez et exemps, avons voulu et ordonné, voulons et ordonnons par cesdictes presentes, que toutes manieres de gens, de quelque estat ou condicion qu'ilz soient, previllegiez et non privileigiez, soient, par lesdicts maire ou ses commis, contrains a paier et contribuer aux charges de ladicte ville, tout ainsi et par la forme et maniere que autres non previllegiez d'icelle, nonobstant quelxconques estaz ou previllegies qu'ilz aient ou puissent avoir, et opposicions ou appelacions quelxconques faites ou a faire.

6. Et pour redimer les vexacions, obvier aux abus qui chascun jour se font en nostredict royaume, et reduire les choses a droit commun, avons aussi voulu et ordonné, voulons et ordonnons que lesdits maire et eschevins quy ainsi seront esleuz, et aussi tous et chascuns les autres manans et habitans de nostredicte ville et cité de Tours, par citacions, monicions, adjournemens ou autrement, par vertu de previlleiges de scolarité ou autres, donnez par noz predecesseurs roys de France et par nous confermez, ou de nouvel donnez ou a donner, ne puissent estre citez, convenuz ne adjournez, ne tirez en aucune jurisdiccion, hors de nostredicte ville de

---

Au ve, pour ce que ledit article fait mencion de contraindre privilegiez et non privilegiez aux charges de la ville, lesdits gens d'eglise ne seront contraints a contribuer aux charges de la ville, sinon ad ce qu'ilz ont consenti ou consentiront, et ne se fera la contraincte sur iceulx sinon en forme et maniere qu'il a esté acoustumé de fere du temps des esleuz paravant l'impetracion desdits privileges.

Au vj^e, ne joyront lesdits habitans du privilege contenu oudit article ou prejudice des privileges royaux et apostoliques desdites eglises de Tours et Saint-Martin et mesmement d'estre tirez hors de la ville.

Tours, en premiere instance, excepté pour les officiers commensaulx et domesticquez de nous, de nostre tres redoubtée dame et mere, de nostre tres-chiere et tres-amée compaigne la royne, et de noz enffans seulement.

7. Et en oultre iceulx maire et eschevins et tous les autres manans et habitans de nostredicte ville et cité de Tours, pour nous et noz successeurs, a tousjours mais avons quictez, affranchiz et exemptez, et de nostre mesme grace, par cesdictes presentes, quictons, affranchissons et exemptons de tous ostz, chevaucées, bans et [ar]riere-bans, que nous ou nosdicts successeurs pourrions faire et ordonner pour la guerre ou autrement ; et avons voulu et voulons qu'ilz ne soient pour ce tenuz ou contrains y aler, ou envoyer, ne a cesté cause faire ou paier aucune composicion, aide ne amende, supposé qu'ilz aient et tiennent fiefz et seigneuries nobles a ce tenuz et obligez.

8. Et aussi avons donné et octroyé, donnons et octroyons ausdicts bourgoys, manans et habitans de nostre ville et cité de Tours, faculté et puissance de lever ou faire lever le droit de barraige ou pavaige, acoustumé lever pour la repparacion des pavez advenues en ladite ville, sur tous charetiers et voicturiers entrans en icelle, soit qu'ils appartiennent a gens d'eglise ou aultres previlleigiez ou non previlleigiez de ladicte ville ou d'ailleurs ; et qu'a ce soient contraincts, par lesdicts maire et eschevins, iceulx charetiers et voicturiers, nonobstant quelque empeschement que en ce aient mis ou voulu mectre lesdicts gens d'eglise ou autres previllegiez, soubz couleur de leurs previlleiges et opposicions ou appellacions faictes ou a faire au contraire ; pour, les deniers qui en

---

Au vij°, accordé par lesditz gens d'eglise.

Au viij°, ceulx qui voictureront pour les gens d'eglise tant en general que particulier seulement, pour salaire ou sans salaire, ne paieront aucune chose pour barage ou pavage des choses qui seront par eulx voicturées, des charoiz et voictures qui seront lors pour les gens d'eglise des choses de leur creu ou leur provision ; et de ce seront les gens d'eglise creuz par leur parolle ou lettre signée de leur main.

viendront et ystront estre convertis es refection et repparacion desdicts pavez, et non ailleurs.

9. Et pour la singuliere confiance qu'avons esdicts maire eschevins, bourgoys, manans et habitans de ladicte ville, leur avons octroyé et octroyons que, toutes et quanteffois que besoing sera, par l'ordonnance d'iceulx maire et eschevins, ilz se puissent assembler, sans ce qu'ilz soient tenuz a appeller ou convocquer a leur dicte assemblée aucun de noz officiers audict lieu, se bon ne leur semble.

10. Et s'aucuns affaires surviennent a ladicte ville, a quoy lesdicts maire et eschevins congnoissent ne povoir fournir des deniers communs d'icelle, nous leur avons donné et donnons faculté et puissance de mectre sus, et imposer et lever sur toutes marchandises qu'ilz verront estre affaire, entrans en ladicte ville et fauxlbourgs d'icelle, aucun legier subcide dont puisse venir et yssir jusques la somme de mil livres tournois ou au dessoubz, chascun an ; et de contraindre et faire contraindre tous ceulx qui a ce seront tenuz, par prinse et arrest de marchandises et autrement, comme par noz debtes.

11. Et avec ce, avons volu et ordonné que chascun an ilz puissent eslire l'un desdicts habitans, et le faire receveur pour cellui an desdicts deniers communs, lesquelz il distributra par l'ordonnance dudict maire et de ceulx desdicts eschevins qui a ce seroient ordonnez, et non autrement ; et sera tenu d'en rendre compte devant icellui maire et lesdicts eschevins, ou les anciens d'iceulx a ce commis, qui les pourront oyr examiner, clorre et affirmer ainsi qu'il appartient.

Le viiij° est accordé.

Au x°, les mil livres dont mencion est faicte en l'article ne seront mis sus ne exigez sans deliberacion et assentement desdits maire, commis et depputez par les eglises, eschevins et autres gens de la ville et en assemblée générale de ladite ville.

Au xj°, le receveur sera esleu en assemblée generale par lesdits maire, conseillers, eschevins et autres habitans de ladicte ville ; et seront commis par chacun an ung d'eglise et

12. Et d'abondant, avons volu et ordonné, voulons et ordonnons que lesdits maire et eschevins ne soient jamais d'illec en avant mis en commission, ne contrains a en prandre ou recevoir les faiz et charge, pour regir et gouverner terres, seigneuries et autres heritaiges, soubs main de court ou autrement, dont les avons affranchis et exemptez, affranchissons et exemptons par ces presentes, et aussi de lever tailles, imposicions ou autres subsides quelxconques.

13. Et pour ce que nostredicte ville de Tours n'a es temps passez esté gouvernée par maire et eschevins, et que par eulx voulons que doresenavant elle le soit, tout ainsi et par la forme et maniere que a esté et est nostredicte ville de la Rochelle, parquoy les droiz, prerogatives desdicts maire et eschevins sont incongneus ausdicts bourgoys, manans et habitans de nostredicte ville de Tours, avons donné et octroyé, donnons et octroyons par ces presentes, ausdicts maire et eschevins qui ainsi seront esleuz pour le gouvernement de nostredicte ville de Tours, autel pouvoir, semblable justice, prerogatives et preheminences en nostredicte ville de Tours et ailleurs, comme ont ceulx de nostredicte ville de la Rochelle en icelle

---

deux laiz quant a la distribucion des deniers, ainsi comme ledit commis d'eglise a acoustumé, lesquelz signeront avecques ledit maire les mandemens adressans au receveur; et a l'audicion des comptes du receveur lesdits gens d'eglise auront deux commis d'entre eulx, lesquelz, avecques les autres commis de la ville, feront l'examen, clousture et affermement desdits comptes comme paravant ilz faisoient et lesquelz auditeurs ne alloueront aucunes despenses ou payement pour le temps avenir sinon par mandemens expedié par lesdits maire et commis.

Le xij° est accordé.

Au xiij° article, lesdits habitans ne useront d'aucune justice, police ou privilege ou prejudice desdis gens d'eglise autrement que les esleuz avoient acoustumé de user; ne aussi useront d'aucuns privileges, statuz ou ordonnances de la Rochelle, fors seulement de ceulx qui sont contenuz nommeement es lettres impetrées par lesdiz habitans, si par lesdiz gens d'eglise n'est consenti expressement.

— 119 —

ville et ailleurs ; et que ou fait et excercice desdicts mayrie et eschevinage et en toutes et chascune les choses devantdictes et declairées, ilz, ensemble lesdicts manans et habitans, se reglent et gouvernent ainsi et par la forme et maniere que font ceulx de nostredicte ville de la Rochelle et non autrement ; desquelz droitz et previlleiges dessus declairez et autres quelxconques, que ont ou pevent avoir les maire, eschevins, pers, bourgois et habitans de nostredicte ville de la Rochelle, nous voulons et ordonnons que lesdicts maire eschevins, bourgoys, manant et habitant de nostredicte ville et cité de Tours, et leurs successeurs, joissent et usent doresenavant, tout ainsi et par la forme et maniere que ont fait et font lesdicts de la Rochelle. Et a ce que mieulx et plus certainement le puissent faire, [voulons] que par lesdicts de la Rochelle soient doublez, aux despens desdicts de Tours, les livres et memoires desdicts statuz et ordonnances qu'ilz ont en icelle ville de la Rochelle, et que les doublez, deuement[1] collacionnez aux originaulx, et approuvez par notaires souffisans, soient baillez et delivrez ausdicts de Tours, pour leur servir et valoir au regime et conduite d'iceulx droiz et previlleiges, comme il appartiendra.

14. Et encores, de plus ample grace, ausdicts bourgoys, manans et habitans de nostre dicte ville et cité de Tours, avons octroyé, et octroyons les autres graces, previlleiges et franchises qui s'ensuivent ; c'est assavoir, de prandre et lever a tousjours mais, perpetuellement, le dixieme, que on appelle l'appetissement du vin vendu a detail en ladicte ville et cité de Tours, en la banlieue d'icelle, que, par don et octroy de nous, ilz ont acoustumé de prandre, lever et faire lever sur les vendans vin a detail esdicte ville et banlieue.

15. Et pareillement leur avons octroyé et octroyons, que sur chascune pipe de vin, creu hors du pays de Touraine,

---

Au xiiij°, faisant mencion de l'apetissement, consenti a perpetuité.

Au xv° et xvj° articles, ne sera usé du contenu en iceulx sans le consentement desdiz maire, conseillers, eschevins,

[1] Ms. demourent.

mené esdictes ville et banlieue pour vendre en gros ou detail, ilz puissent lever ou faire lever deux solz six deniers tournois.

16. Et d'abondant, voulons que aucun, de quelque estat ou condicion qu'il soit, ne puisse vendre ne exposer vin a vendre en deutail, d'autre creu que de la sienne dudict pais de Touraine, sans le sceu, consentement et voulenté desdicts maire et eschevins.

17. Et affin que lesdicts bourgoys, manans et habitans de ladicte ville puissent mieulx et en grant honneur, conduire les affaires d'icelle, et avoir, lieu propice pour eulx a ce faire, leur avons octroyé qu'ilz puissent acquerir maison, ou lieu a la faire, pour et ou nom de la communauté de ladicte ville, ou bon leur semblera et qu'ilz verront estre cõnvenable.

18. Et aussi, acquerir et achapter places pres des portes hors de ladicte ville pour gecter les fumiers et immondicitez issans d'icelle ville, sans ce qu'ilz soient tenuz lesdites maison et places mectre hors de leurs mains, ne paier aucuns admortissement ou finance; et lesquelles maison et places des a present pour lors avons admortiz et admortissons par cesdictes presentes.

19. Et pource que es temps passez plusieurs bons catholicques ont eu affection de donner aucunes rentes et possessions pour la repparation et entretenement des pons de nostredicte ville, qui sont longs, et sans l'entretenement desquels l'on ne peut bonnement venir en icelle, leur octroyons que telz dons et laiz, soient de deniers, rentes ou heritaiges,

---

manans et habitans de ladite ville en l'assemblée generale de ladite ville.

Au xvij° et xviij° articles, lesdis habitans pourront acquerir es fiefz des eglises et retenir en leurs mains les choses acquises sans estre contrains de les mectre hors de leurs mains, sinom que lesdiz gens d'eglise voulsissent prendre par puissance de fief les choses acquises en leur fief et saisines, leurz droiz de ventes et indempnitez et autres seigneuriaulx.

Au xix°, se consentent les gens d'eglise.

ilz puissent tenir et avoir jusques a la valeur de la somme de quatre cens livres tournois de rente ou au dessoubs, pour convertir en la repparacion desdicts pons et non ailleurs ; et lesquelz dons et laiz qui ainsi et pour ladicte cause seront faiz, des a present pour lors avons semblablement admortiz et admortissons, sans ce que d'iceulx, ilz ou leurs successeurs soient tenuz paier finance, laquelle leur auons donnée et donnons par cesdictes presentes.

20. Et avec ce, avons voulu et voulons que, de par ladicte ville, lesdicts maire et eschevins, au prouffit et utilité d'icelle, puissent doresenavant faire la marchandise de sel, en nostre grenier a sel dudict lieu de Tours, sans ce que autres quelxconques soit receu a la faire, pour les deniers du prouffit qui de ladicte marchandise vendront et ystront, et aussi tous les autres deniers par devant declairez et qui nomeement ne sont designez ne deduiz en lieux prefixe, convertir et emploier a l'ordonnance desdicts maire et eschevins, es repparacions, fortifficacions et emparemens de ladicte ville, des pons d'environ, et autres affaires d'icelle.

21. Et en oultre, pour ce que plusieurs immondicitez se treuvent en ladicte ville et faulxbourgs, par faulte de retraiz es maisons, et du pavé devant icelles, ou autrement, avons audict maire et eschevins donné pouvoir et puissance de contraindre chascun qu'il appartiendra faire faire retraiz en sa maison, et paver devant icelle et autre part en ladicte ville et faulxbourgs, ou besoin sera, et a tenir les ville et faulxbourgs nectes, et oster lesdictes immondicitez, nonobstant opposicions ou appellacions quelxconques, et pugnir et corriger les delinquans et contredisans par amende u autrement, ainsi que sera advisé ; lesquelles admendes se recouvreront et recevront au prouffit de ladicte ville, pour convertir comme dessus.

22. Et voulons et ordonnons que tous les draps de laine

Au xxe, n'en useront es cloaistres ne es fiefz et justices des eglises.

Au xxie, est consenti par lesdis gens d'eglise.

Au xxij^o, la juridiction et visitation ne apartiendra audit

qui se vendront en detail esdictes ville et faulxbourgs de Tours, seroit venduz moilliez et retraiz et aulnés par le feste, ainsi que en nostre ville de Paris, nonobstant quelxconques proces pendans en nostre court de Parlement ou autrement et appellacions quelxconques. Et affin d'entretenir plusieurs mestiers estans en nostredicte ville de Tours, qui ne sont jurez, nous voulons et ordonnons qu'ilz le soient doresenavant.

23. Et pour ce que, pour obvier a plusieurs grans fraiz qui se faisoient es temps passez a prouver plusieurs coustumes et stiles que on alleguoit chascun jour en nostre duchié de Touraine et en nostre court de Parlement avoir lieu oudict duchié, a esté pieça ordonné par feu nostre tres cher seigneur et pere, que Dieu absoille, que les conseilliers du pais, esleuz a ce, redigeroient icelles coustumes et stilles par escript, en ung livre signé desdicts conseilliers, pour en user; et avant qu'elles aient esté confermées est nostredict seigneur et pere alé de vie a trespas, et par deffault de confirmacion plusieurs s'efforcent venir a l'encontre; nous, lesdictes coustumes et stilles ainsi faiz avons confermez et confermons par ces mesmes presentes, et avons volu et voulons que doresenavant il en soit usé par tout nostre duchié de Touraine et en nostredicte court de Parlement, sans ce que aucun soit receu faire ou venir au contraire en aucune maniere, et que lesdictes coustumes soient publiées es sieges dudict bailliage, pour en joyr et user comme par nous confermés et auctorisés, tout ainsi que si par nous et nostredicte court de Parlement estoient decrectées, nonobstant appellacions quelxconques, car tel est nostre plaisir; et ce, sans derroguer, diminuer ou amender les autres previlleiges par noz predecesseurs donnez et par nous confermez et de nouvel octroyez ausdicts bourgoys, manans et habitans de nostredicte ville de Tours, lesquelz sont et demeurent, seront et demeureront a tousjours

---

maire du contenu en icellui, mais a qui il appartiendra de droit.

Au xxiij°, faisant mencion des coustumes, lesdis des eglises veront lesdites coustumes et s'il y a aucune chose derogant ou prejudiciable ausdites eglises leur sera donné provision par justice.

en leur force et vertu, sans ce que besoing soit, pour ce, avoir ne recouvrer de nous ou noz successeurs autres lectres sur ce.

24. Et pour ce que de ces presentes et aussi du previlleige de ceulx de la Rochelle sera besoing ausdicts maires et eschevins de ladite ville de Tours eulx aider en divers lieux, et que lesdicts de la Rochelle jamais ne bailleroient l'original de leurs dicts previlleiges, nous voulons que aux *vidimus,* faiz soubz seaulx royaulx, plaine foy soit adjoustée comme aux originaulx.

Si donnons en mandement par cesdictes presentes a noz amez et feaulx les tresoriers de France et les generaulx conseilliers par nous ordonnez sur le fait et gouvernement de noz finances, au bailly de Touraine et a tous noz autres justiciers ou a leurs lieuxtenans presens et avenir et a chascun d'eulx, si comme a lui appartiendra, que, de noz presens dons, concessions, octroys et previlleiges cy dessus declairez, facent, seuffrent et laissent lesdits conseilliers, bourgoys et habitans de nostredicte ville de Tours et leurs successeurs joyr et user a tousjours mais, perpetuellement, plainement et paisiblement, sans leur faire mectre ou donner, ne souffrir estre fait, mis ou donné, ores ne pour le temps a venir, aucun destourbier ou empeschement au contraire en quelque maniere que ce soit. Ainçois, se mis ou donné leur estoit, le facent, chascun d'eulx en droit soy, incontinans et sans delay, repparer et remectre au premier estat et deu. Et affin que ce soit chose ferme et

---

Au xxiiij^e faisant mencion des privileges anciens, en joyront lesdits habitans de ceulx qu'ilz ont acoustumé de joir.

Lesquelz dessusdits ont consenti les modifications desdits articles appointées entre lesdits d'eglise et ladite ville; et au regard desdis commissaires ont esleu ledit maire Jehan Ruzé, Pierre Brete, Jehan Briçonnet, M° Jehan Bouvart et Gilet de Brion a y adviser d'en fere en eulx, et de ce qu'ilz en feront et paieront ausdis commissaires lour sera pour agreable, aux despens des deniers communs de ladite ville.

estable a tousjours, nous avons fait mectre nostre seel a cesdictes presentes, sauf en autres choses nostre droit et l'autruy en toutes.

Donné a Saint Jehan d'Angely, ou moys de fevrier, l'an de grace mil cccc. soixante et ung, et de nostre regne le premier. Ainsi signé : par le Roy, le sires du Lau, de Crussol, de Beauvoir, maistre Estienne Chevalier, tresorier, Guillaume de Barre, general, et autres presens. J. Bourré. Visa contentor. J. Duban.

NIORT.

XXVI.

1204, septembre. Devant Chinon.

Inféodation des revenus de Niort et concession de la garde du château de cette ville à Guillaume le Queux par Philippe Auguste.

Copie du commencement de 1205. Cartul. A. de Philippe-Auguste. Bibl. du Vatican, Ottoboni, 2796, fol. 32 v°. — Cf. Delisle, *Catalogue*, n° 858 [1].

C. Guillelmi Coci de Niorcii dono. — Notum, etc., quod nos Guillelmo Coco et heredibus ipsius donavimus omnes redditus Niorcii et quicquid habebamus in Niorcio, in pertinenciis ejus, in feodum et hominagium ligium. Et idem Guillelmus nobis exinde fecit hominagium ligium contra omnes homines; et heredes illius similiter nobis et heredibus nostris facient hominagium ligium contra omnes homines. Ita tamen quod ipse G. et heredes sui nobis et heredibus nostris exinde reddent annuatim ducentas et quater viginti libras monete civitatis Pictavensis, que sunt nostre proprie quite; scilicet cxl. libras predicte monete ad purificationem beate Marie, et alias cxl. libras ad Pascha, et x. libras pro elemosina regis Ricardi illis tamen quibus elemosina reddi debet. Reddent autem idem G. et heredes sui senescallo Pictavie, pro singulis L. libris quas nobis vel heredibus nostris ipse vel heredes sui reddent de suo proprio, unam marcam argenti ad pondus turonense.

---

[1] Malgré la note qu'il avait mise au bas de la p. 195, M. Delisle n'a pas publié cet acte dans l'appendice à son *Catalogue*. — C'est grâce aux collations que notre confrère A. Tuetey a faites à Rome en 1876, et qu'il nous a obligeamment communiquées, que nous pouvons publier le meilleur texte de ce document.

Idem vero G. et heredes sui nobis et heredibus nostris exinde facient tale servicium quale feodum debet.

De communia Niorcii sic erit quod nos gentes tocius communie Niorcii poterimus ducere, vel senescallus noster de mandato nostro, in exercitum et equitacionem, per submonicionem G. Coci, quando nos, vel senescallus noster ex parte nostra, eandem communiam summonuerimus; et eam ducere poterimus ubicumque voluerimus.

Preterea nos et heredes nostri habemus demandam nostram in tota communia Niorcii; et G. Cocus demandam illam levabit per manum senescalli Pictavie ad opus nostrum.

Sciendum insuper quod sepedictus G. et heredes sui totam fortericiam Niorcii, quam nos eidem commisimus custodiendam, nobis et heredibus nostris, vel certo mandato nostro qui litteras nostras patentes super hoc attulerit et cui credi debeat, tenentur reddere ad magnam vim et ad parvam, quoscienscumque eandem fortericiam requisierimus et heredes nostri.

Actum ante Chinonem, anno gratie M° CC° quarto, mense septembri.

COGNAC.

XXVII.

1262, mai.

Franchises concédées par Gui de Lusignan à la ville de Cognac.

> *Manuscrits* : A. Copie du milieu du xiv⁰ siècle. Arch. nat., JJ, 80, n⁰ 405. — B. Copie de 1529. Arch. de Cognac. *Livre rouge*, fol. 7. — *Éditions: a.* Ordonn., t. II, p. 341, d'ap. A. — *b.* F. Marvaud, *Chartes de Guy de Lusignan et de Charles d'Espagne en faveur de la ville de Cognac*, dans *Bulletin de la Société archéologique de la Charente*, 3ᵉ série, t. III, 1863, p. 126, d'ap. B.

Guy de Lezzignen[1], sires de Coignac et de Merpins et d'Archeac[2], a touz ceaus qui ceste presente chartre veiront et oiront, saluz[3] et paiz. Sachent tuit cil qui sunt[4] et qui serunt[5], que, cum li chevalier et li vaslet[6] et li clerc et li borgeis[7] de Coignac et l'autre prode gent de la vile[8] se deissent et clamassent estre gregé[9] de ceu que nous avom[10] fait estanc[11] et feissom[12] de vin et de blé en la vile[13] de Coignac, et sus[14] ceu fussen[15] venu a nous, requerant come a seignor[16] que nous ostessom[17] celui grief, et nous disiom encontre que nostre pere et nostre ancessor li aveient[18] ogu et fait por lor dreiture; laquau dreiture lidit chevalier, clerc et borgeis[19] et toute l'autre gent de la ville disant[20] et deffendant et affermant encontre que si lidiz[21] nostre pere li aveit faict[22], il li aveit fait a force, cum nus des nostres

---

[1] Nous publions le texte de B en donnant en notes les variantes de A. Lezingnen. — [2] Archeat. — [3] verront et orront salut. — [4] sont. — [5] seront. — [6] varlet. — [7] clert et li bourgois. — [8] ville. — [9] gregié. — [10] avon. — [11] estant. — [12] feissum. — [13] ville. — [14] sur. — [15] fussent. — [16] cum a seigneur. — [17] ostessum. — [18] avcent. — [19] clert, borgeis. — [20] dedisant. — [21] lidit. — [22] avent fait.

autres ancessors ne li hont[23] fait ne ogu, sur lesquaus choses il requeissent estre enquis.

1. A la parfin, cum ne vosissom[24] ne non deussom[25] ni encore ne volom[26] ni ne deyom[27] greger noz homes[28] ne toute l'autre gent de la vile[29], si cum dessus est dite, ne tenir ne metre costume[30] a tort en la vile, nous[31] enqueismes et feismes enquerre debonairement ob les plus anciens dau pais, prodes homes[32] et leaus homes[33] et dignes de feiz, sus[34] lesdites choses[35], et, entendue la pure verité, nous trovasmes tout ansi[36] cum lidit chevalier et lidit clerc[37] et lidit borgeis et toute l'autre gent de la vile[38] ou diseent et ou afermeent.

Dont nous, per nous et per noz hers et per nos successors[39], quiptasmes et quiptom lesdiz chevaliers, clers et bourgeis[40] et l'autre gent toute de la vile[41], et lors hers et lor successors et la vile meismes[42], de toute maniere de estanc[43], per nous et per noz hers et per noz successors. Et que, de ci en avant, nous, ne[44] noz hers ne[45] noz successors, nul estanc[46] ne puissum[47] fere, ne autre per nom de nous[48], ne[49] ne ferom estanc[50], ne[51] ne soufferom[52] en nule[53] maniere que autre[54] li facet[55] ne que il seit faiz.

Et si esteit aventure[56] que nous, ou noz hers ou noz successors ou noz ballis ou les lour[57], des ore en avant asseyoent ou asseyavant a fere estanc[58] de vin ou de blé, ou en autre maniere, que no per ceu toute la gent de la vile, chascuns en per sey, ne laissast que ne peust vendre et achapter[59] delivrement, sanz meffere[60] et sans[61] mesprendre, ne por ceu[62] ne peussent estre contraint en nulle maniere a gage[63] ne a reençon, ne a recevre encore aucun autre damage[64].

2. Encore, cum li chevalier et li borgeis et toute l'autre gent de la vile de Coignac venguissent[65] requerant et plaintis[66] à nous[67] de ceu que nostre prevost et nostre bailli de Coignac proneent la gent de Coignac et les enmeneent[68] pris, puis que

---

[23] ont. — [24] voussissom. — [25] deussiom. — [26] nel voujon. — [27] deyom. — [28] hommes. — [29] vile. — [30] coustume. — [31] nos. — [32] hommes. — [33] hommes. — [34] sur. — [35] lesdictes chouses. — [36] aussi. — [37] clert. — [38] ville. — [39] successeurs. — [40] borgeis. — [41] de la ville toute. — [42] la ville meisme. — [43] estant. — [44,45] ni. — [46] estant. — [47] puichon. — [48] nos. — [49] ni. — [50] feron estant. — [51] ni. — [52] souffreron. — [53] nulle. — [54] autres. — [55] facent. — [56] avanture. — [57] li lor. — [58] estant. — [59] acheter. — [60] senz mefere. — [61] senz. — [62] perce. — [63] gaige. — [64] domage. — [65] venguissant. — [66] plainti. — [67] noz. — [68] enmenoent.

il poeent fere dreit, nous, a bone feiz, apreismes [69] et feismes [70] aprendre et avom apris que de ceu que il preneent la gent de la vile ne esteit dreit [71] ne costume, ainz esteit encontre dreit et encontre raison, dont nous voguismes [72] et volom et otreiom et comandom [73] et donom, por nous [74] et por [75] noz hers et por [76] noz successors, que nous [77] ne [78] nostre prevost ne nostre bailli ne nostre commandenz [79] ne prenget, ne ne puchet [80] prendre ne faire prendre, nul home [81] ne nule feme [82] de la vile [83] de Coignac, si donc n'esteit per rayson [84] daus quatre dreiz, per loquaus [85] il ou ele [86] oguist deservi a perdre vie ou membre, qui fust manifez et apareissanz [87], en tau maniere que si nous, ou noz hers ou noz successors [88] ou li bailli de la vile [89] ou nostre comandement [90] quicunques seit ou fust [91], asseyovant ou asseyoent sus [92] ceu a prendre ou preneent [93] aucun ou aucune de la ville, qui peust fere dreit, au dit de dous ou de treis [94], lequau [95] il sereit tenuz a fere devant nous ou devant nostre comandement, il deit estre delivrés [96], ou si il ne puet fere dreit, que il se puchet [97] delivrer por pleige [98].

3. Encore, cum lidit chevalier, clerc et borgeis et toute l'autre gent de la vile, deist ou deissent que la vile de Coignac aveit ça y en arrere esté franche d'iceu que nus estagiers de la ville [99] de Coignac ne fust atermez, fors dau cors de la vile, dont il nous requereient [100], come a seignor, arreavoir ladite franchise, nous, enquise sus [101] ceu la pure verité, aussi cum sus [102] les autres artigles dessusdiz, trovasmes estre ensi entermement et purement cum lidit chevalier, clerc [103] et borgeis et l'autre gent de la vile ou afermoyent et ou disoyent [104], dont nous, per nous et per noz hers et per nos successors, lor rendismes et lor donasmes et lor otreasmes [105] a ceaus [106] et [107] a lor hers et a lor successors, si [108] encore la lor donom [109] et la lor otreyom [110], la davantdite franchise, perpe-

---

[69] nos a bone fei apreymes. — [70] feimes. — [71] dreiz. — [72] noz vouguimes. — [73] ottroyon et commandom. — [74] per noz. — [75], [76] per. — [77] noz. — [78] ne *manque*. — [79] commendemenz. — [80] puchet. — [81] homme. — [82] famme. — [83] ville. — [84] raison. — [85] lequel. — [86] elle. — [87] appareissanz. — [88] successeurs. — [89] vile. — [90] commandement. — [91] fut. — [92] asseoient sur. — [93] prenoient. — [94] tiers. — [95] loquau dreit. — [96] delivrez. — [97] puechet. — [98] plaige. — [99] vile. — [100] requeroient. — [101] sur. — [102] sur. — [103] clert. — [104] afermoient et ou diseient. — [105] ottreasmes. — [106] eaus. — [107] et *manque*. — [108] et. — [109] donon. — [110] ottreyon.

tuaument et durablement, en tau maniere que si nous, ou noz hers ou noz successors ou noz baillis ou li bailli de la vile, atermeient[111] ou poseent terme[112] a aucun estagier de la vile, fors dau cors de la vile, que nuls[113] ne fust tenuz de segre nul terme ou les termes, ne noz successors ne noz baillis de la vile[114] ne puichant sus[115] ceu aucun contraindre ne desgager[116], ne en autre maniere damager, si n'esteit[117] devant nostre persone[118], ou devant nostre certain comandement[119] que nous laissesom[120] en nostre luec mayor sus[121] le prevost.

4. E[122] encore est assaveir[123] que nous volom le creissement et l'amandement de la vile de Coignac a la requeste dausdiz[124] chevaliers et dausdiz clers et dausdiz borgeis et de toute l'autre gent de la vile[125] de Coignac, nous, per nous et per noz hers et per noz successors, lor donasmes et lor otreasmes[126] et lor otreom[127], per nous et per noz hers et per noz successors[128], de nostre liberalité, que il puchent por[129] eos eslire et pouser[130] dous prodehomes[131] de la vile a receure la mautoste[132] de Coignac ores ou deshores[133] en avant, tant cum[134] la mautoste i sera[135], et qu'ele seit mise au profict de la vile. Et quant la mautoste nos[136] sera mestiers a la vile, li prodome de la vile l'an puchent[137] oster et metre[138] et torner quant sera mestiers a la vile ; et que le prevost de la vile seit apelez au conte de la recepte et de la mise ; et si le prevost ne voleit venir audit conte, que li prodome[139] de la vile de ladite recepte et de ladite mise puechent conter et bailler et finier sans[140] ledit prevost, au profict de la vile. Et quant ladite mautoste nos sera mestiers a la vile, nous volom que i seit[141] mise ne tenue.

Et touz les diz de ceste chartre, chacun en per sei, nous, aus davansdiz[142] chevaliers et ausdiz clers et ausdiz borgeis et a toute l'autre gent de la vile[143], per nous et per noz hers et per noz successors, a eaus et a lor hers et a lor successors, avom promis a bone fei a tenir et a garder bien[144] et leaument,

---

[111] atermoient. — [112] pouseent termes. — [113] nus. — [114] ville. — [115] sor. — [116] desgaigier. — [117] ne esteit. — [118] personne. — [119] commandement. — [120] laissessom. — [121] sour. — [122] E *manque*. — [123] assaver. — [124] dauxdiz. — [125] ville. — [126] ottreasmes. — [127] ottreiom. — [128] successeurs. — [129] puechant per. — [130] poser. — [131] prodeshommes. — [132] mautouste. — [133] et des ores. — [134] comme. — [135] mautouse y sera. — [136] maustoste nous. — [137] puechent. — [138] mettre. — [139] prodomme. — [140] finer sus. — [141] soit. — [142] devanzdiz. — [143] ville. — [144] et garder ben.

et que encontre ne vendrom, ne autre por [145] nous ne por [146] nom de nous, en nul temps, et en icest nostre fait nous en avom renoncié [147] et renuncium [148], per nouz [149] et per noz hers et per noz successors, a chascun par sei [150] et a toz [151] ensemble, a toute excepcion de fait et de tricherie et a autre excepcion et a toute condicion et a tout establiment [152] et a toutes costumes et a touz privileges de croiz prise ou a prendre et a tout benefice et a toute aye qui nous peust [153] ayer contre lesdiz ne contre la tenor [154] de ceste chartre en cort [155] ou fors cort per nule raison.

Et por [156] ceu que ceste presente chartre, en touz ses artigles et en chascun por [157] sei, ait durable fermeté, nous, per nous et per noz hers et per noz successors, en avom doné [158] ausdiz chevaliers et ausdiz clers et ausdiz borgeis et a toute l'autre gent de la vile dessusdite et a lor hers et a lor successors durablement ceste presente chartre, saelée [159] de nostre saeau [160] en testimoyne de verité. Ceu fut fait l'an de l'incarnacion Jesu Crist M CC et seissante et dous, ou meis [161] de may.

---

[145] per. — [146] per. — [147] avons renuncié. — [148] et en renunciom. — [149] par nous. — [150] per sey. — [151] touz. — [152] establissement. — [153] puest. — [154] teneur. — [155] en acort. — [156] per. — [157] per. — [158] donné. — [159] scellée. — [160] seau. — [161] mois.

XXVIII.

1352, Mai. Angoulême.

Franchises accordées à la ville de Cognac par Charles d'Espagne, comte d'Angoulême, connétable de France.

>Copie de 1529. Arch. de Cognac, *Livre rouge*, fol. 9. — Publ., Marvaud, *Chartes de Guy de Lusignan et de Charles d'Espagne en faveur de la ville de Cognac*, dans *Bulletin de la Société archéologique de la Charente*, 3ᵉ série, t. III, 1863, p. 134.

Carolus de Yspania, comes Engolismensis, constabularius Francie, universis presentes litteras inspecturis et audituris, salutem. Summa rei nostre publice tuicio, a Deo et domino meo rege date, nos inducit ut sub ejus regimine possit feliciter gubernari. Igitur, attendentes communem utilitatem dilectorum nostrorum subditorum ville nostre de Compniaco in Xantonia, qui, propter guerras et eminencia negocia, pluries sepe sepius cupiunt insimul congregare et plures expensas et onera propter hoc sustinent, et quod pejus est, a pluribus injurias paciuntur, dignumque estimantes ut bona facientes nostram laudem et protectionem homines mereantur quorum villa industria ac diligentia custoditur, et ad obediendum Deo, regi ac nobis eorum meritis, vita subditorum informatur quathenus sub regali potestate et speciali nostra dilectione ab omni injuria deffendantur, quod desideramus affectu.

1. Idcirco, praedictis habitantibus presentibus et futuris, privilegia, franchisias, libertatem, communitatem juratam, concedimus per presentes, jurisdicione, modis et condicionibus qui secuntur.

2. Damus siquidem[1] et concedimus quod locum commu-

---

[1] Le *Livre rouge* porte *in gracia*, mais il n'est pas douteux que l'original devait porter *siquidem*.

nem habeant, exclavinagium (*sic*) nuncupatum, bursam communem, simbalum vel campanam, ad cujus sonum possint convocaciones, congregaciones et adunaciones eorum facere tociens quociens eis videbitur faciendum. In qua congregacione ad sonum campane, senescallus noster vel ejus locum tenens, qui pro tempore fuerint, insimul aut per se quilibet, habeant interesse, si in villa sit aut in locis unde campana poterit exaudiri. Si autem praedictus senescallus vel ejus locum tenens fuerit absens, convocacionem vel unionem prefati habitantes facere non audebunt, nisi qualitas negocii inter eos proloquendi id exposcat, quo casu, eidem senescallo aut ejus locum tenenti major ville notificare habeat, cum primo potuerit, quid egerunt.

3. Singulis autem annis, illi de communitate eligent quatuor probos viros qui presentabuntur senescallo predicto, et ipse eliget, secundum relacionem juratam trium illorum, quartum ydoneorem, qui creabitur in majorem. Qui jurabit servare utilitatem nostram et subditorum nostrorum et dampnum penitus evitare et contra nos congregationem non facere; et durabit per annum, et in fine anni eligatur alius successive, vel post mortem alicujus morientis.

4. Volumus autem quod predicti habitatores et ipsorum communitas habeant jurisdicionem seu vigeriam mulctandi illos de communitate sua, dumtaxat usque ad sexaginta solidos et unum denarium, in casibus in quibus consuetudo patrie hoc requirit; de quibus habebunt illi de communitate predicta medietatem totius emolumenti provenientis ex emendis sexaginta solidorum inclusive, provenientibus ex facto ipsorum aut alterius eorumdem, et alia medietas nobis plenarie pertinebit; et de minoribus emendis sexaginta solidorum, nichil percipere volumus, sed totum communitati pertinebit.

5. In emendis autem sexaginta solidos excedentibus, major et communitas predicti nichil exigent nec habebunt, nec cognoscent de casibus in quibus talis emenda cadere debeat, de consuetudine patrie vel de jure.

6. Poterunt autem emendas sexaginta solidorum major, senescallus vel ejus locum tenens predicti insimul concordantes minuere et liberaliter moderare, si facti qualitas aut persone paupertas hoc requirat.

7. Major autem sic creatus, collectas, taillias, semel vel

pluries imponere poterit super eos de communitate predicta, et facere, pro tuicione ville et patrie, reparationem pontium et murorum et ceterorum casuum necessariorum.

8. De emolumentis autem que major vel communitas percipiet quovismodo, tenebitur, anno quolibet, senescallo aut receptori nostro, aut eorum loca tenentibus, reddere computum ac etiam racionem; nec de ipsis aliquid poterunt expendere, nisi pro utilitate communi.

9. Si autem aliquis eorumdem contra nos litigium vel discordiam habere contingat, major vel communitas predicta aliquem contra nos vel successores nostros, juvare non poterunt, facto, opere, consilio, pecunia vel loquela, quin, ipso facto, absque alia condemnatione, jus communitatis amittant.

10. Insuper, anno quolibet, major et consiliarii et scabini, nobis vel senescallo nostro vel ejus locum tenenti predictis, prestare tenebitur juramentum superius annotatum, nobis et nostris successoribus specialiter reservato, ne, per concessionem hujusmodi, nostris juribus, redditibus, jurisdicioni, nobilitatibus, aliquod prejudicium futuris temporibus generetur, nisi in casibus superius declaratis, quovis de facto major aut communitas contrarium facere niterentur, possessione vel sasina et lapsu cujuscumque temporis in aliquo nonobstante; proviso enim, cum domini mei regis beneplacito, quod, pro juribus antedicte communitatis servandis, procuratorem regium, nobis invitis, non poterunt adjungere seu etiam advocare.

11. Creato autem majore predicto, nobis, aut senescallo nostro vel ejus locum tenenti predictis pro nobis, et nostris successoribus, homagium ligium cum achaptamento unius annuli aurei ponderis duorum florenorum Florencie et juramento predictis, anno quolibet, tenebitur facere, pro majoritate et communitate predictis.

Ut autem haec omnia plenariam obtineant firmitatem, per dominum meum regem, cum ejus benevolencia, dari facere promittimus ac etiam confirmari, cum clausulis et capitulis antedictis. Mandantes omnibus justiciariis, officiariis et subditis nostris, presentibus et futuris, quatenus habitatores memoratos nostra presenti gratia et concessione perpetuo uti gaudere libere et pacifice faciant et permittant, impedimentis quibuscumque cessantibus penitus et amotis. Quae praemissa omnia eisdem concessimus sine financia, de nostra sciencia et gracia speciali. In cujus rei testimonium, nostrum presentibus fecimus apponi sigillum. Datum Engolisme, anno Domini millesimo trecentesimo quinquagesimo secundo, mense maii, salvo in aliis jure nostro et in omnibus quolibet alieno.

Datum ut supra. Sic signatum super replicam : Per dominum comitem in consilio suo, presente domino Arnulpho d'Audenehan, marescallo Francie.

SAINT-JEAN-D'ANGÉLY.

XXIX.

1332. Saint-Jean-d'Angély.

Nomination par le corps de ville de Saint-Jean-d'Angély, de huit élus pour les affaires de la ville[1].

<small>Minute originale. Archives communales de Saint-Jean-d'Angély. Premier registre de délibération, BB, 1, fol. 6.</small>

ELECTI AD NEGOTIA VILLE.

En pleniere mesée, aujourduy, par les pers de nostre commune, du consentement de touz les esclavins et conseils, furent esleues les personnes dessouz escrites a tretier des droiz et des negoices de la commune, ausquieus est donné povoir par tout le commun que toutes chouses que il verront estre bones et proufitables ou necesseres et honorables a la commune il puissent accorder, ordener, procurer et ottroier, sanz appeler le commun, tout aussi comme le commun porroit fere, et que, de ce que il acorderoit et ordeneroit, il porront fere, passer et seller lettres sellées des seaus de la commune, excepté de et ouste de leur pooir que de obligacions ne de taillées, imposicions, subvencions ou grousses mises, a quoy la commune porroit ou devroit estre tenue, lesdictes persones eleues ne pourront riens determiner ne metre a fin ne ....[2], ottroier ne fere saeller, sanz appeler a ce les cent pers ou la greigneur partie, c'est assavoir en mesée ou aussi

---

[1] Cette délibération a déjà été publiée ainsi que quelques autres, mais très inexactement, par Guillonnet-Merville, dans ses *Recherches .... sur la ville de Saint-Jean-d'Angély*, p. 474.

[2] Un mot illisible.

comme il doivent venir a mesée. Et est acordé que toutes foiz que aucuns desdiz esleuz aura cause necessere de soy absenter de la ville, ou, estanz en la ville, aura excusacion resonable et sanz fraude pour quoy il ne puisse vaquer aveques les autres eleuz a tretier desdites chouses, au jour et lieu ou il s'assembleront au mandement de Monsieur le Maire, celi qui ensi n'y pourra vaquer puisset subrogier et metre aucun autre bonhomme des cent pers, o l'assentement et conseil de Monsieur le Mayre et des autres eleuz a ceu. Et ont juré les davantdiz esleuz sur sainz evangiles que, bien et loyaument et au plus grant proufit de la commune que il porront, il treteront, ordeneront et determineront lesdites chouses selon leur avis et consciences.

Esclavin.
- Sire P. Loisseau.
- Sire Aymar de Lossaut.
- Sire Estene Boille.
- Johan Boille.

Conseils.
- Johan de Loulet.
- P. du Meslier.

Pers.
- André Pascaut,
- Guillaume Fradin.

XXX.

1331. 24-27 août.

Procès-verbal d'une réunion à Saint-Jean-d'Angély pour s'opposer aux entraves apportées en Flandre au commerce des vins.

> Expédition contemporaine. Archives communales de Saint-Jean-d'Angély, HH, 1.

En nom de Dieu, amen. A touz apparesse par la teneur de cest present public instrument, de part tres haut et tres excellent prince Monsieur Johan par la grace de Dieu, roy de France, l'an de grace mil ccc trente et un, le samedi en la feste S. Berthomé, environ hore de prime, a Saint Johan d'Angeli, en la maison ou l'on tient l'esclavinage de la commune de S. Johan d'Angeli dessusdit, personaument present illuec : sire Pierre Boisseau, maire de ladite commune, et plusieurs bourgois et jurez de ladite commune, d'une partie, Guillaume Javal, mestre Jouffre Moussart, Guillaume Gardrat et Hugue de Combon, parroissiens de Saint Savenien, Aymeri Saussart de Vareie, mestre Pierre, J. de Clynec, Pierre Chopin de Migrez, pour li et pour Hugues Chopin, son pere, et Estene Limony de la Folatere, pour li et pour son frere, d'autre partie, en la presence de moy public notaire et des tesmoins dessouz escriz, ledit maire, pour nom de ladicte commune, dist et declaira aus persones dessus nommées les choses qui s'enssuient : « Beaus seingneurs, il est la verité que les gens de Flandres ont fait mout grans tors, entes et vilanies et damages a nos genz et aus voz et aus marchans de cest pais, si comme vous savez ou poez savoir, et voulent fere et tenir mout fortes coustumes indehues, et qui seroient en grant damage et prejudice des genz et marchanz de cest pais. Si que nous avons escript sus ce aus bourgois et marchans de Bourdeaus, de Libourne, de La Rochelle ; et sus ce il a esté ordenné et acourdé que de chescun lieu, c'est assavoir de Bourdeaus, de Liborne, de la Rochelle et de Saint Jehan d'Angely, des hommes et sages iront par dela en Flandres et requerront a ceux de Flandres que les chouses davantdites ils veullent mettre et retorner a estat dehu, et qu'il s'en veullent souffrir et corriger. Et s'il ne le voulent fere, les deus prodes homes de chescun des lieuz dessusdiz iront pardevers ceux de Bruges, qui ont promis a noz gens et aus marchans de cest pais fere mout grans graces et courtoisies, franchises et libertez, si nous voulons remuer nostre estable a Bruges. Et a ceu feront acourder et consentir le comte de Flandres, et sus ce leur feront passer bons privileges et bonnes libertez confirmer par le roy nostre sire. Pourquoi il a esté regardé et considéré des bourgois, marchans et jurez de chescun des lieux dessusdiz que il seroit profitable chouse a ceux de tout cest pais de remuer l'estable a Bruges ou la ou il seroit plus profitable, ou cas que ceux de Flandres ne se voudroent retraire des chouses dessusdites. Et tout ce ne se pourra fere sanz gran cous et missions; pourquoi, il a esté ordenné, par le conseil des prodes hommes et sages de nostredite commune, ob le conseil et eyde de vous autres seingneurs de ci environ, que touz ceux de ladite commune qui feront uns atreul et touz les autres d'environ paieront et donneront, pour chescun tonnel de vin qu'il feront en cestes presentes vendanges tant seulement, sis deniers pour eider a fere les cous et missions dessuzdiz, lesquieux sis deniers seront levé par la main de un homme ou de deus, dignes de foy, a ce deputé, qui en rendront leyau compte par leur serement. Et quant lesdis deus prodes hommes, qui iront procurer les chouses dessusdites, seront venuz, se il y avoit residu de ladite recepte, comptez les cous dessusdiz, ledit residu sera restituez a chescun d'iceux qui auront paié selon ce qu'il li apartendra; pour quoi ge vous demant si vous acourdez a ce. » — Desquieux chouses davantdites les persones dessus devisées se alerent conseiller et aviser. Et heue sus ce deliberation l'un ob l'autre, toutes les personnes dessus nommées, par noms que dessus et chescune pour soy, distrent et responsirent que il vouloient et otroyoyent les davantdites chouses et promistrent paier lesdiz sis deniers pour piece, selon la manere dessus devisée. De toutes lesquieux chouses dessusdites einssint dites, faites et accordées, ledit maire, pour nom que dessus, requist a moy public notaire dessouz escript que je l'en feisse et otroyasse cest present public instrument, lequel ge li otroyay de mon office souz ceste fourme.

Item, en l'an dessus dit, le mardi avant la feste de la decollation S. Johan Baptiste, environ hore de none, en la vile de Bancs, en la meson Guillaume Grant bourgois de Bancs, en la presence de moy public notaire et des tesmoins dessus escriz, Pierre Assailli, bourgois de la vile S. Johan d'Angeli, dist et declaira, pour nom de ladite commune, audit Guillaume Grant les chouses dessus devisées et declairées et li demanda se il s'i acordoit par la manere que dessus est declairé. Lesquieux chouses oyes, ledit Guillaume Grant dist et responsit en ceste maniere : « Je me acort bien a tout ce et le veul et promet fere en la manere que les prodes hommes de S. Johan le feront. » — Desquelles chouses dessusdites ledit Pierre Assailli, par nom que dessus, me requist instrument public par la manere que dessus.

Ces chouses furent faites en l'an, jours, houres, lieuz, et regnant comme dessus.

ANGOULÊME.

XXXI.

1542-1581.

Extraits des mémoriaux de la ville d'Angoulême.

Archives communales d'Angoulême. Mémoriaux A et B.

1541. — Le dimenche de *judica me,* l'an de grace M v^c XL et ung[1], fut esleu et admis pour maire et cappitaine de ceste ville et cité d'Engoulesme maistre Ithier Jullien, escuier, lequel, en celle année, par sa bonne conduitte, dilligence et poursuitte nous delivra de plusieurs larrons, volleurs et vagabons qui de longtemps auparavant regnoient en ce pays d'Engoulmois y faissant meurtres, volleries et aultres maulx infiniz, par le moyen desquels estoit le pais et tous les passans par icelluy en merveilleuze craincte et dangier. Et desditz volleurs furent entre aultres par ledit maire prins et mis es mains de justice : Pierre Montvoisin dit le Gantier, Jehan Hannequin dit Passepartout et ung nommé le mareschal de Foulquebrunne, lesquelz furent executez, ars et bruslez en la ville de Poitiers, par arrest donné es Grans-Jours lors seans audit lieu.

Et pareil arrest fut donné esditz Grans-Jours contre ung nommé le curé de Foulquebrune, compaignon et complice des dessusditz, mais fut l'execution sursoyée a cause qu'on n'eut le temps pour degrader ledit curé de ses ordres de prestrize[2].

Aussy fit ledit maire executer, ardre et brusler au champt

---

[1] 26 mars 1542.

[2] La première partie de ce document a été publiée fort incorrectement par l'abbé Michon, *Histoire de l'Angoumois,* p. 117.

sainct Marcial de cesteditte ville ung nommé le Béarnois, boucher, volleur et complice des dessusnommez.

Plus, en laditte année, ledit maire fit executer a mort et decappiter une chambriere nommée Margot Vachier ayant suffocqué et estranglé son enfant sans baptesme.

Et plusieurs autres executions et pugnitions furent faictes par sa bonne dilligence et poursuitte contre les delinquans et malfaicteurs par vertu de ses sentences et jugemens, confirmez et auctorisez par arrest de la court de Parlement de Paris. (*Mémorial* B, fol. 81, v°.)

1542. — En laditte année, pour aulcunes esmotions de guerre estans ou quartier de Languedoc, fut mendé par le Roy le ban et arriere ban d'Angoulmoys faire monstre en armes en ceste ville d'Emgoulesme.

Et pour la conservation des privilleges et franchises de laditte ville et esviter que garnisons n'y fussent mises, comme le bruit estoit qu'on vouloit faire pour la garde d'icelle, ledit maire fit faire monstre des habitans de laditte ville et faulxbourgs, le dimanche xv° d'octobre oudit an, a laquelle monstre se trouverent iv^{xx} et v^c hommes de deffence bien armez et equippez, c'est assavoir mil et cinq cens hacquebutiers, partie d'iceulx couvers de cotte de maille, quinze cens picquiers, les aulcuns armez de harcretz[1], douze cens halbardiers et le reste arbalestiers, conduictz par quatre cappitaines ou lieutenans dudit maire[2]. (*Mémorial* B, fol. 82 v°.)

1581. — Durant ladite année, ledit sieur maire feit faire grande justice de plusieurs malfaictz et peu après sa reception condemna Jehanne Georget, chambariere, à estre pandue et estranglée par l'executeur de la haulte justice pour avoir suffoqué, ayant enfenté, son enfent et icelluy geté dans ung privé; et fut la sentence par luy donnée, et exécutée par ledit executeur de la haulte justice en la place des Jacobins de ladite ville. (*Mémorial* A, fol. 105 v°.)

---

[1] Corselets de fer.
[2] Ce passage a été également publié par Michon. (*Ibid.*, p. 118.)

POITIERS.

XXXII

1199. Niort.

Privilèges concédés aux habitants de Poitiers par la reine Eléonore.

A. Orig. Archives communales de Poitiers, A, 1. — B. Cop. du xve siècle, Ms. 145 de la bibl. de Poitiers, fol. 35. — C. Cop. de Dom Fonteneau. Coll. Fonteneau, t. 23, p. 231, d'ap. A. — D. Cop. de M. Rédet. Bibl. nat., mss. Fr. nouv. acq. 3412, fol. 33, d'ap. B. — Publ., Thibaudeau, *Histoire du Poitou*, éd. de 1840, t. II, p. 417.

Alienor Dei gracia regina Anglie, ducissa Normannie, Aquitanie, comitissa Andegavie, archiepiscopis, episcopis, comitibus, vicecomitibus, baronibus, justiciis, prepositis, bailivis et omnibus fidellibus suis ad quos presens pagina pervenerit, salutem in Domino. Noverit universitas vestra nos reddidisse et presenti carta confirmasse dilectis et fidelibus hominibus nostris de villa Pictavis libertates et jura sua que antecessores eorum habuerunt et tenuerunt tempore avi et patris nostri et aliorum predecessorum nostrorum, videlicet de filiabus suis maritandis et de omnibus aliis feminis que maritande erunt in quocumque loco voluerint, aut extra villam Pictavis aut infra villam.

2. Et etiam concedimus eis ut quando aliquis eorum ad finem vite sue perveniens elemosinam suam divisam habuerit, plenarie et integre teneatur; et qui elemosinam illam violentiam fecerit, a domino ville Pictavis defendatur, custodiatur et teneri cogatur.

3. Adhuc vero eis concedimus quod nulli eorum qui fidejussores stare juri dare voluerint et potuerint de aliquo forisfacto quod in villa fecerint, nisi murtrerii vel proditores

seu latrones fuerint, capiantur nec vi retineantur neque manus in eis vel in rebus suis violenter mittantur.

4. Ad hec illis concedimus quod si aliquis extraneus in villam Pictavis venerit causa manendi ibi, has predictas libertates habeat ita libere et quiete, sicuti alii homines in villa manentes habent et tenent.

Hujus vero donationis et quictationis testes sunt : karissima filia nostra regina Johanna, Petrus Bertini senescallus Pictavie, Lonnus Ogerius, Kalo de Rupeforti, milites nostri, abbas Sancti Maxentii, P. abbas sancti Cypriani, Savaricus de Chiriaco, Ogisius filius suus, Vivianus Beidestrau, Petrus Bonini et frater ejus, Pascaudus de Rupela, David de Podio. Liborelli, Santius de Rupela, Gaufridus de Calvinaco, capiscerius miles et multi alii.

Data apud Niorthium anno Verbi incarnati M° C° XC° IX°.

---

[1] Cf. *Pièces justif*. II, art. 21, note.
[2] Cf. t. I, p. 65, n. 1 et 85.

XXXIII

1199. Niort.

Charte de commune octroyée aux habitants de Poitiers par la reine Eléonore.

> A. Cop. de 1298. Arch. communales de Poitiers, A 13. (Dans un vidimus sous le scel du garde du sceau royal dans la sénéchaussée de Poitiers.) — B. Cop. du xve siècle. Ms. 145 de la bibl. de Poitiers, fol. 35 v°. — — C. Cop. de D. Fonteneau, coll. Fonteneau, t. 23, p. 235, d'ap. A. — Publ., Thibaudeau, *Histoire du Poitou*, t. II, p. 418.

Alienor Dei gracia humilis regina Anglie, ducissa Normannie, Aquitanie et comitissa Andegavensis, archiepiscopis, episcopis, comitibus, baronibus, senescallis, prepositis, justiciariis, baillivis et universis tam futuris quam presentibus ad quos littere iste pervenerint, salutem. Sciatis nos concessisse in perpetuum et presenti carta confirmasse dilectis et fidelibus nostris universis hominibus de Pictavi et eorum heredibus communiam juratam apud Pictavim, ut tam nostra quam sua propria jura melius defendere possint et magis integre custodire, salva tamen et retenta fidelitate nostra, salvis tamen juribus nostris et heredum nostrorum et juribus sancte ecclesie.

Volumus igitur et statuimus ut omnes libere et usitate consuetudines ville sue, quas antecessores eorum et ipsi, sub antecessorum nostrorum et nostri dominio, hactenus habuerunt, eisdem et eorum heredibus inviolabiliter observentur, et ut, ad ipsas manutenendas et ad jura sua et nostra et heredum nostrorum defendenda, vim et posse communie sue, quando necesse fuerit, contra omnem hominem, salva fidelitate nostra et jure nostro et heredum nostrorum, salvo etiam jure sancte ecclesie, excerceant et apponant. Ut autem ipsi et eorum heredes communiam suam libere et quiete manuteneant et liberas et usitatas consuetudines ville sue custodiant et defendant, nos, ad perpetue robur auctoritatis, litteras istas sigillo nostro fecimus sigillari. Datum apud Niortum, anno incarnati Verbi millesimo c° xc° ix°. Testibus : Petro Bertino tunc senesçallo Pictavensi, Chalone de Rochaforti, Launo Ogerio, Gaufrido de Chauvigné, domino capicerio, abbate Sancti Maxencii, Petro abbate Sancti Cipriani, Johanne Borser, Savarico, Arnaudo Pingui et multis aliis.

XXXIV

1204, novembre. Dixmont.

Confirmation par Philippe-Auguste des privilèges et de la charte de commune de Poitiers.

A. Copie contemporaine, reg. A de Philippe-Auguste, Bibl. du Vatican, Ottoboni 2796, fol. 25 [1]. — B. Cop. de 1241, Archives communales de Poitiers, A. 5 (Dans un vidimus d'Alphonse de Poitiers). — Cf. Delisle, *Catalogue*, n° 876.

In nomine sancte et individue Trinitatis. Amen. Ego Philippus Dei gratia Francorum rex. Noverint universi presentes pariter et futuri quod[2] Alienor, regina quondam Anglie, reddidit et confirmavit hominibus de villa Pictavis libertates et jura sua que antecessores eorum habuerunt et tenuerunt tempore avi et patris et aliorum antecessorum ejusdem Alienor, videlicet de filiabus suis maritandis et de omnibus aliis feminis que maritande erunt in quocumque loco fuerint, aut extra villam Pictavis aut infra villam.

2. Concessit etiam eis quod quando aliquis eorum, ad finem vite sue perveniens elemosinam suam divisam habuerit, plenarie et integre teneatur; et qui in elemosinam illam violentiam fecerit, a domino ville Pictavis defendatur, custodiatur et teneri cogatur.

3. Ad hoc etiam eis concessit quod nulli eorum qui fidejussores standi juri dare voluerint et potuerint de aliquo forifacto quod in villa fecerint, nisi mulctrarii seu proditores seu latrones fuerint, capiantur nec vi retineantur, nec manus in eos vel in res eorum violenter mittantur.

---

[1] Comme pour les autres pièces empruntées au même registre, c'est grâce aux collations faites à Rome, en 1876, par M. Tuetey que nous pouvons publier le meilleur texte de ce document.

[2] Dans A, le début de l'acte est ainsi abrégé : « CARTA COMMUNIE PICTAVENSIS. — Notum, etc., quod... » Bien que nous suivions pour le reste de l'acte le texte de A, nous en donnons le protocole d'après B.

4. Ad hoc, eisdem concessit quod si aliquis extraneus in villam Pictavis venerit causa ibi manendi, quamdiu ibidem manserit, has predictas libertates habeat ita libere et quiete, sicut alii homines in villa manentes habent et tenent [1].

5. Insuper, concessit universis hominibus de Pictavi et eorum heredibus imperpetuum communiam juratam apud Pict[avim], ut tam ipsius jura quam sua propria melius defendere possent et magis integre custodire, salva tamen et retenta fidelitate ipsius Alienor et salvo jure ejus et heredum suorum et jure sancte ecclesie.

6. Preterea, statuit et concessit predictis hominibus Pictavensibus ut omnes libere et usitate consuetudines ville Pictavis, quas antecessores eorum et ipsi, sub ipsius et predecessorum suorum dominio, hactenus habuerunt, eis et eorum heredibus inviolabiliter observentur, et ut, ad ipsas manutenendas et ad jura sua et ipsius Alienor et heredum suorum defendenda, vim et posse communie sue, quando necesse fuerit, contra omnem hominem, salva fidelitate ejusdem Alienor et salvo jure suo et heredum suorum et salvo jure sancte ecclesie, exerceant et apponant [2].

7. Nos autem, ad petitionem predictorum hominum nostrorum de Pictavi, jura et libertates et omnia supradicta jura, salva fidelitate nostra et heredum nostrorum et salvo jure sancte ecclesie et nostro, eis concedimus in perpetuum.

Et ut hoc perpetuum robur [3] obtineat, sigilli nostri auctoritate et regii nominis karactere inferius annotato presentem paginam confirmamus. Actum apud Dymon [4], anno ab incarnatione Domini M° CC° IV°, regni vero nostri anno XXVI°. Astantibus in palatio nostro quorum nomina subscripta sunt et signa. Dapifero nullo. S. Guidonis buticularii. Signum Mathei camerarii. Signum Droconis constabularii. Data vacante cancellaria, per manum fratris Garini.

---

[1] Ces quatre premiers articles sont la reproduction de la charte d'Eléonore, *P. just.*, XXXII. Pour rendre la comparaison plus facile, nous imprimons en petit texte tout ce qui a été emprunté aux chartes antérieures.

[2] Les art. 5 et 6 sont la reproduction de la charte de commune d'Eléonore. *P. just.*, XXXIII.

[3] La fin de l'acte est abrégée dans A de la manière suivante : « Et » ut hoc perpetuum robur, etc. Actum apud Dymon, anno Domini » millesimo ducentesimo quarto, regni nostri anno vicesimo sexto. »

[4] Nous rétablissons la date de lieu d'ap. A ; le texte de B porte : « apud Dūn. »

XXXV.

1214 (entre le 30 mars et le 31 octobre). Châtelleraud.

Franchises accordées par Philippe-Auguste aux bourgeois de Poitiers.

> A. Orig. très endommagé, Arch. communales de Poitiers, A 3. — B. Vidimus de l'official de Poitiers de 1264. Arch. de Poitiers, *Ibid.* — Publ., Thibaudeau, *Histoire du Poitou*, éd. de 1840, t. II, p. 419, d'après B. — Cf. Delisle, *Catalogue*, n° 1480.

In nomine sancte et individue Trinitatis. Amen. Philippus Dei gratia Francorum rex. Noverint universi presentes pariter et futuri quod nos burgensibus nostris Pictavensibus damus et concedimus ut omnes burgenses qui manent apud Pictavim in domanio nostro, et deinceps in domanium nostrum venient ibidem mansuri, sint inmunes prorsus et liberi a venditionibus et pedagiis, salvis nobis exercitu, equitatione, talliata et omni alia justicia nostra.

2. Concedimus etiam eisdem qui manent et deinceps mansuri sunt in domanio nostro, quod nundine Pictavis teneantur a prima dominica quadragesime usque ad dominicam medie quadragesime, in illo puncto et constitutione quibus Richardus, quondam rex Anglie, illas nundinas eis concessit : videlicet quod omnes mercatores qui in domanio nostro non manebunt et venient ad nundinas nostras Pictavis, de singulis pannis viridibus, brunetis, escarlatis, rubicondis et aliis hujusmodi tinctis, quos in eisdem nundinis vendent, dabunt, venditor XII. denarios, et emptor XII. denarios ; de aliis autem pannis, sicuti stanfortibus, sagiis, vergatis, burellis et hujusmodi, debebunt de singulis, venditor VI. denarios, et emptor VI. denarios. Mercatores autem forenses qui non manebunt in domanio nostro, qui vendent pannos ad detallium lineos sive laneos sive pellipariam, dabunt, de singulis libris denariorum, II. denarios, quandiu nundine durabunt ; transacto autem supradicto ter-

mino nundinarum, mercatores qui nunc manebunt in domanio nostro reddent antiquas consuetudines, videlicet de singulis solidis, singulos obolos. Quod ut perpetuum robur obtineat, sigilli nostri auctoritate et regii nominis caractere inferius annotato presentem paginam confirmamus. Actum apud Castrum Eraudi, anno incarnationis dominice M° CC° XIIII°, regni vero nostri anno tricesimo quinto. Adstantibus in palatio nostro quorum nomina supposita sunt et signa. Dapifero nullo. Signum Guidonis buticularii. Signum Bartholomei camerarii. Signum Droconis constabularii. Data vacante (*Monogramme.*) cancellaria.

XXXVI.

1222, novembre. Anet.

Privilèges accordés aux bourgeois de Poitiers par Philippe-Auguste [1].

Orig. Arch. communales de Poitiers A, 4. — Cf. Delisle, *Catalogue*, n° 2178 [2].

In nomine sancte et individue Trinitatis. Amen. Philippus Dei gratia Francorum rex. Noverint universi, presentes pariter et futuri, quod, pro bono pacis, concedimus et donamus dilectis nostris burgensibus Pictavensibus communiam infra muros Pictavenses, salvo jure ecclesiarum et dominorum qui terras ibi habent, et curias et justiciam [3].

2. Concedimus eis etiam quitanciam, quantum ad nos pertinet, de propriis mercaturis suis per totam terram quam Henricus, quondam rex Anglie, tenuit, preterquam in comitatu Ebroycensi et in Vulcassino Normannie, et preterquam apud Paciacum, et preterquam in terra Hugonis de Gornayo, et preterquam apud Pontem Archie, et superius versus Franciam [4].

---

[1] Ce diplôme, ainsi que nous l'avons dit, a été en grande partie calqué sur la charte concédée en 1207 aux bourgeois de Rouen (*Pièces justif.*, II), qui, elle-même, n'est guère composée que de dispositions empruntées à des chartes antérieures. Pour faciliter la comparaison et rendre plus sensibles les ressemblances des deux documents, nous imprimons en petit texte tout ce qui a été textuellement copié sur l'acte de 1207. Nous entendons par là les phrases ou parties de phrases qui reproduisent les mêmes mots dans le même ordre, encore qu'il y ait parfois entre les mots des variantes orthographiques ou même des différences de temps, de nombre ou de cas.

[2] M. Delisle ne signale pas une copie du milieu du XIIIe siècle (Arch. nat., J 192, n° 3) d'après laquelle ce document a été depuis publié par Teulet dans *Layettes du Trésor des Chartes*, t. I, n° 1553, p. 552.

[3] Ce premier article a beaucoup de rapports avec l'art. 3 de la charte de Rouen de 1207 sans en être cependant la reproduction.

[4] Cf. art. 1 de la charte de Rouen de 1207.

3. Concedimus eciam eis ut habeant placita de hereditatibus et catallis suis et convencionibus factis apud Pictavis, salvis curiis dominorum qui ibi terras habent; qui domini habent curias et justiciam hominum suorum in civitate Pictavensi tenendas [1].

4. Super debitis mutuatis apud Pictavis, si cives Pictavenses debitorem infra Pictavis invenerint, ex quo de equo suo debitor descenderit, catallum et harnesium suum per majorem, propter debitum suum, arrestare poterunt, quousque recognoverit debitum vel negaverit, nisi tamen ita sit quod per submonicionem nostram illuc venerit, vel in exercitum, vel nisi de familia nostra sit. Quod si debitum cognoverit, in communia de eo jus fiet ad diem; si vero illud negaverit, jus de eo fiet coram ballivo nostro apud Pictavis, et ballivus noster de eo securitatem accipiet ad diem veniendi et jus ibi coram ipso faciendi. Et si debitor, vel ille qui convencionem fecerit Pictavis, non venerit Pictavis ad diem, si in justicia et potestate nostra sit, ballivus noster compellet securitatem inde receptam ad veniendum Pictavis et super hoc juri parendum coram ballivo nostro Pictavensi [2].

5. Nullus civium Pictavensium potest appellari ab aliquo latrone, confesso vel convicto, vel deprehenso, vel falsonario, vel ab aliquo qui legem non habeat [3].

6. Contra omnes legitimos homines et legales testes respundebunt sicut alii de Pictavia [4].

7. Preterea, cives Pictavenses cogere non poterimus ad custodiendum prisones in carcere, nec alibi, nisi tantummodo quousque illos tradiderint ballivo nostro, si eos ceperint [5].

8. Nullum insuper ipsorum cogere poterimus ad custodiendum monetam vel vicecomitatum, vel aliud ministerium nostrum, nisi id facere debeat ratione feodi quod inde teneat, vel aliquid habeat propter quod debeat ad hoc compelli [6].

9. Nec nos cogemus eosdem cives ad reddendum nobis talliam per consuetudinem, nisi sponte sua nobis dare voluerint [7].

---

[1] Cf. art. 3 de la ch. de Rouen de 1207.
[2] Cf. art. 5 *ibid*.
[3] Cf. art. 6 *ibid*.
[4] Cf. art. 7 *ibid*.
[5] Cf. art. 8 *ibid*.
[6] Cf. art. 9 *ibid*.
[7] Cf. art. 10 *ibid*.

— 153 —

10. Preterea, vinum, quod apud Pictavis in tabernis capietur ad opus nostrum, ad forum capietur quo aliis vendetur. Illud autem quod non erit in taberna, per quatuor legitimos homines civitatis super fidem et sacramentum eorum appreciabitur, et precium inde redditur [1].

11. Preterea, cives predicti cum mercaturis suis, de quocumque loco venientes in domania nostra, poterunt eas licite vendere ad detalliumvel alio modo et eas chargiare et dechargiare, portare vel reportare ubicumque voluerint pacifice et quiete, quantum ad nos pertinet, in tota terra quam Henricus, quondam rex Anglie, tenuit, preterquam in terris quas superius excepimus [2].

12. Nullus nisi manens fuerit apud Pictavis poterit dechargiare vinum in cellario, vel in domo apud Pictavis, propter illud revendendum; sed nos poterimus ibidem vina dechargiare ad opus nostrum et garnisionum nostrarum et facere revendi vina garnisionibus pro renovando [3].

13. De mercaturis que de ultra mare veniunt apud Pictavis, nullus extraneus poterit emere ad revendendum nisi per cives Pictavenses. Quod si quis fecerit, medietas mercature erit nostra, et altera medietas civium Pictavensium, pro forisfacto [4].

14. Item, nullum de civibus Pictavensibus cogere poterimus ad contrahendum matrimonium, nisi de voluntate sua [5].

15. Volumus etiam quod nullus eorum possit reptari de usura, nec jureia fiat super eum, vel super heredes ejus post mortem suam [6].

16. Preterea, si quis de communia fuerit in prisonia nostra vel monasterio, vel se absentaverit pro aliquo delicto, volumus quod major custodiat catalla ejus in manu sua, et ballivus noster inde habeat quoddam scriptum et major aliud, donec judicetur; et si da[m]pnatus fuerit, catalla erunt nostra [7].

17. Item, major habebit omnes submoniciones hominum communie sue, et illos habebit ad jus; nec aliquis in eos manum apponat, sine majore vel serviente suo, nisi hoc sit pro placito quod perti-

[1] Cf. art. 12 de la charte de Rouen de 1207.
[2] Cf. art. 13 *ibid*.
[3] Cf. art. 15 *ibid*.
[4] Cf. art. 19 *ibid*.
[5] Cf. art. 21 *ibid*.
[6] Cf. art. 22 *ibid*.
[7] Cf. art. 25 *ibid*.

neat ad comitem Pictavensem ; et tunc ballivo nostro debet major auxilium impendere ad justiciam faciendam de hominibus communie, si fuerit exinde requisitus [1].

18. Item, non, nisi per marescallum nostrum, poterunt cives predicti volentibus hospitari apud Pictavis denegare hospicia nostra, nisi ipsi eis forisfecerint, vel nisi cives racionabilem causam ostenderint quare id facere non debeant [2].

19. Cives Pictavenses singulis annis eligere debent majorem et duodecim scabinos et duodecim juratos, qui omnes jurabunt coram nobis vel ballivo nostro quod fideliter custodient nos et vitam nostram et honorem nostrum et membra nostra et jura nostra. Et hec electio fiet in termino quo solet hactenus fieri.

20. Et quando major electus fuerit, veniet ad nos fidelitatem prenotatam nobis facturus ; vel si mandaverimus ballivo nostro Pictavensi ut fidelitatem ejus recipiat, major tenetur facere fidelitatem coram ballivo nostro Pictavensi, sicut predictum est.

21. Preterea, sciendum est quod cives predicti nobis debent exercitum et equitacionem ultra Ligerim, in omnibus locis in quibus homines nostri de feodis Pictavie nobis debent exercitum et equitacionem.

22. Libertates autem et inmunitates premissas civibus predictis concedimus quandiu nobis et heredibus nostris adherebunt et quandiu nostram et heredum nostrorum observabunt fidelitatem, salva nobis justicia latronis, homicidii, sanguinis, raptus et multri et salvo conductu curie nostre.

Quod ut perpetue stabilitatis robur obtineat, presentem paginam sigilli nostri auctoritate et regii nominis karactere inferius annotato confirmamus. Actum Aneti, anno dominice incarnationis M° CC° vicesimo secundo, regni vero nostri quadragesimo quarto. Astantibus in palacio nostro quorum nomina supposita sunt et signa. Dapifero nullo. Buticulario nullo. Signum Bartholomei camerarii. Signum Mathei constabularii. Data vacante (*Monogramme.*) cancellaria.

---

[1] Cf. art. 26 de la ch. de Rouen de 1207.
[2] Cf. art. 27 *ibid.*

XXXVII.

1242-1243, 14 février. Poitiers.

Jugement de la commune de Poitiers [1].

A. Cop. du xve siècle. Ms. 145 de la bibl. de Poitiers. Fol. 55. — B. Cop. de D. Fonteneau, Coll. Fonteneau, t. 23, p. 259, d'ap. A.

DES AMANDES QUE LE PREVOUST DEMANDOIT A AUCUINS DE LA COMMUNE. — Cum Johannes de Galardon, prepositus Pictavensis, peteret in jure coram nobis P. de Caritate, majore Pictavensi, emandam a Stephano Picaut, P. Marchant, Stephanus Baysebon, quos dicebat idem prepositus verb[er]asse et amadissenndo (*sic*) gladio G. Anglicum; et a Jousselino Carpenter de Platea emandam peteret, et quia emiserat sanguinem a quadam Remiscere de Anglia, et eciam a Millo Lobier, eo quod postserat Millum v[i]olent[er] in foro vendicionis Pict[avensis]; et eciam peteret emandam a Reginaldo Mausacre, eo quod excuserat sanguinem cuidam homini; et predicti Stephanus Picaut, Petrus Marchant, Stephanus Baysebont, Jousselinus, Millis Lobiere et Reginaldus Mausacre hec predicta et appellacionem a dicto preposito factam denegarent, et nos et scabini nostri, auditis racionibus hinc et inde, requisitis partibus et consencientibus, judicium dari adjudicavimus predictis juratis nostris jujurandis super predicta appellacione. Et in dicto sacramento dictus prepositus remisit et quiptavit eis sacramentum et adjudicavimus de consensu dicti prepositi, quod idem prepositus vel aliquis bailhivus non posset de cetero facere clamorem vel habere emandam a predictis super hoc, de quibus facta fuit appellacio, nec et posset eos de cetero super hiis molestare. Actum die veneris post octabas purificacionis beate Marie virginis, anno Domini M° CC° XL° secundo.

---

[1] Le texte de ce document et celui du suivant ont été très altérés; nous les reproduisons tels qu'ils se trouvent dans les mauvaises copies qui paraissent nous les avoir seules conservés.

XXXVIII.

1266. Poitiers.

Etablissement d'une confrérie entre les pairs de la commune de Poitiers.

A. Cop. du xve siècle. Ms. 145 de la bibl. de Poitiers, fol. 82 v°. — B. Cop. de Dom. Fonteneau[1], Coll. Fonteneau, t. 23, p. 269, d'ap. A. — C. Cop. de M. Rédet. Bibl. nat. Ms. nouv. acq. Fr. 3412, fol. 39, d'ap. A.

ORDINACIO CONFRATRIE. — Anno Domini millesimo ducentesimo sexagesimo sexto, majore Girardo de Remis, fuit facta confratria inter pares, et fuit concordatum et compositum inter ipsos quod quilibet ipsorum solveret singulis annis XII. denarios, tempore quo majore esset (?).

2. Item, fuit compositum quod quilibet ipsorum esset ad sepulturam alterius et offerret ad manum sacerdotis vel traderet servienti confratrie unum denarium.

3. Dictum eciam fuit et compositum quod de predictis denariis fiant IIII^{or} cerei boni et recipiales qui debent portari ad corpus cujuslibet ipsorum centum parium, quam cito serviens ipsius confratrie certus fuerit de morte ipsius, et erunt ibi ardentes donec corpus tradatur sepulture ecclesiastice.

4. Item, dictum fuit quod octo clerici sint ibi qui legant Psalterium.

5. Dictum eciam fuit et compositum quod quilibet ipsorum centum parium, dum tamen submonitus fuerit per servientem confratrie, veniat ad vigiliam corporis et ad missas et ad sepulturam, dum tamen in villa fuerit, et nisi fuerit in villa, in adventu ejus tenetur reddere unum denarium pro oblacione corporis.

[1] Cette pièce est extraite d'un ms. en vélin écrit en caractères presque gothiques, appartenant à M. de Saint-Hilaire, gentilhomme de Poitiers. (Note de Dom. Fonteneau.) C'est aujourd'hui le ms. 145 de la bibl. de Poitiers.

6. Dictum eciam fuit et compositum quod si quis ipsorum extra civitatem Pictavensem decederet, quod servitium ejus fiat apud Pictavis, ita honorifice sicuti mortui essent (*sic*) in villa Pictavensi.

7. Dictum eciam fuit quod si quis intraverit societatem parium, pagabit dimidiam libram cere pro cereis emandandis.

8. Dictum eciam fuit quod si quis ipsorum ad sepulturam corporis, prout ordinatum est superius, non venerit, quod ipse reddet dimidiam libram cere, et si major deffecerit, reddet dupplum, scilicet unam libram cere.

9. Dictum eciam fuit quod serviens confratrie habeat xii. denarios pro submonitionibus cui[us]libet corporis faciendis.

10. Item[1], die veneris, in festo sancti Marci evvangeliste, majore domino G. Dorneré, [xxv.] die mensis [aprilis], fuit concordatum quod quicumque voluerit esse de dicta confratria, dum tamen sit persona sufficiens, quod recipiatur, et quod femine recipiantur in confratria, et quod omnes congregentur in crastinum festi beati Hilarii in domo saccorum, vel alibi si voluerint, et ibi celebrabitur missa pro deffunctis confratrie, et tenebitur ipsa confratria in honore beati Ilarii celebrare.

---

[1] Cet article est d'une écriture postérieure dans le manuscrit (Note de D. Fonteneau.) — Cette disposition, qui est en effet d'une écriture plus récente que les autres dans le ms. 145, a dû aussi être ajoutée aux statuts primitifs postérieurement à la rédaction des articles précédents. Le maire qui y est cité paraît être Guillaume Doride qui occupa la mairie en 1286-1287 et 1288-1289. Elle serait dès lors du 25 avril 1287.

XXXIX.

1267, 23 avril-29 octobre. Poitiers.

Sentence arbitrale rendue dans un différend entre la maison des lépreux et la commune au sujet de la Foire des lépreux de Poitiers.

A. Orig. Arch. de Poitiers, D. 1. — B. Cop. de Dom Fonteneau, Coll. Fonteneau, t. 23, p. 271, d'ap. A. — Publ., Soc. des Antiquaires de l'Ouest, t. xxxvii, 1873, p. 38, d'ap. A.

Omnibus Christi fidelibus, presentes litteras inspecturis, Hugo Dei gratia Pictavensis episcopus, Radulfus decanus et capitulum Pictavense, salutem in Domino. Noverint quod, cum contentio verteretur inter capellanum et Leprosos Pictavenses, ratione quarumdam nundinarum et jurium ad eas pertinentium, que nundine vulgariter appellantur nundine leprosorum Pictavensium, ex parte una, et majorem et communiam Pictavensem ex altera; tandem, de omnibus contentionibus et querelis quas habebant ad invicem inter se, ratione predictarum nundinarum et jurium ad eas pertinentium, compromissum extitit hinc inde, scilicet a predictis majore et communia Pictavensi et predictis capellano et Leprosis, in venerabilem virum subdecanum ecclesie nostre Pictavensis et Guillelmum Barbitonsorem, civem Pictavensem. Qui dicti arbitri, onere dicti arbitrii in se suscepto, dictum suum seu ordinacionem suam super dicto arbitrio et racione compositionis pacis protulerunt, presentibus Petro Alemanni clerico, procuratore dictorum majorum et communie litteratorie destinato, Philippo Poverelli cive Pictavensi procuratore dictorum capellani et Leprosorum litteratorie destinato, ad hoc specialiter deputatis, in hunc modum, prout dicti procuratores, dictus subdecanus et Guillelmus hec omnia confessi sunt coram nobis, scilicet nos subdecanus ecclesie Pictavensis et Guillelmus Barbitonsor civis Pictavensis, arbitri electi a majore et communia Pictavensi ex una parte, et capellano et fratribus domus leprosorum Pictavensis ex altera, super causa seu causis, contentionibus et querelis quam vel quas habebant et habere poterant predicte partes ratione quarumdam nundinarum que apellantur nundine leprosorum Pictavensium, inspecta et considerata utilitate partium, dictum nostrum et ordinationem nostram protulimus in hunc modum :

Quod major et tota communia et bona eorum et familie de pane et vino eorumdem, quipti et liberi remanebunt in perpetuum ab omnibus vendis, pedagiis, vigeriis, minagiis, et *fay me droit,* et omnibus aliis serviciis et costumis et inferius ab omni sanguine et ab omni plaga et ab omnibus aliis redevanciis que debentur dominis terrarum et suis subditis qui non sunt exempti seu privilegiati.

Adhuc remanebit predictis majori et communie cognitio et jus sanguinis et plage et omnium aliorum casuum, salvo tamen quod si contingat predictis nundinibus casus mortis seu membri amissione super homine de communia aut familia eorumdem, major et communia tenebunt malefactorem, si poterit tradi et bona ipsius ; que bona inspecta erunt per Leprosos et majorem vel eorum mandatum, et de dictis bonis habebunt dicti major et Leprosi quilibet quoddam scriptum ; et malefactorem confitentem reddent major et communia predictis Leprosis cum catallis pertinentibus malefacto, die Jovis predictarum nundinarum, infra vesperas.

Adhuc diximus in dicto nostro et ordinatione nostra quod, ratione omnium predictorum, dicti major et communia assignabunt octo libras annui et perpetui redditus apud Pictavis vel circa, tam prope quam magis prope poterunt, infra tres annos, medietatem in blado et medietatem in denariis, secundum assisiam patrie. Et interim dicti major et communia pagabunt dictis Leprosis octo libras monete currentis, die Jovis predictarum nundinarum.

Et ita diximus dictum nostrum, die sabbati post octabas Pasche, cum assensup artium.

Diximus etiam in dicto nostro quod littere fiant super hoc sigillate sigillo domini comitis Pictavensis, si consenserit, et sigillo capituli Pictavensis et sigillis partium, et ea precepimus predictis partibus firmiter tenenda.

Actum die sabbati supradicta, anno Domini M° CC° LX^{mo} septimo, prout confessi sunt coram nobis subdecanus ecclesie nostre et Guillelmus Barbitonsor, arbitri, et Petrus Alemanni, clericus et Philippus Poverelli, procuratores predicti, die sabbati ante festum omnium Sanctorum (29 *octobre*). Datum die sabbati, anno Domini millesimo ducentesimo sexagesimo septimo.

Qua die, Petrus Alemannus, clericus, procurator dictorum majoris et Philippus Poverelli, civis Pictavensis, procurator dictorum capellani et Leprosorum, exhibuerunt coram nobis quoddam memoriale, sigillo curie nostre sigillatum, cujus tenor talis est :

Memoriale est quod de omnibus causis contentionibus et querelis quas habebant et habere poterant major et communia Pictavensis, ex una parte, et capellanus et fratres domus leprosorum Pictavensium ex altera, occasione seu ratione nundinarum que appellantur nundine leprosorum Pictavensium, de quibus compromiserant dicte partes coram nobis in venerabilem virum subdecanum ecclesie Pictavensis et Guillelmum Barbitonsorem, civem Pictavensem, et promiserunt dicte partes, fide data in manu nostra, attendere, prosequi et servare quicquid per dictos arbitros super premissis infra octabas Pasche dictum, factum, ordinatum pace vel judicio esset seu etiam arbitratum de consensu partium. Prorogatum fuit dictum compromissum coram nobis usque ad dominicam qua cantatur ; *Misericordia Domini* (*1er mai*), prout dicte partes coram nobis hec omnia et singula confesse fuerunt. Datum die sabbati post Pascha Domini (*23 avril*), anno Domini millesimo ducentesimo sexagesimo septimo ; et in hujus rei testimonium presentibus litteris sigillum nostrum duximus apponendum.

XL.

1335, 8 Juillet. Poitiers.

Règlement municipal relatif à l'élection du maire.

A. Cop. du xv⁰ siècle. Ms. 145 de la bibl. de Poitiers, fol. 24. — B. Cop. de D. Fonteneau, coll. Fonteneau, t. 23, p. 309, d'ap. A. — C. Cop. de M. Rédet, Bibl. nat, ms. fr. nouv. acq. 3412, fol. 51, d'ap. A.

Le jour du samedi avant la Saint Ciprien, l'an mil trois cens trente et cinq, lequel jour estoit assigné pour la eleccion du mayre, comme contens et debat fust en la eleccion entre les soixante quinze qui sont dessouz en la chambre des plaitz et les doze qui sont en la chambre dessus, sur ce que les doze de ladicte chambre dessus disoient que a eulx appartenoit a nommer le maire et la eleccion d'iceli par le tout, et icelli nommé et esleu entreulx il devoient porter a ceulx de dessus ladicte eleccion, telle comme ilz l'avoient faicte et que ilz la vourroient recevoir ou ce que la personne fust suffisant ad ce, sans ce qu'il y puissant autre chouse dire au contraire. Ceulx de ladicte chambre de dessus disans que les autres dessouz ne devoient mes que le nommer et ycellui nommé a leur rapporter, et s'il voyent que la personne soit suffisant et il n'y heust cause ne raison, il le devoient recevoir, et si nom ilz leur devoient ordenner. Ampres plusieurs altercacions heues sur ce, fut ordenné et declairé par sire Johan Guischart comme maire, Guillaume Coindé, sire Ytier Bernart, maistre Denis, Johan Morin, Gervaix de Tiffauges, Guillaume Gargoilhea, Guillaume Croleboys, Guillaume de Taunay, Barthomé le Lombart, esclavins de ceans, en la maniere qui s'ensuit :

1. C'est assavoir que des ores en avant, le Cent se partira en trois parties, ainsi comme il est acostumé, et ceulx de la chambre des plaiz auront a nonmer la personne de celuy qu'ilz vouldront, qui sera maire, et ycellui nonmé de leur commun assentement et accort, ilz doyvent porter ladicte nommée a ceulx de dessus, lesquiex doyvent regarder et consi-

derer entre eulz si ladicte personne est convenable et proffitable ; et s'il leur semble que elle soit bonne et profitable, ilz doyvent venir devers les treze a leur chambre, c'est assavoir deux de chacune partie, et raporter leur eleccion ; et les treze doyvent confermer ladicte eleccion, et, ou cas ou il sembleroit a ceulx dessus que la personne ne soit suffisant ou qu'il y heust cause pour quoy il ne deust estre, les autres de ladicte chambre aux plaitz en doyvent nommer un autre et les douze dessus le doivent recevoir, s'ilz voyent qu'il face afaire ; et doit estre faicte et accomplie ladicte eleccion du consentement de tous.

2. Item, fut ordenné par les xxv., ledit jour, en ladicte chambre, que d'ores en avant chacun maire pourra estre esleu deux ans enssuivans, s'il est esleuz, et non plus, sans qu'il puissent dire encontre.

3. Item, que nulz ne pourra estre parforcé a estre maire ampres ce qu'il l'aura esté jusques a deux ans enssuivans.

4. Item, fut ordenné que d'ores en avant les xxv. se assembleront tous les vendrediz et auront chacun trois pains de chapitre, s'il y viennent et sont au conseil, conseillant ou nom, par la maniere qu'il fut autreffois ordenné, et s'il ne conseilhoient, et le jour du conseil fust remué pour cause, il leur soit rendu au jour ensuivant qu'il conseilleront.

5. Item, fut ordenné que chacun desdis xxv. vandra chacun an un sextier de froment pour faire ledit pain, et le demourant du blé sera pris d'icelui des rentes du commun.

INDEX BIBLIOGRAPHIQUE

I.

SOURCES MANUSCRITES

1° DÉPOTS D'ARCHIVES[1].

Angoulême. Archives communales. Registres mémoriaux.
   Voy. t. I, p. 334, n° 3.

Bayonne. Archives communales.
   Voy. t. I, pp. 97-100. — L'*Inventaire sommaire des archives de Bayonne* commencé par M. Dulaurens et continué par M. Ducéré, est en cours de publication.

Blois. Archives du département du Loiret. Fonds de l'abbaye de la Trinité de Vendôme ; prieuré de Saint-Georges d'Oléron.

Caen. Archives du département du Calvados.
   Je dois à l'obligeance de M. Chatel les quelques documents des archives du Calvados que j'ai utilisés.

Cognac. Archives communales.

La Rochelle. Archives communales.
   Voy. t. I, p. xviij, 55 et suiv.

Niort. Archives communales.

Pampelune. Archives de la Chambre des comptes de Navarre. Cartulaires de Navarre.
   Voy. t. II, p. 76, n. 1.

Paris. Archives nationales.
   J'ai indiqué exactement dans les notes de l'ouvrage, par leurs lettres de séries et leurs numéros, les documents des archives nationales que j'ai employés. Il suffira d'énumérer ici les fonds où j'ai puisé ces documents.
   E. Arrêts du Conseil d'Etat.
   J. Layettes du trésor des Chartes.

---

[1] Je me borne, dans cette table, à une énumération sommaire des dépôts ou des fonds d'archives cités, ayant indiqué dans le corps de l'ouvrage, avec toute l'exactitude possible, les cotes que portent les documents dans les dépôts où ils sont conservés et parfois même donné des notices sur certains d'entre eux.

JJ. Registres de la Chancellerie de France ou Registres du trésor des Chartes.

K 165-495. Copies de chartes exécutées dans les archives provinciales au XVIIIᵉ siècle pour reconstituer les archives de la Chambre des comptes, brûlées en 1737.

K 948-1299. Documents sur les « Villes et provinces ».

O¹. Ancien secrétariat du roi. Transcriptions d'édits et autres actes royaux.

P 1403-1410. Chambre des comptes de Paris. Dépôt des terriers. Titres et comptes du duché d'Angoulême.

P 2145. Echanges. Baronnie de l'île de Ré.

P 2288-2528. Mémoriaux de la chambre des comptes de Paris.

X ¹ᵃ 5-1466. Parlement de Paris. Civil. Jugés.

X ¹ᵃ 8602-8843. Registres des ordonnances des rois de France.

X ²ᵃ Registres du Parlement. Criminel.

PAU. Archives du département des Basses-Pyrénées.

POITIERS. Archives communales.

> L'étude de ces archives m'a été grandement facilitée par l'Inventaire manuscrit dressé, en 1842, par le regretté M. Rédet. Ce travail se compose : 1° d'un inventaire méthodique ; 2° d'une table des documents perdus dressée d'après un inventaire de 1506, continué et récolé jusqu'au XVIIIᵉ siècle ; 3° de tables alphabétiques et chronologiques J'indique ici cet excellent inventaire fait avec le soin, la précision et la science qui caractérisent tous les travaux de l'ancien archiviste de la Vienne, parce que, bien que je n'aie guère eu l'occasion de le citer, il a été mon guide aux archives de Poitiers. Depuis l'impression de ce livre, le travail de M. Rédet a été publié sous ce titre : *Inventaire des archives de la ville de Poitiers, partie antérieure à 1790*, dressé, en 1842, par feu M. L. Rédet, et publié, en 1883, par MM. Richard et Barbier ; il forme le t. V de la deuxième série des *Mémoires de la Société des Antiquaires de l'Ouest*. Poitiers, 1883, in-8.

ROUEN. Archives communales.

SAINT-JEAN-D'ANGELY. Archives communales.

Voy. t. I, pp. 297, n. 5 et 302, n. 2.

TOURS. Archives communales.

2° BIBLIOTHÈQUES.

BIBLIOTHÈQUE BODLÉIENNE (à Oxford). Ms. Douce, 227. Rôles d'Oleron. Coutume d'Oleron. Les Etablissements de Rouen. (Ms. écrit en 1344.)

> J'ai déjà dit dans la préface de cet ouvrage que c'est à M. Paul Meyer que je suis redevable de la copie du texte français des Etablissements qui se trouve dans ce recueil. Sur ce ms., voy Pardessus, *Lois maritimes*, t. I, p. 305 et p. 336 n. a., et, *The Black book of Admiralty*, t. II, p. LXXXV.

BIBLIOTHÈQUE DE LA ROCHELLE. Ms. 311. 1° *Inventaire des privilèges ... des maire, eschevins, conseillers, pairs et habitans ...; 2° ... les noms et surnoms de tous les maires et recteurs de la communité de ceste ville de La Rochelle.* Copie faite, en 1610, du *Livre de la Poterne.*

Sur ce ms., voy. t. I, p. 57, n. 1 ; cf. p. xviij.

BIBLIOTHÈQUE DE POITIERS. Collection Fonteneau. Matériaux pour l'histoire du Poitou réunis au xviiie siècle par Dom Fonteneau.

Voy. plus loin ce que j'ai dit de cette collection à propos des ms. lat. de la Bibl. nat. 18376-18404.

— Ms. 145. Statuts des divers corps de métiers de la ville de Poitiers.

BIBLIOTHÈQUE DE ROUEN. Ms. Y, 38, 101. Cartulaire de la cathédrale (xiiie siècle).

BIBLIOTHÈQUE DU SÉNAT (au palais du Luxembourg), n° 8936. Répertoire du premier registre de la Chambre des comptes (xviiie siècle).

BIBLIOTHÈQUE DU VATICAN. Ottoboni, 2796. Cartulaire de Philippe-Auguste. (Reg. A du *Catalogue* de M. L. Delisle.)

C'est grâce à mes confrères, MM. E. Berger et A. Tuetey, que j'ai pu donner, d'après ce ms., le texte de plusieurs documents. Les collations effectuées à Rome, en 1876, par M. A. Tuetey, ont pris aux Archives nationales, sous la cote JJ 9, la place qu'occupait l'original de ce registre. M. L. Delisle vient, du reste, d'en publier un fac-similé complet qui met ce document à la portée de tous les travailleurs : *Le premier registre de Philippe-Auguste. Reproduction héliotypique du manuscrit du Vatican,* exécutée par A. Martelli, publiée par L. Delisle. Paris, 1883, in-4.

BIBLIOTHÈQUE NATIONALE. Ms. Lat. 5451. Cartulaire de Saint-Jean-d'Angely. (Copie du xviie siècle.)

— Lat. 9778. Cartulaire de Philippe-Auguste. (Reg. F du *Catal.* de M. L. Delisle.)

— Lat. 12676. *Monasticon benedictinum.* Documents sur l'abbaye de Saint-Jean-d'Angely.

— Lat. 12744. Extraits du cartulaire du prieuré de Saint-Léger-de-Cognac, par Dom Estiennot.

— Lat. 12757. Recueil de Dom Estiennot. Documents sur le Poitou.

— Lat. 12814. Compilation faite à la Chambre des Comptes de Paris, en 1355.

— Lat. 18376-18404. Transcription exécutée par M. Paul de Fleury, des vingt-neuf volumes de copies de chartes réunis par Dom Fonteneau, et conservés à la bibliothèque de Poitiers.

Bien que je me sois toujours servi de cette transcription, j'ai donné dans mes notes l'indication de la tomaison et de la pagination de la coll. Fonteneau ; ce mode de citation a l'avantage de permettre les vérifications aussi bien dans la copie de la Bibl. nat. que dans la collection elle-même.

— Fr. 4798 et 4799. Copie contemporaine du ms. d'Amos Barbot.

Voy. plus loin ms. fr. 18968.

— Fr. 9852, 3. Cartulaire de Philippe-Auguste.

C'est par erreur que j'ai cité ce ms. sous ce numéro qu'il ne porte plus. Voyez-en l'indication plus haut sous sa cote actuelle, lat. 9778.

— Fr. 16906-16908. Copies de documents des archives de La Rochelle exécutées, vers 1613, par Jean Bruneau.
  Sur ces vol., voy. t. I, p. 56.
— Fr. 18153. Registre du Conseil privé de 1546 à 1553.
— Fr. 18968 et 18969. Amos Barbot, *Inventaire des titres, chartes et privilèges de La Rochelle et païs d'Aulnis depuis l'establissement du corps de ville ... jusqu'en 1574.* (Original autographe écrit vers 1613.)
  Sur ce ms. voy. t. I, p 59. Cf. plus haut Fr. 4798 et 4779.
— Fr. 18970. Privilèges de la ville de La Rochelle.
  Voy. t. I, p. 59.
— Fr. 20084. Armorial des maires de Poitiers avec des notes historiques de 1200 à 1676 (XVII° siècle).
— Nouv. acq. Fr. 3375-3429. Documents sur le Tiers-Etat provenant du Comité des travaux historiques (copies faites pour Augustin Thierry. 55 vol. in-fol.).
  Voici l'indication de ceux de ces volumes que j'ai eu le plus souvent à citer :
  Angoulême, n. acq. Fr. 3378. Copies faites en 1838 par Faunié-Duplessis, archiviste de la Charente.
  Bayonne, n. acq. Fr. 3382. Copies faites en 1838, par Balasque et Daguerre-Dospital, de documents des archives de Bayonne.
  Bourges, n. acq. Fr. 3385. Rapport et copies envoyés par M. Raynal (22 mai 1841).
  Falaise, n. acq. Fr. 3395. Copie par M. Galeron, d'un cartulaire du XV° siècle des archives de Falaise.
  La Rochelle, n. acq. Fr. 3415. Copies des statuts des corporations de La Rochelle envoyées par M. Delayant (25 novembre 1837).
  Niort, n. acq. Fr. 3409. Copies de documents sur Niort provenant du recueil de D. Fonteneau, envoyées par M. Rédet.
  Poitiers, n. acq. Fr. 3412. Copies de documents des archives municipales revues par M. Rédet.
  Pont-Audemer, n. acq. Fr. 3412. Rapport et copies de documents des archives municipales par M. A. Canel (13 juin 1837).
  Rouen, n. acq. Fr. 3416-3417. Copies de documents et inventaires des archives par MM. Chéruel et Deville.
  Saintes, n. acq. Fr. 3418. Copies de deux documents relatifs à Saintes par MM. Marchegay et Moreau.
  Tours, n. acq. Fr. 3424. Rapport de M. Duclos sur les archives de Tours (10 mai 1838).
— Nouv. acq. Fr. 3432-3477. Recueil d'analyses de documents exécutées pour la publication des *Monuments de l'histoire du Tiers-Etat*, dirigée par Aug. Thierry. (46 boîtes de cartes classées par ordre alphabétique.)
— Cinq-Cents de Colbert, n° 278. Mémoire sur l'Etat du Poitou, par Colbert de Croissy.

— Collection de Baluze. Tome 26. Privilèges et coutumes de plusieurs villes de Guyenne.

Tome 76. Extraits des pancartes de Saint-Martin de Tours.

Tome 77. Documents sur la Touraine.

— Collection de Brienne. Vol. 317-318. Privilèges de La Rochelle. Voy. t. I, p. 60.

— Collection Duchesne. Vol. 78. *Codex legum et consuetudinum Galliae.* (Recueil de copies de chartes municipales rassemblées par Duchesne).

— Collection Moreau. Vol. 1-273. Copies de chartes et diplômes.

Vol. 634-664. Collection de pièces tirées des archives d'Angleterre par les soins de Bréquigny. Guyenne.

— Collection de Touraine. Matériaux d'une histoire de Touraine réunis au XVIII° siècle par Dom Housseau.

II.

TABLE ALPHABÉTIQUE DES PRINCIPAUX OUVRAGES CITÉS.

Achery (D.-L. d'), *Spicilegium, sive collectio veterum aliquot scriptorum...* Paris, 1723, 3 vol. in-fol.

Acta sanctorum. (Recueil des Bollandistes). *De S. Joanne prodromo et baptista D. N. Jesu Christi commentarius historicus*, t. V junii, p. 591-691.

Adémar de Chabannes. *Ademari Cabannensis chronicon*, dans *Historiens de France*, tomes II, V, VI, VII, VIII, X; et dans Pertz, *SS.* t. IV, p. 106-148.

Albrici monachi Triumfontium chronicon, ed. P. Scheffer Boichorst, dans *Monum. Germ. hist., Script.*, t. XXIII.

Annales de Saint-Bertin et de Saint-Vaast, publ. par l'abbé C. Dehaisnes. Paris, 1871, in-8. (*Soc. de l'hist. de France.*)

Anselme (le P.), *Histoire généalogique et chronologique de la maison royale de France*, 3ᵉ éd. Paris, 1726-1733, 9 vol. in-fol.

Arcère, *Histoire de la ville de La Rochelle et du pays d'Aulnis.* La Rochelle, 1756-1757, 2 vol. in-4.

Archives historiques de la Saintonge et de l'Aunis. Saintes, in-8 t. Iᵉʳ, 1874 à t. X, 1882.

_{Je n'indique ici que les volumes parus avant l'impression de mon travail. Si le t. XI, publié en 1883, l'eût été plus tôt, j'aurais certainement utilisé et cité les documents sur le *Corps de ville de Cognac*, en 1718, qui y ont été publiés par M. Pelisson.}

Auber (l'abbé), *Histoire de la cathédrale de Poitiers.* Paris, 1849, 2 vol. in-8.

Augier (Christophle), sieur de la Terraudière, *Thrésor des titres jus-*

tificatifs des privilèges et immunitez, droits et revenus de la ville de Nyort, 1675. (Nouvelle édition publ. par A. Bardonnet). Niort, 1866, in-8.

Aussy (H. d'), *La délivrance de Saint-Jean-d'Angely de la domination anglaise en 1372*, dans *Revue anglo-française*, 2e série, t. II, 1841.

Babeau (Albert), La ville sous l'ancien régime. Paris, 1880, in-8.

Babinet de Rencogne, (Documents inédits sur Angoulême), dans *Bulletin de la Soc. archéol. de la Charente*, 3e série, t. Ier, 1859, p. 40 et suiv.

— *Nouvelle chronologie des maires d'Angoulême* (1215-1501). Angoulême, 1870, in-8.

— *Recueil de documents pour servir à l'histoire du commerce et de l'industrie en Angoumois*, dans *Bulletin de la Soc. archéol. de la Charente*, 5e série, t. VII, 1877, p. 281-339.

— (Sentences de la cour du maire d'Angoulême) dans *Bulletin de la Soc. archéol. de la Charente*, 5e série, t. Ier, 1877, p. 281 et suiv.

— *Une mézée du corps de ville d'Angoulême au XVIe siècle (1572), grandeur de l'original, publiée pour la première fois d'après le manuscrit des archives de l'hôtel de ville*. Angoulême, 1868, in-fol.

Sur cette peinture, voy. t. I, p. 341.

Balasque (Jules), *Etudes historiques sur la ville de Bayonne avec la collaboration d'E. Dulaurens*. Bayonne, 1862-1875, 3 vol. in-8.

Voy. t. I, p. 101.

Bardonnet (A.), *Comptes d'Alfonse de Poitiers (1243-1247)*, dans *Archives historiques du Poitou*, t. IV, 1875.

— *Procès-verbal de délivrance à Jean Chandos, commissaire du roi d'Angleterre, des places françaises abandonnées par le traité de Brétigny*. Niort, s. d. (1867), in-8.

— *Terrier du grand fief d'Aulnis*, dans *Mémoires de la Société des Antiquaires de l'Ouest*, 1874.

Sur l'avant-propos de cette publication, voy. t. I, p. 251, n. 2.

Barthélemy (A. de), *Les assemblées nationales dans les Gaules*, dans *Revue des questions historiques*, t. V, 1868, pp. 5-48.

Bayonne. *Inventaire sommaire des archives communales*. Bayonne, in-4. (En cours de publication.)

Beaucourt (G. du Fresne de), *Histoire de Charles VII*, t. I et II. Paris, 1881-1882, in-8.

Beaumanoir (Ph. de), *Les coutumes de Beauvoisis*, publ. par le comte Beugnot. Paris, 1842, 2 vol. in-8. (*Société de l'histoire de France*.)

Beaurepaire (Ch. de), *De la vicomté de l'eau de Rouen et de ses coutumes au XIIe et au XIVe siècle*. Evreux, 1856, in-8.

Bégon (Michel), *Mémoire sur la généralité de La Rochelle (1694)*, dans *Arch. hist. de la Saintonge*, t. II, 1875.

BENOIT DE PETERBOROUGH, *Gesta Henrici II et Ricardi regum Angliae.* Ed. Stubbs. Londres, 1867, 2 vol. in-8 (*Collection du maitre des rôles*) et éd. des *Histor. de France*, t. XIII, p. 142-182.

BERGER (Elie), *Richard le Poitevin*, dans *Bibliothèque des écoles françaises d'Athènes et de Rome*, fascicule VI. Paris, 1879, in-8.

BESLY (Jean), *Histoire des comtes de Poictou et ducs de Guyenne.* Paris, 1647, in-fol.

BEUGNOT (le comte), *Les Olim ou registres des arrêts rendus par la cour du roi* (1251-1318). Paris, 1839-1848, 3 vol. in-4. (*Doc. inéd. sur l'hist. de France.*)

Black Book of the Admiralty, ed. by sir Travers Twiss, t. I à IV. Londres, 1871-1876, in-8.

BLANCHARD (Guillaume), *Compilation chronologique contenant un recueil abrégé des ordonnances, édits, déclarations et lettres patentes des rois de France.* Paris, 1715, 2 vol. in-fol.

BOFARULL (D. Prospero), *Cartas pueblas, ordenanzas y demás disposiciones concernientes á la organizacion y régimen de las ciudades* ... dans *Coleccion de documentos inéditos del Archivo general de la corona de Aragon*, t. VIII. Barcelone, 1851, in-8.

BOISLISLE (A. de), *Notice sur la Chambre des Comptes de Paris.* Préface de l'ouvrage intitulé : *Chambre des Comptes de Paris. Pièces justificatives pour servir à l'histoire des premiers présidents.* Nogent-le-Rotrou, 1873, in-4.

— *Une liquidation communale sous Philippe le Hardi*, dans *Annuaire-Bulletin de la Société de l'histoire de France*, 1872.

BONAMY, *Eclaircissements sur l'histoire de l'empereur Othon, auparavant duc d'Aquitaine et comte de Poitiers*, dans *Mém. de l'Acad. des inscriptions*, t. XXXV, 1770, p. 702-746.

BOUCHOT (Henri) et E. LEMAIRE, *Le livre rouge de l'hôtel de ville de Saint-Quentin.* Saint-Quentin, 1881, in-4.

BOUTARIC (E.), *Actes du Parlement de Paris* (1254-1328). Paris, 1863-1869, 2 vol. in-4. (*Archives de l'Empire. Inventaires et documents.*)

— *Saint-Louis et Alphonse de Poitiers.* Paris, 1870, in-8.

BRACTON (H. de), *De legibus et consuetudinibus Angliae*, ed. by sir Travers Twiss, t. I à VI. Londres, 1878-1883, in-8. (*Collection du maitre des rôles.*)

BRIQUET (Apollin), *Extrait des matériaux inédits recueillis pour une histoire de la commune de Niort.* s. l. n. d., in-8.

— *Archives de Niort. Rapports à M. le Ministre de l'instruction publique et à M. le Maire de Niort.* Niort, s. d., in-8.

BRIQUET (Hilaire-Alexandre), *Histoire de Niort.* Niort, 1832, 2 vol. in-8.

Voy. t. I, p. 261, n. 1.

Canel (A.), *Notice sur les institutions municipales de Pont-Audemer*, dans *Recueil de la Société libre d'agriculture, sciences et arts de l'Eure*, 2ᵉ série, t. II, 1841, p. 366.

— *Pont-Audemer, ville franche*, dans *Recueil de la Société libre d'agriculture, sciences et arts de l'Eure*, 2ᵉ série, t. V, 1844, p. iij.

Cantù (Ces.), *Histoire des Italiens*, trad. Arm. Lacombe. Paris, 1859-1861, 12 vol. in-8.

Caroli Calvi diplomata, dans *Histor. de France*, t. VIII, p. 427-675.

Castaigne (Eusèbe), *Entrées solennelles dans la ville d'Angoulême, depuis François I*ᵉʳ *jusqu'à Louis XIV*, dans *Bulletin de la Société archéologique de la Charente*, 2ᵉ série, t. I, 1856.

Champollion-Figeac, *Lettres des rois, reines et autres personnages des cours de France et d'Angleterre, depuis Louis VII jusqu'à Henri IV, tirées des archives de Londres par Bréquigny*. Paris, 1839-1847, 2 vol. in-4. (*Documents inédits sur l'histoire de France.*)

Chartier (Jean), *Chronique de Charles VII*, publ. par Vallet de Viriville. Paris, 1858, 3 vol. in-8. (*Bibl. elzévirienne.*)

Chenu (Jean), *Recueil des antiquitez et privileges de la ville de Bourges et de plusieurs autres villes capitales du royaume divisé en trois parties. La premiere contient les privileges de Bourges, la seconde les privileges de Tours et de La Rochelle, la troisieme les privileges de plusieurs autres villes capitales de France, l'estat et gouvernement politique d'icelles, la forme des elections des maires, prevosts des marchands, consuls, capitoux, eschevins et jurats, ensemble l'ordre et catalogue d'iceux ; le tout extrait des chartes des villes, enrichy de belles remarques et annotations tirées des histoires, du droict civil et arrests des cours souveraines.* A Paris, chez Nicolas Buon, rüe Sainct-Jacques, à l'enseigne de Sainct-Claude et de l'Homme Sauvage. MDCXXI. Pet. in-4 de 503 p. plus une table des matières non paginée.

Chéruel (A.), *Histoire de Rouen pendant l'époque communale* (1150-1382). Rouen, 1844, 2 vol. in-8.

Chronicon Engolismense, dans *Historiens de France*, t. VII et VIII.

Chronicon Sancti Maxentii, dans *Histor. de France*, t. VII, IX, X, XI et XII.

Chronicorum comitum Pictaviae ducum Aquitaniae fragmenta, dans Martène, *Ampl. coll.*, t. V, 1729, in-fol., col. 1148-1173.

Cicéron, *De officiis*.

Concilium Karrofense (989), dans Labbe, *Concilia*, t. IX, col. 733.

Concilium Pictavense (999), dans Labbe, *Concilia*, t. IX, col. 780-781.

Corpus juris canonici.

Cuvelier, *Chronique de Bertrand Duguesclin*, publiée par E. Charrière. Paris, 1839, 2 vol. in-4. (*Documents inédits sur l'histoire de France.*)

— 171 —

Dacier, *Le mois et cent de la ville de Poitiers* (1624-1625). Niort, 1868, in-8.

Deffense des priviléges de la noble et insigne église de Saint-Martin de Tours. Titres et pièces justificatives produits au procès. Tours, 1708-1709, 2 vol. in-fol.

Delaville le Roulx, *Etude sur l'administration municipale à Tours sous le gouvernement des élus*, dans *Positions des thèses soutenues par les élèves de l'Ecole des Chartes de la promotion de* 1878. Paris, 1878, in-8.

— *Registres des comptes municipaux de la ville de Tours*, t. I (1358-1360) et t. II (1367-1380). Tours 1878-1881, in-8.

Delayant, *Bibliographie rochelaise*. La Rochelle, 1882, in-8.

— *Historiens de La Rochelle*. La Rochelle, 1863, in-8.

Delisle (Léopold), *Cartulaire normand de Philippe-Auguste, Louis VIII, saint Louis et Philippe le Hardi*. Caen, 1852, in-4. (2e partie du t. II des *Mémoires de la Société des Antiquaires de Normandie*.)

— *Catalogue des actes de Philippe-Auguste*. Paris, 1856, in-8.

— *Essai de restitution d'un volume des* Olim, *perdu depuis le* xvie *siècle et jadis connu sous le nom de* Livre pelu noir *ou* Livre des enquêtes de Nicolas de Chartres. (Appendice de l'ouvrage de Boutaric, *Actes du Parlement de Paris*, t. I, pp. 297-464.)

— *Mémoire sur une lettre inédite adressée à la reine Blanche par un habitant de La Rochelle*, dans *Bibliothèque de l'Ecole des Chartes*, 4e série, t. II, 1856.

Delpit (Jules), *Collection générale des documents français en Angleterre*, t. I (seul paru). Paris, 1847, in-4.

Delpit (Martial et Jules), *Notice d'un manuscrit de la bibliothèque de Wolfenbüttel intitulé* : Recognitiones feudorum, dans *Notices et extraits des manuscrits*, t. XIV. Paris, 1841, in-4.

Demay (G.), *Inventaire des sceaux de la Flandre*. Paris, 1873, 2 vol. in-4.

Documents inédits pour servir à l'histoire du Poitou, publiés par la Société des Antiquaires de l'Ouest. Poitiers, 1876, in-8.

(Documents sur le siège de Saint-Jean-d'Angely), dans *Mercure François*, t. VII, 1622, in-12.

Du Chesne (Andreas), *Historiae Normannorum scriptores antiqui*. Paris, 1619, in-fol.

Dudo Sancti Quintini, *De moribus et actis primorum Normanniae ducum*, publ. par J. Lair. Caen, 1865, in-4. (*Mém. de la Soc. des Antiq. de Normandie*, t. XXIII.)

Etablissements de Saint-Louis (les), publiés par Paul Viollet, t. I et II. Paris, 1881-1882, in-8. (*Société de l'hist. de France*.)

Expilly (l'abbé), *Dictionnaire géographique ... des Gaules et de la France*. Paris, 1762-1770, 6 vol. in-fol.

Favre (L.), *Histoire de la ville de Niort*. Niort, 1880, in-8.
   Sur cet ouvrage, voy. t. I, p. 261.

Faye (L.), *Recherches géographiques sur les vigueries du pays d'Aunis*, dans *Mém. de la Soc. des Antiq. de l'Ouest*, t. XII, 1845.

Flamang (Guillaume), *La vie et passion de Mgr Sainct Didier* (mystère de 1482), publ. par Carnandet. Paris, 1855, in-8.

Fleta. Dans Houard, *Traités sur les coutumes anglo-normandes*, t. III. Rouen, 1776, in-4.

Fontenelle de Vaudoré (de la), *Recherches sur les vigueries du Poitou*, dans *Mém. de la Soc. des Antiq. de l'Ouest*, t. V, 1838.

Fors de Béarn, publ. par Mazure et Hatoulet. Pau, s. d., in-4.

Fournier (Paul), *Les officialités au moyen âge*. Paris, 1880, in-8.

Fragmentum historiae Aquitanicae. (Fragments publiés sous ce titre, par Pithou et Duchesne, et reproduits en partie parmi les notes de la chronique d'Adémar de Chabannes, dans le t. X des *Histor. de France*. C'est ce texte que j'ai cité.)

Fréville (de), *Mémoire sur le commerce maritime de Rouen depuis les temps les plus reculés jusqu'au XVIᵉ siècle*. Rouen, 1857, 2 vol. in-8.

Froissart (Jean), *Chroniques*. J'ai cité les trois éditions suivantes : 1ᵒ éd. Buchon. Paris, 1835, 3 vol. in-8 (*coll. Buchon*); — 2ᵒ éd. Kervyn de Lettenhove. Bruxelles, 1863-1873, 27 vol. in-8 (*Académie royale de Belgique*); 3ᵒ éd. Luce. Paris, 1869-1878, t. I à VII. (*Soc. de l'hist. de France.*)

Fustel de Coulanges, *Histoire des institutions politiques de l'ancienne France*, t. I. Paris, 1875, in-8.

Gaillard (Nicias), *Dissertation sur le pillage et la destruction de Poitiers attribués à Dagobert Iᵉʳ*, dans *Bulletin de la Soc. des Antiq. de l'Ouest*, t. I, 1836, p. 225.

Gallant, *Discours au roy sur la naissance, ancien estat, progrez et accroissement de la ville de La Rochelle*. Paris, 1628, pet. in-4 de 160 p.
   Sur cet ouvrage et ses diverses éditions, voy. t. I, p. 56.

Gallia christiana. Paris, 1715-1865, 16 vol. in-fol.

Gesta Dagoberti Francorum regis, dans *Histor. de France*, t. II, pp. 580-596.

Gesta Ludovici octavi Franciae regis, dans *Histor. de France*, t. XVII, pp. 302-311.

Girard (Mᵉ E.), *Trois livres des offices de France, avec les additions ..., par Mᵉ Jacques Joly*. Paris, 1658, 2 vol. in-fol.

Giraud (Ch.), *Essai sur l'histoire du droit français au moyen âge*. Paris, 1846, 2 vol. in-8.

Giraudet (Dʳ), *Histoire de la ville de Tours*. Tours, 1873, 2 vol. in-8.
   Sur cet ouvrage, voy. t. I, p. 184, n. 1.

Giry (A.), *Histoire de la ville de Saint-Omer et de ses institutions jusqu'au XIVe siècle*. Paris, 1877, in-8. (*Bibl. de l'Ecole des Hautes-Etudes*, fasc. 31.)

Gouget (A.), *Mémoires pour servir à l'histoire de Niort. Le commerce.* (XIIIe-XVIIIe siècle). Niort, 1863, in-8.

Grégoire de Tours, *Historia ecclesiastica Francorum*, dans *Histor. de France*, t. II, pp. 75-390.

Grimm (Jacob), *Deutsche Rechtsalterthümer*. Göttingen, 1854, in-8.

Guadet, *Saint-Emilion, son histoire et ses monuments*. Paris, 1841, in-8.

Guérin (Paul), *Recueil des documents concernant le Poitou, contenus dans les registres de la chancellerie de France*, I (1302-1333). Poitiers, 1881, in-8. (T. XI des *Archives histor. du Poitou*.)

Guérinière (Joseph), *Histoire générale du Poitou*. Poitiers, 1838-1840, 2 vol. in-8.

Guillaume de Nangis, *Chronique latine de 1113 à 1300 avec les continuations de cette chronique de 1300 à 1368*. éd. H. Géraud. Paris, 1843, 2 vol. in-8. (*Soc. de l'hist. de France*.)

Guillaume le Breton, *Gesta Philippi Augusti*, dans *Histor. de France*, t. XVII, pp. 62-116.

— *Philippidos libri XII*, dans *Histor. de France*, t. XVII, pp.117-287.

Guillonnet-Merville, *Recherches topographiques et historiques sur la ville de Saint-Jean-d'Angely*. Saint-Jean-d'Angely, 1830, in-8.

Hanotaux (G.), *Les premiers intendants de justice*, dans *Revue historique*, t. XX, 1882.

Henri IV, *Recueil des lettres missives*, publ. par Berger de Xivrey, continué par M. Guadet. Paris, 1843-1876, 9 vol. in-4. (*Documents inédits sur l'histoire de France*.)

Histoire des ducs de Normandie et des rois d'Angleterre, publ. par Francisque Michel. Paris, 1840, in-8. (*Soc. de l'hist. de France*.)

Historia pontificum et comitum Engolismensium, dans Labbe, *Nova bibliotheca manuscriptorum*, t. II, pp. 249-264.

Historiens de France. Recueil des historiens des Gaules et de la France, commencé par D. Bouquet et continué par l'Académie des inscriptions, t. I, 1738, à t. XXIII, 1876.

Honorii papae III epistolae, dans *Histor. de France*, t. XIX, pp. 609-778.

Huillard-Bréholles, *Rapport sur le concours des Sociétés savantes des départements*. (Examen du mémoire de M. Jourdan sur le statut de La Rochelle), dans *Revue des Sociétés savantes*, t. III, 1864, 1er semestre, p. 468.

Sur ce travail, voy. t. I, p. 55.

Inventaire des titres et privilèges de l'isle de Ré accordés en faveur des habitans de ladite isle, par nos roys prédécesseurs jusqu'au regne de Louis XV, heureusement regnant. La Rochelle, 1728, plaquette de 58 p. in-4.

ISAMBERT, *Recueil général des anciennes lois françaises.* Paris, 1822-1833, 29 vol. in-8.

JAFFÉ (Ph.), *Regesta pontificum romanorum ab condita ecclesia ad annum post Christum natum MCXCVIII.* Berlin, 1851, in-4.

JOLY (Jacques), *Offices de France*, voy. Girard.

JOURDAN (E.), *Lettres rochelaises*, dans *Courrier de La Rochelle.* 1863.

— *Mémoire sur le statut constitutionnel de l'ancienne commune de La Rochelle*, dans *Académie de La Rochelle. Section de littérature. Choix de pièces lues aux séances*, n° 91, 1863.

   Sur ce mémoire, voy. t. I, p. 55.

— *Privilèges de La Rochelle* (Extrait des manuscrits de *Brienne*), dans *Académie de La Rochelle. Section de littérature. Rapport* n° 12. 1865.

   Sur cette publication, voy. t. I, p. 55.

KEMMERER (D^r), *Histoire de l'île de Ré.* La Rochelle, 1868, in-8.

LABORDE (J. de). Voy. *Layettes du Trésor des Chartes.*

Layettes du Trésor des Chartes, t. I et II (755-1246), par A. Teulet, t. III (1247-1260), par J. de Laborde. Paris, 1863-1875, in-4.

LÉCHAUDÉ D'ANISY, *Magni rotuli scaccarii Normanniæ*, dans *Mémoires de la Société des Antiquaires de Normandie*, t. XV (2° série, t. V). Paris, 1846, in-4.

LECOINTRE-DUPONT, *Mémoire sur le miracle des clefs et sur la procession du lundi de Pâques* (à Poitiers), dans *Mém. de la Soc. des Antiq. de l'Ouest*, t. XII, 1845, pp. 209-256.

LECOY DE LA MARCHE (A.), *Le roi René.* Paris, 1875, 2 vol. in-8.

— *Saint-Martin.* Tours, 1871, in-8.

LEDAIN (Bélisaire). *Histoire d'Alphonse, frère de saint Louis et du comté de Poitou, sous son administration (1241-1271).* Poitiers, 1869, in-8.

— *Lettres des rois de France, princes et grands personnages à la commune de Poitiers*, dans *Archives hist. du Poitou*, t. I, 1872 et t. IV, 1875.

— *Rapport sur l'enceinte gallo-romaine de Poitiers*, dans *Mém. de la Soc. des Antiq. de l'Ouest*, t. XXXV, 1870.

Leges et consuetudines burgorum, dans Houard, *Traités sur les coutumes anglo-normandes*, t. II, 1776, in-4, pp. 361-460.

LEIBNITIUS (G.-G.), *Scriptores rerum Brunsvicarum.* Hanovre, 1707-1711, 3 vol. in-fol.

LEPAGE (H.), *La centaine de Pont-à-Mousson*, dans *Mémoires de la Société d'archéologie Lorraine*, 3ᵉ série, t. VIII, 1880.

L'ESTOILE (Pierre de), *Mémoires journaux*, publ. par G. Brunet, A. Champollion, E. Halphen, etc., t. VII. Paris, 1879, in-8.

Le très ancien coutumier de Normandie. Voy. Marnier, Tardif, Warnkoenig.

Lex Ripuariorum, dans Walter, *Corpus juris Germanici*.

LEYMARIE, *Histoire du Limousin*. Limoges, 1845, 2 vol. in-8.

Livre des Bouillons. Bordeaux, 1867, in-4. (*Archives municipales de Bordeaux*, t. I.)

MABILLE (Emile), *Catalogue analytique des diplômes, chartes et actes relatifs à l'histoire de Touraine contenus dans la collection de Dom Housseau*. Tours, 1863, in-8. (*Mémoires de la Société archéologique de Touraine*, t. XIV.)

— *Introduction aux chroniques des comtes d'Anjou*, 1871. (Préface ajoutée à l'éd. des *Chroniques des comtes d'Anjou*, donnée en 1856 par MM. Marchegay et Salmon, dans la *Société de l'hist. de France*.)

— *La pancarte noire de Saint-Martin-de-Tours, brûlée en 1783, restituée d'après les textes imprimés et manuscrits*. Paris et Tours, 1866, in-8. (Public. de la Soc. archéol. de Touraine.)

— *Les invasions normandes dans la Loire et les pérégrinations du corps de saint Martin*, dans *Bibl. de l'Ecole des Chartes*, t. V, 1869, pp. 149-194 et 425-460.

— *Notice sur les divisions territoriales et la topographie de l'ancienne province de Touraine*, dans *Biblioth. de l'Ecole des Chartes*, 5ᵉ série, t. III, IV et V ; 6ᵉ série, t. I, 1861-1865.

Magni rotuli scaccarii Normanniæ sub regibus Angliæ (1180-1198) opera Th. Stapleton. Londres, 1840-1844, 2 vol. in-8.

MANCEAU (Daniel), *Journal* (du siège de Saint-Jean-d'Angely), de novembre 1619 à février 1626, publ. par M. L.-C. Saudau, dans *Arch. hist. de la Saintonge*, t. I, 1874, pp. 188-320.

Manifeste contenant les causes et les raisons qui ont obligé ceux de la ville de La Rochelle à prendre les armes et de se joindre à celles du sérénissime roy de la Grande-Bretagne. A La Rochelle, 1627. Plaquette de 24 p. in-8.

MARCHEGAY (P.), *Chartes de Fontevraud, concernant l'Aunis et La Rochelle*, dans *Bibl. de l'Ecole des Chartes*, 4ᵉ série, t. IV, 1857-1858.

MARNIER (A.-J.), *Etablissements et coutumes, assises et arrêts de l'échiquier de Normandie au XIIIᵉ siècle* (1207 à 1245). Paris, 1839, in-8.

MARTÈNE ET DURAND, *Thesaurus novus anecdotorum*. Paris, 1717, 5 vol. in-fol.

— *Veterum scriptorum et monumentorum ... amplissima collectio*. Paris, 1724-1733, 9 vol. in-fol.

Marvaud, *Charles de Guy de Lusignan et de Charles d'Espagne en faveur de la ville de Cognac*, dans *Bulletin de la Soc. archéol. de la Charente*, 3e série, t. III, 1863.

— *Etudes historiques sur la ville de Cognac*. Niort, 1870, 2 vol. in-8.

Mas-Latrie (René de), *Le droit de Marque*. Paris, 1875, in-8.

Mémoire sur les privilèges des Rochelois, en réponse au manifeste ou discours de la prise des armes de M. de Soubise, dans *Mercure François*, t. XI, 1626, in-12, pp. 311-335.

Menestrier (Cl.-Fr.), *Histoire civile ou consulaire de la ville de Lyon*. Lyon, 1696, in-fol.

Meyer (Paul), *La chanson de la croisade contre les Albigeois*. Paris, 1875-1879, 2 vol. in-8. (*Soc. de l'hist. de France.*)

Michon (l'abbé J.-H.), *Histoire de l'Angoumois; par François Vigier de la Pile, ... suivie du recueil en forme d'histoire de ce qui se trouve par écrit de la ville et des comtes d'Angoulême*, par François de Corlieu, annoté par Gabriel de La Chalouze, *et des noms et ordre des maires, échevins et conseillers de la maison communes d'Angoulême*, par M. J. Sanson. *publiée avec des documents inédits*. Paris, 1846, in-4.

Molinier (Emile), *Etude sur la vie d'Arnoul d'Audrehem, maréchal de France (130.-1370)*, dans *Mém. présentés par divers savants à l'Acad. des inscr. et belles-lettres*, 2e série, t. VI, 1re partie, 1883.

Molinier (Victor), *De la répression des attentats aux mœurs et du suicide suivant les anciens usages de Toulouse*, dans *Mémoires de l'Académie des sciences de Toulouse*, 6e série, t. V, pp. 117-131, 1867, in-8.

Monsnyer (R.), *Celeberrimae sancti Martini Turonensis ecclesiae... historia generalis... De statu sancti Martini*. s. l. n. d. (1663), in-fol.

Monstier (Art. du), *Neustria pia*. Rouen, 1663, in-fol.

Moret (Jos.), *Annales del reyno de Navarra*. Pampelune, 1684-1715, 5 vol. in-fol.

Neuville (Didier), *Le Parlement royal à Poitiers*, dans *Revue historique*, t. VI, 1878.

Oesterley, *Gesta Romanorum*. Berlin, 1871-1872, 2 vol. in-8.

Orderici Vitalis *Historiae ecclesiasticae libri XIII*, ed. Aug. Le Prevost et L. Delisle. Paris, 1838-1855, 5 vol. in-8. (*Soc. de l'hist. de France.*)

Ordonnances des rois de France de la troisième race. Paris, 1723-1847, 22 vol. in-fol.

Orelli et Henzen, *Inscriptionum latinarum selectarum amplissima collectio*. Zurich, 1828-1856, 3 vol. in-8.

Ouvré, *Essai sur l'histoire de la Ligue à Poitiers*, dans *Mém. de la Soc. des Antiq. de l'Ouest*, t. XXI, 1854.

— *Essai sur l'histoire de la ville de Poitiers, depuis la fin de la Ligue jusqu'au ministère de Richelieu*, dans *Mém. de la Soc. des Antiq. de l'Ouest*, t. XXI, 1855, p. 367-528.

PARDESSUS, *Collection de lois maritimes antérieures au* XVIIIe *siècle*. Paris, 1828-1845, 6 vol. in-4.

PARIS (Gaston), *La légende de Trajan*, dans *Mélanges publiés par la section historique et philologique de l'Ecole des Hautes-Etudes*. (*Bibl. de l'Ecole des Hautes-Etudes*, fasc. 35, 1878.)

PARIS (Matth.), *Abbreviatio chronichorum Angliae*, t. III, de l'*Historia Anglorum*, p. 151-348, éd. de Fr. Madden.

— *Chronica majora*, ed. by Henry Richards Luard. Londres, 1876-1882, 6 vol. in-8. (*Collection du maître des rôles*.)

— *Historia Anglorum sive ut vulgo dicitur historia minor*, ed. by sir Frederic Madden. Londres, 1866-1869, 3 vol. in-8. (*Coll. du maitre des rôles*.)

PASQUIER (F.), *Grands jours de Poitiers de 1454 à 1634*. Paris, 1874, in-8. (Extrait de la *Revue de législation française et étrangère*.)

PERROUD (Cl.), *Des origines du premier duché d'Aquitaine*. Paris, 1881, in-8.

PORT (Célestin), *Dictionnaire historique, géographique et biographique de Maine-et-Loire*. Paris et Angers, 1869-1878, 3 vol. in-8.

— *Inventaire analytique des archives anciennes de la mairie d'Angers*. Paris et Angers, 1861, in-8.

Privilèges (les), franchises, libertés, immunités et statuts de la ville, faubourgs et banlieue d'Angoulême, confirmés par les rois et vérifiés par les lettres patentes. Angoulême, 1627, in-4.

RADULFUS DE DICETO, *Imagines historiarum*, dans *Histor. de France*, t. XIII, p. 183-205.

RAYNAL (Louis), *Histoire du Berry depuis les temps les plus anciens jusqu'en 1789*. Bourges, 1845-1847, 4 vol. in-8.

Recueil de fac-similés à l'usage de l'École des Chartes, fasc. I et II. Paris, 1880-1881, in-fol.

Recueil de lettres de Louis VII. *Epistolarum regis Ludovici VII et variorum ad eum volumen*, dans *Recueil des histor. de France*, t. XVI, pp. 1-170.

RÉDET, *Cartulaire de l'abbaye de Saint-Cyprien de Poitiers*. Poitiers, 1874, in-8. (*Arch. hist. du Poitou*, t. III.)

— *De quelques établissements industriels formés à Poitiers au* XVe *siècle*, dans *Mém. de la Soc. des Antiq. de l'Ouest*, t. IX, 1842, pp. 349-367.

— *Documents pour l'histoire de l'église de Saint-Hilaire de Poitiers (768-1790)*. Poitiers, 1847-1852, 2 vol. in-8. (*Mém. de la Soc. des Antiq. de l'Ouest*, t. XIV et XV.)

— *Extraits des comptes de dépenses de la ville de Poitiers aux* XIVe *et* XVe *siècles*, dans *Mémoires de la Soc. des Antiq. de l'Ouest*, t. VI, 1839, pp. 385-411 et t. VII, 1840, pp. 380-446.

— *Mémoire sur les halles et les foires de Poitiers*, dans *Mém. de la Soc. des Antiq. de l'Ouest*, t. XII, 1845, pp. 61-97.

— *Rapport sur les archives de la ville de Poitiers* (8 octobre 1844), dans *Mélanges historiques*, t. III, pp. 230-257. (*Documents inédits sur l'histoire de France*.)

Registres consulaires de la ville de Limoges publiés sous la direction de M. Emile Ruben (1re partie, 1504-1552 ; 2e partie, 1552-1581). Limoges, 1867-1869, 2 vol. in-8.

Rigord, *Gesta Philippi Augusti*, dans *Histor. de Fr.*, t. XVII, pp. 1-62.

Rivain (Camille), *Notice sur le Consulat et l'administration consulaire d'Aurillac*. Aurillac, 1874, in-8.

Roger de Hoveden, *Rogerus de Hovedene chronica*, vols. I-IV, ed. by W. Stubbs. Londres, 1868-1871, in-8. (*Collect. du Maître des Rôles*.)

Roman de la Rose, par Guillaume de Lorris et Jean de Meung, publ. par J. Croissandeau. Paris, 1878-1880, 5 vol. in-16. (*Bibliothèque elzévirienne*.)

Rotuli chartarum in turri Londinensi asservati, accurante Thoma Duffus-Hardy, t. I, pars I (seule parue). Londres, 1837, in-fol.

Rotuli litterarum clausarum in turri Londinensi asservati, accurante Thoma Duffus-Hardy, t. I (1204-1224), t. II (1224-1227). Londres, 1833-1844, in-fol.

Rotuli litterarum patentium in turri Londinensi asservati, accurante Thoma Duffus-Hardy, t. I, pars I (seule parue. — 1201-1216). Londres, 1835, in-fol.

Royal and other historical letters illustrative of the reign of Henry III (1216-1272), ed. by W. Shirley. Londres, 1862-1866, 2 vol. in-8. (*Collect. du Maître des Rôles*.)

Rymer (Th.), *Foedera, conventiones, literae et cujuscunque generis acta publica ... ab ineunte saeculo* XII *ad nostra usque tempora*, 3e éd. La Haye, 1745, 10 vol. in-fol.

Salmon et Grandmaison, *Le livre des serfs de Marmoutier*. Tours, 1864, in-8. (T. XVI des publications de la *Société archéologique de Touraine*.)

Salmon (André), *Recueil de chroniques de Touraine*. Tours, 1854, in-8. (*Soc. archéol. de Touraine*, t. I des *Documents sur l'hist. de Touraine*.)

Sanson, *Les noms et ordre des maires, eschevins et conseillers de la maison commune d'Angoulesme* (1651), dans Michon, *Histoire de l'Angoumois*, 1846.

Saudau, *Saint-Jean-d'Angely en* 1612 (1601-1631), dans *Archives historiques de la Saintonge et de l'Aunis*, t. IV, 1877, pp. 231-261.

Scripta de feodis ad regem spectantibus ... e Philippi Augusti regestis excerpta, dans *Histor. de Fr.*, t. XXIII, pp. 605-723.

Sénemaud (Ed.), *Documents inédits sur l'histoire de l'Angoumois*, dans *Bulletin de la Soc. archéol. de la Charente*, 3ᵉ série, t. 1, 1859, pp. 227-239.

Sickel (Th.), *Acta regum et imperatorum karolinorum digesta et enarrata. Die Urkunden der Karolinger*. Vienne, 1867-1868, 2 vol. in-8.

Strobel (A. G.), *Vaterländische Geschichte des Elsasses*. Strasbourg, 1841-1849, 6 vol. in-8.

Stubbs (W.), *Outline itinerary of Henri II*, dans *Benoit de Peterborough*, t. II, pp. cxxix-cxlviij. (*Collection du Maître des rôles.*)

Suger, *Œuvres complètes*, publ. par A. Lecoy de la Marche. Paris, 1867, in-8. (*Société de l'histoire de France.*)

— *Fragment inédit de la vie de Louis VII*, publ. par J. Lair, dans *Bibl. de l'Ecole des Chartes*, t. XXXIV, 1873.

Tacite, *Germania*.

Tardif (Joseph.), *Coutumiers de Normandie. Première partie. Le très ancien coutumier de Normandie. Texte latin*. Rouen, 1881, in-8.

Teulet (A.), Voy. *Layettes du Trésor des Chartes*.

Thibaudeau, *Histoire du Poitou*. Niort, 1839-1840, 3 vol. in-8. (*Bibliothèque poitevine*, t. I-III.)

Thierry (Augustin), *Considérations sur l'histoire de France* (t. VII des *Œuvres complètes*). Paris, Furne, 1865, in-12.

— *Tableau de l'ancienne France municipale* (t. IX des *Œuvres complètes*). Paris, Furne, 1864, in-12.

Tocqueville (A. de), *L'ancien régime et la Révolution*, 6ᵉ éd. Paris, 1877, in-8. (T. IV des *Œuvres complètes*.)

Tuetey (Alexandre), *Journal d'un bourgeois de Paris* (1405-1449). Paris, 1881, in-8. (Public. de la *Soc. de l'hist. de Paris*.)

Valerius Maximus, *De dictis et factis memorabilibus*.

Vie de Louis VII. *Historia gloriosi regis Ludovici VII*, dans *Histor. de Fr.*, t. XII, pp. 124-133.

Vie de Saint-Eloi. *Vita S. Eligii Noviomensis episcopi, auctore B. Audoëno Rothomagensi episcopo*, dans *Histor. de Fr.*, t. III, pp. 553-561.

Vie de Saint-Léger. *Vita S. Leodegarii*, dans *Histor. de Fr.*, t. II, pp. 611-632.

Vigier de la Pile, *Histoire de l'Angoumois*. Voy. Michon.

Viollet, Compte-rendu critique des ouvrages de M. Béchard, intitulés: *Droit municipal au moyen-âge* et *Droit municipal dans les temps modernes*, dans *Bibl. de l'Ecole des Chartes*, t. XXX, 1869.

WARNKŒNIG (L.-A.), *Histoire constitutionnelle et administrative de la ville de Bruges*, trad. par A.-E. Gheldorf. Bruxelles, 1851, in-8.

WARNKŒNIG UND STEIN, *Französische Staats- und Rechtsgeschichte.* Bâle, 1875, 3 vol. in-8.

WAUTERS (Alphonse), *Les libertés communales; essai sur leur origine et leurs premiers développements en Belgique, dans le Nord de la France et sur les bords du Rhin.* Bruxelles, 1878, 3 vol. in-8.

YANGUAS Y MIRANDA (D. Jose), *Diccionario de antigüedades del reino de Navarra.* Pampelune, 1840-1843, 4 vol. in-4.

TABLE ANALYTIQUE

Les chiffres renvoient aux pages; l'indication *n* aux notes; les chiffres ɪ et ɪɪ aux volumes; les autres chiffres romains aux pages de la préface. — Eᴛ. = Etablissements de Rouen; les chiffres qui suivent cette indication renvoient aux articles du texte. Aɴɢᴏᴜʟ. = Angoulême; Bᴀʏ. = Bayonne; Cʜᴀᴛ. = Châteauneuf; Lᴀ Rᴏᴄʜ. = La Rochelle; Oʟ. = Oleron; S. J. ᴅ'A. = Saint-Jean-d'Angely.

Abatis de maison. Peine appliquée par les communes pour réprimer les crimes qui les ont lésées. (Eᴛ., Bᴀʏ. : *maison darrocade*. Oʟ. : *maison abatue*.), Cas dans lesquels on l'applique, ɪ, 16, 21 : (Eᴛ., 11, 48.) appliquée au meurtrier convaincu ou en fuite, ɪɪ, 18, 19, 48, 49 ; (Eᴛ., 28.) au déserteur de l'host, ɪɪ, 36, 37 ; (Eᴛ., 34, 35.) aux voleurs et aux meurtriers, ɪɪ, 40, 41 : (Eᴛ., 36, 37.) aux diffamateurs et aux parjures, ɪɪ, 42, 43 ; (Eᴛ., 55.) aux membres du corps de ville convaincus de corruption. ɪɪ, 54, 55; (Eᴛ., 28, 36.) pouvait être racheté, ɪ, 21; ɪɪ, 36, 37, 42, 43. L' — dans la coutume de Normandie, ɪɪ, 41, *n*; (Rᴏᴜᴇɴ, 1278) ɪ, 39; (Bᴀʏ., 1273.) ɪ, 117. (1392) ɪ, 131; Lᴀ Rᴏᴄʜ., xvᵉ s.) ɪɪ, 55. Origine germanique de cette pénalité, ɪ, 431.

Abbeville. Analogies de sa charte de commune avec les Eᴛ., ɪ, 435.

Abbon, comte de Poitou, tient des plaids à Poitiers en 780 et 781, ɪ, 350 *n*.

Abocat (Bᴀʏ., fin xɪɪɪᵉ s.), ɪɪ, 14 *n*, 85, voy. Avocat.

Accabussare, voy. Immersions.

Accusateur. (Bᴀʏ., 1273, *accusedor*) rôle rempli par le lieutenant du maire dans les procès criminels, ɪ, 149.

Accusés (de crime). (Rᴏᴜᴇɴ, 1278.) par qui arrêtés et gardés, ɪ, 39; (Bᴀʏ., 1273) arrêtés et mis en prison par le maire, ɪ, 169 ; soumis à la torture, *ibid.;* devaient accepter d'avance le jugement, ɪ, 170. Voy. Juridiction municipale, Prison, Torture.

Acquêts. (Rᴏᴜᴇɴ, v. 1174.) Plaids en matière d' — attribués à la commune, ɪ, 28. Voy. Juridiction municipale.

Adour (Rivière de l'), ɪ, 103, 104, 105 *n*, 122, 124 *n*, 126 ; ɪɪ, 81.

Ad petram. Terra que dicitur — apud villam Galniacum in pago Pictavensi, ɪɪ, 70.

Adultères, (Eᴛ., 32, Bᴀʏ. : *los adoutres*) jugés par l'église, ɪ, 19, 359; ɪɪ, 38, 39; (Bᴀʏ., v. 1190.) condamnés à courir nus à travers la ville, ɪ, 108; ɪɪ, 39 *n;* (Lᴀ Rᴏᴄʜ. av. 1217.) La femme condamnée pour adultère peut revendiquer sa part des acquêts, ɪ, 84. Voy. Juridiction municipale, Juridiction ecclésiastique.

Agen (ville d'), ɪ, 125.

Agenois. Les milices de Poitiers prennent part à sa conquête en 1324, ɪ, 364, 423.

Agnès, comtesse de Poitiers, femme de Geoffroi Martel, comte d'Anjou, concède, en 1050, des privilèges à l'abbaye de Saint-Jean-d'Angély, ɪ, 289, 291, 294; ses concessions à l'abbaye de Vendôme rappelées, ɪɪ, 70.

Aides. Remplacent la taille dans la plupart des communes, I, 440 ; (LA ROCH., 1241-1310), aides accordées à l'occasion de la chevalerie d'Alfonse, à l'occasion de son départ pour la croisade, à l'occasion du mariage de la reine Isabelle, I, 72 n; (S.-J.-D'A., 1268), réclamées par Alfonse de Poitiers, I, 297 ; (POITIERS), accordées, en 1269, pour la croisade, I, 363 ; en 1315, 1319, 1328 et 1329, pour les guerres de Flandre, I, 364, 423, 408 ; demandées par Louis XI, en 1473 et 1475, I, 375. Voy. *Demanda*, Impôts.

Aimar, prétendant au comté d'Angoulême après la mort de son frère Wulgrin III, I, 319.

Aimar. Voy. Lossaut.

Aimé. Voy. Poussineau.

Aimeri, Aimery (Pierre), maire de La Rochelle, en 1209, I, 57 ; II, 14 n.

Aimeri, *Aimericus*. Voy. Loches, Odoneti, Saussart, Teler, Thouars.

Aimericus (G. *dictus*), membre du corps de ville de Poitiers en 1390, I, 413 n.

Aimon. Voy. Aymon.

Aix (Ile d'), prise par Eble de Châtel-Aillon à la fin du XIe s., I, 61.

Albemarle. Voy. Aumale.

Alb[ericus], doyen de Saint-Martin-de-Tours, en 1232, II, 106.

Albret (Amanieu VII d'), I, 125, 126.

Alduin, abbé de Saint-Jean-d'Angély, au début du XIe s., I, 288.

Aleman, Alemant, Alemanni. Guillaume —, bourgeois de Poitiers, plusieurs fois maire au XIVe siècle ; son testament, I, 407. Jean —, député à Paris, par le corps de ville de Poitiers, en 1292, I, 420. Pierre —, clerc, procureur de la commune de Poitiers, en 1267 ; II, 158, 159, 160.

Alenchoneis. Voy. Alençonnais.

Alençon. Doit avoir eu les Etablissements ; sa charte de commune, en 1199, I, 1, 47, 51, 52. Comté d' —, concédé par le roi en 1269, I, 37. Ducs d' —, voy. François, Jean.

Alençonnais, *Alenchoneis*, pays d'Alençon, ses privilèges confirmés par Jean-Sans-Terre, en 1199, I, 52.

Alexandre III, pape, son intervention dans les troubles de Châteauneuf, en 1164, I, 192, 193.

Alfonse, fils de Louis VIII, tient le Poitou en apanage par le testament de son père, I, 251 ; projet de le marier avec la fille du comte de La Marche (traité de Vendôme, 1227) ; Oléron doit lui être cédée, I, 91 ; mis en possession de son apanage, en 1241 ; confirme les privilèges de la Rochelle, I, 71 ; demande une aide à l'occasion de sa chevalerie, I, 72 n ; confirme la commune de Niort, I, 252 ; reçoit l'hommage du comte de la Marche et confirme les privilèges de Saint-Jean-d'Angély, I, 296 ; confirme les privilèges de Poitiers, I, 362 ; en 1243, confirme les privilèges de Niort, I, 252 ; en 1248, reçoit l'hommage de Gui de Lusignan pour Cognac, I, 272 ; en 1249, chasse les Juifs du Poitou, I, 253, 297, 363 ; en 1261, confirme les privilèges de Niort, I, 253 ; en 1268, écrit au sénéchal de Saintonge au sujet de l'aide de Saint-Jean-d'Angély, I, 297 ; en 1269, demande une aide à La Rochelle, I, 72 ; en 1270, donne des lettres de non-préjudice à Poitiers pour la levée d'une aide, I, 363 ; son testament, I, 318.

Alienor. Voy. Eléonore.

Alphonse. Voy. Alfonse.

Amanieu. Voy. Albret, Saubaignac.

Amauri. Voy. Montfort.

Ambassade (*Ambassiata*), envoyée en 1398, en Navarre, par la commune de Bayonne, I, 132 ; à Henri IV d'Angleterre, en 1400, I, 133.

Ambassadeurs (*Embachedors*), de la commune de Bayonne au XIVe s., I, 152 ; — envoyés en Parlement, en 1462, par la ville de Tours, I, 220. Voy. Délégués, députés.

Amboise. Louis d' —, vicomte de Thouars, confirme, en 1444, les privilèges de l'île de Ré, I, 96.

Amboise. Thomas d' —, bourgeois

— 183 —

de Châteauneuf, excommunié en 1184, I, 199.

Amendes. (Et. : *Emendacio, misericordie*, texte de Bay. : *Merces*) augmentées à proportion du rang du délinquant dans la hiérarchie des fonctions municipales (Et., 4, 9, Bay., XIIIᵉ s., La Roch., XVᵉ s.), I, 15, 16, 21 ; II, 10, 11, 12 n., 16, 17 ; payées par les membres du corps de ville (Et., 7), II, 14, 15, 16 n ; perçues au profit de la commune et servant de gages à ses officiers (Et., 4, 6, 7, 43, Poitiers), I, 18, 21, 414 ; II, 10, 11, 14, 15, 46, 47 ; leur produit appliqué aux fortifications (Bay., 1296), I, 121 ; perçues au profit du roi ou du suzerain (Et., 12, Rouen, La Roch., Bay.), I, 19, 39, 83, 104 ; II, 18, 19 ; se partagent entre la commune et le suzerain (Cognac, 1352, *Emende*), I, 276 ; II, 133 ; payées par la communauté de Châteauneuf, en 1231 et 1305, I, 203, 206, par la commune de Bayonne, en 1281, I, 121, par celle de Falaise au commencement du XIVᵉ s., I, 50 ; stipulées contre qui trouble l'audience (Et., 6), II, 12, 13, (La Roch., 1209), II, 15 n, (Bay., fin XIIIᵉ s.), II, 14 n ; contre qui injurie un condamné (Et., 15, 16), I, 22 ; II, 22, 23 ; contre qui ne prête pas main-forte au sénéchal (Bay., 1174), I, 105 ; contre qui refuse le serment de commune (Bay., 1415), I, 154, ; II, 48 n, 49 n ; contre qui révèle les secrets de la commune (Bay., 1327), II, 95 ; contre le banni qui rentre sans permission (Bay., 1273), I, 167 ; contre le créancier qui ne peut prouver sa créance, *ibid*; contre le bourgeois qui ne se rend pas au guet (Bay., 1315), I, 177 ; contre qui contrevient aux ordonnances des Elus(Tours, 1356), I, 210. — de 100 s. rachète l'abatis de maison (Et., 36), I, 21 ; II, 42, 43 ; rachète cent jours de prison (Bay., 1273), I, 167. Cf. Pénalités.

Amende honorable du maire et des pairs de Bayonne, en 1281, I, 121.

Amiens. Analogies de sa charte de commune avec les Etablissements, I, 435.

Amos. Voy. Barbot.

Anaclet, antipape, a pour partisan Guillaume X d'Aquitaine, I, 353.

André. Voy. Chaille, Conzay, Désiré, Pascaut.

Andely (le Grand), doit avoir eu les Etablissements, I, 1, 51 ; sa charte de privilèges, en 1200 ; son organisation sur le modèle de Mantes, I, 52 ; cité, I, 89 n.

Anerii (Lupus — de Escan), I, 104 n.

Anet, I, 31 n; II, 151, 154.

Angers. Si son organisation municipale a été modelée sur celle de La Rochelle, I, 231. Régime municipal sous l'administration ducale, 232. Louis XI essaye de s'y créer un parti, 233 ; il organise l'administration municipale, en 1475, 234. Rapports de ses privilèges avec ceux de La Rochelle, 235, 437. Réforme de l'organisation municipale par Charles VIII, 236.

Anglais. Prennent Poitiers, en 1346, I, 365 ; occupent Saint-Jean-d'Angely, de 1346 à 1351, et de 1356 à 1372, I, 299 ; leurs expéditions sur la Loire sous le règne du roi Jean, I, 209, 211 ; leur domination en Angoumois et en Saintonge, I, 278, 323 ; prennent possession de Niort en suite du traité de Brétigny, I, 255 ; abandonnent le Poitou, en 1373, I, 256 ; sont chassés de Bayonne, en 1451, I, 135.

Angleterre. Voyages des magistrats municipaux en — prévus par les Etablissements (Et., 5), I, 11, 17 ; II, 12, 13. Commerce de l' — avec Rouen, I, 27, 30. La milice de Bayonne en — (1264), I, 176.

Anglicus (G.). II, 155.

Angoulême. L'une des villes qui ont eu les Etablissements, I, 1. Texte des Etablissements en provenant, 8, 10. Réédifiée en 868 ; soumise aux comtes ; prise par Richard Cœur de Lion ; reçoit de Jean Sans-Terre, en 1203, sa première charte de privilèges, 319 ; reçoit, en 1204, une commune et les libertés de Rouen, 8, 54, 320 ; reçoit, en 1205, des franchises et les libertés de La Rochelle, 320 ; ses premiers maires; passe dans la maison de Lusignan, 321; sa décadence de 1220 à 1224, 248 ; réunie à la couronne, en 13‥2, 322 ; fait partie, en 1313, de l'apanage de Philippe, fils de Philippe le Bel; passe, en 1318, sous la suzeraineté de Philippe d'Evreux ; réunie à la couronne, en 1349 ; Charles d'Espagne comte d'—, en 1352 ; réunie à la couronne en 1354 ; anglaise par le traité de Brétigny ; reconquise, en 1373, par le duc de Berry, 323 ; charte de commune et privilèges de Saint-Jean-d'Angély qui lui sont concédés par Charles V, 8, 305, 324. Le duc d'Orléans, comte d'—, en 1394, 326. Confirmation des privilèges par le duc d'Orléans, Charles VII, le comte Jean, Louis XI, Charles VIII et Louis XII, 327 ; les élections de 1556 ; le maire désigné par lettres de cachet, 328; confirmations des privilèges par François II et par Henri III, 329 ; confirmations d'Henri IV, de Louis XIII, de Louis XIV et de Louis XV ; les offices municipaux, 330 ; convention entre le gouverneur de la ville et le sénéchal pour le choix du maire, 331, 438 ; composition du corps de ville au XVIIIe s., 333 ; perd les Et., en 1765, 438. — ORGANISATION MUNICIPALE, 334 ; le maire, 335 ; formes de son élection, II, 6 n; son serment, II, 53 n; le sousmaire, I, 336 ; le corps de ville, 337 ; ses réunions, serments de ses membres, II, 8, 9 n; la noblesse des échevins et conseillers, I, 339 ; l'hôtel de ville, fief tenu de l'abbaye de la Couronne, 340 ; les mézées, 341 ; juridiction municipale, 342 ; la banlieue, 343 ; justice criminelle de la commune, 344, 345, II, 141 ; les bourgeois ou jurés, la milice communale, I, 346, 347; privilèges publiés en 1627, 8. Extraits des Mémoriaux, II, 141. — Champ Saint-Martial, II, 142. — Eglises :

Saint-André, I, 341, Saint-Pierre, Saint-Vincent, 344 n. Place des Jacobins, II, 142. Port Saunier, 328. — cité, I, 285 ; II, 132, 135. ÉVÊQUES, voy. Gérard, Hugues II, Roho. SÉNÉCHAL, voy. ce mot.

Angoulême (comté d'). Prétentions d'Hugues IX, de Lusignan et de Wulgrin III, I, 319 ; réservé à Jean Sans-Terre, en 1214; forme le douaire de la reine Isabelle, 321 ; pris par Philippe le Bel, 275, 322 ; forme le douaire de Jeanne de France, 275, 323 ; donné, en 1352, à Charles d'Espagne, 276, 323 ; réuni à la couronne, en 1354, 278, 323 ; conquis par les Anglais, 278 ; rendu au roi par le duc de Berry ; donné, en 1394, en accroissement d'apanage à Louis d'Orléans, 279, 326 ; érigé en duché par François Ier ; réuni à la couronne en 1531, 328. COMTES : leurs relations avec les seigneurs de Cognac, 271. Voy. Aimar, Charles d'Espagne, Charles d'Orléans, Guillaume IV, Hugues IX de Lusignan, Isabelle, Louis d'Orléans, Louise de Savoie, Wulgrin III.

Angoulins, Charente-Inférieure, arr. et cant. de La Rochelle, I, 61.

Angoumois. Réuni à la couronne, en 1302, I, 322 ; livré aux Anglais par la bataille de Poitiers, 323. Voy. Angoulême (comté d').

Anjou. Comté d'—, I, 179. Marchands d'—, 253. Monnaie d'— (ET., 23), I, 11 ; II, 32, 33. Comtes d'—, exerçaient à Tours le droit de banvin, I, 189 n; leurs droits sur les possessions de Saint-Martin, 193 ; leurs droits sur Châteauneuf, 201, 202 ; leur domination à Tours, 207. Voy. Geoffroi, Geoffroi-Martel, Louis Ier, Agnès. Duc d'—, voy. Henri III.

Annier (Philippe), bourgeois de Châteauneuf, excommunié en 1184, I, 199.

Anoblissement, des magistrats municipaux ; conséquences de ce privilège, I, 261, 262, 265, 310, 379, 438 ; il est aboli par édit de

— 185 —

1667, 262. (POITIERS, 1372) — des maire, échevins et conseillers jurés, 369, 404 ; marchand tenu de cesser le commerce pour en jouir (1575), 379 ; contestations (1649), 391 *n ;* arrêt relatif à l'— du maire (1685), 400 ; droit du maire au titre de *premier baron du Poitou*, 401 ; les échevins nommés *les XXV nobles*, 404. (LA ROCH., 1373), — des maire et échevins, 301, 327. (NIORT, 1461) : des maire, échevins et jurés, 260 ; contestations 261. (TOURS, 1462) : — des maire et échevins, 219, II, 113 ; contestations (1515), I, 224. (BOURGES, 1474), 231. (ANGERS, 1474) : — des maire, échevins et conseillers, 234. (S.-J.-D'A., 1481) : — des maire et échevins, 301, 310 ; contestations (1591), 303. (ANGOUL., 1507) : — des maire, échevins et conseillers, 327, 339 ; confirmations (1516 et 1517), 328 ; supprimé (1664) et rétabli (1673) en faveur du maire seul, 330 ; échevins et conseillers déboutés de leurs prétentions (1719), 331 ; *noblesse de cloche*, 340. (COGNAC, 1651) : — du maire, 286.

Ansoald, évêque de Poitiers (VIIe s.), I, 349.

Antoine. Voy. Rolland.

Apaiseurs, magistrats de voisinage au nombre de cent, à Bruges, en 1303, I, 430.

Apetissement, impôt municipal perçu sur le vin vendu en ville, (TOURS, 1462), I, 219 ; II, 119 ; (ANGOUL., 1458-1485), I, 327 ; (POITIERS, 1396), 369, 414. Voy. *Chiquet*, Impôt.

Appel, de la justice de l'abbaye de la Trinité (OL., 1146), I, 68 ; II, 73 ; des sentences du maire (LA ROCH., 1209), I, 82 ; des décisions de la justice municipale (BAY., 1273, 1296), 174 ; II, 82 ; (ROUEN, 1278), I, 37. Voy. Juridiction, *Resortum judicii*.

Appellatio, l'une des mauvaises coutumes abolies à Oléron en 1146, II, 73. Voy. Appel.

Aquitaine. Province romaine, I, 348. Royaume carolingien, 350, 351 ; voy. Louis, Pépin. Duché, 351 ; voy. Eudes, Hunald, Waifer, Guillaume V, Guillaume VI, Guillaume IX, Eléonore, Louis VII, Richard, Othon de Brunswick. Prince d'—, voy. Edouard.

Arbert. Voy. Berland.

Archeac, Charente-Inférieure, arr. de Jonzac, seigneurie possédée, en 1262, par Gui de Lusignan, II, 127.

Archives (BAY., XIVe s.), gardées par le procureur-syndic, I, 151.

Argouges (Jean d'—), avocat du roi au bailliage de Tours, en 1462, II, 96.

Aristocratie, dans les villes régies par les Etablissements, I, 40, 438, 441. (BAY., XIIIe s.) : constitue le parti d'opposition à l'Angleterre, 109 ; comment se formait, 141. (ANGERS) : son développement favorisé par Louis XI, 235, 237. (POITIERS) : formée de gens de robe, 378, 382, 395, 426. Voy. Classes inférieures, Commun, Partis.

Arles. (XIIe s.) Mise en interdit des prévenus que la justice municipale ne peut atteindre, II, 26, 27 *n.*

Aragon. Expédition du duc d'Aquitaine, en 1121, I, 103.

Armes. (BAY., 1304) : Port d'— imposé aux ouvriers qui travaillent sur le territoire de la commune, I, 158 ; II, 87. — des bourgeois (1449), I, 176, *n ;* — de la milice d'Angoulème (1542), 346. — données à la ville par les pairs à titre de droit d'entrée, 282 *n*, 339. Voy. Artillerie, Milice, Service militaire.

Arnaldus. Voy. *Salt.*

Arnaud, Arnault. Voy. Auclent, Bareau, Bazas, Bertrand, Dardir, Luc, Saubaignac, Tey, Viele.

Arnaud (François), premier président du présidial d'Angoulème, maire de cette ville, en 1725, I, 331.

Arnaudus. Voy. *Pingui.*

Arnoul. Voy. Audrehem.

Arques, Seine-Inférieure, canton d'Offranville. Chatelain d'—, I, 34.

Arras, repeuplée de Tourangeaux par Louis XI, I, 223.

Arremon, forme béarnaise pour Ramon. Voy. Raimond.

Arrestations de malfaiteurs, (ROUEN, 1278), on peut requérir d'y coopérer tous ceux qui sont à proximité, I, 38; (BAY., 1296), 158. Voy. Juridiction.

Arrolhat. (BAY., 1273), obligation consentie en cour du maire, I, 168.

Arthur [I], duc de Bretagne, occupe Châteauneuf en 1202, I, 202; prisonnier à Falaise en 1203, 48.

Artillerie, établie à Tours par Louis XI, I, 223. Voy. Milice, Service militaire.

Artisans, forment la classe inférieure des villes, I, 40; (BAY., XIIIᵉ s.), constituent le parti anglais, 109, 110. Voy. Classes inférieures, Commun, Corps de métiers, Industrie.

Asile. Droit d'— (BAY.), I, 160. Ceux qui se réfugient dans un lieu d'— convaincus de crime (1273), 161. Le cloître et l'église de Saint-Martin-de-Tours lieux d'— (1190), 201 n. Le cloître de l'abbaye de S.-J.-d'A. lieu d'— (1131), 293.

Asile, ouvert au confluent de la Nive et de l'Adour, par Guillaume IX d'Aquitaine, I, 103 ; — ouvert à La Rochelle, par Guillaume X, 62. Voy. Peuplement.

Assailli (Pierre), bourgeois de S.-J.-d'A. (1331), II, 140.

Assarit (Pierre d'), chevalier, maire, prévôt et châtelain de Bayonne, en 1289, I, 129.

Assaut, Assaut de charrue, Assaut le chemin le roi, cas de haute justice en Normandie, I, 38.

Assemblée générale, des habitants ou des bourgeois. (ANGERS), I, 233; (BAY., XIIᵉ et XIIIᵉ s.), 106, 107, 108, n; constituait le commun conseil, 156. Voy. Conseil. (BOURGES), 229 ; (COGNAC, 1352), I, 276 ; II, 133 ; (1492), I, 280 ; (1508), 281, 282 ; (POITIERS), 394 ; (PONT-AUDEMER, XVᵉ s., assemblée de ville), 51 ; (ROUEN, 1283), 31 ; (1321), 46 ; (S.-J.-D'A., 1332), 311 ; (XIVᵉ et XVᵉ s.), 312; (TOURS, XIVᵉ et XVᵉ s.), 209, 213, 216 ; II, 96; autorisées par Louis XI, 117; — élit le corps de ville, (1462),

I, 218, le maire, 219. Tout membre du corps de ville peut requérir le renvoi d'une affaire devant l'— (1465), 122 ; II, 113. — consent les impôts, élit le receveur, II, 117, 120.

Assesseur du grand sénéchal d'Aunis, I, 78, 80.

Assesseur du maire (BAY., 1451), I, 136. Voy. Lieutenant du maire. (XVIIIᵉ s.), 137. Voy. Clerc.

Assesseurs (TOURS, 1720), membres du corps de ville, I, 227.

Assesseurs du tribunal municipal (POITIERS, 1549), I, 378.

Assise, tenue par le roi dans la ville, suspend le cours de la justice municipale (ET., 17, 21), I, 20 ; II, 24, 25, 26 n, 27 n, 28, 29. (S.-J.-D'A., 1331), I, 313. — du sénéchal de Saintonge à S.-J.-d'A., (XIIIᵉ s.), 314.

Assius. Voy. Navailles.

Assurement (ET., 18), donné par ceux qui se désistent de plaintes contre les bourgeois, I, 21, 431; II, 26, 27 ; (LA ROCH.), I, 73.

Astarac (Bernard [Iᵉʳ] d'), évêque de Bayonne, reçoit la moitié de la cité (fin XIᵉ s.), I, 103.

Astley (Jean), chevalier anglais, nommé maire de Bayonne pour sept ans, en 1446, I, 135.

Audenehan. Voy. Audrehem.

Auclent (Mᵉ Arnaud de), clerc du roi d'Angleterre, en 1215, I, 242 n.

Auditeur de la cour du maire. (BAY., 1299, Auditor), officier municipal, I, 152 ; II, 86.

Audoyer (Jacques), maire de La Rochelle, en 1454, I, 57.

Audrehem (Arnoul d'), Arnulphus d'Audenehan, maréchal de France (1352), II, 135.

Auger. Voy. Gavarret, Léhétia.

Aumale, Albemarle comes. Guillaume comte d'—, I, 248 n.

Aunis. Sel d'—, I, 253. Rentes sur le grand fief d'—, I, 300. Grand sénéchal d'—, I, 78, 80. Gouverneur d'—, voy. Chabot.

Aurillac. Corps de ville d'—, I, 436.

Austrasie, royaume franc d'—, I, 351.

Avaisia, in pago Pictavensi. Avail-

les-Limousine, Vienne, canton de Civray, II, 70.
Avignon. Antipapes à —, I, 132.
Avocats. (BAY., 1273), I, 168, 169, 170. (POITIERS, 1292), — aux gages de la ville, 405, 420 n. (TOURS, XVIIIe s.), avocat du roi dans le corps de ville, 227. (ANGOUL., 1579), avocat du roi, 340 n.
Avranches. Évêque d'—. Voy. Langeac (Jean de).
Aymar. Voy. Aimar.
Aymeri, *Aymericus.* Voy. Aimeri.
Aymon (P.), maire de La Rochelle, en 1209, I, 83.

B. Voy. Meis, Podensac, S. Wal.
Bailli, officier royal ou seigneurial (ET., *ballivus regis,* BAY., *bailiu dou rey*), a juridiction exclusive des cas où il y a lieu à gage de bataille (ET., 31), I, 19; II, 38, 39; son intervention dans la juridiction communale (ET., 34), II, 40, 41; (ROUEN, fin XIIe s.), I, 28; son rôle dans la juridiction de la ville (1199), 30; à l'exercice de la justice (1207), 33; II, 57, 58, 63; (1224), I, 34; limites de sa juridiction précisée (1278), I, 36, 39; II, 64, 65; (LA ROCH., 1208), II, 67; (BAY., fin XIIe s.), I, 106; (TOURS, XIIIe s.), 208, voy. Villette (Geoffroi de); (XIVe s.), 209, 210, 211, 212, 215 n, voy. Saint-Père (Jean de); (XVe s.), 179, 218, 219, 220; II, 98, 114; (BOURGES, 1474), I, 231; (COGNAC, 1262), I, 273; II, 128, 129, 130; (POITIERS, 1222), I, 362; II, 152, 153, 154; (XIIe et XIIIe s.), I, 363, 405. Baillis de Normandie (1218), I, 34. — d'Oleron (1242), 92 n. — de Seignanx, Gosse et Labenne, 104 n. Voy. Sousbailli, Lieutenant de bailli, Juridiction.
Bairi nundinae apud Turones, II, 105.
Baissingebeirn. Voy. Basingburn.
Balagny. Voy. Montluc.
Baleine. Droit de — (BAY., 1174), I, 105, 175.
Ban et arrière-ban. Exemption de — accordée aux habitants (ANGERS, 1474), I, 235; (BOURGES, 1474), 231; (NIORT, 1414), 257; (S.-J.-D'A., 1481), 301; (TOURS, 1462), 219; II, 116; réservée aux soixante-quinze pairs (ANGOUL., 1507), I, 339; aux vingt-cinq échevins (POITIERS, 1463), 371, 404; étendue aux habitants (1467, 1472), 371, 409, 424; confirmée par Charles VIII (1485), 375 n; par François Ier (1534), 376; — d'Angoumois convoqué à Angoulême, (1542), II, 142. Voy. Host et chevauchée, Service militaire.
Bancs, nom du quartier de Saint-Jean-d'Angely, où se tenait le marché, II, 140.
Banlieue. Etait soumise à la juridiction de la commune, (ET., 34, *Banleua, banleugua,* BAY., *bailie*), I, 19; II, 40, 41; (ANGOUL., 1373, *banleuca*), I, 324 n, (1466), 343, (1762), 345, 346, 347; (BAY., *dex*), 171 n, 173 n, ses limites en 1296, II, 81; (POITIERS, *quinta*), 411; (ROUEN, 1199, *leucata*), I, 30; II, 57 n; (1207, *banleuga*), I, 32, 33; II, 57, 63; (1278, *banleuca*), 64, 65; (S.-J.-D'A., 1373), I, 324 n.
Bannir, *banir, mete ban* (BAY., 1273), marquer des marchandises pour notifier leur saisie à titre de gage, I, 167.
Bannissement. (ET., 26), — du débiteur insolvable jusqu'à désintéressement du créancier, I, 22; II, 34, 35. (ET., 37), — an et jour du parjure, II, 42, 43; (ANGOUL.), I, 344. (BAY., 1273), — du débiteur récalcitrant, 167; — des faux témoins et des suborneurs, 171. Le banni appelé mainmorte, 173. (1291), interdiction de donner asile aux bannis, 155 n. (1338), — de citoyens pour refus de serment au maire, 129. (1343), — de P. de Poyanne pour usurpation de pouvoir, 130. (1398), — d'un vicaire et de ses partisans, 132, 133. (LA ROCH., 1307), — du sous-maire pour injures au maire, 80. (S.-J.-D'A., 1396), — d'un voleur, 316. Voy. Juridiction.
Banqueroutes communales, I, 40.
Banvin. Droit de — (CHAT.), voy. Taverniers; (S.-J.-D'A., XIe s.), I, 291; (TOURS, XIIe s.), 189 n. Voy. Estanc.

Barailhose (Et., 16, Bay.), querelleuse, *litigiosa*, i, 22.
Barbitonsor (*Guillelmus*), citoyen de Poitiers, en 1267, ii, 158.
Barbot (Amos), ses travaux sur l'histoire de La Rochelle, i, 59.
Barbot (Jean), bourgeois de Tours, en 1462, ii, 96.
Barcelone, administrée au xiiie siècle par un conseil de cent bourgeois, i, 430.
Bardos (Bidau de), garde des champs à Bayonne, en 1304, ii, 89.
Bareau, dit Gendon (Arnault), résigne sa pairie à Angoulême, en 1498, i, 337.
Barentin (Dreux de), sénéchal de Guyenne, en 1259, i, 111.
Bareun. Vox. Warenne.
Barrage. Droit de —, établi au profit de la ville, (Angers, 1474), i, 235; (Niort, 1385), i, 256; (Poitiers), i, 414; (Tours, 1462), i, 219, 222; ii, 116; établi au profit de la couronne (Bourges, 1474), i, 229.
Barrages sur la Seine (1199), i, 31.
Barrarius, agent chargé de percevoir la coutume à une barrière, (Rouen, 1150-1207), ii, 58, 59 n.
Barraudi (*Bernardus*), maire de S.-J.-d'A, en 1332, i, 316 n.
Barre (Guillaume de), général des finances, en 1465, ii, 124.
Barrière (Droit de), réglementé à Rouen, en 1150 et 1207, i, 27; ii, 58, 59.
Barthélemi, *Bartholomeus*, bourgeois de Chateauneuf, v. 1143, i, 191; ii, 100.
— Voy. Dupuy, Fergant, Fremaud, Lesbay, *Podio*, Roies.
Bartholomeus camerarius. Voy. Roies (Barthélemi de).
Barthomé. Voy. Le Lombart.
Barthommé (Jean), candidat à la mairie de S.-J.-d'A., en 1612, i, 307.
Basingburn, Bassingbourn, Angleterre, Essex. Jean de —, ii, 4, 5.
Basques. Seigneurs — s'emparent de Bayonne, en 1400, i, 134.
Baudet. Voy. Berthelot.
Baudeti (*Johannes*), sergent royal à S.-J.-d'A., en 1278, i, 315.
Bayeux. L'une des villes qui doivent avoir les Et., i, 1; a été organisée en commune à la fin du xiie s., 47.

Bayonne. Sources de son histoire; archives de —, les livres d'établissements, i, 97; le coutumier, 99; publication de MM. Balasque et Dulaurens, 100; copies faites pour la collection des monuments de l'histoire du Tiers-Etat, 101; copies faites pour Bréquigny dans les archives de la Tour de Londres, 102. La cité au xie s. partagée entre le vicomte et l'évêque, *ibid*. Guillaume IX d'Aquitaine concède aux Bayonnais des privilèges et ouvre un lieu d'asile entre la Nive et l'Adour (v. 1121), 103. Règlement pour la pêche et le commerce du poisson, 104. Privilèges concédés par le prince Richard (1174), 105. Organisation de la ville à la fin du xiie et au commencement du xiiie s.; c'était une commune. Acte de société des navigateurs bayonnais; charte des malfaiteurs (1190), 106. Privilèges des Faures (1204), 107. Traité avec Sanche-le-Fort (1204), 107; ii, 76. Organisation au début du xiiie s. Charte de commune de Jean Sans-Terre qui importe les Et. (1215), i, 1, 9, 54, 107; ii, 2-5. Traduction bayonnaise des Et., i, 4, 9, 10, 12, 98, 108; ii, 4-54. Jean Sans-Terre lui demande des secours contre ses barons (1216), i, 107 n. La nouvelle organisation n'est pas immédiatement appliquée, 108. Troubles en 1228, xjx. Milices de — employées par Henri III en Poitou (1220-1224), 248, 250 n. Henri III nomme les cent-pairs (1249); factions qui se partagent la ville, 109. Traité avec Thibaut Ier, roi de Navarre (1248), 109; ii, 78. Simon de Montfort, puis Henri III, nomment directement le maire, i, 110. Traité avec Marguerite reine de Navarre (1253), 110, ii, 80. Tentative de Gaston de Béarn, sur — (1254), i, 110. Serment des Bayonnais au prince Edouard (1254). Les maires nommés directement par le roi, 111. Nouveaux troubles (1261), 112. La mairie aux mains du parti populaire ; nouvelles discussions ; accord entre les factions. Le roi d'Angleterre projette de régler les statuts de la ville (1273), 113. Rédaction des coutumes ; leur caractère, leurs tendances, 114. Vaines tentatives des Bayonnais pour faire confirmer leur droit de parcours. Etrangers nommés maires. Le sénéchal nomme à la mairie le chef du parti populaire (1279), 120. Conflit avec l'église ; les magistrats de la ville excommuniés, puis condamnés par le roi d'Angleterre (1281), 120. La mairie aux mains du parti populaire ; nomination d'un des chefs du parti aristocratique ; nouveaux troubles (1286) ; la mairie donnée par Edouard Ier à un étranger (1287), 121. Raymond Bernard de Durfort, maire et gouverneur de — pour le roi de France (1294), 121. — reconquise par les Anglais la même année, 122. Privilèges concédés par Edouard Ier (1296), 122. Confirmation des privilèges par Edouard II (1307), 123. Opposition contre la famille de Viele ; élections entachées de violence (1312), 124. Destruction des nasses et incendies des maisons de la famille de Viele ; Pierre Arnaud en appelle au roi de France, 124. Les Bayonnais condamnés à raison d'une expédition contre Amanieu d'Albret et pour leurs attentats contre les de Viele, 125. Ils reçoivent des lettres de rémission, 126. Pierre Sanche de Jatxou maintenu à la mairie malgré les Et.; la mairie en la main du roi ; le prévôt nommé maire (1313 et 1314), 127. Les élections rétablies (1318), concession de privilèges, 127. Conflits avec le prévôt royal, la mairie réunie à la prévôté (1326), 128. Troubles à la suite des élections (1330) ; Edouard III confirme les privilèges (1331). La marine bayonnaise pendant la guerre de cent ans, 128. Pierre de Poyanne, maire pour la durée de la guerre (1338) ; il prend le titre de vicaire ; bannissement des citoyens qui lui refusent le serment ; il est élu maire (1342), puis renversé et banni (1343), 129. Conflits avec les officiers royaux au XIVe s ; le maire maintenu sans élection avec le titre de vicaire ; retour au droit commun (1363), 130. Les Bayonnais prétendent faire nommer le maire directement par le roi ; maires nommés par les habitants sous les titres de *regidor* ou de *vicaires* (1392-1401), 131. Démêlés avec l'église, le corps de ville excommunié, la ville en interdit ; compromis (1397) ; le maire élu par les corps de métiers, puis banni ; l'évêque chassé de la ville, 132. Accord entre les partis. Les Bayonnais sollicitent le pardon du roi d'Angleterre ; Henri IV les somme de rétablir l'évêque, 133. Résistance des Bayonnais ; prise de — par les proscrits et les seigneurs basques ; Henri IV rétablit l'ordre et accorde des lettres d'abolition (1402), 134. Confirmation des privilèges par Henri VI (1423); chevaliers anglais nommés maires par lettres patentes (1428-1445), 134. Election d'un maire (1445); la mairie définitivement perdue (1446); la ville conquise par les Français (1451); Charles VII modifie l'organisation municipale, 135. Régime municipal depuis 1451. Louis XI rend aux habitants la nomination du clerc de ville (1462), 136. Administration municipale jusqu'au XVIIIe siècle. Persistance de la juridiction mucipale et des anciennes règles jusqu'en 1789, 137, 438. — ORGANISATION MUNICIPALE. Sources de l'histoire du droit municipal bayonnais ; établissements municipaux, I, 139 ; II, 81, 95. Serments des membres du corps de ville ; époque de leur élection, II, 52 *n*, 53 *n*, 84. Cent-pairs, caractère de cette institution à Bayonne, I, 140 ; leurs attributions, 141 ; leur serment, 142; II, 53 *n*. Maire, I, 143 ; II, 16 *n*, 44 *n*, 45 *n*, 52 *n*, 81, 85. Voy. ce mot. Lieutenant de maire, I, 148,

150. Vingt-quatre jurés; échevins; conseillers; officiers de la commune, 149 ; II, 89, 93. Clerc ordinaire de la ville ; sergents, I, 150. Procureur syndic ; gestion des finances de la commune, 151. Officiers de la cour du maire. Garde des clefs de la ville, 152 ; II, 44 n, 45 n. Sceau de la commune, I, xjx. Bourgeois ou voisins, I, 18, 153 ; comment on acquérait et l'on perdait le droit de voisinage, I, 154 ; II, 42 n, 43 n, 48 n, 49 n. Serment des gens d'église, I, 155. Rôle des citoyens dans l'organisation municipale ; assemblées générales, commun conseil, cour de commune, 156. Solidarité des citoyens, 157, II, 27 n, 51 n. Juridiction municipale ; elle comportait la haute justice, I, 158. Son ressort ; étrangers et clercs devant le tribunal de la commune, 159. Police du tribunal, II, 14 n. Juridiction ecclésiastique ; comment la justice municipale atteignait les clercs, I, 160 ; II, 28 n, et les étrangers, 50 n. Matières réservées à l'official ; droit d'asile, I, 161. Lettres de marque, 162. Réciprocité de la justice entre étrangers et voisins, I, 163. Procédure devant les tribunaux municipaux; l'*enquest*, la *clameur*, 165. Compétence du maire, 166; II, 81. Paie de commune, I, 166 ; II, 34 n, 44 n. Rôle du maire dans la procédure, I, 167. Compétence de l'échevinage, 168. Cour des cent-pairs; instruction des affaires criminelles, torture, 169. Pénalités ; immersions dans l'eau, 171; II, 22 n. Prison, I, 172. Condamné gracié lorsqu'une fille offre de l'épouser, 173. Juridiction d'appel de la justice municipale, 174. Officiers royaux ; sénéchal de Guyenne, châtelain, prévôt, 175. Milice communale, 175 ; Guet et contre-guet, 177 ; II, 90. — Pont Mayou, I, 171. Pont Panecau, 172, II, 24 n. Porte Saint-Léon, I, 171.

Bayonne (Petit). Voy. Bourgneuf.

Baysebon (Stephanus), II, 155.

Bazas (Pierre Arnaud de), maire de Bayonne, en 1283, I, 121.

Béarn. Voy. Gaston.

Beauchamp (Geoffroi de), prévôt de Bayonne, en 1253, I, 110 n.

Beaumanoir. Renseigments qu'il donne sur la lutte de la royauté contre les communes, I, 40 ; sur la lutte des classes inférieures contre la bourgeoisie, 41, 42.

Beaumont en Argonne (Loi de), I, xxij.

Beaumont (Jean de), arbitre, en 1231, entre les chanoines de Saint-Martin et les bourgeois de Châteauneuf, I, 203 ; II, 104.

Beaumont (Jean de), chevalier, en 1224, II, 75.

Beauvais. Analogies de sa charte communale avec les Etablissements, I, 435. Evêque de —. Voy. Jean de Marigny.

Beauvoir (le sire de), II, 124.

Bec-Oysel en Brie, I, 255 n.

Bégon (Michel), intendant de La Rochelle, I, 87, 304.

Beguer. Voy. Vicomte.

Béhuchet (Nicolas), commissaire royal à S.-J.-d'A., en 1335, I, 298.

Beidestrau (Vivianus), II, 144.

Belesme. Voy. Bellême.

Belidz (Jean), maire de Bayonne, en 1285-12n6, I, 121.

Belin (Luc), prêtre à Cognac, en 1508, I, 281.

Bellême, Orne, arr. de Mortagne. Robert, comte de —, I, 52.

Bellum campestre, guerre ouverte, (S.-J.-D'A, XIe s.), I, 292. *Bellum canpale* (POITIERS, 1199), 354 n. Voy. Host et chevauchée.

Bellus Mons. Voy. Beaumont.

Benjamin. Voy. Rohan.

Benoit XIII, antipape à Avignon, I, 132.

Bergantine, (BAY., 1327), officier de la commune, I, 153 ; II, 94.

Bergonh de Bordeaux (Loup), prévôt et châtelain de Bayonne, en 1312, I, 125 ; nommé maire pour trois ans, en 1314, 127 ; prévôt jusqu'en 1326, 128.

Berland (Arbert), seigneur des halles de Poitiers, en 1360 et 1372, I, 419 n.

— (Geoffroi), seigneur des halles de Poitiers, en 1188, *ibid*.

Bernard, comte de Poitiers, en 815, I, 350 n.
— évêque de Saintes, en 1146, II, 72 n.
— (Jean), juge et lieutenant-général du bailli de Touraine, en 1462 et 1463, I, 220 ; II, 97.
— (sire Ytier), échevin de Poitiers, en 1335, II, 161.
— *Bernardus, Bernardi*, Bernart. Voy. Astarac, *Barraudi*, Commin, Durfort, *Willelmus, S. Walericus*.
Berriots. Fief dont le nom est resté à un bois de la commune d'Arcangues, Basses-Pyrénées, cant. de Bayonne. Voy. Luc.
Berry (duc de). Voy. Jean.
Berthelot (Baudet), lieutenant du bailli de Touraine, en 1462, II, 96.
Bertin (Pierre), sénéchal du Poitou, en 1199, II, 144, 145.
Bertrade (la reine), donne à Saint-Martin le bourg de Saint-Pierre-le-Puellier, I, 190 n.
Bertrand (Arnaud), vicomte de Bayonne en 1174, I, 106.
—, vicomte de Bayonne, v. 1124, I, 104 n.
—, voy. Podensac.
Besoig de la vile (ET., 15, OLERON), affaires, intérêts de la ville, II, 23. Cf. *Coites.*
Biafore (BAY., 1304), cri des voisins pour appeler à l'aide, I, 158 ; II, 87.
Bidau. Voy. Bardos.
Biele, Bille. Voy. Viele.
Biron (Charles de Gontaut, duc de), maréchal de France, I, 385.
Blanche de Castille, reine de France, I, 272.
Blasphème, comment puni à Marseille, II, 25 n.
Blessures graves (ET., 12, *menbro debilitatio*), cas de haute justice, I, 19 ; II, 18, 19 ; (ROUEN, 1207, *mehaigne*), I, 33 ; II, 63 ; (1278, *mehagnium*), I, 37, 39 ; II, 65 ; (anc. cout. de Normandie), I, 38. Voy. Juridiction, *Mehaigne*, Mutilation.
Blois. Comte de —, voy. Eudes II. Etats de —, en 1576, I, 401. Ordonnance de —, en 1579, I, 332.
Bocau (*lo*). Voy. Boucau.
Bochart de Champigny, conseiller d'Etat, intendant à Poitiers, en 1616, I, 389.
Boille (*Estene*), — (*Johan*), échevins de S.-J.-d'A., en 1332, II, 137.
Boisleve (Nicole), procureur de la commune de Poitiers, en 1466, I, 374.
Boisseau (sire Pierre), maire de S.-J.-d'A., en 1331, II, 138.
Boissons. Droit sur leur transport perçu par le roi à Châteauneuf, I, 202. Voy. *Apetissement*, Banvin, *Chiquet*, Cidre, Commerce, Estanc, Impôts, Taverniers, Vin.
Boivre (la), rivière qui se jette dans le Clain, à Poitiers, I, 354.
Boniface VIII, pape, I, 412.
Boniface IX, pape, I, 132.
Bonini (Petrus), II, 144.
Bonnart (Jean), bourgeois de Tours en 1462, II, 96 ; Elu en 1463, I, 221 n.
Borc (Jean de), bordelais, maire de Bayonne en 1277, I, 120.
Bordeaux, I, 92 n, 182, 355, 388 ; II, 97, 98. Son organisation municipale imitée à Bayonne, I, 107, 141. Son influence en Guyenne, XXIJ, 434 ; sa constitution donnée à Saint-Emilion, 435 ; ne doit pas être classée parmi les villes qui ont reçu les Etablissements, *ibid.;* ses milices envoyées par Henri III contre les barons poitevins, 248 ; le maire n'y peut garder la mairie deux années de suite, 144 ; révision de ses statuts en 1261, 113 ; procès avec S.-J.-d'A., en 1291, 318 ; son commerce de vins avec la Flandre, 311 ; II, 138, 139. Parlement de — transféré à Poitiers, en 1469, I, 372. — Voy. Loup Bergonh.
— Archevêque de —, voy, *Gaufridus.*
Boret (lo loc de), limite de la juridiction de Bayonne, II. 81.
Borser (Johannes), II, 146.
Bos. Voy. Matha.
Boscherii (P.), prévôt royal à S.-J.-d'A., en 1278, I, 315.
Boucau (le), *lo Bocau*, Basses-Pyrénées, canton de Bayonne, II, 81, 94.
Bouchage (Imbert de Bastaŕnai sire du), commissaire envoyé par Louis XI à Bourges, I, 229.

Bouchardus II, 108.
Bouchers de Poitiers, leurs statuts en 1245, I, 363 n ; en 1274, 402 n.
Boucicaut (Jean le Meingre, dit), maréchal de France, délivre Poitiers à Jean Chandos, en 1361, I, 365.
Boulangers, (POITIERS, 1245), leurs statuts, I, 363 n, (ROUEN, 1256), soumis à la juridiction du panetier du roi, 36 ; (S.-J.-D'A., XI° s.), impôt sur les —, 292.
Boulogne, comte, comtesse. Voy. Regnauld, Ide.
Bourbon (Jean I de), lieutenant du roi en Saintonge, Poitou, etc., en 1347, I, 414 n.
Bourbonnais, I, 179.
Bourg, distinct de la cité à Rouen, v. 1050, I, 27. — de S.-J.-d'A., se forme autour de l'abbaye, 288, 289. Les habitants d'un — nommés bourgeois, 189 n. — de Saint-Martin, voy. Châteauneuf.
Bourg-Neuf ou Petit-Bayonne, partie de la ville de Bayonne située entre la Nive et l'Adour, peuplée en 1121, I, 103, 104.
Bourgeois, nom ordinairement réservé pendant la première partie du m.-â. aux habitants des bourgs ou des villes qui n'avaient pas rang de cité, I, 189 n. (ET.), voy. Jurés de commune, Voisins. — d'ALENÇON, leurs privilèges, 52. — d'ANGERS, leur rôle dans l'administration de la ville, 232, 233. — d'ANGOULÊME, voy. Citoyens. — de BAYONNE, voy. Voisins. — de CHATEAUNEUF, (1122), se révoltent contre le chapitre de Saint-Martin, 187 ; (1141), font déterminer les droits du chapitre, 188 ; (1143), privilèges concédés par Louis VII, 189 ; prétendue confirmation de leur association, 190, 191 ; II, 100 ; (v. 1150), conflits avec Saint-Martin, I, 192, 193 ; (1180), nouveau soulèvement, 194 ; ils sont excommuniés, 195 ; puis absous, 196 ; (1181), reçoivent une charte de Philippe-Auguste, *ibid.*; (1184), établissent une commune, sont excommuniés, 197 ; portent l'affaire en cour de Rome, 198 ; se soumettent et abolissent la commune, 199 ; les récalcitrants excommuniés, 200 ; (1189), sont tenus à l'host et à la chevauchée pour le comte d'Anjou, et lui font hommage, 201 ; impôts auxquels ils restent soumis, 202 ; (1212), rétablissent la commune ; vaincus, ils reçoivent du chapitre une nouvelle organisation, *ibid.*, II, 101 ; sont tenus au guet, 102 ; (1231), nouvelle révolte, I, 203 ; ils prétendent ne pouvoir être cités en justice hors de Châteauneuf, *ibid.*; (1232), leurs franchises garanties par le chapitre, *ibid.*, II, 104, 106 ; (1247), refusent une redevance au chapitre, I, 204 ; (v. 1251), refusent le service militaire au chapitre, *ibid.*; (1305), fondent une confrérie et rétablissent la commune ; attaquent et bloquent le chapitre, 205 ; II, 107 ; sont condamnés à une amende de 10,000 livres tournois, I, 206 ; (1356), s'associent avec ceux de Tours pour élever des fortifications, voy. — de Tours. — de FALAISE, leurs franchises et privilèges, 49. — de LA ROCHELLE, (*bourgeois jurés de commune*), leurs franchises, privilèges et charges, 61, 62, 63, 64, 83 ; (v. 1170), peuvent disposer de leurs biens et se marier librement, 65 ; (1205), sont exempts d'impôts, 69 ; (1208), leurs privilèges relatifs au service militaire, 70 ; (1223), nomment directement le maire, 70, 78 ; (XIV° s.), vexations qu'ils subissent de la part des officiers royaux, 73, 74 ; (1423), se joignent aux officiers royaux contre les magistrats municipaux, 76 ; (1548), ont droit à huit places dans l'échevinage, 78, 81 ; — soustraits à la juridiction communale et soumis à une autre juridiction, 84 ; serments des — ; droits qu'ils payaient pour acquérir la bourgeoisie, *ibid.* — de NIORT, leurs privilèges, 238-240, 242, 251-256, 258, 260 ; les privilèges supprimés (1440), puis restitués (1442), 259 ; soumis au service militaire, 241, 242 ; chargés de la garde du château, 243 ; exempts d'impôts, 242, 261 ;

soumis à la juridiction municipale, 264, 265 ; leurs lettres à Henri III d'Angleterre (1220), 244 n, 246 n, 247 n ; ils nomment les échevins (1681), 262. — d'OLERON, voy. Habitants, Jurés. — de POITIERS, voy. Citoyens. *Bourgeois et marchands*, constituent au XVIe s. la classe inférieure ; difficultés pour leur admission aux charges municipales, 378, 379 ; *bourgeois, bourgeois-jurés* (XVe s.), noms donnés aux pairs, 379, 383, 392, 406. — de PONT-AUDEMER, leurs privilèges, 51. — de RÉ, voy. Habitants. — de ROUEN, voy. Citoyens. — de SAINTES, leurs privilèges, 85, 86. — de S.-JEAN-D'ANGÉLY, (*burgenses, jurati*), leurs privilèges et franchises, 294, 295 ; (1338), ont le monopole de la vente du vin provenant de leurs domaines, 298 ; (1351), leurs privilèges confirmés par le roi Jean, 299 ; (1372), ont le monopole du commerce de détail de la ville, 300 ; leur participation à l'administration municipale, 311, 312 ; sont soumis à la juridiction de la commune, 313 ; leur condition, 317. — de TOURS, (XIVe s.), associés à ceux de Châteauneuf pour élever les fortifications, 209 ; soumis à l'obligation du guet et aux impôts, 210 ; se réunissent pour aller détruire Marmoutiers, 211 ; armés et organisés en milice par les prudhommes, 212 ; (1359), nomment les élus, 213 ; leur rôle dans l'administration de la ville, *ibid.*; lettres d'abolition en leur faveur, 215 ; (1462), doivent nommer le maire et les échevins, 218 ; leurs privilèges, 219 ; (1463), ils rétablissent le gouvernement des élus, 220 ; élisent les trois candidats à la mairie, 221 ; vexations qu'ils subissent de la part de Louis XI, 223 ; ils demandent la réforme de l'organisation municipale, 225 ; (1611), ils élisent les échevins, 226 ; (1619), ils élisent les trente-deux électeurs des candidats à la mairie, 227.

Bourgeoisie (Droit de). Comment on l'acquérait. (ET., 30), I, 18 ; II, 38, 39, comment on le perdait. (ET., 38), I, 18 ; II, 42, 43 ; (BAY.), 129, 154 ; (LA ROCH.), 84. Voy. Voisinage, Bourgeois, Jurés, Voisins.

Bourges, I, 355 ; gouvernée depuis le XIIe s. par quatre prudhommes élus, 228 ; (1418), est l'un des boulevards du parti du dauphin, 370 ; (1474), les impôts établis par Louis XI provoquent un soulèvement ; le roi réforme l'administration municipale et établit un maire et douze échevins à sa nomination, 229 ; ordonnance qui lui attribue les mêmes droits et privilèges qu'à Tours et à La Rochelle, 230, 437 ; le régime des prudhommes rétabli en 1484, 231. — Prieuré de N.-D. de la Comtat, 229. Grosse tour de —, *ibid.*

Bourgogne. Royaume de —, 1, 351.

Bourguignons. Parti des — à Paris, en 1418, I, 370.

Bourré (Jean), secrétaire du roi (1465), II, 124.

Bourreliers de Poitiers, leurs statuts (1265), I, 363 n.

Bouvart (Me Jean), II, 123.

Bray (Nicolas de), commissaire enquêteur à La Rochelle, de 1315 à 1317, I, 65 n, 74.

Braymans, brabançons, journaliers, officiers de la commune à Bayonne (1317), I, xjx, 153 ; II, 94.

Bréauté (Foulques de), II, 4, 5.

Bretagne, I, 179, 253. Voy. Arthur.

Brete (Pierre), bourgeois de Tours, II, 123.

Brétigny. Traité de —, I, 75, 93, 255, 323, 365.

Briaut. Voy. Bréauté.

Briconnet (Jean), bourgeois de Tours, maire et élu en 1463, I, 320 ; II, 97, 98, 123.

Brie. Comtes de —. Voy. Thibaut, Marguerite.

Brigveir. Voy. Bruyère.

Brilhac, famille de Poitiers du parti de la Ligue, I, 387.

Brilhac de Nouzière, maire de Poitiers, en 1614, I, 388.

Brion (Gillet de), bourgeois de Tours, II, 123.

GIRY, *Etablissements de Rouen.*   Tome II. — 13

— 194 —

Brissac (Charles de Cossé, duc de), maréchal de France, chargé de pacifier Poitiers, en 1616, I, 389.
Broc (Hugues de), chevalier, maire, prévôt et châtelain de Bayonne, en 1286-1287, I, 121.
Brochard, famille de Poitiers du parti de la Ligue, I, 387.
Brochard (Jean), maire de Saint-Jean-d'Angély, en 1612, I, 303.
Broil (Pierre du), bourgeois de La Rochelle, I, 73 n.
Bruges. Son commerce avec les villes du S.-O. de la France, I, 311, 318; II, 139. Magistrats de — nommés *apaiseurs*, I, 430.
Bruneau (Jean), conseiller au présidial de La Rochelle, travaille, en 1613, dans les archives de cette ville, I, 56, 59.
Brunswick. Voy. Othon.
Bruyère (Guillaume), II, 4, 5.
Buch. Voy. Captal.
Bûcher. Peine du —, en usage à La Rochelle, en 1315, I, 73 n; à Angoulême, au XVIe s., 344.
Bueil, Indre-et-Loire, canton de Neuvy-le-Roi. Voy. Louis.
Buffet (Pierre), maire de La Rochelle, en 1356, I, 58.
Burgh (Hubert de), sénéchal de Poitou, v. 1215, I, 271.
Burgos (Espagne), I, 111.
Burton (Thomas), chevalier anglais nommé, en 1428, maire de Bayonne pour dix ans, I, 134, 135.

Cadurcus, chancelier de France, en 1146, II, 71, 73.
Caen, a été régi par les Et., I, xviij, 1; ses privilèges, 48, 49; II, 62 n.
Cambrai. Capitulation de —, en 1594, I, 174.
Canat (Guillaume de), maire de La Rochelle, en 1462, I, 76.
Cantorbéry. L'archevêque reçoit, en 1224, un bourgeois de La Roch., I, 84. Voy. II.
Capbreton, Landes, canton de Saint-Vincent-de-Tyrosse, I, 128, 159.
Cap-de-Pont, *Cap dou pount*, faubourg de Bay., I, 104, 122, 159.
Capitaine de la ville. (PONT-AUDEMER, XVe s.), I, 51. (SAINTES), 87. — général de la cité (BAY.), titre porté par le maire, 148, 177; II, 92. — du château (BAY.), voy. Pascal de Viele, Châtelain. — de la ville et du château (TOURS), aux gages de la ville et nommé par le roi, I, 216; Louis XI le met aux gages du roi, 179. — de la ville (ANGERS), était un officier ducal, 233, 234. (NIORT, XVIe s.), titre porté par le maire, 268, (COGNAC, 1508), était un officier seigneurial, 283. (ANGOUL., XVIe s.), titre porté par le maire, 336, 344 n; II, 141. — du château (POITIERS), titre porté par le maire, I, 422. Voy. Château, Châtelain.
Capitaines, officiers de la milice communale (ANGOUL., 1542), II, 142. (POITIERS, XVIe s.), I, 424, 425.
Capitaines du guet (BAY.), élus par les cent-pairs, I, 177; II, 91.
Captal de Buch, seigneur de Cognac, en 1357, I, 278.
Caritate (P. de), maire de Poitiers, en 1243, II, 155.
Carloman, confirme l'immunité de Saint-Martin-de-Tours, (882 ou 883), I, 186.
Carpenter (Jousselinus — de Platea), II, 155.
Cartas pueblas, I, 103.
Castellione (Wallerus de), I, 28.
Castelrieux (Elie de), chevalier de Cognac, I, 275.
Castille, traité avec Henri III, en 1254, I, 111.
Castrum Eraudi. Voy. Châtellerault.
Caumartin, intendant du Poitou, en 1588, I, 389.
Caux (pays de), communes associées à celle de Rouen, I, 48, 440.
Caver, chevalier, (ET., 21), II, 28.
Cavig (G. de), bourgeois de La Rochelle, en 1224, II, 75.
Celles (abbaye de), Deux-Sèvres, arr. de Melle, I, 257 n.
Cens. (BAY., v. 1121), les habitants soumis au — annuel, I, 104. (NIORT, 1269), émeute provoquée par le doublement du —, 253. (S.-J.-d'A., v. 1050), — payé à l'abbaye par les immeubles du bourg, 292.

Cent (le), nom du corps de ville à Poitiers, I, 393; II, 161. Voy. Corps de ville, Pairs.

Centaine, *Centeye*, nom donné à Bayonne à la réunion des cent-pairs, I, 142; II, 85, 93. Institution municipale à Pont-à-Mousson, I, 430. Cf. Mézée, Mois et cent.

Cent-pairs. Voy. Pairs.

Cerisay (Guillaume de), greffier du Parlement, maire d'Angers, en 1474, I, 234.

Cesaris burgus. Voy. Cherbourg.

Chabot (Charles), baron de Jarnac, gouverneur de l'Aunis, en 1527, maire de La Rochelle, en 1535, I, 77.

Chaille (André), maire de Poitiers, I, 374.

Chaire (droit de), en quoi il consistait, (Niort, I, 266; (Angoul.), 335, 337; (Poitiers), 399. Analogie avec le régime romain, 429.

Chalon. Voy. Rochefort.

Chambre des comptes, restreint les privilèges de La Rochelle, en 1521, I, 77; contrainte d'enregistrer ceux de S.-J.-d'A., en 1481, 301; conteste les privilèges de noblesse du corps de ville d'Angoulême, 339.

Chambre des comptes d'Anjou, surveille les finances d'Angers, I, 233.

Champagne (comte de), refuse des secours au roi de France contre Poitiers, en 1138, I, 355. Voy. Marguerite, Thibaut.

Champigny. Voy. Bochart.

Champion à gages, les bourgeois de Rouen ne sont pas tenus de se battre contre lui, I, 27.

Champniers, Charente, canton d'Angoulême, I, 347 n.

Chanceliers de la commune (Bay., 1341), I, 152. Voy. Enquesteur.

Chandos (Jean), prend, en 1361, possession d'Angoulême, I, 323, de Poitiers, 365, 366.

Changeurs, à Chât., I, 187, 200; à S.-J.-d'A., 289, 291.

Chaourse (Émery de), bourgeois de La Roch., en 1224, I, 84.

Charente (la), fleuve de France, I, 242, 269; ponts sur la —, 281; théâtre d'émeutes au sujet de la gabelle, 284. Port d'Angoulême sur la —, 322, 346.

Charlemagne, confirme, en 782, l'immunité de Saint-Martin-de-Tours, I, 185 n.

Charles le Chauve, roi de France, confirme, en 845, en 854 et en 862, l'immunité de Saint-Martin-de-Tours, I, 185; répare les fortifications de Tours, 207.

Charles le Gros, empereur, confirme, en 886, l'immunité de Saint-Martin-de-Tours, I, 186.

Charles le Simple, roi de France, confirme, en 899 et en 918, l'immunité de Saint-Martin-de-Tours, I, 186.

Charles IV, dit *le Bel*, comte de La Marche, puis roi de France. Niort fait partie de son apanage depuis 1317, I, 254; confirme, en 1319, la juridiction municipale de cette ville, 263, 264; donne le comté d'Angoulême à Jeanne de Navarre, 275; confirme la commune de Niort (1322), 254; s'empare de l'Agenais (1324), 364; confirme les privilèges de La Roch. (1324), 75; confirme un arrêt en faveur de Niort (1325), 254, 264.

Charles V, régent du royaume puis roi de France, réduit à six le nombre des prudhommes de Tours (1357), I, 211; concède le Poitou au duc de Berry (1357), 367 n; déclare Oleron réunie à la couronne (1359), 93; ses relations avec les élus de Tours (1359-1360), 215; rend le Poitou au duc de Berry (1369), 367; déclare Oleron réunie à la couronne (1372), 93; confirme les privilèges de Ré (1372), 96 n; confirme le gouvernement des élus à Tours (1372), 213; concède des privilèges à S.-J.-d'A. (1372), 300, 325; confirme les privilèges de Poitiers (1372), 368; concède des privilèges à La Roch. (1373), 75, 181; confirme ceux d'Oleron (1373), 93; concède des privilèges à Angoulême (1373 et 1374), 8, 305, 324, 325; oblige les ecclésiastiques d'Angoulême à contribuer aux guets et gardes, 326; mandement relatif aux élus de Tours (1380), 215.

Charles VI, roi de France, confirme l'institution des élus de Tours (1380), I, 215; confirme les privilèges de La Roch. (1381), 76; confirme ceux de Falaise (1382), 50; confirme ceux de Cognac (1382), 278; autorise le corps de ville d'Angoulême à maintenir en charge le maire sortant (1391), 326; donne le comté d'Angoulême à Louis d'Orléans (1394), 279; confirme les privilèges de La Roch. (1412), 76; transfère le Parlement à Poitiers (1418), 370.

Charles VII, dauphin, puis roi de France, comte de Poitou, en 1417, I, 369; confirme les privilèges du corps de ville de Niort (1419), 257; confirme ceux de Ré, 96; confirme ceux de La Roch. (1423), 76; confirme l'institution des Elus de Tours (1423), 215; engage Niort au duc d'Alençon (1423), 257; confirme les privilèges de S.-J.-d'A. (1423), 300; confirme les franchises des habitants d'Angoulême (1424), 327; confirme les privilèges de Poitiers (1424), 370; attribue au sénéchal la connaissance des cas royaux à Poitiers (1430), 417; établit l'université de Poitiers (1432), 370; confirme les privilèges de Niort (1434), 258; établit un siège royal à Poitiers et déclare la ville unie définitivement à la couronne (1436), 370; supprime la mairie de Niort (1440), 259; crée les francs-archers (1448), 424; confirme les franchises des habitants d'Angoulême (1449), 327; modifie le régime municipal de Bayonne (1451), 135; autorise un droit d'apetissement à Angoulême, (1458 et 1460) 327.

Charles VIII, roi de France, confirme les privilèges de La Roch. (1483), I, 77; confirme ceux de Tours (1483), 224; modifie l'organisation municipale d'Angers (1483), 236; confirme les privilèges de Saintes, de Niort, de S.-J.-d'A., d'Angoulême (1484), 86, 260 n, 301, 327; rétablit à Bourges le gouvernement des prudhommes (1484), 231; confirme l'apetissement d'Angoulême (1485), 327; concède des privilèges à Poitiers, (1485 et 1488), 375; confirme ceux d'Oleron (1489), 93; établit un maire électif à Niort (1492), 86; confirme les privilèges de Tours (1493), 224.

Charles IX, roi de France, confirme les privilèges de Niort (1560), I, 261 n; ceux de Saintes (1561), 86; veut organiser Tours sur le modèle de Paris (1565), 225; s'empare de S.-J.-d'A. sur les Huguenots (1569), 302; confirme les privilèges de Tours 1571), 225; ceux de Poitiers (1574), 380.

Charles d'Espagne, connétable de France, s'empare de S.-J.-d'A., en 1351, I, 299; devient comte d'Angoulême, en 1352, 276, 323; concède des privilèges à Cognac (1352), 269, 276; II, 132; reçoit l'hommage du maire de Cognac, I, 277; meurt assassiné (1354), 278.

Charles d'Orléans, confirme en 1419 les privilèges du prieuré de Saint-Léger de Cognac, I, 271 n.

Charles d'Orléans, hérite en 1467 du comté d'Angoulême, I, 279; obtient la reconnaissance par le roi des franchises des habitants d'Angoulême (1484), 327; épouse Louise de Savoie (1488), 280.

Charles duc de Guyenne, confirme les privilèges de La Rochelle et de S.-J.-d'A. (1469), meurt en 1472, I, 76, 301.

Charles le Mauvais, roi de Navarre, fait assassiner Charles d'Espagne, en 1354, I, 278.

Charles Martel, I, 351.

Charles. Voy. Chabot.

Charmant, Charente, cant. de la Valette, I, 343.

Charpentiers, entraient dans la composition d'un tribunal spécial à Bayonne, I, 169.

Charpentiers du pont, officiers de la commune à Bayonne, I, 153; II, 94.

Charroux, Vienne, arr. de Civray. Concile de —, I, 351.

Charte des malfaiteurs de Bayonne (v. 1190), I, 106, 108.

Chartes de commune. Voy. Com-

mune, Alençon, Andely, Bayonne, Cognac, Falaise, La Rochelle, Niort, Oleron, Poitiers, Pont-Audemer, Ré, Rouen, Saint-Jean-d'Angély, Saintes. — *Carte de comune*, nom donné à Bayonne aux Et., I, 133, 139.
Chartres, I, 373. Evêques de —, 190, 194, 196. Voy. Salisbury (Jean de).
Chassaigne, moulin sur le Clain à Poitiers, I, 354.
Chasteaus (Guarners), sénéchal d'Oleron, II, 24 n.
Chasteigner de la Rocheposay (Henri-Louis), évêque de Poitiers depuis 1612, I, 387, 388.
Château, de BAY., les habitants demandent que sa garde soit confiée à l'un d'eux (1296), I, 122, 172 ; servait de prison, 169, 172. — de NIORT, mentionné au Xᵉ s., 238 ; concédé à Guillaume Le Queux (1204), II, 125, 126 ; était gardé par les bourgeois en 1220, I, 243 ; reçoit un châtelain en 1243, 252 ; la commune refuse de contribuer à ses réparations (1367), 255. — de COGNAC, 270 ; ses vicissitudes, 271, 272 ; résidence des comtes d'Angoulême, 280. Gouverneur, voy. Parabère. — de S.-J.-D'A., détruit en 1018, 288 ; concédé à l'abbaye, 289 ; soustrait à la juridiction de la commune, 312, 313. — d'ANGOULÈME, le sénéchal de Périgord en prend possession, 322 ; est soustrait à la juridiction de la commune, 343. — de POITIERS, est pris par les habitants de la ville en 1138, 355 ; est pris d'assaut par Duguesclin, en 1372, 368 ; sa garde partagée entre le maire et le sénéchal, 402 ; le maire en était capitaine, 422. Voy. Capitaine, Châtelain.
Châteauneuf (*Burgus S. Martini, Castrum novum*), bourg de l'abbaye de Saint-Martin réuni à la ville de Tours, I, 184 ; mentionné dès 862, 185 ; compris dans les confirmations d'immunité, incendié en 903, reconstruit et fortifié en 918, prend le nom de Châteauneuf, 186 ; incendié en 997, 1097 et 1122 ; première révolte des bourgeois, 187.

Louis VII détermine les droits du chapitre en 1141, réprime les empiètements des bourgeois et confirme leurs coutumes, 188 ; il les exempte d'impôts en 1143, 189 ; prétendue lettre de Louis VII, garantissant la confédération des habitants, 190 ; II, 100 ; nouvel incendie en 1157, I, 191 ; différends entre le chapitre et les habitants en 1164, 192 ; nouveau soulèvement des bourgeois en 1180, 194 ; excommunication des bourgeois, 195 ; Philippe-Auguste concède une organisation municipale, 196 ; les habitants établissent une commune en 1184 ; ils sont excommuniés, 197 ; ils portent l'affaire à Rome, le pape commet des arbitres, 198 ; suppression de la commune, 199 ; nouvel incendie en 1188 ; Philippe-Auguste et Richard Cœur-de-Lion règlent leurs droits respectifs et ceux de Saint-Martin sur —, 200. Condition des habitants, service militaire, hommage au comte d'Anjou, 201 ; impôts perçus par les co-seigneurs ; — occupé par Arthur de Bretagne, Philippe-Auguste, Jean Sans-Terre, les Cottereaux ; reconquis par Philippe-Auguste en 1203 ; nouvelle insurrection et rétablissement de la commune en 1212 ; suppression des prudhommes, organisation imposée par le chapitre, 202 ; nouvelle révolte en 1231 ; arbitrage, condamnation de la communauté ; le chapitre garantit les franchises, 203 ; II, 104, 106 ; conflits entre les bourgeois et le chapitre en 1247 et 1260 ; les bourgeois refusent le service militaire, I, 204 ; arrêt qui attribue la haute justice au chapitre ; les habitants fondent une confrérie et rétablissent la commune, en 1305, 205 ; sont condamnés par Philippe le Bel, 206 ; II, 107. — est compris dans l'enceinte de Tours, I, 209. Voy. Tours.
Châtel-Aillon, écart de la commune d'Angoulins, Charente-Inférieure, canton de La Rochelle, restitué sauf le château à Eble de Mauléon et Geoffroi de Ro-

chefort, I, 62 ; était ruiné à la fin du XIIᵉ s., 64 ; ses seigneurs, 70. Voy. Eble, Isambert.

Chatelain, officier royal chargé de la garde du château, — de LA ROCH., I, 74 ; — d'OLERON, 94 ; — de BAY., voy. Assarit (Pierre d'), Bergonh de Bordeaux (Loup), Broc (Hugues de), Podensac (Bertrand de), Rauzed (Pierre de). Réunion des fonctions de — avec celles de maire et de prévôt, 110, 121, 127, 145, 163 ; ses attributions, 172, 175 ; — de CHATEAUNEUF, 205, voy. Coraus (Philippe); — de NIORT, voy. Le Queux (Guillaume); était supprimé en 1220, 243 ; rétabli par Alfonse de Poitiers, 252. Voy. Maillé (Hardouin de), Voisins (Guillaume de). — de POITIERS, sous Alfonse, 363 ; nommé par Jean Chandos, 366. Voy. Capitaine, Château.

Chatellenie, de NIORT, ses habitants devaient le guet dans la ville (xvᵉ s.), 257 ; — de POITIERS, ses habitants devaient le service militaire à la commune, 422, 423, 424.

Châtelleraut, Vienne, (*Castrum Eraudi*), I, 422 ; II, 149, 150.

Chauny, Aisne, arr. de Laon, avait adopté les coutumes de Saint-Quentin, II, 25 *n*.

Chauvigné, *Calviniacum*, (*Gaufridus de*), II, 144, 146.

Cherbourg, *Cesaris burgus*, avait le droit d'armer chaque année un navire pour commercer avec l'Irlande, II, 60, 61.

Chetowind (Philippe), chevalier anglais, nommé maire de Bayonne en 1439, I, 135.

Chevalier (Mᵉ Etienne), trésorier du roi en 1461, II, 124.

Chevaliers, comment atteints par la juridiction communale (ET., 21), I, 20 ; II, 28, 29 ; — de BAY., I, 161 ; II, 28 *n*; — de ROUEN ne pouvaient en temps de guerre séjourner dans la ville plus d'une nuit (1199), I, 31 ; — d'ALENÇON (1199), 52 ; — de COGNAC, 275 ; II, 127.

Chevauchée. Voy. Host.

Chevaux, (Et., 52), peuvent être réquisitionnés pour le service de la ville, I, 19 ; II, 50, 51 ; (LA ROCH.), chaque habitant doit entretenir un cheval de guerre, I, 70 ; II, 68.

Chinon, Indre-et-Loire, II, 125, 126.

Chiquet, impôt sur le vin vendu au détail à Poitiers, I, 369, 414. Voy. Apetissement, Boissons, Impôt, Vin.

Chiriaco (*Savaricus de*), II, 144.

Chopin de Migrez (Pierre, Hugues), II, 138.

Christianus. Voy. *Guarini*.

Cicéron, cité dans la coutume de Bayonne, I, 118.

Cidre, *Pomade*, établissement relatif à son importation à Bay., I, 145.

Cinq-Sols (Jean), marchand de Poitiers, en 1443, I, 408.

Cité, nom donné aux villes épiscopales ; était distincte des bourgs à Rouen, I, 27, à Tours, 184, 206, à Poitiers, 354.

Citoyens, nom ordinairement réservé pendant le m.-â. aux habitants des villes épiscopales, I, 189 *n*; (ET.), voy. Jurés de commune, Voisins. — d'ANGOULÊME, leurs privilèges sous Jean Sans-Terre, 319, 320 ; prêtent serment au roi de France en 1271, 322 ; chassent les Anglais en 1373, 323 ; sont nommés *burgenses* dans la charte de 1373, 324 ; soumis à la juridiction municipale, 343 ; doivent le serment de bourgeoisie ; leur condition, 346. Voy. Jurés. — de BAYONNE, Voy. Voisins. — de POITIERS, leurs privilèges, 352, 407, 408, 409 ; II, 143, 145, 147, 149, 151, 152, 153, 154. Elisent le corps de ville, I, 362, 402 ; II, 154 ; sont soumis à la juridiction du maire, I, 364 ; sont appelés indifféremment habitants, jurés, bourgeois, *homines de communia*, 406 ; justifiaient de leur qualité par des *lettres de commune*, 408 ; devaient consentir les tailles, 408 ; II, 152 ; leur service militaire, I, 409 ; II, 149, 154 ; leur condition, I, 410. Voy. Bourgeois. — de ROUEN, leur condition et leurs privilèges, 25, 26, 27, 28, 29, 30, 32, 33 ; II, 56, 57, 58, 59, 60, 61,

62, 63, 64, 65, 66; sont tenus de prêter main-forte aux arrestations, I, 38; II, 65; réunis en assemblée générale, I, 41.

Cize, impôt établi, en 1318, au profit de Bayonne, I, 127. *Cort et cize*, tenue à Saint-Sever, en 1394, 131.

Clain (le), rivière qui passe à Poitiers, I, 354, 419; travaux pour le rendre navigable, 375, 401 *n;* port franc à Poitiers, 420.

Clameur, plainte adressée au maire par un demandeur à Bayonne, I, 165.

Classes inférieures, leur lutte contre l'aristocratie des villes, I, 40. Voy. Commun, Artisans.

Claudia Varenilla, inscription de son tombeau à Poitiers, I, 348.

Claveurier, famille de Poitiers, I, 420.

Clefs des villes, à qui leur garde était attribuée (ET , 40), I, 15; II, 44, 45; à ANGERS, I, 234; à ANGOULÊME et à S.-J.-D'A, 336; à BAYONNE, 152, 177; II, 44 *n;* à CHATEAUNEUF, I, 205 *n;* à POITIERS, 374, 402; à SAINTES, 86, 87; à TOURS, 216.

Clément VII, pape, I, 132.

Clerc, officier de la commune, (ET., 6, 7), I, 18; II, 14, 15; ANGERS), I, 234; (BAYONNE), — ordinaire, 150; II, 14 *n*, 82; son élection, 93; — du maire ou assesseur du maire, I, 136; (LA ROCHELLE), II, 15; (OLERON), I, 95; (TOURS), — de ville institué par les Elus, 212, 216.

Clerc de la prévôté, à La Rochelle, I, 74.

Clercs, comment atteints par la justice municipale (ET., 21), I, 20; II, 28, 29; (ANGOULÊME), contraints de se soumettre aux guets et gardes, I, 325, 326; soumis à la juridiction de la commune, 343, 344; tenus aux mêmes charges que les bourgeois, 346. (BAYONNE), clerc de Dax condamné par la commune, 120. Franchises des —, 132, 137; étaient bourgeois lorsqu'ils étaient bénéficiers dans l'église de la ville, 154; serments qu'ils prêtaient, 155; pouvaient plaider devant la justice municipale, 160; comment elle les atteignait, 160; II, 28, 29 *n;* conflits au sujet de leur juridiction, I, 161; (COGNAC), sont privilégiés comme les bourgeois, II., 127; (NIORT), demandeurs devant la justice municipale, 264; (POITIERS), appelés à délibérer dans le corps de ville, 394. Deux — sont capitaines de la milice bourgeoise, 424. Les — élisent les capitaines ecclésiastiques de la milice, 425; (S.-J.-D'A.), contribuent aux tailles pour les fortifications, 300, 317, 325; (TOURS), les — exempts du guet, 210; font échec à la réforme municipale de 1461, 182, 220. Convention conclue avec eux qui leur attribue un rôle dans l'administration municipale, 221; II, 110, 111; veulent bénéficier de l'exemption de franc-fief, 114; ne contribueront aux charges que de leur consentement, 115; leur privilège relatif aux droits de barrage, 116; leurs droits féodaux, 114, 120.

Clercs, nom donné à La Rochelle aux huit membres du corps de ville chargés de rendre la justice, I, 78, 81.

Clermont (Jean de), maréchal de France, détermine les travaux à faire pour fortifier Tours, I, 210, 211; met Poitiers en état de défense, 365.

Clerxs ET., 6). Voy. Clercs.

Cliçon, Clisson, Deux-Sèvres, canton de Bressuire (traité de), I, 272.

Cloche de la commune (ANGOULÊME), était dans le clocher de l'église Saint-André, I, 340, 341; II, 6 *n;* (COGNAC), I, 276; II, 133; (S.-J.-D'A.), I, 308; II, 6.

Cluny (abbaye de), dépossédée des îles d'Aix et d'Oleron au XIe s., I, 61; l'abbé de — fait établir une nouvelle paroisse à La Rochelle, en 1152, 63 *n*.

Clyfton, chevalier anglais, nommé maire de Bayonne par le roi d'Angleterre, I, 135.

Clynec (J. de), II, 138.

Coc, *Cocus*. Voy. Le Queux.

Cocy. Voy. Coucy.

Cognac, condition précaire de sa

municipalité pendant le m.-à., I, 269, 433 ; s'est développé autour du château et du prieuré de Saint-Léger, 270. Vicissitudes du château du XI° au XIII° s., 271. Charte de commune qui lui attribue les Et. en 1215, 1, 54, 272, 295 ; sa décadence, de 1220 à 1224, 248. Isabelle apporte — en dot à Hugues de Lusignan, 272. Si la commune avait survécu ; privilèges concédés par Gui de Lusignan, en 1262, 273 ; II, 127 ; sceau de la commune au XIII° s., I, 275. — réuni à la couronne par Philippe le Bel ; donné par Charles IV à Jeanne de Navarre, 275 ; confirmation des privilèges par Jean le Bon, 276 ; don de — à Charles d'Espagne qui rétablit la commune, 276, 277 ; II, 132. — conquis par les Anglais, reconquis par le duc de Berry ; élection de quatre jurés ; confirmation des privilèges par Charles VI, 278. — donné à Louis d'Orléans ; passe à Jean, son troisième fils, auquel succède Charles, mari de Louise de Savoie, 279. — résidence des comtes d'Angoulême, devient l'un des centres de la Renaissance, 280. Administration municipale, 280, 281 ; réforme par Louise de Savoie, 282, 283 ; privilèges accordés par François I°r, 283 ; confirmations des privilèges par les rois de France, 284 ; décadence de la ville au XVI° et au XVII° s., 284, 285 ; siège de 1651 ; privilèges pour récompenser la résistance de la ville, 286 ; réforme de l'administration municipale en 1700, 87 n, 287, 438. — Prieuré et bourg de Saint-Léger, 270. Château, *ibid.* Port Saunier, 270, 273.

Cohues, leur emplacement à S.-J.-d'A., I, 314 n.

Coindé (Guillaume), échevin à Poitiers, en 1265, II, 161.

Coite, affaires, profits, (ET., texte prov., 3, 4, 43, 51), II, 8, 10, 46, 50. Cf. *Besoig.*

Colas (Jean), conseiller au Parlement, commis pour faire une enquête sur l'élection du maire de Poitiers, en 1458, I, 370, 371.

Colas. Voy. Mouraut.

Colbert de Croissy, intendant de Poitiers en 1664, I, 262.

Coligny, assiège Poitiers en 1569, I, 380.

Collin (Raphaël), assesseur du grand sénéchal d'Aunis, en 1628, I, 80.

Colombiers, Charente-Inférieure, cant. de Saintes, II, 70.

Colonel de la ville, titre porté par le maire d'Angoulême au XVII° s., I, 336.

Columbariis (boscus de), in pago Xanctonico. Voy. Colombiers.

Combisault, maire de Cognac révoqué en 1651, I, 287.

Combon (Hugues de), bourgeois de S.-J.-d'A., en 1331, II, 138.

Commerce. (ANGOULÊME), franchises commerciales, I, 320 ; — sur la Charente, 322 ; règlements commerciaux, 342. (BAYONNE), — du poisson, 104, 105 ; — maritime, 106, 123, 162. (COGNAC), 269, 270. (LA ROCHELLE), 64, 72 ; II, 68. (NIORT), — par la Sèvre, I, 238, 239 ; son déclin dès 1215, 243, 248, 249 ; sa situation sous Alfonse de Poitiers, 252, 253 ; il se relève sous Philippe le Bel, 253, 254 ; ses vicissitudes du XIV° au XVI° s., 255, 256, 257 ; sa ruine, 261, 262, 268. (POITIERS), tentatives pour développer le —, sous Richard Cœur-de-Lion, 357 ; sous Philippe-Auguste, 360, 362, 407 ; II, 149, 153 ; sous Charles VII, I, 375, 419, 420 ; concurrence du bourg Saint-Hilaire, 376. (PONT-AUDEMER), 51. (ROUEN), 24, 27, 28, 30, 36, 43, 44 ; II, 59 ; — avec l'Irlande, I, 27, 28 ; II, 60, 61 ; — maritime, 61, 62. (S.-J.-D'A.), — du XI° au XIII° s., I, 289, 291, 292, 294 ; — avec la Flandre, 296, 302, 311, 317, 318 ; II, 138 ; police du — faite par le corps de ville, I, 298 ; — de détail, 300 ; ruine du — au XVII° s., 304. — des villes du Poitou, ruiné de 1215 à 1224, 243, 248, 249. Voy. Boissons, Changeurs, Cidre, Etrangers, Franchises,

Industrie, Marchands, Marine, Vin.
Commin (Bernardus), I, 28 n.
Commissaires royaux, à ROUEN, au XIII° et XIV° s., I, 34, 41, 44, 45 ; à LA ROCH., en 1315, 74 ; en 1460, 76 ; en 1530, 77 ; à BORDEAUX, en 1312, 125 ; à BAY., en 1400, 134 ; à BOURGES, en 1474, 229 ; à ANGERS, au XV° s., 233, 236 ; en POITOU, en 1249, 297 ; en 1439, 258 ; à S.-J.-D'A., en 1335, voy. Behuchet (Nicolas) ; en 1484, voy. Prévôt (Jean) ; à POITIERS, au XVII° s., 388, 389 ; voy. Colas (Jean), Mazuyer, Mangot. Commissaire du roi en Poitou sur le fait de la guerre, en 1345, voy. Vendôme (abbé de) ; à CHATEAUNEUF, en 1305, II, 109. Voy. Enquêteurs, Intendants.
Commun (le), nom qui désigne la classe inférieure des villes et quelquefois l'ensemble des habitants, I, 441 ; (ROUEN), — en lutte contre le corps de ville au XIII° s., 41 ; se soulève, en 1292, à cause de la maltôte, 42 ; refuse de contribuer au rachat de la commune en 1293, 43 ; lutte contre les gros bourgeois, 45 ; ses délégués contrôlent la gestion du corps de ville, 46 ; (LA ROCH.), — se joint aux officiers royaux contre le corps de ville en 1423, 76 ; reçoit le serment du maire, 80 ; (BAYONNE, *lo communau*), 106 ; (S.-J.-D'A.), 311 ; II, 136 ; (POITIERS), I, 412. Voy. Aristocratie, Artisans, Classes inférieures.
Commun-conseil. Voy. Conseil.
Communauté, *communitas, universitas*, nom donné à l'ensemble des habitants de Châteauneuf, I, 191, 196, 203 ; II, 101, 104, 105. Voy. Commune, Corps.
Communauté de biens, était de règle dans les mariages à La Rochelle au XIII° s., I, 84.
Commune, (ET., *communia*), sens de ce mot, I, 14 ; délits contre la —, 17 ; serment de —, 18 ; juridiction de la —, 19 ; crimes contre la — punis de l'*abattis de maison*, 21 ; — jurée, sens de cette expression dans les chartes anglaises, 440. Voy.

Communes. — d'ALENÇON (*communia*), établie, en 1199, par Jean Sans-Terre, 47, 51, 52 ; — d'ANGOULÊME (*libera communa*), établie, en 1204, par Jean Sans-Terre, 8, 320 ; réinstituée par Charles V, en 1373, (*communia jurata*), 324 ; — de BAYEUX, citée à la fin du XII° s., 47 ; — de BAYONNE (*communa, comunie*), existait à la fin du XII° s., 106 ; concédée, en 1215, par Jean Sans-Terre, 9, 107 ; II, 4 ; — de BORDEAUX (*communitas*), I, 435 ; — de CAEN, confirmée par Philippe-Auguste, 48 ; — de CHATEAUNEUF, (*communia*), établie, en 1184, par les habitants, 197 ; abolie, 198, 199 ; rétablie et abolie de nouveau en 1212, 202 ; II, 101 ; rétablie encore en 1305, I, 205 ; sentence contre les habitants *nomen communiæ usurpantes... congregati invicem ad modum communiæ licet corpus vel collegium non habeant*, II, 107, 108 ; — de COGNAC (*communa*), instituée, en 1215, par Jean Sans-Terre, I, 272 ; (*communitas jurata, jus communitatis*), rétablie par Charles d'Espagne, en 1352, 276, 277 ; II, 132, 134 ; — de DOMFRONT, établie en 1203, I, 47 ; — d'EVREUX, établie à la fin du XII° s., 47 ; — de FALAISE, établie, en 1203, par Jean Sans-Terre, confirmée, en 1204, par Philippe-Auguste, 48 ; confisquée au commencement du XIV° s., 50 ; — de FÉCAMP (*communa*), établie en 1202, 47 ; — de HARFLEUR, *ibid.*; — de LA ROCHELLE (*communia*), instituée, vers 1170, par Henri II, 63, 64 ; (*communia jurata*), concédée en 1199 par Éléonore, 68 ; confirmée en 1360 par Edouard III, 75 ; supprimée en 1535 par François Ier, 77 ; rétablie en 1548 et supprimée en 1628, 78 ; — de MONTIVILLERS (*communa*), établie en 1202 par Jean Sans-Terre, 47 ; — de NIORT (*communa*), établie en 1199 par Jean Sans-Terre, 239 ; (*communia*), confirmée en 1203 par le même et par Éléonore, et en 1204 par

Philippe-Auguste, 240 ; confirmée en 1224 par Louis VIII, 251 ; constituait une seigneurie tenue du roi, 268 ; — d'Oléron (*communia jurata*), confirmée en 1199 par Éléonore et Jean Sans-Terre, 89 ; confirmée en 1224 par Hugues X de Lusignan, 91 ; II, 74 ; subsiste durant le m.-à., I, 92, 93 ; désignée aussi par le mot *communitas*, 94 ; — de Poitiers, établie en 1138 par les habitants, 355 ; dissoute aussitôt par Louis VII, 356 ; (*communia jurata*), instituée en 1199 par Éléonore, 357 ; II, 145 ; confirmée en 1204 par Philippe-Auguste, I, 358 ; II, 147 ; et en 1222, I, 361 ; II, 151 ; désignée par les termes *communia jurata*, *communia*, *communitas*, I, 410 ; - de Pont-Audemer, (*communia*), confirmée en 1204 par Philippe-Auguste, 50 ; — de Ré, (*communia*), concédée en 1242 par Henri III, 95 ; son existence éphémère, 96 ; — de Rouen, établie en 1144 d'après Chéruel, 25 ; *communio* ne désigne que l'ensemble des habitants, 26 ; nommée *communia* sous Henri II, 28 ; confirmée en 1199 par Jean Sans-Terre, 29 ; II, 57 ; et en 1207 par Philippe-Auguste, I, 32 ; II, 56 ; confisquée en 1292 et revendue aux Rouennais en 1293, I, 43 ; confirmée en 1309 par Philippe le Bel, 44 ; — de Saint-Émilion (*communitas*), 435 ; — de Saint-Jean-d'Angély (*communia*), instituée en 1199 par Jean Sans-Terre, 294 ; (*communia jurata*), confirmée en 1204 par Philippe-Auguste, *ibid.*; désignée par *communitas* en 1351, 299 ; — de Saintes (*communia*), confirmée en 1199 par Éléonore, 85.

Communes. Ordonnance de Louis IX relative aux —, I, 35. Relations des — avec l'autorité royale, 40, 44, 440, 441. — peuvent être considérées comme des seigneuries gérées par leurs magistrats, 440. — anglaises du continent instituées pour résister à la France, 47, 439. — de Normandie, 35, 47. — du pays de Caux associées à Rouen, 48, 440.

Communitas. Voy. Commune, Communauté.

Compairé (seigneur de). Voy. Villiers (Louis de).

Compiègne (Edit de) en 1764, I, 391.

Comptes des villes, rendus aux gens des comptes au XIIIᵉ s., I, 35. — de Rouen en 1260 ; *ibid.*, 41, 42 ; — de Pont-Audemer, 51 ; — de Verneuil 53 ; — de Tours, 221 ; — d'Angers, 232 ; — de Cognac, 274.

Condamnés, (Et.), leurs biens confisqués, I, 20 ; (Rouen), 33, 39 ; (Bayonne), 173. — graciés si une fille les épouse, *ibid.* Voy. Confiscation.

Condé (Henri II de Bourbon prince de), I, 388.

Condé (Louis I de Bourbon prince de), prend Cognac en 1568, I, 284.

Conductum, droit de donner des sauvegardes, I, 291.

Confès (La Roch., XIIᵉ-XIVᵉ s.), celui qui a fait un testament, I, 65. Cf. Déconfès.

Confiscation. (Et., 34, 48), — par le roi des biens meubles des criminels fugitifs et des meurtriers, I, 19, 20 ; II, 40, 41, 48, 49 ; (Rouen, 1207), — des meubles des condamnés, I, 33 ; (La Rochelle), — des biens des bourgeois morts, 65, 74 ; (Bayonne), leur produit appliqué aux fortifications, 122 ; un ancien maire condamné à la —, 130 ; — des biens des condamnés a mort, 173.

Confrérie, *Confratria*, (Bayonne), I, xjx, 111, 155 ; (Chateauneuf), — de Saint-Éloi fondée et supprimée en 1305, I, 205, 206 ; II, 107, 109 ; (Poitiers), — des pairs, du Cent, ou fête d'Aquitaine, I, 394, 395 ; II, 156.

Conjurateurs (Et., 46), serment de six — et de l'accusé, I, 18, 431 ; II, 46, 47, 48 n.

Conjurati, (Et., 15), cojurés, jurés de commune. Voyez ce mot.

Conjuration, des bourgeois de Châteauneuf en 1180, I, 194, 195 ; en 1184, 197, 198, 199. Voy.

— 203 —

Conspiration, Emeutes, Insurrection.
Connétable de Bordeaux, I, 133, 175.
Conseil, nom d'un des rouages de l'administration municipale dans beaucoup de villes, (ANGOUL., *concilium*), I, 322 ; (BAY., *concilium, cosseilh*), 106, 107 ; II, 76; désigne généralement la réunion des jurés et des échevins, I, 108 n, 149 ; II, 82 ; constitue le tribunal de la commune, II, 14 n, 17 n; élections en conseil, 94, 95; le — se compose depuis 1451 de six échevins et de six conseillers annuels, I, 136 ; (*comunal conseillo, comunau cosseilh*) désigne généralement au XIIIe s. l'assemblée générale du peuple, I, 108, 156 ; II, 80, 84. (COGNAC, *concilium, concionabulum*), I, 273, 281. (LA ROCH., XV s., *conseil, plénier conseil*), désigne la réunion du corps de ville entier, II, 15 n, 16 n. (POITIERS), désigne la réunion des échevins et des conseillers, I, 403, 404. (ROUEN, *consilium civium*), 26. Voy. Conseillers.
Conseil d'Etat (arrêts du), de 1548 qui rétablit la commune de La Roch., I, 78 ; de 1549 au sujet de la composition du corps de ville de Poitiers, 378 ; de 1569 en faveur du corps de ville de Tours, 225 ; de 1601 à 1700 au sujet de Saintes, 87 ; de 1609 au sujet des privilèges de Poitiers, 385, 386, 396, 399, 425 ; de 1611 et de 1615 relatifs aux franchises de Cognac, 284, 285 ; de 1613 au sujet des officiers de milice de Poitiers, 425 ; de 1619 et de 1620 relatifs aux corps de ville de Tours, 227 ; de 1626 relatif à l'élection du maire de Poitiers, 399; de 1634 au sujet de la noblesse du corps de ville de Poitiers, 404 n, 405 n ; de 1635 au sujet des privilèges de Cognac, 285 ; cassant l'élection du maire de Poitiers, 399 ; de 1643 au sujet de la noblesse des magistrats d'Angoulême, 339 n ; de 1673 rétablissant la noblesse du maire d'Angoulême, 330 ; de 1674 au sujet des privilèges de Poitiers, 409 ; de 1681 relatif à l'administration municipale de Niort, 262 ; de 1685 au sujet de la noblesse du maire de Poitiers, 400, 405 n; de 1693 au sujet de l'exemption de franc-fief des bourgeois de Poitiers, 409 n ; de 1700 au sujet de l'administration municipale de Saintes, Cognac, S.-J.-d'A., 87, 287, 304 ; de 1719 déboutant de leurs prétentions à la noblesse les magistrats d'Angoulême, 331 ; de 1720 relatif à la nomination du maire d'Angoulême, 331 ; de 1724 au sujet de l'administration municipale de Tours, 228 ; de 1727, de 1740 et de 1741 relatifs à la nomination du maire d'Angoulême, 332 ; de 1741 au sujet de la garde des clefs des portes à Angoulême, 336 ; de 1760 relatif au corps de ville de Poitiers, 396, 401, 404.
Conseil ducal d'Anjou, administrait la ville d'Angers, I, 233.
Conseil du roi d'Angleterre, condamne en 1281 le corps de ville de Bay., I, 120 ; saisi des élections de 1313, 127.
Conseil général, nom du principal collège municipal dans beaucoup de villes, I, 431.
Conseillers, titre de douze des magistrats composant le collège des vingt-quatre jurés. (ET., *consultores, cosselhedors*, 2, 3, 4, 7), I, 17 ; II, 8, 9, 10, 11, 14, 15 ; nom fréquemment donné aux magistrats municipaux, I, 431. (ANGERS), trente-six — institués en 1474, 234. (ANGOULÊME), privilèges de noblesse des —, 327, 331, 339 ; leur nombre, 333, 335; liste des —, 334 ; étaient élus à vie, 337; leur droit de réception, 339 ; sont représentés dans une peinture, 341. (BAY., *cosselhedors, vingt-quoate conseilhers*), ce titre donné successivement à divers magistrats, 136, 149 ; II, 85 ; suppléent dans l'échevinage les échevins absents, I, 168. (BORDEAUX), 141. (COGNAC, *consiliarii*), leur serment, 277 ; II, 134 : sont rétablis par Louise de Savoie, I, 282,

283. (LA ROCH.), 79, 81 ; II, 8 n, 9 n, 12 n. (NIORT), portent parfois le nom de jurés, I, 260, 261, 263 ; anoblis en 1461, 260, 267. (OL.), ne sont mentionnés que dans la traduction des Et., 95. (POITIERS, *consultores, consules*), sont aussi appelés jurés, 362, 402 ; II, 154 ; conseillers-jurés, I, 369 ; nommés aussi les XII, 397, 403 ; le collège des — se confond avec celui des échevins et ses vingt-cinq membres sont nommés échevins, 403 ; leur nomination et leur rôle, 369, 397, 402 ; II, 154 ; les cent pairs nommés parfois les cent —, I, 392 ; — de ville en 1765, 391. (S.-J.-D'A., *conseils*), 307 n, 309, 310 ; II, 136. (TOURS), — d'église adjoints au corps de ville, I, 221, 225, 227 ; II, 111, 112 ; — de ville institués en 1465, I, 225 ; conseillers-assesseurs créés par Louis XIV, 227, 228. Voy. Echevins, Jurés, Pairs.

Conseils, nom des conseillers à S.-J.-d'A. Voy. Conseillers.

Conspiration, à Rouen pour livrer la ville au roi d'Angleterre en 1090, I, 25 ; à Bayonne en 1254 pour y introduire Gaston de Béarn, 110, 111, 112. Voy. Conjuration, Insurrection.

Consuetudinarii. Voy. Coutumiers.

Consuetudines. Voy. Coutumes.

Consuls, nom des magistrats d'Angoulême en 1361, I, 324 ; nom donné à Poitiers aux conseillers, voy. ce mot.

Consultores. Voy. Conseillers.

Contrefaçon, juridiction en matière de — exercée par la commune de Rouen, I, 39.

Contre-guet. Voy. Guet.

Conzay (André de), maire de Poitiers, I, 373.

Coraus (Philippe), châtelain de Châteauneuf au XIIIe s., I, 205 n.

Corbie, Somme, arr. d'Amiens, avait adopté les usages de Saint-Quentin, II, 25 n.

Corbigny, Nièvre, arr. de Clamecy. Traité de —, I, 260.

Cordonniers de Rouen, leur gilde, I, 25.

Corporations. Voy. Corps de métiers.

Corps de métiers. (ANGOUL.), police des —, I, 342 ; (BAY.), leur rôle dans l'administration municipale, 132, 133, 147, 177 ; II, 83 ; (CHAT.), I, 202 ; (POITIERS), leurs statuts, 363, 376, 393, 419, 420, 421 ; (S.-J.-D'A), 289 ; (TOURS), police des —, 212 ; II, 122. Voy. Bouchers, Boulangers, Bourreliers, Cordonniers, Corroyeurs, Drapiers, Eperonniers, Faures, Industrie, Maçons, Taverniers.

Corps de ville, presque fermé aux bourgeois dans les villes régies par les Et., I, 432, 438. (ANGOUL.), sa composition, 333, 335 ; liste de ses membres, 334 ; mode de son recrutement, résignations, 337, 338 ; droit de réception, 339 ; tenait l'hôtel de ville en fief de l'abbaye de la Couronne, 340 ; ses attributions, 342. (BAY.), serments de ses membres, II, 52, 53 n ; son élection, 84 ; sa composition depuis 1451, I, 136, 137. (BORDEAUX), 435. (COGNAC), 281, 282 ; réorganisé par Louise de Savoie, 282 ; son rôle et ses attributions, 285, 286, 287. (LA ROCH.), était nommé *plénier-conseil*, 82 ; nomination de ses membres, résignations, 81 ; supprimé en 1535, 77 ; rétabli en 1548, supprimé de nouveau en 1628, 78. (NIORT), sa composition, 262, 263, 267, 268 ; résignation et trafic des places, 266 ; sa réunion nommée la *Mésée*, voy. ce mot. (POITIERS), sa composition, 378, 383, 391, 392, 402 ; son rôle et ses attributions, 381, 382, 393, 397, 399, 402, 411, 416, 418, 419, 425 ; ses réunions nommées *Mois et cent*, voy. ce mot ; ses membres organisés en confrérie, 394, 395. (S.-J.-D'A.), 304, 305, 309, 310. (SAINTES), 86. Voy. Conseillers, Echevins, Jurés, Pairs.

Corps et communauté. Saintes reconnu comme tel en 1347, I, 85. Voy. Communauté.

Corroyeurs de Poitiers, leurs statuts, I, 421.

Cors de la ville (COGNAC, 1262), territoire compris dans l'enceinte de la ville, II, 129.

Cosselhedors. Voy. Conseillers.

Cotevrat (*Radulfus de*), maire de Rouen, I, 28 n.

Cottereaux, pillent Châteauneuf en 1202, I, 202.

Coucy, Aisne, arr. de Laon. Enguerrand de --, II, 75.

Cougnes (église de), *ecclesia de Connia*, église paroissiale de La Rochelle, I, 61, 63 n.

Counties (Pierre de), vicaire de Bayonne en 1398, I, 132 ; condamné au bannissement, 133.

Cour de commune, *Cort de comunie*, nom donné à Bayonne à la réunion de la centaine et des prudhommes de la ville, I, 156, 157.

Cour des aides, résiste en 1594 aux privilèges de noblesse des magistrats de Saint-Jean-d'Angély, I, 303.

Couronne (abbaye de la), abb. d'Augustins, dioc. d'Angoulême, dont l'hôtel de ville d'Angoulême était un fief, I, 340.

Coustet (Berthoumé), maire de La Rochelle en 1275, I, 57.

Coutances (Gautier de), trésorier de l'église de Rouen, I, 28 n.

Coutumes. (BAY.), — criminelles dites *Charte des malfaiteurs*, I, 106. — rédigées vers 1273, 114 à 119. (CHAT.), — confirmées en 1141 et 1143, 188, 191. (LA ROCH.), — relatives au mariage, 84. — d'OLÉRON, 89, 90, 95. — de TOURS, Louis XI prescrit de les publier, II, 122. — de VERNEUIL, I, 52.

Coutumes, *Consuetudines*, impôts. Exemption de — concédée aux Bayonnais, I, 105. — perçues par le duc d'Aquitaine à Oleron, 89 ; — perçues à Rouen, 27 ; II, 58, 59, 61, 62. — possédées par l'abbaye sur le bourg de Saint-Jean-d'Angély, I, 293 n. Voy. Impôts.

Coutumes (mauvaises), *Prave consuetudines*, abus, abolies à OLÉRON, I, 88, 89, 91 ; II, 72 ; à POITIERS, I, 352 ; à ROUEN, 26, 27 ; à VERNEUIL, 53.

Coutumiers, *Consuetudinarii*, nom des serfs de Montierneuf, I. 354.

Prudhommes —, nom des bourgeois qui ont rédigé la coutume de Bayonne, 114.

Créances, Créancier. Voy. Dettes.

Creci (*Hugo de*), I, 28 n.

Credentia. Voy. Crédit.

Crédit (droit de), *Credentia*, droit féodal, exercé au XI° s. par l'abbaye à S.-J.-d'A., I, 291.

Cride, crieur public, officier municipal à Bayonne, I, 153 ; II, 94.

Crimes. (BAY.), sont jugés par les cent-pairs, I, 169, voy. Charte des malfaiteurs. (LA ROCH.), leur jugement réservé au roi, 64 ; — contre la commune, voy. Abattis de maison. Voy. Blasphèmes, Blessures, Diffamateur, Juridiction, Peines.

Croissy, Seine-et-Marne, cant. de Lagny. Voy. Colbert.

Croizet (Michelet), I, 374 n.

Croleboys (Guillaume), échevin de Poitiers en 1335, II, 161.

Croutelle, Vienne, cant. de Poitiers, I, 416.

Crussol, château du Vivarais. Louis de —, chambellan de Louis XI, II, 124.

Curie romaine, son analogie avec le collège des cent-pairs, I, 429.

Cusance (Henri de), sénéchal de Guyenne en 1262, I, 112.

Dabillon (Jean), écuyer, sieur de La Leigne, lieutenant-général et échevin de S.-J.-d'A., I, 307 n.

Dagobert, roi de France, n'a pas détruit Poitiers en 636, I, 350 n.

Dam, Damme, Belgique, Flandre occidentale, cant. de Bruges, relations commerciales avec S.-J.-d'A., I, 318.

Dapifer. Voy. Sénéchal.

Dardir, nom d'une famille Bayonnaise. Arnaud Raimond —, maire de Bay. en 1262 et 1263, I, 113. Jean — commande les Bayonnais au siège de La Rochelle, en 1242, 112, 147 ; a un procès avec l'église de Bay. en 1256, 105 n, 160 ; maire de Bay. en 1261, 1265 et 1271, 112, 113. Jean —, fils du précédent, candidat à la mairie en 1318, 127 ; maire de Bay. en 1327 et 1328, 128 ; II, 93.

— 206 —

Darroseis. Voy. Rauzed (Pierre de).
Dauron (Michau), valet de chambre du roi et receveur du Poitou, désigné à une place d'échevin de Poitiers en 1462, maire de Poitiers en 1463, I, 372.
David. Voy. *Podio Liborelli.*
Dax. Résidence du sénéchal des Lannes, I, 174; maire de —, 123. Clerc de — condamné à Bay., 120, 161.
Débiteurs. Voy. Dettes.
Déconfés ou intestat (La Roch.), I, 65. Cf. Confés.
Décurions. Voy. Curie romaine.
Defensio regis, nom d'une des mauvaises coutumes abolies à Oleron par Louis VII en 1146, I, 88; II, 73.
Defensor civitatis, I, 349 n.
Délégués, des habitants, nommés pour traiter des affaires de la ville avec le suzerain à Angers, I, 232. — nommés par les bourgeois de Chât. pour surveiller les dépenses communes, voy. Elus. — du clergé à Tours, voy. Conseillers d'église.
Délits, contre la commune, I, 17. — commis par un étranger, 20. — justiciables de la commune, 21. Voy. Juridiction, Pénalités.
Demanda (Niort, 1204) aide perçue au profit du roi, II, 126.
Déni de justice (Rouen, 1278, *Defectus juris*), cas réservé à la justice royale, I, 37; II, 66. (Bay., *Judgement denegat*), I, 146, 1 5.
Denis (Mᵉ), échevin de Poitiers en 1335, II, 161.
Dépenses des villes. Voy. Finances.
Députés. (Angoul.), — envoyés par le corps de ville auprès de Henri II, I, 328; envoyés en cour pour le maintien des privilèges, 339 n. (La Roch., 1360), — envoyés au roi d'Angleterre, 75. (Poitiers), — de la ville aux Etats, 401, 402; — envoyés en cour pour solliciter, 405, 420. (Tours), — envoyés par la ville auprès de Louis XI, 182, 183. Voy. Ambassades, Délégués.
Derby (comte de), s'empare en 1346 de S.-J.-d'A., I, 299; son expédition en Poitou, 365.

Desaisina, cas de haute justice, I, 38.
Désiré (André), curé de Moncontour en 1319, I, 418.
Dettes. Juridiction et voies d'exécution en matière de — (Et., 21, 22, 25, 26, 39), I, 15, 16, 20, 22; II, 28, 29, 32, 33, 34, 35, 44, 45; (Bay.), I, 160, 161, 162, 166, 167; II, 28 n, 29 n, 44 n. Voy. Paie de commune. (La Roch.), II, 30 n, 31 n, 44. (Poitiers), 152. (Rouen), I, 27, 28, 33, 34, 37; II, 57, 58 n, 65.
Dettes des villes, (Rouen), I, 36, 42; (Pont-Audemer), 51.
Dex. Voy. Banlieue.
Diane. Voy. Estrées.
Dido, évêque de Poitiers au VIIᵉ s., I, 349.
Diffamateurs, (Et., 36), leurs maisons abattues par la commune, I, 21; II, 42, 43.
Discension de baraille. Voy. Sédition.
Dixmont, Yonne, cant. de Villeneuve-sur-Yonne, II, 147, 148.
Doe (Dominus Jodoinus de), I, 247 n.
Domfront, doit avoir eu les Et., I, 1; organisée en commune en 1203, 47.
Dominique. Voy. Mancx.
Doride (Guillaume), maire de Poitiers de 1286 à 1289, II, 157 n.
Dornere (G.), maire de Poitiers, II, 157; doit être le même que le précédent.
Doude (Guillelmus), membre du corps de ville de Poitiers en 1390, I, 413 n.
Douvres, port d'Angleterre, I, 245.
Douze (les), *Duodecim,* (Bay.), nom donné aux membres du collège des jurés, I, 108; II, 85. (Poitiers), nom donné aux membres du collège des conseillers, I, 397, 403; II, 161, 162. (Tours, XIVᵉ s.), les — de la ville représentent les habitants auprès des élus, I, 123.
Downgate, port sur la Tamise, dans la cité de Londres, concédé aux Rouennais; ce nom doit remplacer Dungeness, I, 24, 27, 28. Voy. l'*erratum* du t. II.
Doyen, chef du corps de ville d'Angoul. en 1361, I, 324.
Draperie. (Chat.), commerce de

la — au XIe s., I, 187. (POITIERS), commerce au XIIIe s., I, 419; II, 149; industrie de la — au XVe s., I, 375, 420. (TOURS), commerce de la — au XVe s., II, 121.
Dreux, ville de France, analogie de sa charte de commune avec les Et., I, 435.
Dreux. Voy. Barentin.
Droco, connétable en 1204, 1212 et 1214, II, 103, 148, 150.
Droits. Voy. Privilèges, Impôts ; voy. Chaire, Crédit, Franc-fief, Franc-parcours, Gîte, Préemption.
Droits féodaux, des gens d'église de Tours (1465), II, 114, 120.
Duban (J.), notaire du roi en 1465, II, 124.
Duel judiciaire. (ET., 31, lat. *duellum* ; BAY., *batailhe*), I, 19; II, 38, 39. (CHAT.), 194, 201, 203, 205 ; II, 104. (OL.), I. 88 ; II, 73. (ROUEN), I, 27, 38 ; II, 63, 64. (S. J.-D'A., XIIe s., *monomachia*), I, 290, (XIIIe s., *ictus regis*), 314, 315. Cf. Gages de bataille.
Duguesclin, reprend Poitiers en 1372, I, 368.
Dungeness, *Dunegate*, I, 24, 27, 28. Il faut remplacer ce nom de lieu par Downgate. Voy. ce mot et l'*erratum* du t. II.
Dunois (Jean. comte de), s'empare de Bayonne en 1451, I, 135.
Dupuy (Barthélemy), prévôt d'Angoulême en 1206, maire d'Angoulême en 1212, 1213 et 1216, sénéchal en 1214, I, 321.
Dupuiz (Jean), bourgeois de Tours en 1462, II, 96, 97.
Duran. Voy. Viele.
Durfort (Raymond Bernard de), maire et gouverneur de Bayonne pour le roi de France en 1294, I, 121.
Duyre (Namad), maire de Bayonne en 1259, I, 111.
Dymon. Voy. Dixmont.

Eau chaude. Voy. Epreuves.
Eble, comte de Poitiers, tient des plaids à Poitiers, en 904, 908 et 928, I, 350 n.
Eble, seigneur de Châtel-Aillon, au XIe s., s'empare de l'Ile-d'Aix, est excommunié, I, 61.
Eble de Mauléon, seigneur de La Roch., I, 62, 70 ; dépossédé par Henri II, 63.
Ebroicensis comitatus. Voy. Evreux (comté d').
Echaugetes. Voy. *Excubiae*.
Echevinage, *eschevinagium, eschevinatus, esclavinage, esclevinage, esquevinage, esquevinadge*, nom des fonctions et des réunions des échevins ou du corps de ville (ET., 6, 8, 13, 22, 38, 54, 55), I, 16, 17; II, 12, 13, 16, 17, 20, 21, 30, 31, 42, 43, 52, 53, 54, 55. (ANGOUL. et S.-J.-D'A.), nom de la réunion du corps de ville entier, I, 308 n; II, 6 n, 7 n, 10, 138. (BAY., *sclevinadge*), réunion des douze échevins, constituait le tribunal de la commune, I, 149, 168, 177. (COGNAC, *locum communem exclavinagium nuncupatum*), établi en 1352, 276; II, 133. (LA ROCH.), nom du collège des vingt-quatre, I, 78. (POITIERS, *scabinagium*), réunion des échevins, 403. Voy. Echevins.
Echevins, *scabini, eschevini, esclavins, esquevin*, nom donné aux magistrats municipaux d'un grand nombre de villes; sont les anciens juges carolingiens, I, 431. (ET., 2, 3, 4, 5, 6, 7, 8, 13, 14, 23, 24, 25, 28, 46, 54), étaient les douze premiers jurés ; leurs attributions, I, 17 ; II, 8, 9, 10, 11, 12, 13, 14, 15, 16, 17, 20, 21, 32, 33, 36, 37, 46, 47, 52, 53. (ANGERS), dix-huit — à vie en 1474, I, 234 ; vingt-quatre — -conseillers institués en 1483 ; six autres ajoutés en 1484, 236. (ANGOUL.), — élus en 1373, 324 n ; II, 8 n, 9 n ; sont au nombre de treize en 1499, I, 335 ; Louise de Savoie veut pourvoir son procureur d'une place d'échevin vacante, *ibid.*; — anoblis depuis 1507, 327, 328, 339, ne le sont plus depuis 1664, 330, 331 ; sont au nombre de douze en 1756 ; réduits à quatre en 1765, 333 ; liste des —, 334 ; leurs fonctions viagères, 337 ; droit de réception qu'ils payaient, 339; représentés dans une peinture, 341. (BAY., *Esclevin*, leurs attributions, 149, 168 ; II, 82, 83 ; sont au

nombre de six depuis 1451, I, 136 ; le maire prend au XVIIIᵉ s. le titre de premier échevin ; les — sont alors au nombre de trois, 137. (BOURGES), douze — à la nomination du roi institués en 1474, 229 ; leur mode de nomination, 231. (COGNAC), serment des — en 1352, 277 ; II, 134 ; mentions des — au début du XVIᵉ s., I, 281, 282 ; créés au nombre de douze par Louise de Savoie, 282, 283 ; — au XVIIᵉ s., 286 ; sont réduits à quatre en 1700, 287. (LA ROCH.), — mentionnés avant 1199, 67 ; leur rôle, 80, 81, 82 ; II, 8 *n*, 9 *n*, 12 *n*, 13 *n*, 17 *n*, 18 *n*, 20 ; — biennaux remplacent les cent-pairs en 1535, I, 77 ; rétablissement de vingt-quatre — en 1548, 78. (NIORT), — mentionnés en 1370, 263 ; sont au nombre de douze, 267 ; anoblis en 1461, 260 ; sont réduits à six en 1681, 262. (OL.), ne sont mentionnés que dans la traduction des Et. et dans la coutume, 94, 95. (POITIERS), sont au nombre de douze élus annuellement par les citoyens en 1222, 362, 402 ; II, 154 ; depuis le XIVᵉ s. sont élus à vie parmi les pairs par le corps de ville, I, 402 ; sont au nombre de treize et nommés « les XIII » au XIVᵉ s., 403 ; II, 161 ; leurs attributions, I, 397, 398, 403, 415 ; II, 155 ; sont anoblis en 1372, I, 369, 404 ; nom d'— donné depuis 1463 aux vingt-cinq jurés, 371, 403 ; sont exemptés du ban et de l'arrière-ban, 371, 404 ; nommés sur la désignation du roi, 372, 373 ; ne peuvent plus être de robe longue d'après l'édit de 1547, 378 ; sont parfois nommés « les XXV » ou « les XXV nobles », 404 ; sont au nombre de trente-quatre en 1594 et de vingt-sept en 1605, 383, 404 ; sont souvent désignés aussi par l'expression pairs et échevins, 393 ; leur repas à la suite de l'élection du maire, 400 ; les capitaines de la milice devaient être choisis par eux, 425. (S.-J.-D'A.), II, 8 *n*, 9 *n*, 136. (SAINT-QUENTIN), I, 436. (SAINTES), n'existaient plus au XVᵉ s. ; vingt-cinq « pers et échevins » rétablis en 1476, 86 ; réduits à quatre en 1700, 87. (TOURS), vingt-quatre échevins-conseillers perpétuels institués en 1462, 218, 219 ; II, 112 ; sont anoblis, I, 219, II, 113 ; sont exempts des commissions et charges publiques, 118 ; sont supprimés en 1463, I, 220 ; aussitôt rétablis, 221 ; doivent être biennaux depuis 1469, 223 ; redeviennent perpétuels sous Charles VIII, 224 ; ils rétablissent les pairs ; sont réorganisés en 1565 et rétablis au nombre de vingt-quatre en 1569, 225 ; sont révoqués et renommés par le roi en 1589, *ibid.* ; pourvoient eux-mêmes aux vacances qui se produisent parmi eux, 226 ; sont réduits à quatre en 1611, 226 ; sont rétablis au nombre de vingt-quatre en 1619, 227 ; sont nommés en titre d'office sous Louis XIV, 227 ; sont au nombre de six en 1724, 228.

Echiquier de Normandie, juge en 1320 de différends entre le commun et le corps de ville de Rouen, I, 45,

Ecorçage (droit d'), concédé aux Bayonnais en 1294, I, 104 *n*.

Ecrivain, *escrivian*, de la cour du maire à Bay., I, 152.

Edouard le Confesseur, roi d'Angleterre, concède des privilèges commerciaux à Rouen, I, 24 *n*.

Edouard Iᵉʳ, duc de Guyenne puis roi d'Angleterre, a le gouvernement d'Oleron depuis 1254, I, 92 ; passe par Bay. en 1254 et fait prêter serment aux habitants, 111, 155 ; en 1261, nomme Jean Dardir maire de Bayonne, 112 ; en 1262, mande au sénéchal de mettre en liberté les prisonniers bayonnais, 112 ; en 1264, reçoit des secours de Bayonne, 176 ; veut déterminer les droits des villes de Guyenne, 113 ; écrit au maire de Bayonne en 1281 et 1284, 172 ; fait administrer Bay. par un étranger en 1287, 121 ; concède des privilèges aux Bayonnais en 1296, 104 n, 122 ; ordonne en 1304 de maintenir les privilèges d'Oleron, 92.

Edouard II, roi d'Angleterre, confirme les privilèges de Bay. en 1307, I, 123 ; autorise les cent-pairs de S.-Emilion à élire le maire en 1312, 435 ; concède des lettres de pardon aux Bayonnais en 1314, 127 ; confisque puis restitue les privilèges d'Ol. en 1320, 92.

Edouard III, roi d'Angleterre, fait prêter serment au peuple de Bay., I, 155 ; confirme en 1331 les privilèges de Bay., 128 ; rend à cette ville la juridiction sur Cap-Breton en 1344, 159 ; écrit au maire de Bay. au sujet du droit de prison, 172 ; notifie à la commune de Bordeaux l'institution d'un jaugeur des vins, 435 ; concède en 1355 à Bay. les baillages de Labenne et de Cap-Breton, 128 ; confirme en 1358 la concession de Cognac au captal de Buch, 278 n; confirme en 1360 les privilèges de La Roch., 75 ; devient suzerain de Poitiers par le traité de Brétigny, 365 ; notifie en 1362 aux habitants de Poitiers la nomination du prince de Galles comme prince d'Aquitaine, 366 ; en 1369 fait remise des impôts en Aquitaine, 368.

Edouard, fils d'Edouard III, prince de Galles, dit le prince Noir, gagne la bataille de Poitiers, I, 365 ; en 1357 concède Cognac au captal de Buch, 278 ; en 1362 est créé prince d'Aquitaine, 130, 366 ; confirme en 1363 les privilèges de Niort, 255 ; confirme en 1364 les privilèges de Poitiers, 366 ; concède en 1369 la haute justice à la commune de Poitiers, 367, 417.

Elbeuf (Charles de Lorraine duc d') suspend les privilèges de Poitiers en 1601, I, 384.

Election, des magistrats municipaux, (ET., 1, 2), I, 14, 15, 16 ; II, 4, 5, 6, 7, 8, 9. — des maires en Normandie d'après l'ordonnance de 1256, I, 35 ; II, 6 n. Le mode d'— du maire prescrit par les Et. devient la loi générale du royaume, I, 436, 437. — des magistrats dans les villes régies par les Et., 432, 439. (ANGERS), — de prudhommes, 232 ; de délégués des habitants, 233 ; du juge d'Anjou, ibid., du corps de ville, 234. (ANGOUL.), mode d'— du maire, 325, 326, 328, 329, 330, 331, 332, 335 ; II, 6 n; mode d'— du corps de ville, I, 333, 337. (BAY.), — du maire, 122, 123, 126, 127, 128, 129, 130, 131, 132, 134, 135, 143 ; — du corps de ville, 136, 141 ; II, 84 ; — des officiers municipaux, I, 136, 142, 149, 150, 151, 152 ; II, 93. (BOURGES), — des prudhommes, I, 228 ; des échevins, 231. (CHAT.), — des prudhommes, 196 ; d'élus chargés des dépenses communes, 202 ; II, 101 ; des chefs du guet de nuit, I, 203 ; de six prudhommes chargés de rechercher les auteurs d'une révolte, ibid. (COGNAC), — de prudhommes pour asseoir la maltôte, II, 130 ; du maire, I, 276, 277 ; du corps de ville, 282, 283 ; du juge de la mairie, ibid. (FALAISE), — du maire, 50.(LA ROCH.),—du maire, 70, 78, 79 ; II, 6 n; du corps de ville, I, 76, 79, 80, 81. (LIMOGES), — d'un juge, 307. (NIORT), — du maire, 261, 266 ; du corps de ville, 262, 266. (OL.), — du maire, 94. (POITIERS), — du maire, 370, 371, 374, 375, 385, 387, 388, 389, 397, 398, 399, 400 ; II, 161 ; du corps de ville, I, 362, 395, 402 ; II, 154 ; des membres du tribunal municipal, I, 378 ; des officiers de milice, 390, 425 ; intervention du roi dans les élections, 372, 373, 374, 384, 385, 389, 396, 398, 399 ; élections faites par le Mois et cent, 393. (RÉ), — du maire, 95 n. (ROUEN), — du corps de ville, 46. (S.-J.-D'A.), — de huit élus pour les affaires de la ville, II, 136 ; du maire, I, 303, 305, 306, 307, 325 ; II, 6 n. (SAINTES), — du maire, I, 85, 86 ; du corps de ville, 86, 87. (TOURS), — des

— 210 —

élus, 209, 211, 213, 214 ; du corps de ville réformé par Louis XI, 218, 227 ; II, 111, 112; du maire, I, 219, 226, 227 ; II, 111, 112 ; des conseillers d'église, *ibid;* du receveur de la ville, 117 ; des élus pour la vérification des comptes du receveur, 117, 118. (VERNEUIL), — du maire, I, 53.

Eléonore d'Aquitaine, *Alienor, Alienordis,* reine de France, puis d'Angleterre, I, 63 ; épouse Louis VII, 355 ; souscrit en 1146 à la confirmation par Louis VII des biens de l'abbaye de la Trinité situés en Aquitaine, II, 71 ; abolit en 1146 de mauvaises coutumes à Ol., I, 88 ; II, 72 ; confirme les priviléges accordés à La Roch., I, 65 *n* ; fortifie Poitiers, 357 ; concède en 1199 des priviléges à Ol., 9, 89, 90 ; II, 62 *n;* concède en 1199 une rente à l'abbaye de Fontevraud sur la prévôté d'Ol., I, 90 ; confirme en 1199 la commune de La Roch., 68 ; concède en 1199 une rente à Raoul de Mauléon sur la prévôté de La Roch., 70 ; donne en 1199 des bourgeois de La Roch. à l'abbaye de Fontevraud, 84 ; confirme en 1199 la commune de Saintes, 11, 67, 85 ; II, 62 *n* ; concède en 1199 des priviléges et une charte de commune à Poitiers, I, 352, 355 *n*, 357 ; II, 62 *n*, 143, 145, 147 ; confirme en 1199 les priviléges de l'abbaye de Montierneuf, I, 354 ; confirme en 1203 les priviléges et la commune de Niort, 239 *n*, 240.

Eléonore de Castille, reine d'Angleterre, reçoit en 1273 Ol. pour douaire, I, 92.

Elie. Voy. Castelrieux, L'Aisné.

Elus, noms de magistrats municipaux dans quelques villes. (BOURGES), voy. Prudhommes. (CHAT.), dix — établis en 1181 par Philippe-Auguste, I, 196 ; vingt — institués en 1212 pour les dépenses communes, 202, 203, 217; II, 101, 102. (TOURS), nom donné aux prudhommes nommés en 1357, I, 212 ; les bourgeois demandent à les renouveler en 1359, *ibid.;* leurs fonctions deviennent annuelles, 213 ; l'institution des — prend en 1380 un caractère définitif, 214 ; confirmation de leur institution par Charles V, Charles VI, Charles VII et Louis XI, 215; leurs attributions, 216 ; leur origine, 217; sont remplacés par d'autres magistrats en 1462, 218 ; sont rétablis par les bourgeois en 1463, 220 ; se perpétuent après l'établissement du nouveau régime, 226 ; II, 117; leur nombre fixé à quatre en 1619, I, 227, 228. (S.-J.-D'A., *Electi ad negotia ville),* leur rôle, 311 ; II, 136.

Elus sur le fait des aides, I, 217, 233, 281.

Embachedors. Voy. Ambassade.

Emendacio, Emende. Voy. Amendes.

Emery. Voy. Chaourse.

Emeutes, à Rouen en 1281 et 1292, I, 41, 42. Cf. Conjuration, Conspiration, Insurrections, Séditions.

Engelard (Nicolas), bourgeois de Chat., excommunié en 1184, I, 199.

Engolisma. Voy. Angoulême.

Enguerrand. Voy. Coucy, Marigny.

Enquest (BAY.), citation par laquelle débutaient les procès en matière civile, I, 165.

Enquesteur, officier municipal à Bay. au XV° siècle, I, 152. Cf. Chanceliers.

Enquêteurs royaux, à Bordeaux en 1312, I, 125 ; à La Roch. en 1315, 74; en Poitou en 1439, 258 ; à Tours en 1305, 206. Cf. Commissaires.

Enseignes, officiers de la milice bourgeoise à Poitiers, I, 424, 425.

Eperonniers, leurs statuts à Poitiers en 1245, I, 363 *n.*

Epreuves, de l'eau chaude, (OL., 1146, *calide aque judicium),* I, 88; II, 73 ; — à Chât. (1190), I, 201.

Escan. Voy. *Anerii*!

*Eschevinagium, Eschevinatus, Esclavinage, Esclavinagium, Esquevinadge.*Voy. Echevinage.

Eschevini, Esclavins, Esclevins, Esquevins. Voy. Echevins.
Esquiugayte. Voy. Guet.
Essorillement, amputation de l'oreille, (Bay.), I, 171 ; (S.-J.-d'A.), 316.
Estagiers, (Cognac, 1262), nom donné à Cognac aux bourgeois ayant leur domicile dans la ville, I, 274 *n ;* II, 129.
Estanc, droit féodal sur la vente du vin et du blé (Cognac, 1262), I, 273 ; II, 127, 128. (S.-J.-d'A., XIᵉ s., *stagnum*), I, 291, 292. Cf. Banvin, Taverniers, Vin.
Estene, Estienne. Voy. Etienne.
Estrées (Diane d'), femme du maréchal de Montluc, I, 174.
Etablissements de Rouen, *Institucio, Instituta, Statutum, Stabilimentum communie, L'Establiment, les Establimentz, los Establimentz.* Villes qui les ont possédés, I, 1, 47, 54. Manuscrits et éditions des —, 2 à 12 ; II, 2, 4. — Textes latin, provençal, français et traduction des —, II, 2 à 55. Analyse des —, I, 13 à 23 ; époque et lieu de leur rédaction, 11, 28, 67, 68, 427, 428 ; leurs sources, 429, 430 ; leurs caractères, 431, 432 ; leur propagation et leur influence, 47, 54, 433, 434, 435 ; jusqu'à quelle époque ils se sont conservés et quelles modifications ils ont subies, 438. (Alençon), semblent avoir été introduits en 1199, 52. (Andely), paraissent avoir été importés en 1200, *ibid.* (Angers), n'ont pas été attribués à cette ville, 228, 231, 236. (Angoul.), importés probablement de Rouen en 1204, puis de La Roch. en 1205, 8, 320 ; importés de nouveau de S.-J.-d'A. en 1373, 324 ; leur adaptation, 334. (Bay.), concédés en 1215 par Jean Sans-Terre, 9, 107 ; II, 2. Traduction bayonnaise des —, I, 9, 108 ; II, 2 à 55 ; sont nommés *Carte de le comuni,* 133, 139 ; placés sous la sauvegarde des délégués des corps de métier, 133 ; leur adaptation, 139 et suiv. (Bourges), n'ont pas été attribués à cette ville, 228, 230, 231. (Caen), ont été introduits dans cette ville, xviij. (Cognac), introduits par l'intermédiaire de Niort en 1215, 272. (Falaise), étaient en vigueur lors de la conquête ; confirmés alors par Philippe-Auguste et transcrits sur son registre, 51. (La Roch.), époque de leur introduction, 11, 61, 67, 68 ; supprimés en 1535, rétablis en 1548, 78 ; supprimés après le siège de 1628, 78. (Niort), concédés en 1203 ou 1204, 4, 238, 240 ; expédition en est demandée à Rouen en 1341, 255 ; n'ont peut-être été introduits qu'en 1341, 263 ; le rouleau envoyé de Rouen peut être l'original, *ibid.* (Ol.), concédés par Jean Sans-Terre en 1205, 9, 90 ; traduction des — faite à Ol. en 1344, 9, 94 ; II, 3 à 55. (Poitiers), envoyés en 1204 par Philippe-Auguste, I, 6, 359 ; forment la constitution de la ville jusqu'en 1765, 391. (Pont-Audemer), en vigueur en 1204, confirmés alors par Philippe-Auguste avaient disparu au XVᵉ s., 50, 51. (Ré), ne durent pas y être importés malgré les termes de la charte de 1242, 95, 96. (Rouen), en vigueur sous Henri II d'Angleterre, 28 ; maintenus par Philippe-Auguste, 31 ; abolis en 1321, 46. (Saint-Emilion), n'ont pas été introduits dans cette ville, 435. (S.-J.-d'A.), envoyés en 1204 par Philippe-Auguste, 7, 295, 325 ; articles traduits ou développés dans la charte de 1331, 298. (Saintes), donnés en 1199 par Eléonore ; confirmés par Philippe VI en 1347, 11, 85 ; tombés en désuétude au XVᵉ s., rétablis en partie par Louis XI en 1476, 86 ; supprimés en 1700, 87. (Tours), importés de La Roch. en 1461 par Louis XI, 178 ; leur adaptation, 218, 219. (Verneuil), furent en vigueur au XIIIᵉ s. dans cette ville, xviij, 53.
Etablissements, *Establiment,* nom donné à Bay. aux règlements municipaux, I, 97, 98, 128, 132, 139, 140, 147, 155 ; II, 81, 84, 85, 87, 89, 90, 93. Comment ils étaient rédigés, I, 156.

— 212 —

Etats généraux, de 1356 et de 1357, I, 217 ; de Tours en 1468, 402 ; de Blois en 1588, 401.

Etats provinciaux du Poitou, I, 401.

Etienne de Blois, roi d'Angleterre, I, 25, 27.

Etienne, évêque de Rennes, témoin à une charte de Henri II, roi d'Angleterre, I, 64.

Etienne, *Estienne, Estene*. Voy. Boille, Chevalier, Limony, Marcel.

Etrangers, (Et., 17, 27, 49, *homo forensis, aliquis de extra communiam*), comment étaient atteints par la justice municipale, I, 20, 359 ; II, 24, 25, 34, 35, 48, 49. (BAY., *hom forestang*), — associés aux Bayonnais pour la pêche, I, 105 ; — nommés maires de la ville, 143 ; comment ils devenaient bourgeois, 154 ; précaution pour les exclure de la cour de commune, 157 ; leur condition, 157, 162, 163 ; leurs relations avec la justice municipale, 159, 161, 163, 164 ; II, 50 *n*. (CHAT., 1181), serment qu'ils prêtent quand ils viennent habiter la ville, I, 197. (LA ROCH.), — qui peuplent la ville au XII° s., 62 ; comment étaient atteints, par la justice municipale (XV° s.), II, 25 *n*, 26 *n*. (OL., *hom estranges*), — plaidant devant la justice communale, 34, 35. (POITIERS, *extraneus*), — admis à jouir des franchises lorsqu'ils viennent se fixer dans la ville, I, 352, 357, 406 ; II, 144, 148 ; — débiteurs, I, 361 ; ne peuvent commercer dans la ville que par l'intermédiaire de citoyens, II, 153. (ROUEN, *extraneus*), comment atteints par la justice communale, I, 33 ; leur condition au point de vue du commerce, 36 ; II, 60 *n*, 61, 62 *n*. (S.-J.-D'A.), comment atteints par la justice communale, I, 313, 314. Voy. Commerce.

Eu, ville de Normandie, avait adopté les usages de Saint-Quentin, II, 25 *n*.

Eu (Raoul de Lusignan, comte d'), *comes Augiensis*, ses possessions en Poitou, I, 246 ; aide Bos de Matha à s'emparer de Cognac, 271.

Eudes, roi de France, confirme en 896 l'immunité de Saint-Martin-de-Tours, I, 186.

Eudes II, comte de Blois, construit v. 1035 le pont de Tours, I, 187.

Eudes, duc d'Aquitaine, I, 351.

Eudes, légat du Saint-Siège, arbitre en 1247 entre les bourgeois de Châteauneuf et le chapitre de Saint-Martin, I, 204.

Eudes, *Eudo*. Voy. Iselhan, Martel, Rigaud.

Eugène III, pape, lettres de 1152 relatives à l'établissement d'une nouvelle paroisse à La Roch., I, 63 *n*. Convention conclue par son ordre à Saint-Martin de Tours, 192.

Evêque, (BAY.), possède dès le XI° s. la moitié de la ville, I, 103 ; comment on devait se défendre contre ses sentences d'interdit (cout. de 1273), 117 ; sa juridiction en 1394, 132, voy. Maremne (Pierre de), Menendez. (EVREUX), a la haute justice sur la cité, I, 37 *n*. (POITIERS), son autorité sur la cité à l'époque mérovingienne, 349, 350, 351.

Evreux, ville de Normandie, doit avoir possédé les Et., I, 1. Reçoit du sénéchal l'ordre de s'organiser en commune, 47. Concession de la haute justice à l'évêque en 1296, 37 *n*. Prébende du chapitre d'—, 242 *n*. Comté d'—, *comitatus Ebroicensis*, excepté des franchises concédées aux Rouennais et aux Poitevins, II, 56, 151. Comté d'—, voy. Philippe.

Exclavinagium. Voy. Echevinage.

Excommunication, des bourgeois de Chat. en 1180, I, 195 ; en 1184, 197, 198, 199, 200. (BAY.), — des magistrats municipaux, v. 1280, 120 ; v. 1395, 132 ; défense de la ville contre les — (coutume de 1273), 117, 133.

Excubiæ (CHAT., 1212), la ville divisée en — ou gardes, II, 101 ; — *quæ vulgo dicuntur echaugetes*, 102. Voy. Guet.

Exécutions criminelles (Et., 10, 34), étaient faites par les officiers royaux, II, 18, 19, 40, 41. (ANGOUL., XVIᵉ s.), par l'exécuteur de la haute justice de la ville, I, 344; II, 142. (BAY.), par le prévôt, I, 158, 171 *n*, 173; (CHAT., 1190), par les officiers du comte d'Anjou, 201. (LA ROCH.), par le prévôt, 73, 75, 83. (POITIERS), par les officiers royaux, 367, 416; le maire dispensé d'y assister (1313), 364. (S.-J.-D'A.), étaient faites par le prévôt, 314, 316.

Exercitus. Voy. Host.

Faia (P. de), bourgeois de La Roch. en 1224, II, 75.

Faiet (Peis de), nommé garde champêtre à Bay. en 1304, II, 89.

Falaise, son cartulaire municipal, I, xvij; établissement de la commune par Jean Sans-Terre en 1203, 48; confirmation des Et. par Philippe-Auguste en 1204, 1, 2, 11, 31, 48; II, 62 *n*; son nom figure dans le texte des Et., I, 3; II, 4; reçoit des franchises dans tout le royaume de France sauf à Mantes, I, 49; concession de privilèges en 1221, *ibid.*; II, 62 *n*; la commune confisquée puis restituée au XIVᵉ s.; ordonnance de 1335 réglant l'élection du maire; confirmation des privilèges en 1382 par Charles VI, I, 50.

Falsarius, Falsonarius. Voy. Faussaire.

Farsset (Pierre), habitant de S.-J.-d'A. en 1278, I, 315.

Faures, forgerons, leurs privilèges à Bay. en 1204, I, 107.

Faussaire (ÉT., 10, *Falsonarius, faussari, faussoner*), justiciable de la commune, I, 19; II, 16, 17; (ROUEN, 1150, *Falsator*, 1207, *Falsarius*, POITIERS, 1222, *Falsonarius*), ne peut citer un citoyen en justice, II, 58, 154.

Fausse monnaie, justiciable du suzerain à Poitiers en 1369, I, 367, 417.

Fay me droit (POITIERS, 1267), droit dont étaient exempts les citoyens pendant les foires des lépreux, II, 159.

Fécamp, commune créée en 1202, I, 47 *n*; associée à la commune de Rouen, a peut-être eu les Et., I, 48.

Femmes, à quelles peines sont soumises pour délit d'injures, voy. Immersion, Fustigation. Serment qu'elles prêtent à Bay., I, 155.

Féodalité, ses rapports avec les communes, I, 440. Cf. Fief.

Fergant (Bartholomeus), maire de Rouen entre 1174 et 1189, I, 28 *n*.

Ferrand (Pierre), notaire public du conseil de Tudèle, écrit les cartulaires de Navarre en 1236 et 1237, II, 76 *n*.

Ferrières (Jean de), sénéchal de Guyenne avant 1312, I, 125.

Fief. Hôtel de ville d'Angoulême tenu en — de l'abbaye de la Couronne, I, 340. Mairie de Niort constitue un — tenu du roi, 268.

Fiefs. (ANGERS, 1474), droit d'en acquérir concédé aux possesseurs de mille livres, I, 235. (POITIERS, 1222), possédés par des citoyens, 362; II, 152. (TOURS, 1462), droit d'en posséder octroyé aux habitants, I, 219; II, 114. Voy. Franc-fief.

Fiefs de haubert. Bourgeois de Falaise qui en possèdent (1221), I, 49.

Filius Petri. Voy. Fitzpeter.

Filles, peuvent gracier un condamné en l'épousant, I, 173.

Finances municipales, leur administration, (ÉT., 33, 43), I, 13, 15, 16, 19, 359; II, 38, 39, 46, 47. Ordonnance de 1256 relative aux —, I, 35. — à la fin du XIIIᵉ s., 40, 41. Gestion des — à ANGERS, 233, à BAY., 147, 151, à BOURGES, 228, à CHAT., 202, à COGNAC, (1262), 274; II, 130, (*Bursa communis*, 1352), I, 277, (1508), 283; II, 133, 134, à NOYON, I, 40, à POITIERS, 393, à PONT-AUDEMER (1260), 51, à ROUEN, 41, 42, 45, 46, à S.-J.-D'A., 311, à TOURS, 210, 212, 216, 219, 221, 226; II, 116, 117, 118. Voy. Revenus municipaux.

Fitzpeter (Geoffroi) *G. filius Petri*, comte d'Exeter, témoin à une charte de Jean Sans-Terre (1208), II, 68.

Flandre. Guerres de — (1315), I, 364, (1328), 408, 423. Commerce de la — avec les villes du sud-ouest de la France, 296, 302, 311, 317 ; II, 138. Comte, Comtesse, voy. Philippe d'Alsace, Marguerite.
Foires. (ANGERS), — franches créées par Louis XI, I, 235. (ANGLETERRE), privilèges des Rouennais aux — anglaises en 1144, 27. (ANGOUL.), 327, 328 ; (CHAT.), 202 ; (COGNAC, 1651), 287 ; (FONTENAY), 287 ; (NIORT), leurs revenus concédés en 1215 à Savari de Rochefort, 243; supprimées par Alfonse, 253. (POITIERS), — de carême, 357, 360, 407, 419 ; II, 149 ; — des lépreux, I, 417 ; II, 158. (SAINT-DENIS, VIIᵉ s.), I, 24. (S.-J.-D'A.), 290, 291, 293, 317. (TOURS), *nundinae Bairi apud Turones*, 1232), II, 105.
Fontenay-le-Comte, Vendée, ses foires, I, 287.
Fontevraud (abbaye de), reçoit des bourgeois de La Roch. de la reine Eléonore, (1199), I, 84 ; possède des rentes sur les revenus d'Oleron, 90, 94.
Forces (BAY.), voies de fait, I, 168.
Forisfactum magnum. Voy. Crimes.
Fors (BAY.), livre de Morláas, I, 146.
Fortifications, d'ANGERS, I, 232, 235 ; d'ANGOUL., 327, 346, 347 ; de BAY., 122 ; de BOURGES, 228 ; de CHAT., 186, 188, 202 ; II, 102 ; de COGNAC, I, 277, 279, 281, 283 ; II, 134 ; de LA ROCH., I, 180 ; de NIORT, 256 ; de POITIERS, 348, 357, 360 *n*, 369, 376 *n*, 380, 409, 414, 422, 425 ; de S.-J.-D'A., 300, 302, 304 ; de TOURS, 180, 184, 185, 207, 209, 210, 211, 212, 213, 214, 215, 216, 217, 219, 222 ; II, 112, 121.
Fortin Sanche, vicomte de Labourd au XIᵉ s., I, 103.
Fou (Yvon du), capitaine de Lusignan, au XVᵉ s., I, 374.
Fouage, *Foagium*. Les Rouennais exemptés de ce droit, I, 33 ; II, 63.
Foucher (Pierre), bourgeois de La Roch. en 1199, I, 84.
Foulquebrune, Fouquebrune, Charente, canton de La Valette. *Le mareschal et le curé de* —, brigands condamnés par les grands jours de Poitiers en 1542, II, 141.
Foulques. Voy. Bréauté, Matha.
Fournage, droit seigneurial (S.-J.-D'A., XIᵉ s.), I, 292.
Fradin (Guillaume), l'un des pairs de S.-J.-D'A., en 1332, II, 137.
Franc-Bardin (Gui de), chevalier, maire de Bay. en 1255, I, 111.
Franc-fief (droit de). Les habitants exempts de — à Poitiers, (1467), I, 409 ; à Tours, (1462), 219 ; II, 114.
Franc-parcours (droit de) concédé aux Bayonnais en 1294 sur les baillages de Gosse, de Seignanx et de Labenne, I, 104 *n*.
Français, usité au XIIIᵉ s. à La Roch. pour les contrats reçus par l'échevinage, I, 83.
Franchises, *Libertates*, des bourgeois d'ANDELY, I, 52. — en Angleterre concédées à ANGOUL., 320. (BAY., 1174), — en Poitou et en Aquitaine, 105 ; (1307), — en Angleterre sollicitées par les Bayonnais, 123. (1318), — en Guyenne, 127. (1331), — confirmées, 128. (1394), — du clergé, 132. (CHAT.), — des bourgeois, 189. (FALAISE, 1203), — en Angleterre, 48 ; (1204), — en France, 49. (LA ROCH., 1205-1208), — en Angleterre, 69 ; II, 68 ; — en France, I, 71, 75, 76. (NIORT, 1205), — en Angleterre, 242. (OL., 1205), — de La Roch., 90 ; (1224), — dans les domaines du comte de la Marche, 91 ; II, 74. (POITIERS, 1214, 1222), — dans le domaine royal, 360, 361, 407 ; II, 149, 151. (PONT-AUDEMER), — des bourgeois, I, 51. (ROUEN, XIᵉ, XIIᵉ s.), — en Angleterre, 24, 27 ; (1199), II, 56 *n* ; — concédées par Philippe-Auguste, (1207), I, 32 ; II, 56. (S.-J.-D'A., 1372), concession des — des villes les plus favorisées, I, 300 ; — en Flandre et dans le royaume, 317, 318. Voy. Privilèges.
François Iᵉʳ, roi de France, (1494), naît à Cognac, I, 279 ; (1515), confirme les privilèges de Tours,

— 215 —

de Niort, de Cognac, de S.-J.-d'A., d'Angoul., de Poitiers, 224, 260 n, 283, 301, 328, 376 ; (1516), institue une université à Angoul. ; confirme l'anoblissement du corps de ville, 328 ; (1517), confirme les privilèges de Saintes, 86 ; enjoint à la Chambre des comptes d'entériner les privilèges de Tours, 224 ; confirme l'anoblissement du corps de ville d'Angoul., 328 ; (1519), confirme les privilèges de Tours, 224 ; (1520), confirme les privilèges de S.-J.-d'A., 301 ; (1523), fait maintenir en fonctions le maire de Poitiers, 376 ; (1526), confirme les franchises du port Saunier à Angoul., 328 ; (1532), fixe à vingt et un an l'âge auquel on peut devenir pair à La Roch., 81 ; (1534), confirme les privilèges de Niort, 260 n ; confirme l'exemption de ban et arrière-ban des habitants de Poitiers, 376 ; (1535), supprime le corps de ville de La Roch., 77 ; (1537), confirme les privilèges d'Angoul., 328.

François II, roi de France (1559), confirme les privilèges de Cognac et de Poitiers, I, 284, 379 ; (1560), confirme les privilèges de Niort et d'Angoulême, 261 n, 329.

François, duc d'Alençon, n'est pas reçu à Angoul. en 1576, I, 329.

François. Voy. Arnaud, Gaultier, Renauld, Terrasson, Trémoille (la).

Francs-archers, de Poitiers, I, 424.

Fremaud, *Fremaudus*, chanoine de Saint-Martin-de-Tours (XIIᵉ s.), I, 192 ; interdit par le pape Alexandre III, 193.

Fremaud (Barthélemy), bourgeois de Chat. excommunié en 1180, I, 195.

— (Nicolas), bourgeois de Chat. ; (1164), I, 192 ; ses biens saisis par le chapitre, 193 ; refuse de se présenter au duel judiciaire, 194.

— (Renaud), bourgeois de Chat., (1141), I, 188, 189 n.

Fremaut (Jacques), capitaine et gouverneur des ouvrages faits à Chat., (1356), I, 195 n.

Fribois (Noel de), secrétaire du roi en 1462, II, 97.

Fronde (la), à Angoul., I, 330 ; à Cognac, 286.
Front-de-Bœuf. Voy. Jatxou.
Frontenay, Deux-Sèvres, arr. de Niort. Château de Hugues X de Lusignan, I, 250.
Fugitifs, (ET., 35, *fugitivi, feidius*), leurs biens confisqués et leurs maisons rasées, I, 20, 21 ; II, 40, 41. (ROUEN, 1207), leurs biens donnés en garde au maire, I, 33 ; II, 63.
Fulc. Voy. Foulques.
Fulcheri (R.), bourgeois de La Roch. en 1224, II, 75.
Fustigation, (ANGOUL., XVIᵉ s.), peine appliquée aux femmes querelleuses et médisantes, I, 344 ; (S.-J.-D'A.), peine appliquée aux voleurs, 316.

G. Voy. Aimeri, *Anglicum, Cavig, Dornere*, Fitzpeter.
Gabelle. (COGNAC, XVIᵉ s.), soulèvement provoqué par la —, I, 284. (NIORT, 1373), les habitants en sont exempts, 256.
Gages de bataille, *vadium belli*, la connaissance en appartient aux officiers royaux (ET., 31), I, 15, 19 ; II, 38, 39 ; (ROUEN, 1207-1278), I, 33, 37 ; II, 63, 64. La connaissance en appartient à la commune, (LA ROCH., XVᵉ s.), II, 39. (CHAT., *gagia de duello*, 1232), II, 104. Voy. Duel judiciaire.
Gaites ou *Gardes de la ciutat*, officiers chargés du guet à Bay., I, 177.
Galardon (Johannes de), prévôt de Poitiers en 1243, II, 155.
Galerne (J.), bourgeois de La Roch. en 1224, II, 75.
Gallant (Auguste), son travail sur l'histoire de La Roch., I, xviij, 56, 58, 59.
— (Georges), secrétaire du chancelier Séguier, I, 56, 59.
Galles (prince de). Voy. Edouard.
Gallois. Les Bayonnais combattent contre eux pour le roi d'Angleterre, I, 121, 176.
Galniacum. Voy. Jaunay.
Gallerius. Voy. Gautier.
Garcia Sanche, vicomte de Labourd, accompagne le duc d'A-

quitaine en Aragon en 1121, I, 103.
Garde de la ville, (Et., 28), comment assurée lorsque la milice quitte la ville, I, 17; II, 36, 37.
— à La Roch. (1208), II, 67. Voy. Guet.
Gardes champêtres, (Bay., 1304), I, 153; II, 89.
Gardes de la ciutat. Voy. *Gaites.*
Gardiateur, des biens et des personnes des habitants à Angers (1474), I, 234.
Gardrat (Guillaume), paroissien de Saint-Savinien (1331), II, 138.
Gargoilhea (Guillaume), échevin de Poitiers en 1335, II, 161.
Garin, évêque de Senlis (1224), II, 148.
Garin (frère), souscrit à la place du chancelier une charte de Philippe-Auguste en 1201, II, 148.
Garin, fils de sire Géraud, *Vairin filh de don Geralt,* témoin d'une charte de Jean Sans-Terre de 1215, I, 4, 5.
Garnier (Jean), lieutenant du prévôt des maréchaux en 1467, I, 223.
Garnier, prêtre de Poitiers en 862, I, 354.
Gascogne. Les barons de — opposés à l'Angleterre, I, 109. Voy. Sénéchal.
Gaston [VII], vicomte de Béarn, sa tentative pour s'emparer de Bayonne en 1254, I, 109 n, 110; il traite avec Henri III, 111; il offre son appui à Edouard Ier, 121.
Gatineau (Payen), bourgeois de Chât., excommunié en 1184, I, 199.
Gaufridus, filius vicecomitis [Rothomagensis], témoin à une charte (1173-1189), I, 28 n.
Gaufridus (Geoffroi III de Lorroux), archevêque de Bordeaux, intervient dans un diplôme de Louis VII (1146), II, 72.
Gaufridus. Voy. Chauvigné.
Gaultier (*François*), maire de Bourges en 1474, I, 229.
Gautier [III], archevêque de Sens, arbitre en 1232 entre le chapitre de S.-Martin et les bourgeois de Chât., I, 203; II, 104.

Gautier de Saint-Valery, *Walterus de S. Walerico,* archidiacre de Rouen, cité dans plusieurs chartes, (1177-1189), I, 28 n.
Gautier. Voy. Coutances.
Gavarret (Auger de), bourgeois de Bay. (1261), I, 112 n; maire de Bay., (1286-1287), 121.
— (Pierre de), maire de Bay. (1261), I, 111.
Gendon. Voy. Bareau.
Gens d'église. Voy. Clercs.
Geoffroi, archidiacre de Tours, intervient dans un différend entre le chapitre de S.-Martin et les Bourgeois de Chât., I, 195, 196 n.
Geoffroi [II] Martel, comte d'Anjou, donne le quart de l'île d'Oleron à l'abbaye de Vendôme (v. 1034), I, 87.
Geoffroi [IV] Plantagenêt, comte d'Anjou et duc de Normandie, *Godofredus, Gaufridus dux Normannie et comes Andegavensis,* prend la ville de Rouen et lui concède des privilèges (1144), I, 25, 26 n; cité, 88; concède des biens à l'abbaye de Vendôme, II, 69, 70.
Geoffroi. Voy. Beauchamp, Berland, Fitzpeter, Gui, Mauclerc, Neville, Rancon, Rochefort, Villette.
Geôlier (La Roch., 1315), I, 74. (Bay., 1327, *jaulé*), 153; II, 94.
Georget (Jeanne), chambrière pendue en 1581 à Angoul. pour infanticide, II, 142.
Gerall (don). Voy. Géraud.
Gérard, évêque d'Angoul. en 1001, I, 319 n.
Géraud, *don Geralt,* père de Garin cité dans la charte de Jean Sans-Terre pour Bay. en 1215, II, 4, 5.
Gérin, comte de Poitiers au VIIe s., I, 349.
Gernes[cio], (Capud de), le cap de Guernesey, II, 61. Cf. l'*Erratum* du t. II.
Gernum (dominus Radulphus), s'interpose entre les Niortais et le comte de la Marche, I, 247 n.
Geroldus. Voy. Mauclerc.
Gervain (Jamet), maire de Poitiers en 1465 et 1466, I, 374.
Gervaix. Voy. Tiffauges.
Ghilde, des cordonniers de Rouen,

I, 25; — de Rouen, ses privilèges en Angleterre, 27. Voy. Corps de métiers.
Gié (Pierre de Rohan, maréchal de), I, 152 n.
Gilles. Voy. Le Mazuyer.
Gimel (Pierre de), bailli de l'évêque de Limoges en 1352, I, 173.
Girard (Joachim), seigneur de Mairé, maire de La Roch. en 1453, I, 58.
Girardus. Voy. *Remis.*
Girondam, Gyrundam (*castra super*), date de lieu d'une charte de Henri III en 1242, I, 92 n, 95 n.
Gîte (droit de). Les hommes de l'abbaye de la Trinité en sont exempts (OL., 1146, *jacere vel procuratio*), I, 88; II, 70. (POITIERS, 1199), les hommes de Montierneuf en sont exempts, I, 354. (S.-J.-D'A., XI° s., *consuetudinaria procuratio*) — exercé par la comtesse d'Anjou, 91.
Godeau (Jean), habitant de S.-J.-d'A. en 1462, II, 97.
Godilus, missus illustri viro Bernardo comite, tient un plaid à Poitiers en 815, I, 350 n.
Goret (René de), juge au présidial et seigneur des halles de Poitiers en 1665, I, 419 n.
Gornacum, Gornayum. Voy. Gournay.
Goslenus, Gosselin de Vierzi, évêque de Soissons, (1166), II, 72 n.
Gosse (bailliage de), pays situé sur la rive droite de l'Adour et correspondant à la partie méridionale du canton actuel de Saint-Vincent-de Tyrosse, dép. des Landes, I, 103 n, 104 n, 122, 123, 159.
Gosselin (Nicolas), bourgeois de Chât. (1141), I, 188.
Gourgues (de), intendant du Poitou en 1616, I, 389 n.
Gournay, Seine-Inférieure, arr. de Neufchâtel, Hugues de —, II, 56, 151.
Gouverneur, d'ANGOUL. en 1576, refuse de recevoir le duc d'Alençon, I, 329. — d'ANGOUMOIS au XVIII° s., ses prétentions pour la nomination des magistrats d'Angoul., 331, 332, 333. — de BAY. pour le roi de France en 1294, 104 n, 121; voy. Durfort (Raymond Bernard de). —, *governedor,* titre pris par le bourgeois qui remplace le maire depuis 1428, 134, 143; titre porté par le maire depuis 1451, 148. — de COGNAC (XVII° s.), nomme le maire, 287. — du château, voy. Parabère. — de LA ROCH. désigne le maire, 79; juge d'appel de la cour du maire, 82. — de NIORT, 261. — de Poitiers, 405; institue les officiers de la milice, 424, 425; voy. Lude (comte du), Roannez (duc de). — du POITOU, 405; arrêt qui lui attribue la nomination des officiers de la milice de POITIERS (1613), 425; voy. Sully. — de S.-J.-D'A., voy. Rohan.
Goyet (Gervaise), bourgeois de Tours en 1462, II, 97, 98, 99.
Grâce, dans quel cas faite aux condamnés à Bay., I, 173.
Gramont (Antoine d'Aure comte de), vient à Poitiers avec ses bandes en 1562, I, 379.
Grands jours de Poitiers en 1541 et 1542, I, 345, 377, 419; II, 141.
Grant (Guillaume), bourgeois de S.-J.-d'A. en 1331, II, 140.
Gravelines, Nord, arr. de Dunkerque. Ses relations commerciales avec S.-J.-d'A., I, 296 n, 317.
Gravelle, voy. La Gravelle.
Greffier. (BAY.) — de la cour du maire, I, 152; II, 14 n, 94. (POITIERS), — du tribunal municipal, I, 378; — de l'échevinage, office affermé, 414. (S.-J.-D'A.), 307 n, 316. (TOURS), 226, 227, 228.
Guarinus, prenomine Mala Corona, Vasallus Turonicæ civitatis, I, 208.
Guarini (*Christianus et P.*), sergents royaux à S.-J.-d'A., en 1278, I, 315 n.
Guarners. Voy. *Chasteaus.*
Guet et Garde. (ET., 41, *excubia, esquiugayte*), sous la surveillance du maire, I, 13, 15; II, 44, 45. (ANGOUL.), les ecclésiastiques y sont contraints, I, 325; tous les habitants y sont tenus, 347. (BAY.), le guet de nuit au XIV° s. nommé par les cent-pairs, 143; voy. Sergents du guet. Tous les citoyens soumis au guet, 176.
Guet et contre-guet, *guoait et*

— 218 —

esquiugoayt, 177 ; II, 90. Le guet fait par des *gaites* salariés, I, 177. (CHAT.), le guet en 1184, 199 ; élection des chefs du guet de nuit en 1212, 202, 203 ; tous les habitants y sont soumis au XIVe s., 209, 210. (LA ROCH.), tous les habitants y sont tenus, 180. (NIORT), les habitants refusent de s'y soumettre en 1367, 255 ; ils y sont tenus au XVIe s., 257. (POITIERS), tous les habitants de la châtellenie sont soumis au guet, 422, 424, 425. (SAINTES), 86. (TOURS), tous les gens de la châtellenie sont tenus au guet, 215 *n;* il était commandé par les élus, 216.

Gui de Lusignan, deuxième fils de Hugues X de Lusignan comte de la Marche, reçoit de son père en 1243 la seigneurie de Cognac, I, 272 ; la concession d'Oleron à lui faite par le prince Edouard, révoquée par Henri III, 92 ; son administration à Cognac, 273 ; concède des franchises à Cognac en 1262, 269, 273 ; II, 127 ; confirme les droits du prieuré de Saint-Léger en 1283, I, 270 *n ;* meurt en 1288, 275.

Gui de Lusignan, frère de Hugues XIII de Lusignan comte de la Marche, veut prendre possession du comté d'Angoulême en 1302, I, 322.

Gui Geoffroi, appelé aussi Guillaume VIII, duc d'Aquitaine et comte de Poitiers, I, 353, 354 ; charte fausse de 1069, 411 *n.*

Gui, vicomte de Thouars, confirme les privilèges de Ré en 1289, I, 96.

Gui. Voy. Franc-Bardin, Merville.

Guichard, *Guischart* (Jean), maire de Poitiers en 1324 et en 1335, I, 422 ; II, 161.

Guido, buticularius, souscrit des diplômes royaux en 1204, 1212, 1214 ; II, 103, 148, 150.

Guillaume [I], le Conquérant, roi d'Angleterre, règlements donnés par lui à Rouen, I, 25.

Guillaume [II], le Roux, roi d'Angleterre, conspiration pour lui livrer Rouen, I, 25.

Guillaume [IV], comte d'Angoulême, battu par Richard Cœur-de-Lion (1176), I, 319 *n.*

Guillaume [III], duc d'Aquitaine et comte de Poitiers, (961), restaure l'abbaye de Saint-Michel-en-l'Herm, I, xviij, 60 *n.*

Guillaume [V], duc d'Aquitaine et comte de Poitiers, pacifie le comté de Poitiers, I, 351, 352 ; son château de S.-J.-d'A., 288.

Guillaume [VI], duc d'Aquitaine et comte de Poitiers, sa captivité, I, 353.

Guillaume [VII], duc d'Aquitaine et comte de Poitiers, cité comme ayant consenti aux privilèges concédés par sa mère à l'abbaye de la Trinité, II, 70.

Guillaume [VIII], duc d'Aquitaine et comte de Poitiers. Voy. Gui Geoffroi.

Guillaume [IX], duc d'Aquitaine et comte de Poitiers, sa lutte contre les seigneurs de Châtel-Aillon, I, 61 ; (v. 1121) confirme à l'évêque la possession de la moitié de Bay. ; concède des privilèges aux Bayonnais ; établit un lieu de refuge au confluent de la Nive et de l'Adour, 103, 105 ; concède des privilèges aux habitants de Poitiers, 352, 353, 357 ; confirme les privilèges de Montierneuf, 354.

Guillaume [X], duc d'Aquitaine et comte de Poitiers, s'empare de Châtel-Aillon, concède des privilèges à La Roch. et peuple cette ville, I, 61, 62 ; ses violences à S.-J.-d'A., 289 ; cède à l'abbaye ses possessions à S.-J.-d'A. (1131), 293 ; concède des privilèges à Poitiers, 352 *n ;* ses démêlés avec l'église, 353 ; confirme les privilèges de Montierneuf, 354 ; meurt en 1137, 355.

Guillaume, fils de Robert, comte de Belesme, cède le château d'Alençon au roi d'Angleterre, I, 52.

Guillaume, maire de Bay. en 1242, I, 147.

Guillaume, maire du pont de Tours en 1113, I, 208 *n.*

Guillaume, *Guillelmus, Vilelmus, Willelmus.* Voy. Aleman, Barbitonsor, Barre, Bruyère, Canat, Cerisay, Coindé, Croleboys, Dou-

de, Fradin, Gargoilhea, Grant, Guischos, Harcourt, Javal, Le Queux, Maingot, Neufville, Poissy, *Rembaldus, Syre*, Taunay, Tiays, Voisins, Vousy, Warenne.
Guillelmus, buticularius, souscrit deux diplômes royaux en 1146, II, 71, 73 *n*.
Guillelmus de..., enquêteur envoyé par Philippe le Bel à Châteauneuf en 1305, II, 109.
Guillon. Voy. Langevinière.
Guines, faute de lecture pour *Gerneseio*, voy. ce mot.
Guischart. Voy. Guichard.
Guischos (Guillaume), clerc de la commune, compilateur de la coutume d'Oleron, I, 95.
Guiton (Jean), maire de la Rochelle en 1628, I, 78, 80.
Guy. Voy. Gui.
Guyenne, sa prise de possession par Philippe le Bel, I, 121. Communes de —, 107, 434. Ducs de —, serment qu'ils devaient aux Bayonnais, 123 ; voy. Charles.
—. Voy. Aquitaine, Edouard, prince de Galles, Lancastre (Jean de), Lieutenant du roi, Sénéchal.
Guyon (Pierre), élu maire de Poitiers en 1635, I, 399.
Gyrundam (castra super). Voy. *Girondam*.

H. Voy. Hubertus.
Habitants, des villes. (ET., 30), devaient tous prêter le serment de commune, I, 18 ; II, 38, 39. Condition des — dans les villes régies par les Et., I, 432. — d'ANGERS, leurs privilèges, 235 ; refusent de se rendre aux montres (1477), 236. Cf. Bourgeois. — d'ANGOULÊME sont exempts d'impôts, 327, 328 ; sont convoqués à certaines mézées, 341. Cf. Bourgeois, Jurés. — de BAYONNE, dénombrement annuel des —, I, 147. Voy. Voisins. — de BOURGES, élisent chaque année quatre prudhommes, 228. — de COGNAC, reçoivent des privilèges de Gui de Lusignan en 1262, I, 273 ; II, 127-131 ; sont nommés *estagiers* et prudhommes, I, 274 ; reçoivent des privilèges de Charles d'Espagne en 1352, 276 ; II, 132-135 ; sont nommés *habitatores* ou *illi de communitate*, I, 277 ; nomment des jurés pour lever et répartir les impôts, 278, 279, 280 ; obtiennent de Louise de Savoie une réforme municipale, 282 ; nommés *jurez* en 1515 ; reçoivent alors de nouveaux privilèges, 283 ; sont exempts de tailles pour vingt ans en 1651, 286. — de LA ROCH. (XVe s.), contraints de prêter le serment de commune, 83 ; II, 38 *n;* voy. Bourgeois. — d'OLERON, leurs privilèges, I, 88, 89, 90, 91 ; II, 69, 72, 74 ; prêtent serment de fidélité au comte de la Marche en 1224, I, 91 ; obtiennent des lettres de marque pour armer contre la France en 1242, 92. Cf. Jurés. — de POITIERS, établissent une commune en 1138, 355 ; leur condition, 360 ; sont tenus au service militaire, 362, 421 ; doivent tous prêter serment au maire, 367 ; leurs franchises, 368, 371 ; la dénomination d'habitants prévaut sur celles de bourgeois, citoyens ou jurés au XVIIe s., 407 ; cf. ces mots. — de RÉ, reçoivent une charte de commune en 1242, 95. — de ROUEN, voy. Citoyens. — de SAINTES, voy Bourgeois. — de S.-JEAN-D'ANGÉLY, sont exempts d'host et de chevauchée sauf le cas de *Bellum campestre*, 292 ; chassent les Anglais en 1372, 299 ; doivent tous contribuer aux tailles, 300, 304, 317 ; voy. Bourgeois. — de TOURS, exempts de Franc-fief, 219 ; II, 114 ; contraints de contribuer aux charges communes ; ne peuvent être cités en justice ailleurs qu'à Tours, I, 219 ; II, 115 ; leurs franchises, I, 219 ; II, 116 ; peuvent se réunir en assemblées générales, I, 219 ; II, 117. — Voy. Bourgeois, Citoyens, Jurés, Voisins.
Hachers, (BAY., 1327), mesureurs de sel (?), officiers de la commune, I, 153 ; II, 94.
Hacqueville, Eure, canton d'Etrépagny, I, 37 *n*.
Haia (Matheus de), souscrit une lettre du roi Louis VII, II, 100.

Halles. (POITIERS), fief des — I, 419 ; voy. Berland, Goret, Mérichon. (PONT-AUDEMER), — bâties en 1224, 51. (S.-J.-D'A.), — élevées au XIIIᵉ s., 293, 296, 314.

Hannequin dit Passepartout (Jean), brigand brûlé à Angoul. en 1542, II, 141.

Hanstede (Jean de), sénéchal de Guyenne en 1330, I, 128.

Harcourt (Guillaume d'), W. de *Harecurt*, souscrit la charte de Jean Sans-Terre pour Bay. en 1215, II, 4, 5.

Hardoinea (Michael), envoyé à Paris par le corps de ville de Poitiers en 1292, I, 420 n.

Hardouin. Voy. Maillé.

Harecurt. Voy. Harcourt.

Harfleur, ville de Normandie, érigée en commune par Jean Sans-Terre en 1202, I, 47 n.

Haubert. Voy. Fiefs de —.

Hauteville (Héliet de), maire de Bay. en 1275, I, 120.

Hawida, uxor Bernardi Commin, (XIIᵉ s.), I, 28 n.

Hébergement (droit d'). Les hommes de Montierneuf en sont exempts, I, 354.

Héliet. Voy. Hauteville.

Héliot. Voy. Pipon.

Hemma, uxor Walteri de Castellione, (XIIᵉ s.), I, 28 n.

Henri Iᵉʳ, roi d'Angleterre, concède des privilèges à Rouen, I, 25, 27 ; II, 58 ; bâtit et fortifie Verneuil, I, 52.

Henri II, Plantagenêt, duc de Normandie et roi d'Angleterre, concède avant son avènement au trône, v. 1150, des privilèges à Rouen, I, 24 n, 25, 26, 27, 361 ; II, 56-63 ; devient suzerain de La Roch., en dépossède Eble de Mauléon et en confirme les privilèges, I, 63, 64 ; confirme en 1173 la coutume de Verneuil, 52 ; délivre Rouen assiégé en 1174 et en confirme les privilèges, 27 ; concède des franchises à Niort, 239 ; fortifie Poitiers, 357 ; les Et. rédigés sous son règne, 11.

Henri III, roi d'Angleterre, reçoit le serment de fidélité du maire d'Angoul. (1212), I, 321 ; écrit à Hugues X de Lusignan pour lui confier le Poitou (1219), 244 ; réclame Cognac à Hugues de Lusignan (1220), 272 ; reçoit des ouvertures des habitants d'Angoul. (1220), 322 ; notifie aux habitants de Poitiers la nomination d'un sénéchal du Poitou (1220), 361 n ; protège les Juifs contre la commune de Niort (1221), 253 ; prend sous sa protection les Juifs de S.-J.-d'A. (1222), 297 n ; cité dans un diplôme de Philippe-Auguste (1222), II, 151, 153 ; mande au sénéchal de nommer le maire choisi par les bourgeois de La Roch. (1223), I, 70 ; déclare qu'il restitue Niort à Hugues X de Lusignan (1226), 251 ; lui donne l'investiture de Cognac (1226), 272 ; confirme les privilèges d'Oleron (1230), 91 ; mande au sénéchal de Gascogne de payer sur les revenus d'Oleron une rente à Fontevraud (1234), 90 ; autorise l'abbesse de Fontevrauld à imputer sur les revenus d'Oleron une rente de cent trente livres (1235), 94 ; met la main sur Oleron (1242), 92 ; concède une commune à l'île de Ré (1242), 95 ; passe à Bayonne et y nomme les cent-pairs (1243), 109, 140 ; nomme le maire d'Oleron (1253), 94 ; nomme le maire de Bayonne (1253), 110 ; déclare qu'Oleron ne sera jamais séparée de la couronne (1254-1261), 92 ; fait la paix avec le roi de Castille et le vicomte de Béarn, 111.

Henri IV, roi d'Angleterre, reçoit après son avènement des dégués des Bayonnais, I, 133 ; leur accorde en 1402 des lettres d'abolition, 134.

Henri V, roi d'Angleterre, I, 134.

Henri VI, roi d'Angleterre, confirme les privilèges de Bayonne (1423), 134.

Henri II, roi de France, confirme en 1547 les privilèges de Cognac, S.-J.-d'A., Poitiers, I, 284, 301, 377 ; interdit les charges municipales aux gens de robe longue (1547), 377, 395 ; confirme en 1548 les privilèges de Saintes, Tours, Niort, Angoul.,

— 221 —

86, 224, 261, 328; autorise le corps de ville de Poitiers à choisir pour maire des gens de robe longue (1548, 1549), 378; décide que le sous-maire de Bay. devra être bourgeois (1550), 136; désigne le maire d'Angoul. par lettres de cachet (1556), 328.

Henri III, duc d'Anjou puis roi de France, (1569) assiège les Huguenots dans S.-J.-d'A., I, 302; fait lever le siège de Poitiers, 380; confirme, en 1576, les privilèges de Saintes, Niort, Cognac, Poitiers, 86, 261 n, 284, 380; en 1577, ceux de Tours, 225; en 1578 ceux de S.-J.-d'A., 302; en 1582, ceux d'Angoul., 329; en 1585, les privilèges de juridiction du corps de ville de Poitiers, 381; réforme le corps de ville de Tours (1589), 225; confirme les privilèges de Ré, 96 n.

Henri IV, roi de France, confirme en 1591 les privilèges de Niort, S.-J.-d'A., I, 261 n, 302; en 1592, ceux de Cognac, Angoulême, 284, 330; (1594), confirme le régime établi à Tours par Henri III, 226; confirme les privilèges de S.-J.-d'A., Poitiers, 303, 383; réduit le nombre des membres du corps de ville de Poitiers, 383, 396; (1597), confirme les privilèges de Saintes, 86; (1602), restitue les privilèges de Poitiers, 385; (1609), confirme les privilèges d'Angoul., 330; confirme les privilèges de Ré, 96 n.

Henri, frère du roi Louis VII, trésorier de Saint-Martin-de-Tours, I, 188.

Henri, *Henricus*. Voy. Chasteigner, Cusance, *Longo campo*, Rambaud.

Herbert (Jacques), maire huguenot de Poitiers en 1561, 379; pendu en 1562, 380.

Hervé. Voy. Villepreux.

Hibernia, Hybernia, Ybernie. Voy. Irlande.

Hommage. (ANGOUL.), — lige et dénombrement dus par le corps de ville à l'abbaye de la Couronne, I, 340. (CHAT.), — dû au comte d'Anjou par les bourgeois, 201. (COGNAC), — lige et serment de fidélité dus par le maire au suzerain, 277; II, 134. (NIORT), —, aveu et dénombrement dus au roi pour la mairie et les privilèges, I, 268. (POITIERS), — dû au roi par le corps de ville, 411; II, 154.

Honorius III, pape, bulle de 1216 pour les Templiers de La Roch., I, 83; bulle de 1217 pour modifier une coutume de La Roch., 84; ses lettres au sujet de Cognac, 272 n.

Horgave, Hourgave, auj. métairie située sur la rive droite de l'Adour à son confluent avec le gave de Pau, commune de Sainte-Marie de Gosse, limite de la juridiction de Bay., II, 81.

Host et Chevauchée, les communes y sont soumises comme les seigneurs, I, 410. (ET., 28, 29, *exercitus, ost*) I, 15; II, 36, 37. (ANGERS, 1474), les habitants en sont exempts, I, 235. (BAY.), les voisins y sont tenus, 176. (BOURGES, 1474), les habitants en sont exempts, 231. (CHAT.), les bourgeois y sont tenus pour le comte d'Anjou, 201. (FALAISE, 1221), les bourgeois y sont soumis, 49. (LA ROCH., *exercitus vel equitacio*), les bourgeois y sont soumis, 69; cette obligation est restreinte en 1208 au cas où la défense de la ville est assurée, 70; II, 67. (NIORT), obligation d'— imposée par Philippe-Auguste (1204) et par Jean Sans-Terre (1205), 241, 242; II, 126. (OL.), cas dans lesquels les hommes de l'abbaye de la Trinité y sont tenus, I, 88; II, 70; les habitants y sont soumis, I, 90. (POITIERS), les hommes de Montierneuf en sont exempt sauf le cas de *Bellum canpale*, 354; les citoyens y sont tenus au delà de la Loire, 360, 422; II, 149, 154. (ROUEN), qui va à l'— ne peut être arrêté pour dettes, II, 57; juridiction en matière d'— (*justicia de exercitu*) réservée au roi, II, 65 n. (SAINTES, 1280), les habitants n'y sont tenus qu'à condition de pouvoir rentrer chaque soir, I, 85. (S.-J.-D'A., XIe s.), les habitants exempts sauf le cas de *bellum campestre*, 292. (Tours, 1462), les habitants en sont exempts, 219 ; II, 116. Voy. Ban et arrière-ban, *Bellum campestre*, Service militaire.

Hôtel de ville. (Angers), I, 235 ; (Angoul.), I, 340, 342 ; (Bay., *maison comune, maizon de le veziau*), 156 ; II, 82, 83, 85, 87 ; (Cognac, *locus communis, domus consilii*), 281 ; II, 132; (La Roch.), I, 79 ; (Niort), 259, 260, 268 ; (Rouen), 34 ; (S.-J.-d'A.), 307 n, 309 ; (Tours), 220 ; II, 120.

Houliers, débauchés, I, 82 n.

Hubert. Voy. Burgh.

H[ubertus], archevêque de Cantorbéry (1199), I, 294.

Hugo, voy. Hugues.

Huguenots, à Angoul., I, 329 ; à Cognac, 284 ; à La Roch., 78 ; à Niort, 261 ; à Poitiers, 379, 380 ; à S.-J.-d'A., 302, 303.

Hugues-Capet, roi de France, confirme en 987 l'immunité de S.-Martin-de-Tours, I, 187.

Hugues IX de Lusignan, comte de la Marche, revendique ses droits sur le comté d'Angoulême en 1203, I, 319 ; menace en 1204 le château de Cognac, 271 ; traite en 1214 avec Jean Sans-Terre, 321 ; reçoit en 1214 l'île d'Oleron, 90.

Hugues X de Lusignan, comte de la Marche, fiancé à Jeanne, fille de Jean Sans-Terre en 1214 ; ne reçoit pas alors le château de Cognac, I, 271 ; son rôle de 1219 à 1242 ; vexations qu'il fait subir aux villes du Poitou, 243, 244, 245, 246, 247 n, 248, 249, 250, 251, 295 ; épouse Isabelle, veuve de Jean Sans-Terre en 1220, 245 ; devient seigneur de Cognac, 272 ; acquiert le comté d'Angoulême, 321 ; traite avec Philippe-Auguste en 1222, 91 ; tient l'île d'Oleron du roi d'Angleterre puis de Louis VIII et lui concède des privilèges en 1224, I, 91, 250 ; II, 74 ; abolit de mauvaises coutumes à Oleron en 1227, I, 91 ; conclut le traité de Vendôme (1227), 91, 252 ; tient Cognac du roi de France depuis 1227, 272 ; reçoit S.-J.-d'A. du roi de France (1230), 296 ; fait hommage au comte Alfonse en 1241, 252, 296 ; se révolte de nouveau puis se rend au roi de France en 1242, 92, 252 ; lègue Cognac à son fils Gui (1243), 272.

Hugues XII de Lusignan, comte de la Marche, meurt en 1270 à la croisade, I, 322.

Hugues XIII de Lusignan, comte de la Marche, I, 93 ; hérite en 1288 de la seigneurie de Cognac, 275 ; confirme les privilèges du prieuré de Saint-Léger de Cognac (1290), 271 n; meurt en 1302, 322.

Hugues l'Abbé, comte de Tours, son nom demeure à une des tours de l'enceinte de Tours, I, 207.

Hugues III d'Amiens, archevêque de Rouen (1129-1164), I, 29 n.

Hugues II de la Rochefoucauld, évêque d'Angoulême, (1140), I, 319 n.

Hugues Ier, évêque de Poitiers, arbitre entre la commune et la léproserie de Poitiers (1267), II, 158.

Hugues, père de Jean, cité dans une charte de Jean Sans-Terre de 1215, II, 4, 5.

Hugues, *Hugo*. Voy. Broc, *Creci*, Gournay, *Janitor*, Marson, Thouars.

Humez (Richard de), connétable d'Angleterre sous Henri II, I, 28 n.

Hunald, duc d'Aquitaine, I, 351.

Ictus regis. Voy. Duel.

Ida, comtesse de Boulogne, I, 31 n.

Imbrosius dux Galliarum, I, 353.

Immersions dans l'eau, pénalité en usage dans un grand nombre de villes, I, 431 ; II, 22-25 n. (Et., 16), appliquée aux femmes querelleuses et médisantes, I, 22 ; II, 22, 23. (Angoul.), n'est pas en usage, I, 344. (Bay.), usitée jusqu'au XVIIIe s., 171, 172 ; II, 22-24 n. (La Roch., XVe s.), II, 24 n. (Ol., XIVe s.), peine appliquée aux Juifs, II, 24 n.

Immunités, de Saint-Martin-de-Tours, I, 184, 185, 186, 187 ; des évêques de Tours, 207 ; de l'abbaye de S.-J.-d'A., 200 ; des évêques de Poitiers, 349 ; de Saint-Hilaire, 353 ; de la Trinité de Vendôme, II, 70. —, *immunitas et libertas*, nom donné v. 1050 au bourg de S.-J.-d'A. placé sous la juridiction de l'abbaye, I, 292.

Impôts. (ANGERS), — répartis par les habitants, I, 233 ; levés par le corps de ville en 1474, 235. (ANGOUL.), — sous les Anglais, 323 ; exemptions d'—, 327, 328, 346. (BAY.), 104 ; impôt des navires en retour, 105. (BOURGES), 228, 229. (CHAT.), exemption d'—, 189 ; — dus aux co-seigneurs, 202 ; dus à Saint-Martin, 204. (COGNAC), — établis par le maire, 276 ; II, 133 ; — levés pour réparer les murailles, I, 279 ; exemptions d'—, 283, 284, 285, 286. (LA ROCH.), exemptions d'—, 69, 76 ; — extraordinaires, 72. (NIORT), exemptions d'—, 242, 256, 257 ; — levés sur les habitants, 241, 254, 258, 261 ; — de quatre deniers pour livre au profit de la ville, 256 ; — supportés par la classe inférieure, 262. (POITIERS), — sous l'administration d'Alfonse, 363 ; — levés par Philippe comte de Poitiers, par Philippe V et par Charles IV, 364 ; les habitants exempts d'—, 368 ; — sous l'administration de Jean de Berry, 369 ; sous Louis XI, 375 ; sous Henri IV, 384, 385 ; répartition des —, 394 ; — royaux, 408 ; consentement des — par les habitants, 408, 409 ; — établis par le corps de ville, 409, 414. (ROUEN), consentement des — par les citoyens, 27 ; exemptions d'—, 28 ; — levés par la royauté, 42 ; impôt de deux mailles pour livre, 43. (S.-J.-D'A.), — sous l'administration d'Alfonse, 296, 297 ; sous Philippe VI pour les besoins de la défense, 298 ; exemption d'—, 300 ; — appliqués aux fortifications, 302 ; — pour subvenir aux négociations avec la Flandre, 312 ; — pour l'entretien du port, 318. (TOURS), — appliqués aux fortifications, 180 ; — établis par les élus, 210, 212 ; — sous le régime des Et., 219, 221 ; II, 115, 117, 119, 120. Voy. Aides, Apetissement, Baleine, Banvin, Barrage, Barrière, Boissons, Cens, Chiquet, Coutumes, *Demanda, Estanc*, Fouage, Fournage, Franc-fief, Gabelle, Maltôte, *Modiatio*, Pavage, Péages, Queste, *Taillée*, Taille, Taverniers.

Incendie, crime compris dans la haute justice, I, 38.

Industrie, (POITIERS), I, 375, 376, 419, 420 ; voy. Draperie. (TOURS). — de la soie sous Louis XI, 223, Cf. Artisans, Corps de métiers.

Ingham (Olivier d'), sénéchal de Guyenne, (1341), I, 129.

Ingoberge, reine des Francs, dons qu'elle fait par testament à S. Martin (589), I, 184 n.

Injures, (Et., 8, 14), leur répression, en échevinage, I, 17 ; II, 16, 17 ; dans la ville, 20, 21. (LA ROCH.), I, 80, 82 ; II, 22 n.

Intendants, ont été les instruments de Richelieu pour détruire l'esprit municipal, I, 441. — de LA ROCH., voy. Bégon. — de LIMOGES, leur rôle dans l'administration d'Angoulême, 342. — de POITIERS, 389, 405 ; voy. Bochart de Champigny, Caumartin, Gourgues, L'Aisné, La Claverie, Le Mazuyer, Mangot. — de TOURS, demande la réduction du nombre des magistrats municipaux, 228.

Insurrections. Voy. Conjurations, Conspirations, Émeutes.

Interdit. (BAY.) Défense de la ville contre l'— ecclésiastique d'après la coutume de 1273, I, 117, 133. — lancé sur la ville eu 1280 et 1395, 120, 132. (ROUEN), la commune mise en — en 1207, 34. Cf. Excommunications.

Intersignia, enseignes, certificats, II, 58.

Intestat. Voy. Déconfès.

Irlande, *Hibernia, Hybernia, Ybernie*. Monopole du commerce avec l'— concédé à Rouen v. 1150, confirmé en 1174, I, 27, 28 ; II, 60, 61.

Isabelle d'Angoulême, femme de Jean Sans-Terre, puis de Hugues X de Lusignan, son douaire,

I, 239, 251, 321 ; se fait livrer en 1216 le comté d'Angoulême et la ville de Cognac, 272 ; épouse Hugues X en 1220, 91, 245, 321 ; notifie en 1230 la concession de S.-J.-d'A. à Hugues X, 296 n ; fomente des troubles en Poitou en 1241, 252.

Isabelle de France, reine d'Angleterre, subside levé à La Roch. à l'occasion de son mariage avec Edouard II, I, 72 n.

Isambert, seigneur de Châtel-Aillon, dépouillé de son fief par Guillaume X d'Aquitaine, I, 61.

Iselhan (Eudes de), accusé d'homicide en 1214, I, 242 n.

Italie, fréquentée par les marins de Bay., I, 176.

Ithier. Voy. Jullien.

J. Voy. Bourré, *Clynec*, Duban.
Jacere. Voy. Gîte (droit de).
Jacob. Voy. Queux.
Jacques. Voy. Fremaut, Herbert, Lesbay.
Jamet. Voy. Gervain.
Janitor (Hugo), bailli du roi à Rouen à la fin du XIIᵉ s., I, 28 n.
Jarnac. Voy. Chabot.
Jatxou, Basses-Pyrénées, cant. d'Ustaritz. Pierre Sanche de —, dit Front-de-Bœuf, maire de Bay. en 1312, 1313 et 1314, I, 124, 125, 126, 127.
Jaudon (la), lieu des exécutions criminelles à La Roch., I, 73 n.
Jaugeur de vins à Bordeaux, I, 435.
Jaulé. Voy. Geôlier.
Jaunay, *Galniacum villam in pago Pictavensi*, Vienne, cant. de Saint-Georges, II, 70.
Javal (Guillaume), habitant de S.-J.-d'A. en 1331, II, 138.

Jean Sans-Terre, roi d'Angleterre, crée les communes du continent pour résister à la France, I, 47, 434, 439. (1199), confirme la commune d'Alençon, 47, 52 ; confirme les privilèges de La Roch., 68, 69 ; concède à Savari de Mauléon une rente sur la prévôté de La Roch., 70 n ; autorise les habitants de Niort à former une commune, 239 ; accorde une sauvegarde à un juif de Niort, 253 n ; confirme la commune d'Oleron, 89, 90 ; confirme les privilèges de Rouen, 29, 361 ; II, 56, 63 n ; concède une charte de commune à S.-J.-d'A., I, 294 ; (1200), constitue le douaire d'Isabelle d'Angoulême, 239 ; prend sous sa protection le maire de Poitiers, 358 ; (1202), établit des communes à Fécamp, Harfleur, Montivilliers, 47 n ; occupe Chât., 202 ; (1203), concède des privilèges à Angoul., 319, 320 ; institue la commune de Falaise, 48 ; confirme la commune de Niort, 238, 240 ; (1204), concède à Angoul. les Et., 8, 320 ; (1205), concède des privilèges à Angoul., 320, 321 ; à La Roch., 69 ; à Niort, 242 ; à Oleron, 9, 90 ; (1206), fait à La Roch. des préparatifs militaires contre Philippe-Auguste, 360 ; (1207), ordonne à ses agents de ne pas molester les Niortais, 243 ; (1208), restreint le service militaire dû par les Rochelais, 70 ; II, 67 ; (1214), concède Ol. à Hugues de Lusignan, 91 ; pourvoit à une vacance du chapitre d'Evreux, 242 n ; écrit à l'évêque de Winchester au sujet du meurtre de Guillaume Le Queux, 242 ; traite avec avec Hugues de Lusignan, 321 ; (1215), concède à Bay. les Et., 9, 107 ; II, 2 ; concède une commune à Cognac, I, 271, 295 ; réunit Cognac au comté d'Angoul., 272 ; notifie au maire de La Roch. que la garde des biens de Guillaume Le Queux est confiée à un clerc du roi, 242 n ; ordonne au sénéchal de Poitou de mettre Savari de Rochefort en possession de ses droits sur Niort, 243 ; (1216), demande à Bay. des secours contre les barons anglais, 107 ; écrit au sénéchal de Poitou et au maire de Niort au sujet des biens de Guillaume Le Queux, 242.

Jean II le Bon, duc de Normandie puis roi de France, (1332), reçoit comme apanage la Normandie, le Poitou, l'Anjou, le Maine, etc. ; tailles levées à Niort pour sa chevalerie, I, 254, 255 ; (1341), mande aux Rouennais d'envoyer à Niort copie des Et., 4, 263 ;

(1350), confirme les privilèges de Cognac, 276 ; (1351)), confirme les privilèges de S.-J.-d'A. et de Poitiers, 299, 305, 365 ; (1352), donne le comté d'Angoul. à Charles d'Espagne, 276 ; (1354), déclare S.-J.-d'A. et Angoul. unis à perpétuité à la couronne, 299, 323 ; aurait confirmé les privilèges de Cognac, 278 ; (1356), mande au bailli de Tours de faire nommer six élus, 209, 214 ; (1360), confirme les franchises en France de La Roch., 75 ; refuse la démission des élus de Tours, 215 n ; (1361), enjoint aux habitants de Poitiers de tenir leur ville du roi d'Angleterre, 365.

Jean, fils de Charles VI, dauphin de France, comte de Poitou, confirme en 1416 les privilèges de Niort, I, 257 ; meurt en 1417, 369.

Jean [V] le Beau, duc d'Alençon, reçoit Niort en gage de Charles VII en 1423, I, 257 ; forme une coalition contre le roi en 1439, 258 ; se réfugie à Niort en 1440, 259.

Jean de France, duc de Berry, troisième fils de Jean le Bon, reçoit le Poitou en 1357, puis en 1369, I, 367 ; son administration à Poitiers, 369 ; s'empare en 1372 de S.-J.-d'A et de Poitiers et confirme leurs privilèges, 300, 368 ; prend possession de Niort et d'Angoul. en 1373, 256, 323 ; s'empare de Cognac en 1375, 279 ; confirme en 1377 les privilèges de Niort, 256 ; rend au roi en 1394 le comté d'Angoul., 279 ; autorise en 1396 l'établissement d'un droit d'apetissement à Poitiers, 369 ; meurt en 1416, 257, 369.

Jean de Lancastre, duc de Guyenne de 1390 à 1399, I, 130, 131, 133.

Jean d'Orléans, troisième fils de Louis Ier d'Orléans, hérite en 1407 du comté d'Angoul., I, 279 ; obtient de Charles VII et de Louis XI confirmation des privilèges d'Angoul., 327 ; réside à Cognac pendant les dernières années de sa vie, 279, 280.

Jean, vicomte de Thouars, confirme en 1358 les privilèges de Ré, I, 96 n.

Jean Tristan, vicomte de Thouars, confirme en 1389 les privilèges de Ré, I, 96 n.

Jean, fils de Hugues, témoin à la charte de Jean Sans-Terre pour Bay. en 1215, II, 4, 5.

Jean, *magister Johannes*, clerc assassiné en 1278 à S.-J.-d'A., I, 315 n.

Jean, *Jehan, Johan, Johannes*. Voy. *Aleman*, Argouges, Astley, Barbot, Barthommé, Basingburn, *Baudeti*, Beaumont, Belidz, Bernard, Boille, Bonnart, Borc, *Borser*, Bourbon, Briçonnet, Brochard, Chandos, Cinq-Sols, Clermont, Colas, Dabillon, Dardir, Dupuiz, Ferrières, *Galardon*, Garnier, Godeau, Guichard, Guiton, Hannequin, Hanstede, Lalanne, Langeac, Lobart, Loulet, Marigny, Mérichon, Montluc, Morin, Moulins, Paniot, Prévot, Randonneau, Regnaut, Ruzé, Saint-Père, Salisbury, Sorroila, Valleteau, Viele, Vilette.

Jeanne, fille du roi de France Louis X, épouse en 1318 Philippe d'Evreux, I, 275 ; Angoulême compris dans son douaire dès 1317, 323 ; meurt en 1349, *ibid*.

Jeanne, *Johanna*, reine de Sicile, fille d'Henri II d'Angleterre, souscrit en 1199 la charte concédée par Eléonore à Niort, II, 144.

Jeanne, sœur de Henri III, roi d'Angleterre, fiancée en 1214 à Hugues de Lusignan, Cognac compris dans sa dot, I, 271 ; retenue comme otage par Hugues de Lusignan en 1220, 245, 246.

Jeanne. Voy. Georget.

Jodoinus. Voy. *Doe*.

Johan, Johannes. Voy. Jean.

Johanna. Voy. Jeanne.

Jonchère (la). Voy. *Junchiere*.

Joseph. Voy. Vernet.

Jouffre. Voy. *Moussart*.

Jousselinus. Voy. *Carpenter*.

Juge. (ANGOUL.), — de l'échevinage, I, 342 ; — de la maison commune, 345. (COGNAC), — de la mairie, 283. (LIMOGES), — élu, 307 n. (POITIERS), — élu par le corps de ville, 378, 418 ; — de l'échevinage, 415. (S.-J.-D'A.), — municipal nommé par le corps de ville, 316. — d'Anjou, 233, 234 ; — de Touraine, 220.

Jullien (Ithier), écuyer, maire d'Angoul. en 1542, II, 141.

Juifs, à Niort, I, 253 ; à Poitiers, 363 ; à S.-J.-d'A., S.-Maixent, Saintes, etc., 297. Péage des — à Ol., II, 24 n.

Junchière (la), La Jonchère, Haute-Vienne, canton de Laurière, Fourches de la —, I, 173 n.

Jurade, nom donné aux collèges de jurés ou jurats, I, 107.

Jurads de le comunie. Voy. Jurés de commune.

Juramentum. Voy. Serments.

Jurats, noms que prennent à Bay. les six conseillers institués en 1451, I, 136 ; sont au nombre de trois au XVIII° s., 137. — chargés de la police à S.-J.-d'A. au XVI° s., 317. — de Bordeaux, 141.

Juratus communie. Voy. Jurés de commune.

Jurea, Jureia, enquête, (ROUEN, 1207), II, 62 ; (POITIERS, 1222), 153.

Jurés, Jurés de commune, *Jurati communie*, nom donné aux bourgeois dans la plupart des villes régies par les Et. (ET., 6, 11, 12, 17, 19, 20, 21, 30, 31, 36, 38, 42, 44, 45, 46, 47, 48, 49, 50), leur condition, I, 16 n, 18, 19, 20, 23 ; II, 12-15, 18, 19, 24-29, 38, 39, 42-51 ; voy. Voisins. (ANGOUL.), I, 343, 345 ; voy. Citoyens, Habitants. (BAY.), voy. Voisins. (COGNAC), 283 ; voy. Habitants. (LA ROCH.), II, 25 n, 26 n, 43 n, 50 n; voy. Bourgeois, Habitants. (NIORT), I, 263, 264 ; voy. Bourgeois. (OL.), 89 n ; voy. Habitants. (POITIERS), 359, 367 n, 406, 407; II, 4; voy. Citoyens, Habitants. (S.-J.-D'A.), I, 294 n, 313, 317 ; voy. Bourgeois, Habitants.

Jurés, nom fréquemment donné aux magistrats des villes, I, 431. (ET., 2, 13, 22, 33, 46, 55, *viginti quatuor jurati*), collège de vingt-quatre magistrats comprenant les échevins et les conseillers, leur élection, I, 16 ; II, 6-9 ; leurs attributions, I, 16, 17 ; II, 18, 19, 28-31, 38, 39, 46, 47, 54, 55. (ANGOUL.), — élus établis en 1373, I, 324 n. (BAY., *Jurats de le cort, Jurads, Jurados*), I, 108 n, 149, 169 ; II, 82-84 n; nom donné aux six conseillers institués en 1451, 136 ; voy. Douze (les). (BORDEAUX), 435. (CHAT.), *decem jurati pro communitate*), II, 101 ; voy. Elus, Prudhommes. (COGNAC), — ou prudhommes, élus pour lever des impôts, I, 278, 280; *Jurati seu gubernatores*, 279. (LA ROCH.), vingt-quatre —, portaient généralement le nom d'échevins, 81 ; II, 8 n, 18 n, 30 n. (NIORT), I, 263 ; nom parfois attribué aux conseillers; les douze — anoblis en 1462, 260. (OL.), les vingt-quatre — ne sont mentionnés que dans la traduction des Et., 94, 95. (POITIERS), nom attribué aux conseillers, *xij jurati*, 362, 402 ; II, 154 ; prennent plus tard le nom de conseillers et celui de jurés n'est plus employé, I, 402. (RÉ), 95. (S.-EMILION), 435. (SAINTES), un conseil de — compose tout le corps de ville au XV° s.; deux — doivent remplir les fonctions de maire et de sous-maire depuis 1476, 86. (S.-J.-D'A.), quatre — chargés de la police au XVI° s., 317. (S.-QUENTIN), 436. (VERNEUIL), 53 n.

Juridiction. (BAY., 1296, 1299), territoire sur lequel s'exerce la juridiction municipale, II, 81, 86.

Juridiction ecclésiastique. (ET., 32), connaît du crime d'adultère, I, 19 ; II, 38, 39. (BAY.), conflits avec la justice municipale, I, 120, 132, 160, 161. (ROUEN), conflits avec la commune, I, 34.

Juridiction gracieuse, (ET., 22), attribuée au corps de ville, I, 14, 16, 19, 23 ; II, 30, 31. (ANGERS), I, 235. (LA ROCH.), 83. (PONT-AUDEMER), 51. (S.-J.-D'A.), attribuée à l'abbaye au XI° s., 291.

Juridiction municipale, sa compétence a beaucoup varié dans les villes régies par les Et., I,

434 ; était exercée par les communes comme par les seigneurs, 440. (ET., 8, 9, 10, 11, 13, 14, 15, 16, 17, 18, 19, 21, 22, 23, 24, 25, 26, 27, 28, 29, 31, 34, 36, 37, 39, 41, 42, 43, 44, 45, 46, 47, 48, 49, 50, 51, 55), I, 13-23 ; II, 16-55. (ANGERS), — attribuée au corps de ville en 1475, I, 234. (ANGOUL.), conflit au sujet de la — entre les officiers du comte et le corps de ville, 327. — civile perdue après l'édit de Moulins, 329 ; comment la — était exercée, 342, 343 ; appel de la —, 344 ; — criminelle, 344, 345 ; II, 141, 142. (BAY.), — de la commune s'étend aux bailliages de Gosse, Seignanx et Labenne, I, 104 n, 122, 123, 128, 159 ; II, 81 ; — maintenue après 1451, se perpétue jusqu'à la Révolution, I, 137. — des cent pairs, 143, 169 ; — du maire, 146, 166 ; II, 14 n, 81, 85, 86 ; — comprenait la haute justice, I, 158 ; II, 82 ; conflits avec les officiers royaux au sujet de la —, I, 159 ; —, comment atteignait les étrangers, les clercs et les chevaliers, 159, 161, 163, 164 ; II. 28 n, 50 n ; conflits avec la juridiction ecclésiastique, 120, 160, 161 ; procédure devant la —, 165 ; compétence de l'échevinage, 168 ; — en matière de voirie, 169 ; instruction criminelle, ibid.; appel de la —, 175. (BOURGES), — attribuée au corps de ville en 1474, 230. (CHAT.), — de police des dix prudhommes élus, 197. (COGNAC), —, jurisdicio seu vigeria, attribuée à la commune en 1352, 276 ; II, 133 ; — accordée au corps de ville en 1515, I, 283 ; (LA ROCH.), — établie avant le règne de Henri II d'Angleterre, 64 ; confirmée par le Parlement en 1283, 7 n ; conflits avec le prévôt, 73, 75, 76 ; très amoindrie au XVIe s., 78 ; — criminelle et de police, 82 ; II, 55 n ; elle comportait la haute justice sauf le cas de lèse-majesté, 83 ; comment elle atteignait les étrangers, II, 25 n, 26 n ; — en matière de dettes, 30 n. (NIORT), — I, 263, 264, 265, 268 ; conflits, 254, 261, 263 ; — supprimée en 1440, restituée en 1442, 259, 265. (OL.), — exercée par le maire assisté de prudhommes, 95. (POITIERS), — confirmée par Philippe-Auguste en 1222, 361 ; II, 152 ; — exercée par le maire, I, 360, 363, 364 ; II, 153, 154, 155 ; haute justice exercée par la commune avant le XIVe s., I, 366 ; — confirmée par le prince de Galles en 1369, 367, 417 ; — confirmée par Charles VII, 370, 417 ; par Louis XI, 371 ; conflits au sujet de la juridiction du bourg Saint-Hilaire, 376, 377 ; arrêt du Conseil de 1549 qui règle l'exercice de la juridiction municipale, 378 ; dérogation à l'édit de Moulins, 380, 418 ; privilège de — pour les membres du corps de ville, 381 ; rôle des échevins dans le tribunal, 403 ; — s'étend à tous les habitants, 409 ; organisation de la —, 415 ; — pendant les foires des lépreux, 417 ; II, 159 ; édit de 1547 qui réorganise la —, 418. (ROUEN), — établie v. 1174, 28 ; confirmée par Jean Sans-Terre et par Philippe-Auguste, 29, 30, 32 ; II, 57 ; conflits avec le chapitre, I, 34 ; — en matière de commerce, I, 36 ; II, 62 n ; — en matière de dettes, I, 33 ; II, 57, 58 ; — criminelle, II, 63 ; Philippe III détermine les conditions de la — en 1278, I, 37, 38, 39 ; II, 64. (SAINTES), — attribuée au maire en 1492, I, 86. (S.-J.-D'A.), — du maire, 298, 308, 316 ; — confirmée en 1331, 312, 313 ; comment était exercée, 312, 313, 316. (TOURS), — des élus, 183, 210, 212, 216 ; — du corps de ville créée en 1462, 223, 224 ; II, 112, 118, 119.

Juridiction (privilèges de). Les habitants ne peuvent être cités en justice hors de la ville, à ANGERS, I, 235 ; à CHAT., 201, 203 ; II, 104 ; à COGNAC, I, 274 ; II, 129 ; à NIORT, I, 260 ; à ROUEN, 27, 28, 30 ; à TOURS, II, 115.

Juridiction, royale ou seigneuriale, (ET., 11, 12, 17, 21, 24, 25, 27, 31, 34, 35, 48, 49), cas réservés à la — royale, I, 15, 19 ; II, 18,

— 228 —

19, 24, 38, 39, 40, 41, 48, 49 ; substitution de la — royale à la juridiction municipale, I, 20 ; II, 24, 25, 28, 29 ; voy. Assise. Cour requise par les seigneurs, I, 20 ; II, 32, 33, 34, 35 ; (ANGERS), — du juge d'Anjou, I, 233 ; du sénéchal, 234. (BAY.), — exercée par le duc d'Aquitaine ou ses officiers au XIIe s., 103, 104, 105, 106 ; droits de — perçus par la couronne, 158. (BOURGES), — du bailli et du prévôt, 231. (CHAT.), — du trésorier de S.-Martin, 188, 189, 190, 191, 193, 196, 197, 199, 201, 205 ; II, 107 ; droits de — des officiers du comte d'Anjou et du roi de France, 201, 205. (COGNAC), bourg de S.-Léger sous la — du prieuré, 270 ; — du sénéchal, 276 ; — exercée par la cour seigneuriale, 283. (LA ROCH.), — royale, 64, 83 ; substitution de la — royale à la juridiction municipale, II, 25 n, 26 n. (NIORT), siège royal établi en 1461, 260, 265. (OL.), droits de — concédés à l'abbaye de la Trinité, 88 ; II, 70. (POITIERS), — de l'évêque à l'époque mérovingienne, I, 349, 350 ; — des comtes à l'époque carolingienne, 350 ; — royale au XIIIe s., 360, 362 ; II, 149, 151, 154 ; — du chapitre de N.-D. la grande pendant les Rogations, I, 416 ; — des seigneurs, II, 151, 152. (RÉ), — exercée par le vicomte de Thouars, 96 n. (ROUEN), — du duc au XIIe s., 26, 38 ; — royale, 32, 33, 37, 39 ; II, 57, 58 n, 63, 64, 65, 66 ; — féodale, I, 32 ; II, 32 n, 57, 63. (S.-J.-D'A.), — de l'abbé de S.-Jean sur le Bourg, I, 290, 294 ; du prévôt 298, 314 ; du sénéchal, 314, 315 ; émoluments de la — perçus par le roi, 313, 314. (TOURS), — de l'abbaye de S.-Martin, 184, 185 ; — féodale, 207 ; — exercée par les voyers du comte, 208 ; — exercée par les officiers royaux, 216.
Jury, en matière civile à Rouen, I, 30.
Justice, sa définition dans la coutume de Bay., I, 118. Voy. Juridiction.
Justicia excessuum, (1278) fait par-

tie de la haute justice, II, 66.
Justicie domini regis, (ÉT., 10, 11, 17, 28), officiers de justice du roi, II, 18, 24, 36.

Kalo. Voy. Rochefort

Labenne, bailliage situé au nord de Bayonne, compris entre celui de Gosse et la mer, auj. Landes, cant. de S.-Vincent-de-Tyrosse. Droit de juridiction qu'y prétendait la commune de Bay., I, 103 n, 104 n, 122, 123, 128, 159.
Labourd, *Laburdensis provincia*, *Labort*, pays compris entre l'Adour, la Navarre et la mer, l'un des bailliages compris dans le ressort de Bay., I, 104, 112, 123, 134, 159. Vicomte de Labourd, II, 82 ; voy. Fortin Sanche, Garcia Sanche.
La Claverie, intendant en Poitou (1611), I, 389 n.
La Folatere, La Folatière, Charente-Inf., commune d'Antezant, cant. de S.-J.-d'A. Voy. Limony.
Lagan, droit d'épave, les habitants de Rouen en sont exemptés par le comte de Boulogne en 1205, I, 31 n.
La Gravelle (Guillaume de), maire de La Roch. en 1278, I, 57.
Laigneau (Pierre), valet de chambre du roi, grènetier de Chartres, candidat à l'échevinage de Poitiers en 1466, I, 373.
Lailler (Pierre), bourgeois de Tours en 1462, II, 96, 97.
L'Aisné (Elie), intendant en Poitou en 1614, I, 389 n.
La Jonchère. Voy. *Junchere*.
Lalanne (Jean de), citoyen de Bay. condamné par le Parlement de Paris en 1313, I, 125.
La Leigne. Voy. Leignes.
Lambert (P.), de Bordeaux, maire de Bay. en 1272, I, 113.
Lambinus, chancelier de l'archevêque de Reims en 1184, I, 200 n.
Lancastre (comte de), I, 123. Duc de —. Voy. Jean.
Landunac (Yves de), commissaire du roi de France en Guyenne en 1312, I, 125, 126.
Langeac (Jean [VIII] de), évêque

d'Avranches, commissaire royal à La Roch. en 1530, I, 77.
Langevinière (Guillon de), acquiert une lettre de pair à Angoulême en 1498, I, 337.
Languedoc. Troubles de —, en 1542, II, 142.
Lannes, pays de Gascogne occupant le territoire situé entre Bordeaux et Bayonne. Voy. Sénéchal.
Larchevêque (Guillaume), seigneur de Parthenay, *Willelmus Archiepiscopus*, ses brigandages en Poitou de 1220 à 1224, I, 246, 247 n, 248 n; fait hommage au roi d'Angleterre en 1224, 251.
La Réole, I, 122.
La Rochefoucauld (François comte de), son entreprise sur S.-J.-d'A. en 1562, I, 302.
La Rochelle, sources de son histoire, I, xviij, 4, 55, 56, 57, 58, 59, 60; son origne, xviij, 60; Guillaume X lui concède ses premières franchises, 61; il en fait un lieu d'asile qu'il peuple, 62; ses privilèges confirmés par Louis VII, 62; — restituée aux descendants des seigneurs de Châtel-Aillon, 62; il s'y fonde une nouvelle paroisse, xjx, 63; Henri II, suzerain de —; il en dépossède Eble de Mauléon, 63; prospérité commerciale de — à la fin du XIIe s., 64; concession d'une commune par Henri II v. 1170, 64; privilèges concédés par le prince Richard, 65; II, 62; événements de la fin du XIIe s., I, 66; adoption des Et. antérieure à 1199, 1, 11, 54, 67, 427; privilèges confirmés par Eléonore et Jean Sans-Terre, 68; nouvelle confirmation par le même prince, 69; débarquement de Jean Sans-Terre et préparatifs militaires à — en 1206, 242, 360; charte de Jean Sans-Terre restreignant le service militaire en 1208, 70; II, 67; lettre du roi Jean au maire de — en 1215, I, 242 n; lettre des habitants d'Angoulême au maire de — en 1220, 322; lettre du conseil de Cognac au maire de — en 1220, 273; lettre du maire de — à Henri III en 1220, 272 n;
— rançonnée par les barons du Poitou en 1220, 246, 247; sa condition de 1220 à 1224, 248, 249;
— conquise par Louis VIII en 1224, 71, 250; siège de 1242, 112, 147; privilèges confirmés par Louis VIII, Louis IX, Alfonse de Poitiers, Philippe III et Philippe IV, 71; développement de sa prospérité au XIIIe s.; politique des rois à son égard, 72; conflits avec le prévôt et les autres officiers royaux, 73; envoi à La Roch. de commissaires enquêteurs en 1315 et ordonnance pour réprimer les abus en 1317, 74; commerce de vin avec la Flandre, 311; II, 138, 139; — cédée à l'Angleterre par le traité de Brétigny, 75; ses franchises en France confirmées par le roi Jean en 1360, 75; — fait retour à la France; ses privilèges confirmés par Charles V en 1373, 75, 180, 181 n; confirmations nouvelles de Charles VI et Charles VII, 76; conflits relatifs à la juridiction en 1423 et 1460, 76; confirmations des privilèges par Louis XI, 76;
— fait partie en 1469 de l'apanage de Charles duc de Guyenne qui confirme ses privilèges, 76;
— fait retour à la couronne en 1472, 76; Louis XI vient en prendre possession et jure de maintenir les privilèges, 77; confirmation des privilèges par Charles VIII et Louis XII; troubles, suppression du corps de ville en 1535, 77; la commune rétablie en 1548, 78; paix de —, 380; siège de 1628; suppression de la commune, 78, 390, 438. —
ORGANISATION MUNICIPALE. Mode de nomination du maire, 70, 78, 79; II, 6; le sous-maire, I, 80; serment du maire, 80; II, 52; les vingt-quatre jurés, échevins et conseillers, 81; II, 9 n, 12 n, 13 n, 17 n; le plénier conseil; juridiction municipale, 82; II, 25 n, 26 n, 30 n, 35 n, 46 n, 55 n; juridiction gracieuse, 83; les bourgeois; leurs charges et privilèges, 83; II, 38 n, 43 n, 50 n, 52 n; règles coutumières abrogées par le pape Honorius III,

I, 84 ; règlements municipaux, II, 15 n, 18 n, 19 n, 22 n, 44 n; célébrité des franchises de —; villes auxquelles elles ont été attribuées, 54, 433 ; ses privilèges donnés à Angers, 234, 235, 236, 437 ; à Angoulême, 320, 321 ; à Bayonne, 4, 12, 15, 107 ; à Bourges, 230, 437 ; à Oleron, 9, 90 ; II, 74 ; à Saintes, I, 11, 85 ; à Tours, 178, 180, 182, 183, 218, 219, 227, 437 ; II, 96, 97, 98, 99, 112, 113, 118, 119, 123.

Latro, Layron, Larron, (Et., 10, 34), II, 16, 17, 40, 41 ; *latro confessus, recognoscens*, ne peut appeler en justice un citoyen, 58 ; son arrestation, 65.

Lau (le sire du), témoin à la charte de Louis XI pour Tours en 1462, II, 124.

Launus, Lonnus. Voy. *Ogerius*.

Laurent. Voy. Viele.

Laydengez, conviciatus, injurié, lésé, II, 21.

Le Baveux (Robert), sénéchal d'Angoulême en 1376, I, 325.

Le Béarnais, boucher d'Angoulême, complice de brigands, brûlé en 1542, II, 142.

Le Gautier. Voy. Montvoisin.

Léger (Saint), I, 349.

Legitimus homo, legalis civis, I, 28 ; II, 58, 59, 63 n, 152, 153.

Léhétia (Auger de), proscrit de Bay., obtient des lettres de pardon en 1401, I, 134.

Leicester (comte de). Voy. Montfort.

Leignes, Vienne, cant. de Chauvigny. Seigneur de —. Voy. Dabillon.

Le Lombard (Barthomé), échevin de Poitiers en 1335, II, 161.

Le Mans, I, 63, 64 ; évêque, 192, 193.

Le Mazuyer (Gilles), intendant du Poitou en 1605, I, 389. Cf. Mazuyer.

Lembeye, Basses-Pyrénées, cant. de Pau, I, 125.

Lenzoge, litigiosa, querelleuse, (Et., 16), II, 23.

Le Pin (en Poitou), Vienne, commune de Béruges, cant. de Vouillé, I, 65 n.

Lépreux. Voy. Foires.

Le Queux (Guillaume), *Guillelmus Cocus*, sergent d'armes du roi Richard, tient en fief les fours et les revenus de Niort ; il y représente le roi, I, 240 ; II, 125, 126 ; se range au parti de Philippe-Auguste et demeure châtelain de Niort, I, 241 ; II, 125 ; ses biens confisqués ; on lui donne la garde du château de Merpins en 1207 ; meurt avant 1215, 243.

Lesbay (Barthélemy de), vicaire de Bay. en 1392-93, I, 131.

— (Jacques de), supplée en 1428-29 le maire de Bay. avec le titre de gouverneur, I, 134.

Lescar, Basses-Pyrénées, arr. de Pau. Evêque, I, 130.

Lèse-majesté, (Angoul.), crime justiciable du comte ou du roi, I, 343, 345 ; (La Roch.), n'était pas compris dans la haute justice, 83 ; (Poitiers), était justiciable du suzerain, 367, 417 ; (S.-J.-D'A.), sa répression n'appartenait pas à la commune, 312, 313.

Leucata. Voy. Banlieue.

Leumant. Voy. Pilote.

Lewes, ville d'Angleterre, E. Sussex. Bataille de — en 1264, I, 176.

Lezer, licentia, (Et. 5), II, 12.

Libertas. Voy. Immunité.

Liberté individuelle, garantie aux citoyens (Poitiers, 1199-1204), I, 352, 357, 362, 407 ; II, 143, 147 ; (Rouen, 1207), I, 33 ; II, 63.

Libertés, *Libertates*. Voy. Franchises, Privilèges.

Libourne, son commerce de vin avec la Flandre, I, 311 ; II, 138, 139.

Liégeois, dressent les habitants de Tours à la manœuvre du canon sous Louis XI, I, 223.

Lieutenant civil de Cognac nommé maire de la ville (XVIIe s.), I, 286.

Lieutenant criminel, à Angoul., I, 345.

Lieutenant de bailli, à Tours, I, 210, 213, 216. Voy. Bernard (Jean), Berthelot (Baudet).

Lieutenant de la Grosse-Tour, à Bourges, I, 229.

Lieutenant de maire, ou sous-maire, (Bay., *Loctenent*) n'est pas un magistrat mais un officier municipal, ses attributions, I,

— 231 —

148, 150, 170, 177 ; II, 14 n, 82, 83, 85, 86 ; — depuis 1451, I, 136 ; cf. Sous-maire ; (ROUEN, *Locum tenens majoris*), II, 65. (TOURS), — alternatif, titre d'office au XVIIe s., I, 227.

Lieutenant du capitaine de la ville de Cognac, I, 283.

Lieutenant du gouverneur de La Roch., I, 79.

Lieutenant du prévôt des maréchaux, I, 236, 416. Voy. Garnier (Jean).

Lieutenant du roi à Niort au XVIIe s., I, 261.

Lieutenant du sénéchal, de Guyenne, I, 175 ; de Poitou, 266, 381, 398, 405; de Saintonge, II, 6 n, 7 n, 133.

Lieutenant général à Angoulême au XVIIIe s., I, 332.

Lieutenant général civil et criminel, à S.-J.-d'A. Voy. Dabillon (Jean).

Lieutenant général de police, titre d'office à Cognac en 1700, I, 287.

Lientenant général du Poitou au XVIe s., I, 377.

Lieutenants, officiers de la milice à Poitiers, I, 424.

Lieutenants du maire, chefs de la milice à Angoul., I, 347 ; II, 142.

Lieutenants du roi, en Guyenne au XVe s., I, 134 ; en Poitou ; voy. Mathieu, abbé de S.-Denis, Nesle (Simon de) ; en Saintonge, Poitou, etc.; voy. Bourbon (Jean de); en Touraine, voy. Louis Ier, comte d'Anjou.

Ligue (la), à Cognac, I, 284 ; à Poitiers, I, 381, 382, 383, 394.

Limoges, ville de France, I, 285 ; concile de — en 994, 352 ; mode d'élection d'un juge en 1511, 307 n ; ses magistrats municipaux nommés par cent électeurs, 436. Evêque 173 n.

Limonum, ancien nom de Poitiers, I, 348.

Limony de la Folatere (Estene), bourgeois de S.-J.-d'A., I, 138.

Limousin (marchands de) à Niort (XIIIe s.), I, 253.

Lis (le), port sur la Charente, au-dessous de Merpins, Charente, cant. de Cognac, I, 242.

Lisieux, archidiacre d'Auge à —. Voy. R.

Lobart (Jean de), vicaire de Bay. en 1394 et 1397, I, 131, 132.

Loches (Aimeri de), prétend à la mairie du pont de Tours en 1113, I, 208 n.

Loctenent. Voy. Lieutenant.

Loire (la), construction du pont de Tours en 1035, I, 208.

Loisseau (P.), échevin à S.-J.-d'A. en 1332, II, 137.

Lombards, sommes à eux dues par la commune de Rouen en 1260, I, 36, 42.

Loménie (Antoine de), secrétaire d'Etat, sa collection de documents, I, 60.

Londres, commerce avec Rouen, I, 27 ; réserve de ses droits dans les privilèges de Falaise, de Niort, d'Angoulême et de Rouen, 48, 242, 320 ; II, 59 ; cité, 4, 5. Voy. Downgate.

Longo campo (Henricus de), témoin à une charte de Rouen de la fin du XIe s., I, 28 n.

Lorris (coutume de), I, xxij.

Lossaut (Aymar de), échevin à S.-J.-d'A. en 1332, II, 137.

Loudun (conférences de) en 1616, I, 389.

Louis [Ier] le Pieux, roi d'Aquitaine puis empereur d'Occident, ses envoyés tiennent un plaid à Poitiers en 791, I, 350 n ; confirme l'immunité de S.-Martin-de-Tours en 816, I, 185 n.

Louis [II] le Bègue, roi de France, confirme l'immunité de S.-Martin-de-Tours en 878, I, 186.

Louis [IV] d'Outremer, roi de France, confirme l'immunité de S.-Martin-de-Tours en 938, I, 187 ; restaure le monastère de S.-J.-d'A., 288.

Louis VI, roi de France, sa politique à l'égard des communes, I, 441.

Louis VII, roi de France, épouse Eléonore d'Aquitaine (1137), I, 355 ; réprime l'insurrection communale de Poitiers (1138), 356 ; réprime les empiétements des bourgeois de Châteauneuf et confirme leurs coutumes (1141), 188 ; promet aux bourgeois de Chât. de ne les point poursuivre s'ils consentent à répondre en justice (1143), 189 ; enjoint aux habitants de Poitiers d'aider les chanoines de S.-Hilaire à établir des étangs et des moulins (v. 1143), 356 *n*; prétendue lettre en faveur des habitants de Chât. (v. 1143), 190, 191, 195, 196, 204; II, 100; confirme les possessions en Poitou de l'abbaye de la Trinité (1146), I, 88; II, 69; abolit de mauvaises coutumes dans l'île d'Oleron (1146), I, 88; II, 72 *n*; intervient dans la querelle des chanoines de S.-Martin avec leurs bourgeois de Chât. (1164), I, 192, 193; assiège Rouen (1174), 27; confirme les privil. de La Roch., 62.

Louis VIII, roi de France, (1224), confirme un règlement relatif aux dettes contractées à Rouen, I, 33, 34; II, 57 *n*; autorise les bourgeois de Pont-Audemer à bâtir des halles, I, 51; conclut deux conventions avec HuguesX de Lusignan, 91, 250; II, 74; conquiert le Poitou et la Saintonge, I, 62, 71, 250, 295, 362; confirme les privilèges de Niort, de l'abbaye de S-J.-d'A., de S.-J.-d'A., de Poitiers, 251, 293, 296, 362; cède à l'archevêque de Cantorbéry l'hommage et le service d'un bourgeois de La Roch., 84.

Louis IX, roi de France, confirme les privilèges de Rouen (1226), I, 35; de La Roch. (1227), 71; de S.-J.-d'A. (1228), 296; donne S.-J.-d'A. à Hugues X de Lusignan (1230), 296; confirme les privilèges de Niort (1230), 252; confirme une sentence arbitrale dans un différend entre S.-Martin et les bourgeois de Chât. (1232), 203; II, 104; rend une ordonnance sur les communes normandes (apr. 1255), I, 35; étend cette ordonnance à toute la France, *ibid.*, 436.

Louis X, roi de France, envoie des enquêteurs à La Roch., (1315), I, 74.

Louis XI, dauphin puis roi de France, (1439), chargé de réprimer des désordres en Poitou I, 258; (1461), confirme les privilèges de La Roch., 76, 181; d'Oleron, 93; de Ré, 96 *n*; de Niort, 260; anoblit les magistrats de Niort, 260, 267; confirme l'exemption d'impôts des magistrats d'Angoul., 327; confirme l'institution des élus et les privilèges de Tours, 178, 215; vient à Tours et veut établir sa résidence en Touraine, 179; (1462), concède à Tours l'organisation de La Roch. et y introduit les Et., 1, 178, 181, 182, 218, 220; II, 96, 110; rend aux habitants de Bay. le droit de nommer le clerc de ville, I, 136; confirme les privilèges de S.-J.-d'A., 300; désigne Michau Dauron pour une place d'échevin à Poitiers, 372; demande douze francs-archers à la ville de Poitiers, 424; (1463), confirme les privilèges de Poitiers; exempte les échevins du ban et de l'arrière-ban, 371; désigne Michau Dauron pour la charge de maire de Poitiers, 372; (1464), désigne J. de Moulins pour une pairie puis pour la mairie de Poitiers, 372; (apr. 1465), établit à Tours une milice bourgeoise; envoie cinquante familles repeupler Arras, 223; (1466), casse l'élection du maire de Poitiers et le remplace par celui de l'année précédente; désigne P. Laigneau pour une place d'échevin, 373; (1466), fait révoquer le procureur de la ville de Poitiers, 374; (1467), exempte les habitants de Poitiers du ban et de l'arrière-ban, 371, 424; désigne Colas Mouraut pour la mairie de Poitiers, 374; (1469), établit à Tours des échevins biennaux, 223; transfère à Poitiers le parlement de Bordeaux, 371; (1470), désigne Philippe Prégent pour la mairie de Poitiers; fait nommer un sergent de la ville, 374; (1472), vient prendre possession de La Roch. et jure de maintenir ses privilèges, 76, 77; confirme les privilèges de Saintes, 86; de S.-J.-d'A., 301; confirme l'exemption de ban et d'arrière-ban des habitants de Poitiers, 371; (1473), vient à Angers avec une armée, 233; demande à Poitiers une

— 233 —

aide de 3,000 écus d'or, 375 ; (1474), réforme l'administration de Bourges, 229, 230 ; octroie une maison de ville à Angers et y nomme un maire, 234 ; (1475), organise la municipalité d'Angers, 234 ; confirme un droit d'apetissement à Angoul., 327 ; demande à Poitiers une aide de 2,000 livres tournois, 375 ; (1476), modifie les institutions de Saintes, 86 ; (1478), confirme l'apetissement d'Angoul., 327 ; (1479), confirme les privilèges de Ré, 96 n ; (1481), anoblit les magistrats de S.-J.-d'A. et exempte les habitants de ban et arrière-ban, 301. Politique de — à l'égard des villes, 218, 236, 372, 437, 441.

Louis XII, roi de France, (1498), confirme les privilèges de La Roch., I, 77 ; de Ré, 96 n ; de Tours, 224 ; de Niort, 260 n ; de S.-J.-d'A., 301 ; d'Angoul., 327 ; de Poitiers, 375 ; (1503), établit quatre foires à Angoul. ; (1507), anoblit les magistrats de cette ville, 327.

Louis XIII, roi de France, confirme les privilèges de Ré, I, 96 n ; (1610), confirme les privilèges de Niort et de Poitiers, 261 n, 386 ; (1611), confirme ceux de Cognac et d'Angoul., 284, 330 ; (1620), rétablit les privilèges de Poitiers, 390 ; (1621), révoque les privilèges de S.-J.-d'A., 304 ; (1634), confirme ceux d'Angoul., 330 ; confirme la noblesse des magistrats d'Angoul., 339 n ; (1643), autorise une résignation dans le corps de ville d'Angoul., 338 n.

Louis XIV, roi de France, confirme les privilèges de Ré, I, 96 n ; d'Angoul. (1644), 330 ; de Poitiers (1649), 390 ; de Niort (1650), 261 n ; de Cognac (1651), 286 ; confirme l'anoblisssement du maire d'Angoul. (1673), 330.

Louis XV, roi de France, confirme les privilèges d'Angoulême (1717), I, 330 ; de Poitiers (1718), 391.

Louis de France, duc d'Orléans, reçoit en accroissement d'apanage le comté d'Angoulême (1394), I, 279, 326 ; contraint les ecclésiastiques à contribuer aux charges d'Angoul. (1403), 326 ; confirme les privilèges d'Angoul. (1405), 327.

Louis Ier, comte d'Anjou, lieutenant du roi en Touraine en 1359, I, 212, 213.

Louis [IV] de Bueil, comte de Sancerre, confirme les privilèges de Ré en 1561, I, 96 n.

Louis de Luxembourg, comte de Saint-Pol, confirme en 1473 les privilèges de Ré, I, 96 n.

Louis Ier, sire de la Trémoille, confirme en 1482 les privilèges de Ré, I, 96 n.

Louis III, sire de la Trémoille, confirme en 1544 les privilèges de Ré, I, 96 n.

Louis. Voy. Amboise, Chasteigner, Villepreux, Villiers.

Louise de Savoie, épouse de Charles, comte d'Angoulême, I, 279 ; veut pourvoir son procureur d'une place d'échevin vacante à Angoul. (1499), 335 ; son administration à Cognac, 269, 280, 282, 283 ; meurt en 1531, 328.

Loulet (Jean de), conseiller à S.-J.-d'A. en 1332, II, 137.

Loup. Voy. Bergonh.

Loupsaut (Pierre de), maire de La Roch. en 1307, I, 57.

Lousmeau, faubourg de l'Houmeau à Angoul., I, 344 n.

Lousmelet, l'Houmelée, Charente, commune de Tessé, cant. de Villefagnan. De —, maire d'Angoul. en 1514, I, 344 n.

Luc, Lucq, Basses-Pyrénées, cant. de Monein. Arnaud Sanche de —, seigneur de Berriots, candidat à la mairie de Bay. en 1318, I, 127 ; maire en 1330-1331, 128.

Luc. Voy. Belin, Tany.

Lucas. Voy. Roches.

Luce III, pape, abolit en 1184 la commune de Chât., I, 197 ; confirme l'excommunication des bourgeois de Chât. ; commet des arbitres pour rétablir la paix entre S.-Martin et les bourgeois, 198 ; ratifie les sentences du chapitre contre les bourgeois ; autorise le chapitre à détruire les boutiques établies à son préjudice, 200.

Lude (Gui de Daillon comte du), gouverneur de Poitiers au XVIᵉ s., I, 380, 424.

Lupus. Voy. *Anerii*.

Lusignan, Vienne, arr. de Poitiers, assiégée en 1324, I, 423. Voy. Gui, Hugues, Yvon du Fou.

Luxembourg. Voy. Louis.

Mace. Voy. Touchart.

Maçons à Bay., I, 169.

Magistrats municipaux, accusés de malverser les deniers des villes à la fin du XIIIᵉ s., I, 42 ; ne doivent plus être de robe longue d'après l'édit de 1547, 377 ; (BAY.. 1401) — faits prisonniers par des seigneurs basques, 134 ; (LA ROCH.), conflits avec les officiers royaux, I, 71, 73, 76, 77. (SAINTES), conflit avec les officiers royaux, 87. Voy. Conseillers, Corps de ville, Echevins, Elus, Jurés, Maire, Pairs.

Maillé (Hardouin de), châtelain de Niort en 1243, I, 252 n.

Maillezais, Vendée, arr. de Fontenay. Abbaye de —, remboursée en 1242 par la commune d'Ol. d'un prêt fait à Henri III, I, 93 ; Geoffroi, évêque de —, commissaire en 1325 pour lever un impôt en Poitou, 254.

Maingot (Guillaume), *Willelmus Maengotus*, baron de l'Aunis, ses brigandages de 1220 à 1224, I, 246, 247.

Main-morte. Voy. Bannissement.

Maire, *Major*, *Mayre*, titre du premier des magistrats municipaux dans la plupart des villes, (Et., 1, 3, 4, 5, 6, 7, 8, 9, 14, 18, 28, 29, 30, 31, 33, 34, 37, 39, 40, 41, 42, 43, 44, 45, 48, 51, 52, 53, 54), sa nomination et son rôle dans l'organisation municipale, I, 15 ; II, 4-17, 20, 21, 26, 27, 36-53. Le mode de nomination du — prescrit par les Et. devient la loi générale du royaume, I, 436. (ANGERS), — créé par Louis XI en 1474 ; doit être élu de trois en trois ans, I, 234 ; est conservateur des privilèges de l'Université, 235 ; — élu institué en 1483, 236 ; voy. Cerisay (Guillaume de). (ANGOUL.), — prête serment de fidélité au prince Henri en 1212, 321 ; — élu rétabli en 1373 ; mode d'élection, 324 n, 325, 335 ; II, 6 n, 8 n ; élection du — en 1391, I, 326 ; anoblissement du maire, 327, 328, 330, 339 ; — assassiné en 1482, 336 ; — désigné en 1556 par lettre de cachet, 328 ; — protestant remplacé par un catholique, 329 ; — en titre d'office en 1692 ; — élu en 1717, 330 ; arrêt de 1720 ; — triennal rétabli ; élections, 331 ; convention de 1727 au sujet du choix du —, 332, 438 ; arrêt cassant les élections de 1741, 333 ; élection du — d'après l'édit de 1765, 333 ; — héréditaire et perpétuel en 1771, 334 ; repas offert par le — au corps de ville, 336 ; — capitaine de la ville ; a la garde des clefs, 336, 347 ; sa juridiction, 336, 342, 345 ; II, 141 ; privilège du — pour entrer dans le corps de ville, I, 337 ; hommage dû à chaque changement de —, 340 ; — représenté dans une peinture, 341 ; son serment, II, 53 n ; voy. Arnaud (François), Dupuy (Barthélemy), Jullien (Ithier), Rambaud (Henri), Renaud (François), Terrasson (François). (BAY.), — institué avant 1215, I, 107 ; le — nommé directement par Simon de Montfort, et par Henri III, 110, 111 ; la mairie aux mains du parti populaire de 1262 à 1272, 112, 113 ; le sénéchal nomme — des étrangers, 113, 120 ; le — condamné en 1281 à faire amende honorable au clergé, 120, 121 ; en 1286 on nomme — l'un des chefs du parti aristocratique, 121 ; la mairie donnée à un gentilhomme anglais en 1287, 121 ; le roi de France nomme un — et gouverneur en 1294, 121 ; le roi d'Angleterre nomme un — et capitaine en 1295, 122 ; Edouard Iᵉʳ rend aux habitants le droit de nommer le —, 122 ; élections de 1297 et de 1298, 123 ; mairie occupée pendant seize ans par la famille de Viele, 124 ; élections de 1312, 124 ; conflits avec le prévôt et l'évêque, 126 ; élections de 1313 et de 1314, 126, 127 ; le sénéchal nomme — pour trois ans le prévôt châtelain en 1314, 127 ; rétablissement des élections en 1318, 127 ; le — nommé prévôt en 1326, 128 ; le sénéchal désigne le — en 1330, 128 ; — nommé sous le titre de vicaire pour la durée de la guerre en 1338, 129 ; élection du — en 1342, 129 ; en 1362 le — est remplacé par un vicaire nommé par le prince Noir, 130 ; on revient au droit commun en 1363, 130 ; les cent-pairs nomment directement le — qui prend le titre de *regidor* ou vicaire de 1392 à 1401, 131 ; le — nommé par le duc de Guyenne condamné, 131 ; le — nommé par les corps de métier, 132 ; les Bayonnais sollicitent du roi le pardon pour occupation de la mairie, 133 ; la mairie rétablie en 1401, 134 ; — nommé par lettres patentes pour dix ans en 1428, 134 ; élections en 1439 ; le — remplacé par un chevalier nommé par le roi pour quatre ans, 135 ; — élu en 1445, 135 : — nommé pour sept ans en 1446, 135 ; depuis 1451 le — nommé par le roi est révocable par lui, 136 ; — appelé aussi premier échevin au XVIIIe s., 137. Mode de nomination du —, 143 ; II, 84 ; serment du —, I, 143 ; II, 52, 86 ; délais après lesquels le — sortant peut être réélu, I, 109, 128, 144 ; on ne peut refuser la charge de —, 144 ; réunion des charges de —, de châtelain et de prévôt, 121, 127, 128, 144, 145, 163 ; gages du —, 145 ; attributions du — ; sa juridiction, 104 n, 146, 152, 165, 166, 167, 168, 169, 172 ; II, 14 n, 81, 82, 85, 86 ; — poursuivi en justice, 146 ; II, 16 n, 83 ; le — préside tous les conseils de la ville, surveille la police, la voirie, les corporations, gère les finances, 147 ; commande les milices communales, a la garde des clefs de la ville, 147, 152, 176, 177 ; II, 44 n, 83, 86, 92. Voy. Assarit (Pierre de), Astley (Jean), Bazas (Pierre-Arnaud de), Belidz (Jean), Borc (Jean de), Broc (Hugues de), Burton (Thomas), Chetowind (Philippe), Clyfton, Counties (P. de), Dardir (Arnaud-Raimond, Jean), Durfort (Raimond-Bernard de), Duyre (Namad), Franc-Bardin (Gui de), Gavarret (Auger, Pierre de), Hauteville (Héliet de), Jatxou (Pierre Sanche de), Lambert (P.), Lobart (Jean de), Luc (Arnaud-Sanche de), Meis (B. de), Podensac (B. de), Poyanne (Pierre de), S.-Jean (Vidal de), Vielar (Pelegrin de), Viele (Arremon-Duran, Jean, Pascal, Pelegrin, Pierre, Pierre-Arnaud de). (BORDEAUX), I, 435. (BOURGES), — créé par Louis XI en 1474, 229. Voy. *Gaultier (François)*. (COGNAC), — créé en 1215, 272 n ; s'il existait encore en 1262, 274, 275 ; nomination du — en 1352, 276, 277 ; II, 133 ; serment du —, I, 277 ; II, 134 ; le — en 1492, I, 280 ; — élu annuellement de 1493 à 1508, 281, 282 ; nomination du — d'après la charte de 1508, 283 ; condition du — au XVIIe s.; il est anobli en 1651, 286 ; — en titre d'office en 1692, 287. Voy. Pipon (Héliot). (FALAISE), époque de l'élection du —, 50. (LA ROCH.), nomination du — sous Jean Sans-Terre et Henri III, 70, 78 ; — reçoit une lettre du roi Jean en 1215, 242 n ; — nommé par Louis XI en 1462, 76 ; — nommé en titre d'office en 1535, 77 ; — élu en 1548, 77 ; mode de nomination du —, 78, 79, 80 ; II, 6 n ; serment du —, I, 80 ; II, 52 n ; son rôle et sa juridiction, I, 82 ; II, 12 n, 13 n, 17 n, 38 n. Voy. Aimery (Pierre), Audoyer (Jacques), Buffet (Pierre), Canat (Guillaume de), Chabot (Charles), Coustet (Berthoumé), Girard (Joachim), La Gravelle (Guillaume de), Loupsaut (Pierre de), Mérichon (Jean), Poussard (Laurent), Triaize (Pierre de), Villiers (Fremin). (NORMANDIE), nomination du — dans les communes normandes d'après l'ordonnance de 1256, I, 35, 436 ; II, 6 n. (NIORT), — en 1216, I, 242 n ;

— 236 —

conflit avec le prévôt, 254; — supprimé en 1440, rétabli en 1442, 259; anobli en 1461, 260, 267; sa nomination, 261, 262, 266; sa juridiction, 263, 264; doit hommage au roi pour sa mairie, 268. Voy. Sarrasin (Pierre), Villiers (Louis de). (OL.), sa nomination; fait rédiger la coutume, 94, 95. Voy. *Rembaldus (Guillelmus)*. (POITIERS), élection du — 362, 364, 370, 375, 385, 388, 389, 397, 398, 399, 400; II, 154, 161; sa juridiction, I, 360, 362, 364, 367, 415; II, 152, 153, 155; — chef de la milice communale, I, 422, 423, 424, 425; autres attributions du —, 402; était bâtonnier de la confrérie du Cent, 395; jouissait du droit de chaire, 399, 402; repas qu'il offrait au corps de ville, 401; ses émoluments, 401; son titre de « premier baron du Poitou », 401; était représenté sur le sceau de la ville, 412; serment qu'il prêtait, I, 362; II, 154; — anobli en 1372, I, 369, 379, 401; — supprimé en 1458, 371, 398; interventions de Louis XI dans la nomination du maire, 372, 373, 374, 398; intervention de François Ier, 376; le — autorisé à être de robe longue en 1548, 378, 379, 398, 399. Voy. *Alcman* (Guillaume), Brilhac de Nouzière, *Caritate (P. de)*, Conzay (André de), Dauron (Michau), *Dornere (Guillelmus)*, Gervain (Jamet), Guichard (Jean), Herbert (Jacques), Moulins (Jean de), *Novavilla (Guillelmus de)*, Pidoux (Pierre), Prégent (Philippe), Regnaut (Jean), *Remis (Girardus de)*, Roatin (Maurice), Sainte-Marthe (Nicolas de), Savari. (PONT-AUDEMER),—mentionné en 1260; sa juridiction, 51. (RÉ), nomination du — en 1242, 95 n. (ROUEN), — sous Henri II, 28; — massacré par le peuple en 1281, 41; — emprisonné pour avoir résisté à la taille en 1283, 43; lettre du —, 48 n; attributions du —; sa juridiction, 33, 34, 36, 39, 40, 46; II, 57, 58, 63, 64, 65, 66. Voy. *Cotevrat (Radulfus de)*, *Fergant (Bartholomeus)*, *S.-Walerico (B. de)*. (S.-EMILION), I, 435. (SAINTES),— élu en 1347; supprimé au XVe s., 85; rétabli en 1492, 86. (S.-J.-D'A.), mode d'élection du —, 299 n, 303, 305, 306, 307, 308, 325; II, 6 n; — anobli en 1481, I, 301, 310; serment du —, 306; II, 8 n, 53 n; attributions du —; sa juridiction, I, 309, 312, 313, 314, 315, 316; II, 137. Voy. *Barraudi (Bernardus)*, Boisseau (Pierre), Brochard (Jean), Queux (Jacob de). (S.-QUENTIN), I, 436. (TOURS), — créé par Louis XI, 218; II, 112; sa nomination, I, 219, 221, 226, 227; anoblissement du —, 219; II, 113; le — supprimé en 1463, puis rétabli, I, 220, 221; titre du — en 1465, 222; II, 112; son rôle, ses attributions, 223; II, 113, 118, 122; Louis XI veut le nommer directement, I, 223; Henri III nomme le — en 1589, 225; — en titre d'office en 1692, 227; — quadriennal en 1724, 228. Voy. Briçonnet (Jean). (VERNEUIL), époque de l'élection du —, 53.

Mairé, Deux-Sèvres, cant. de Sauzé-Vaussais. Voy. Girard (Joachim).

Mairie du pont, *Majoria de Ponte*, à Tours, I, 208.

Maison commune, Maison de ville. Voy. Hôtel de ville.

Mala corona. Voy. *Guarinus*.

Malapalude (Willelmus de), *justiciarius domini regis*, témoin à une charte de la fin du XIIe s. à Rouen, I, 28 n.

Maltôte, *Mautoste*, (COGNAC, 1262), levée au profit de la ville, I, 274; II, 130. (ROUEN), tentative de lever la — repoussée en 1276, I, 43; émeute à l'occasion de la —, en 1292, 42.

Malusclericus (Geroldus), cité dans une charte de Rouen de la fin du XIIe s., I, 29 n. Cf. Mauclerc.

Mancx, *Mans*, nom d'une famille de Bay. du parti aristocratique. Michael de —, nommé pair en 1243, I, 109.

— (Dominique de), évêque de Bay., en 1279, excommunie les magistrats municipaux, I, 120.

Mangot, maître des requêtes en

chevauchée à Poitiers en 1614, I, 388, 389 n.

Manselle, femme d'Aimé Poussineau, bourgeois de Poitiers en 1319, I, 418 n.

Mantes, ville de France, exceptée en 1204 de celles où les bourgeois de Falaise ont des franchises, I, 49 ; sa commune sert de modèle à celle d'Andely, 52.

Marans, Charente-Inf., arr. de La Roch., port sur la Sèvre niortaise, I, 253.

Marcel (Étienne), prévôt des marchands à Paris, I, 217.

Marchands, (ANGERS), leur rôle dans l'administration de la ville, I, 233 : (BAY., XIIIe s.), — constituent le parti aristocratique, 109 ; (LA ROCH.), vexations que leur font subir les officiers royaux, 73, 74 ; ont droit à un tiers des places d'échevins, 78, 81 ; (POITIERS), voy. Bourgeois. Voy. Commerce.

Marchant (Petrus), cité dans une charte de Poitiers de 1243, II, 155.

Marche (comté de la), réuni à la couronne en 1302, I, 275. 322. Comtes, leur justice à S.-J.-d'A., 314. Voy. Charles, Hugues.

Maréchal (ROUEN, *Marescalum civitatis*, 1150, 1199), I, xvij, 26 ; II, 63 n ; — royal (ROUEN, 1207 ; POITIERS, 1222, *Marescalum nostrum*), I, 33 ; II, 63, 154.

Maremne (Pierre [III] de), évêque de Bay., chassé par le maire en 1313, I, 126.

Margot. Voy. Vachier.

Marguerite de Bourbon, reine de Navarre et comtesse de Champagne, conclut un traité en 1253 avec la ville de Bay., I, 110 ; II, 80.

Marguerite de Constantinople, comtesse de Flandre, concède en 1262 des franchises à Gravelines aux marchands de S.-J.-d'A., I, 317.

Marguerite d'Ecosse, dauphine, femme de Louis XI, la cérémonie de son mariage à Tours rappelée dans une charte de 1462, II, 111.

Mariages. Franchises des — concédées aux habitants de Caen, Falaise, La Roch., Ol., Poitiers, Saintes, S.-J.-d'A., I, 33, 49, 65, 85, 89, 91, 295, 352, 357, 407 ; II, 62, 143, 147, 153. (BAY.), — soumis à la juridiction ecclésiastique, I, 132, 160. (LA ROCH.), bulle d'Honorius III relative aux —, 84.

Marie de Médicis, reine de France, I, 303.

Marie fille de Philippe VI, femme de Jean de Brabant, tailles levées à l'occasion de son mariage, I, 254.

Marigny (Enguerrand de), franchise sur la Seine à lui accordée par la commune de Rouen, I, 44.

Marigny (Jean de), évêque de Beauvais, lieutenant du roi en Poitou en 1344, I, 411.

Marine, (BAY.), I, 106, 112, 147, 162, 176 ; son rôle pendant la guerre de Cent ans, 128, 129 ; (OL.), 92. Voy. Commerce, Navigation, Pêche.

Marisco (de). Voy. Marreys.

Marly (édit de), en 1765, I, 391, 437.

Marmoutier, abbaye de bénédictins située sur la rive gauche de la Loire en face de Tours, I, 195, 196, 198, 199 n, 200 n, 208 n ; préparatifs des élus pour la détruire en 1356, 211. Abbé. Voy. Villepreux (Hervé de).

Marque, pénalité infligée aux voleurs et aux faussaires, (ET., 10, *Merc, Seinhau*), II, 18, 19.

Marque (lettres de), concédées par Henri III aux Oleronais pour armer contre la France, I, 92 ; concédées par le roi de France contre les Bayonnais, 123 ; délivrées par les rois d'Angleterre aux Bayonnais, I, 176. — étaient octroyées à Bay. par les cent-pairs, 143 ; conditions de leur concession, 162.

Marreys (Richard de), *Richard de Marisco*, chancelier du roi d'Angleterre, souscrit la charte de Bayonne en 1215, II, 4, 5.

Marseille, disposition de ses statuts relative à la peine de l'immersion, II, 25 n.

Marson (Hugues de), clerc du roi

— 238 —

Louis VII envoyé à Chât., I, 193.
Martel (Eudo), cité dans une charte de Rouen du XIIe s., I, 29 n.
Martel. Voy. Geoffroi.
Martres. Voy. Raimond.
Martrinae, tinbrum marturinarum, tymbrium de marturis, timbre de martines, ballot de peaux de martres, redevance due par les navires venant d'Irlande à Rouen, II, 61.
Matha, Charente-Inf., arr. de S.-J.-d'A. Bos de — enlève le château de Cognac à Renaud de Pons, I, 271. Foulque de —, seigneur de Royan, reçoit l'île d'Oléron de Philippe de Valois, 93.
Matheus [I] *camerarius*, souscrit des diplômes royaux de 1146, II, 71, 73 *n*; *Matheus* [II], souscrit un diplôme de 1204, II, 148.
Matheus constabularius. Voy. Montmorency.
Mathieu de Vendôme, abbé de Saint-Denis, lieutenant du roi en Poitou en 1285, I, 254 n.
Mathieu, seigneur de Roye, se jette dans Poitiers le soir de la bataille, I, 365.
Mathieu, *Matheus*. Voy. *Haia*, Montmorency,
Mathilde, fille de Wulgrin III, comte d'Angoulême, femme de Hugues IX de Lusignan, I, 319, 322 n.
Mauclerc (Geoffroi), cité dans une charte de Rouen de la fin du XIIe s., I, 28 n. Cf. *Malus clericus.*
Mauléon, auj. Châtillon-sur-Sèvre, Deux-Sèvres, arr. de Bressuire. Voy. Eble, Raoul, Savari.
Maumiat (ET., 14, *conviciatus*), injurié, II, 20.
Maurice. Voy. Roatin.
Mausacre (Reginaldus), cité dans une charte de Poitiers du XIIIe s., II, 155.
Mauvoisin (Raoul de), cité dans une enquête de 1258, I, 38.
Mayre, Mayor. Voy. Maire.
Mazuyer, maître des requêtes envoyé à Poitiers en 1514, I, 388, 389 n. Cf. Le Mazuyer.
Mehaigne, Mehagnium, Meheignie, cas de haute justice, II, 63, 64, 65. Voy. Blessure grave.

Meis (B. de), maire de Bay. en 1264, I, 113.
Mellcya, rixe, I, 53 n.
Membrum forisfactum. Voy. Mutilation.
Menendez Garcia, évêque de Bay., met la ville en interdit en 1394, I, 132; il est chassé de son siège et dépouillé de son temporel en 1398, 133; est rétabli en 1401, 134.
Mente (Saubat de), maire de Bay. en 1378, I, 164.
Merces (BAY., ET., 43). Voy. Amendes.
Mérichon (Jean), maire de La Roch., en 1457, bailli d'Aunis en 1468, I, 57, 58; II, 98.
Mérichon (Olivier), seigneur des halles de Poitiers en 1478, I, 419 n.
Merpins, Charente, cant. de Cognac, garde du château donnée en 1207 à Guillaume Le Queux, I, 242; possédé par Gui de Lusignan en 1262, II, 127.
Merville (Gui de), garantit en 1227 le maintien des privilèges de La Roch., I, 71 n.
Mésée, Mézée, Maysée, Misée, plénière Mésée, nom de l'assemblée du corps de ville à Angoul., Cognac, La Roch., Niort et S.-J.-d'A., I, 267, 285, 310, 311 n, 335; II, 10 n, 136. Représentations de la — d'Angoul. et de celle de La Roch., I, xviij, 341.
Meslier (P. du), conseiller à S.-J.-d'A. en 1332, II, 137.
Messagers, *Messadgers*, officiers de la commune à Bay., I, 152.
Mestres esleus, chefs des métiers à Tours, nommés par les prud'hommes en 1357, I, 212.
Meurtre, cas de haute justice, (ET., 11, 48; ROUEN, 1207, 1278), I, 19, 38; II, 18, 48, 63, 64, 65. (BAY.), procédure en cas de —, I, 170.
Meurtrier (ET., 11, 34, 35, 48), le roi confisque ses meubles, I, 19, 20; II, 18, 19, 40, 41, 48, 49; (BAY.),— d'un étranger doit être puni selon la loi du pays de la victime, 163; meurtriers graciés si une fille les épouse, 173. (ROUEN), par qui arrêté, II, 65.
Michael. Voy. Mans.

Michau. Voy. Dauron.
Michelet. Voy. Croizet.
Migrez, Migré, Charente-Inf., cant. de Loulay, II, 138. Cf. Chopin.
Milice communale, (ET., 28, 29, *Communia*), I, 14, 15, 17, 19, 21, 23, 359; II, 36, 37. (ANGERS), — organisée par Louis XI, I, 233. (ANGOUL.), 346, 347; II, 142. (BAY.), — commandée par les officiers du duc d'Aquitaine, 105; expédition contre Amanieu d'Albret, 125; — commandée par le maire, 147, 175; ses expéditions, 176, 250 n. (POITIERS), ses expéditions, 364, 422, 423; son organisation, 380, 421, 424, 425; — commandée par le maire, 402, 424; recrutement de ses officiers, 425. Voy. Host et Chevauchée, Service militaire.
Minage, *Minagium*, droit seigneurial. (POITIERS), II, 159; (S.-J.-D'A.). I, 292.
Mirebeau, Vienne, arr. de Poitiers, I, 48. Pons de — chargé en 1204 de la défense de Cognac, 271.
Misericordia, Merce, merci, peine, condamnation, amende, (ET., 19, 43), II, 26, 27, 46, 47.
Misia, Missio, dépense commune (ET., 33), I, 23; II, 38, 39; (CHAT.), I, 202; II, 101, 102, 103.
Missi, plaids tenus par eux à Poitiers à l'époque carolingienne, I, 350.
Modiatio vini, due par les bourgeois de Rouen, I, 27; II, 56, 57.
Mois et cent, nom donné à Poitiers aux réunions mensuelles du corps du ville, I, 393, 403, 404.
Moncontour, Vienne, arr. de Loudun, I, 418. Bataille de — en 1569, 302.
Monnaie. — d'Anjou (ET., 23), I, 11; II, 32, 33. (ROUEN), juridiction en matière de —, I, 39; II, 65. Garde de la monnaie, à Rouen, II, 58; à Poitiers, II, 152. Voy. Fausse-monnaie, Morláas.
Monomachia. Voy. Duel.
Montfort (Simon de), comte de Leicester, ses rapports avec Bay., I, 110, 112 n.
— (Amauri de), fils du précédent, sollicite du roi de France en 1280, l'établissement d'un port sur la Charente, I, 322; revendique en 1288 la seigneurie de Cognac, 275.
Montgorge, territoire près Maillouchon, commune de Poitiers I, 356 n.
Monthelon, intendant de Poitiers en 1616, I, 390.
Montils-les-Tours, auj. Les Montils, Loir-et-Cher, cant. de Contres, I, 301.
Montivilliers, Seine-Inf., arr. du Havre, doit avoir eu les Et., I, 1; commune créée en 1202, 47 n; associée à la commune de Rouen, 48.
Montluc (Jean de), maréchal de Balagny, I, 174.
Montmorency (Mathieu [I] de), connétable, souscrit des diplômes de Louis VII en 1146, II, 71, 73 n.
— (Mathieu [II] de), connétable, souscrit un diplôme de Philippe-Auguste en 1222, II, 154; garantit en 1224 les privilèges de La Roch., I, 71.
— (Henri [Ier] de), connétable, réprime l'émeute de la gabelle, I, 284.
Montvoisin, dit le Gantier, brigand brûlé à La Roch. en 1542, II, 141.
Morin (Jean), échevin de Poitiers en 1335, II, 161.
Morláas, Basses-Pyrénées, arr. de Pau, Monnaie de —, I, 144, 175.
Mortui-maris abbatia, abbaye de de Mortemer en Bray, dioc. de Rouen, I, 28 n.
Mouillac, Gironde, cant. de Fronsac. Voy. Valleteau.
Moulins (Jean de), notaire et secrétaire du roi, désigné pour une pairie et pour la mairie de Poitiers en 1464, I, 372, 395.
Moulins, (ordonnance de) sur la réformation de la justice en 1566, I, 316, 329, 332, 345, 380, 418.
Mouraut (Colas), maire de Poitiers en 1467, I, 374.
Moussart (Me Jouffre), habitant de S.-Savinien en 1331, II, 138.
Muhale (le), auj. Balichon, moulin à Bay., I, 105.
Mutilation, pénalité, *Membrum foris factum*, (ET., 10), II, 18, 19; (BAY.), I, 120, 171; (COGNAC), 274.

Namad. Voy. Duyre.

Nantes (Révocation de l'édit de), ses conséquences à Cognac, I, 287.

Nasses sur l'Adour, troubles à Bay. à leur sujet au XIVe s., I, 124.

Navailles, Basses-Pyrénées, cant. de Théze, l'une des douze baronnies du Béarn. *Assius de Navallis*, évèque élu de Bay., I, 106.

Navarre, I, 132. Rois et reines de —. Voy. Marguerite, Sanche le Fort, Thibaut Ier, Thibaut II.

Navigation, sur la Seine, I, 30 ; — à Bay., I, 106 ; — sur la Sèvre, I, 239, 253, 254, 256, 257. Voy. Commerce, Marine.

Nesle (Simon de), lieutenant du roi en Poitou en 1285, I, 254 *n*.

Neufville (Guillaume de), *Guillelmus de Novavilla*, maire de Poitiers en 1287, I, 415 *n*. Autre personnage du même nom, maire en 1390, 413 *n*.

Neustrie (royaume franc de), I, 351.

Neville (Geoffroi de), *G. de Novavilla*, sénéchal de Poitou et de Gascogne en 1218 et 1219, I, 244 *n*, 245, 246 *n*.

Nicolas. Voy. Behuchet, Bray, Engelard, Fremaud, Gosselin.

Nicole. Voy. Boisleve.

Niort, ville de France, a possédé les Et.; texte qu'elle en reçut de Rouen, I, 1, 4, 5, 10, 11, 54, 238, 263 ; II, 2, 4 ; la commune de — donnée comme modèle à Cognac, I, 54, 272, 295. Origine de —; Henri II et Richard lui concèdent ses premiers privilèges ; Jean Sans-Terre en 1199 lui octroie une commune, 239 ; Jean Sans-Terre et Eléonore confirment en 1203 la charte de commune ; Philippe-Auguste la confirme en 1204, 240 ; Philippe-Auguste nomme châtelain Guillaume Le Queux, 241 ; II, 125 ; le vicomte de Thouars conquiert — pour le roi de France ; — redevient anglais en 1205, I, 241 ; confirmation des privilèges par Jean Sans-Terre en 1205, 242 ; déclin de la prospérité de la ville par suite des brigandages des barons, 243-249 ; conquête du Poitou par Louis VIII ; — rendu le 3 juillet 1224, 250; confirmation des privilèges par Louis VIII ; Alfonse devient suzerain de —, 251 ; confirmation des privilèges par Louis IX et Alfonse, 252 ; expulsion des Juifs, 253, 297 ; condition de la ville sous l'administration d'Alfonse ; confirmation des privilèges par Philippe III et Philippe IV, 253 ; — compris en 1317 dans l'apanage du prince Charles ; confirmation des privilèges par Charles IV, 254 ; — compris en 1332 dans l'apanage de Jean duc de Normandie; devient anglais par le traité de Brétigny ; le prince de Galles confirme les privilèges en 1363, 255 ; — repris par le duc de Berry en 1373, 256 ; confirmation des privilèges, en 1417 par le dauphin Jean, en 1419 par le dauphin Charles ; le duc d'Alençon suzerain de —, 257 ; Charles VII confirme les privilèges en 1434 ; la Praguerie, 258 ; Charles VII confisque la mairie et les privilèges en 1440 ; il les rend en 1442, 259 ; confirmation des privilèges par Louis XI, 260 ; condition de la ville jusqu'au XVIIIe s., 261 ; réforme de l'administration municipale en 1681, 262, 438. — ORGANISATION MUNICIPALE. Juridiction municipale, 264 ; le maire, 265 ; le corps de ville ; droit de chaire, résignations et trafic des charges, 266 ; composition du corps de ville, conséquences de l'anoblissement de ses membres, 261, 267 ; la mairie et les privilèges constituent une seigneurie tenue du roi, 268 ; commerce de — 239, 253, 256, 419 ; ses foires, 287. Place du pilori, 268. Actes datés de —, 370 ; II, 143, 144, 145, 146.

Nive (la), rivière qui se jette dans l'Adour à Bay., I, 103, 104, 105 *n*, 124 *n*, 172 ; II, 81.

Nobles, à Bay., à Angoul., ne sont pas soumis à la juridiction municipale, I, 137, 345. (POITIERS), — faisant partie de la suite du maire, 423.

— 241 —

Noblesse, Noblesse de cloche. Voy. Anoblissement.
Normandie. Villes de — qui ont possédé les Et., I, 1, 24-54, 434. Ordonnance de Louis IX sur les communes de —, 35. Duc de — sa juridiction sur les habitants de Rouen, 26. Voy. Jean II le Bon, Robert.
Normands, leurs incursions, en Touraine, I, 185, 186, 187, 207; en Poitou, 239, 288, 351; dans l'Angoumois, 319.
Notables, (ANGOUL.), —, électeurs du corps de ville en 1765, I, 333; (BORDEAUX), conseil de trois cents —, 435; (TOURS), trente-deux — adjoints au corps de ville en 1619, 227. Voy. Prudhommes.
Notaires royaux à La Roch., I, 74.
Nouel. Voy. Fribois.
Nouzière. Voy. Brilhac.
Novavilla. Voy. Neufville, Neville.
Noyon, délivrance de la commune de — en 1279, I, 40.
Nybe. Voy. Nive.

Odoneti (Aymericus), maire élu de Poitiers en 1390, I, 413 *n.*
Offices. Charges municipales érigées en office, à Angoul., I, 330, 331, 332; à La Roch., 76, 77; à Poitiers, 391; à Tours, 227.
Officiers des milices bourgeoises. Voy. Capitaine, Colonel, Enseignes, Lieutenants.
Officiers municipaux, (BAY.), I, 143, 149; II, 93. (POITIERS). I, 405. (ROUEN, *Gentes majoris*), II, 65. Voy. Auditeur, *Barrarius, Bergantine, Braymans,* Chancelier, Charpentier, Clercs, *Cride,* Écrivain, Enquesteur, *Gaites,* Gardes, Geôlier, Greffier, *Hachers,* Jaugeurs, Juge, Maréchal, Messager, Pilote, Pontier, Portiers, *Prœco,* Procureur, Receveur, *Relotgé,* Secrétaire, Sergents, *Sortidors,* Syndics, Trésorier, Trompette. — nom donné au XVIIe et au XVIIIe s. aux membres des corps de ville, I, 82 *n.*
Officiers royaux ou seigneuriaux, (ET.), leurs attributions, I, 19, 23; (ANGOUL.), les — royaux soustraits à la juridiction municipale, I, 343, 345. (BAY.), conflits avec les magistrats municipaux, 130,

159; leur rôle dans la ville, 105, 175. (LA ROCH.), conflits avec la commune, 71, 73, 76, 77. (NIORT), — administrent la ville de 1440 à 1442, 259; conflits avec le corps de ville, 261. (OL.), leurs empiètements sur la justice de l'abbaye de la Trinité, 88; II, 72. (POITIERS), conflits avec la commune, I, 363, 406; chargés de l'exécution des sentences criminelles, 367, 415, 416; leur rôle dans la ville, 405. (PONT-AUDEMER), lutte des habitants contre eux, 51. (ROUEN), insurrection du commun contre eux, 42. (SAINTES), conflits avec le corps de ville, 87. (S.-J.-D'A.), ne sont pas soumis à la juridiction municipale, 312, 313. Voy. Bailli, Châtelain, Commissaires, Enquêteurs, Gouverneur, *Justicie,* Lieutenant, Maréchal, Prévôt, Procureur, Sénéchal, Sergents, Sous-bailli, Taverniers, *Viarii,* Vicomte, Viguier, Voyers.
Officis (BAY. 1296), II, 83. Voy. Corps de métiers.
Ogerius (Lonnus, Launus), témoin à deux chartes d'Eléonore de 1199, II, 144, 146.
Ogisius, filius Savarici de Chiriaco, témoin à une charte d'Eléonore de 1199, II, 144.
Oissel, Seine-Inf., cant. de Grand-Couronne, siège de la cour ducale au XIIe s., I, 27.
Oleron (île d'), a reçu les Et. de La Roch. en 1205; traduction qui en a été faite en 1344, I, 4, 9, 10, 12, 54, 90, 94; II, 3-55. Sa commune donnée pour modèle en 1242 à l'île de Ré, I, 95. —, prise en partie par Eble de Châtel-Aillon (XIe s.), 61; Geoffroi Martel en donne le quart à l'abbaye de Vendôme, (1034), 87; Louis VII confirme cette donation et augmente les privilèges (1146), 88; II, 69; abolition de mauvaises coutumes, I, 88; II, 72; privilèges concédés par Othon de Brunswick; confirmation de la commune par Eléonore, I, 9, 89; II, 52 *n;* Jean Sans-Terre concède les privilèges de La Roch. (1205), I, 90; — concédée en 1214 à Hugues IX

GIRY, *Établissements de Rouen.*   Tome II. — 16

— 242 —

de Lusignan; Hugues X la reçoit en 1224 et confirme les privilèges, 91; II, 74; confirmation des privilèges en 1230 par Henri III; il octroie des lettres de marque aux habitants; déclare l'île unie à la couronne, I, 92. — forme le douaire d'Eléonore; reconquise par les Français en 1294; restituée aux Anglais en 1303; ses privilèges confisqués et rendus en 1320, *ibid.;* — reprise par Philippe VI, concédée à Foulques de Matha, réunie à la couronne de France en 1359, cédée à l'Angleterre par le traité de Brétigny, reconquise en 1372, 93; confirmation des privilèges par Charles V, Louis XI et Charles VIII; revendication de leurs droits par les descendants des Lusignan, *ibid.* ORGANISATION MUNICIPALE. La commune persiste à travers toutes les vicissitudes, I, 93; magistrats mentionnés dans les actes, 94. La coutume d'Oleron, 95; II, 24 *n.* Rôles d'Oleron, I, 9. Eglises Saint-Georges, Notre-Dame, Saint-Nicolas, II, 69.

Olivier. Voy. Ingham, Mérichon.

Olomna, Olonne, Vendée, cant. des Sables, la moitié de ses églises concédée à l'abbaye de la Trinité, II, 70.

Oloron, Basses-Pyrénées, expédition de ses habitants contre Amanieu d'Albret, I, 125.

Ordonnances, de Saint-Louis, pour les communes de Normandie et pour toutes les communes du royaume, I, 35, 436. Ordonnance de Moulins, voy. Moulins. —, nom des règlements municipaux à Saintes, 86.

Orgulhs. (BAY., 1296), injures, I, 168.

Orléans. Insurrection communale réprimée par Louis VII, I, 355; acte daté d'—, 373. Ducs d'—. Voy. Charles, Louis.

Orthez, Basses-Pyrénées, les habitants font une expédition contre Amanieu d'Albret, I, 125.

Ostorium, Ostour, Accipiter, redevance due par les navires venant d'Irlande à Rouen, II, 61.

Othon de Brunswick, duc d'Aquitaine et comte de Poitiers, concède en 1197 des privilèges aux habitants d'Ol., I, 89; II, 62.

P., trésorier de S.-Martin-de-Tours en 1232, II, 106.

P. Voy. Aimeri, *Boscherii, Caritate, Faia, Guarini,* Lambert, Loisseau, Meslier, Pierre.

Paci, *Paciacum,* Pacy-sur-Eure, Eure, arr. d'Evreux, localité exceptée des franchises concédées à Rouen et à Poitiers, II, 56, 151; acte daté de —, I, 32; II, 63.

Paie de commune, *Pague de comuni,* exécution coutumière en matière de dettes (ET., 26, 39; BAY., LA ROCH.), I, 166; II, 33, 35, 44, 45.

Pains de chapitre, redevance donnée aux échevins de Poitiers en manière de jetons de présence, I, 404; II, 162.

Pairs, nom fréquemment donné aux magistrats municipaux des villes, I, 431.

Pairs (cent), nom donné aux membres du corps de ville dans les villes régies par les Et. (ET., 1, 2, 3, 4, 7, 13, 14, 21, 22, 37, 42, 43, 44, 51, 54), leurs attributions et leur rôle dans la commune, I, 14, 16, 19, 23; II, 11, 14, 15, 20, 21, 28, 31, 42-47, 50-53. Origine du corps des —, I, 429; analogie de cette institution avec d'autres, 430, 431, 436. (ANGOUL.), sont électeurs des candidats à la mairie, 326, 328, 329; le gouverneur prétend avoir des droits à leur nomination, 333; leur nombre, 333, 335; étaient élus à vie, 337; quatre — délégués à l'administration de la ville, 338; attributions des —, 339; — représentés dans une peinture, 341; leur serment, II, 55 *n.* (BAY.), — nommés par Henri III en 1243, I, 109, 140; condamnés en 1281 à faire amende honorable à l'évêque, 120; réduits à vingt-quatre en 1451, prennent le nom de conseillers, 136; le nom de — donné à chacun des trente-six magistrats qui composent le corps de ville, 136; élection des —, 140; II, 84; le

— 243 —

nom de — donné aux soixante-quinze membres du corps de ville qui ne sont ni échevins ni conseillers, I, 142 ; leur réunion forme la centaine, voy. ce mot; leurs attributions, 131, 140, 141, 142, 143, 147, 158, 169, 177 ; II, 21 n, 84, 85, 87 ; leur serment, I, 142 ; II, 52 n, 53 n. (BORDEAUX), I, 435. (LA ROCH.), existent à la fin du XIIe s., 67 ; sont remplacés en 1535 par vingt échevins ; rétablis au nombre de soixante-seize en 1548, 78 ; étaient nommés à vie ; — assistants, 80 ; pouvaient résigner leurs pairies, 81 ; le nom de — donné aux soixante-seize membres qui ne sont ni conseillers ni échevins, 81 ; leur rôle et leurs attributions, 79, 80 ; II, 8 n, 9 n, 12 n, 22 n, 31 n. (NIORT), leur nombre ; ils prétendent nommer directement le maire, 261 ; le plus ancien acte qui les mentionne est de 1370, 263 ; leurs attributions ; le nom de — donné aux membres du corps de ville qui ne sont ni conseillers ni échevins, 266, 267. (OL.), ne sont mentionnés que dans la traduction des Et., 94, 95. (POITIERS), leur nomination, 372, 395 ; sont appelés *bourgeois, bourgeois-jurés, les LXXV,* 379, 392, 393 ; II, 161 ; leur nombre, 383, 396 ; droits de réception qu'ils payaient ; leurs attributions, 392-397 ; confrérie des —, 394 ; II, 156. (PONT-AUDEMER), mentionnés en 1260, I, 51. (ROUEN), mentionnés sous Henri II, I, 28 ; leur nombre fixé à trente-six en 1321, 46. (S.-EMILION), 435. (SAINTES), n'existaient plus au XVe s. ; rétablis au nombre de vingt-cinq par Louis XI, 86 ; supprimés en 1700, 87. (S.-J.-D'A.), sont électeurs des candidats à la mairie, 306, 307 n ; le maire choisi parmi eux, 308 ; le nom de — donné aux magistrats qui ne sont ni conseillers ni échevins ; leur nombre, leur condition, 309 ; II, 136 ; formaient une cour de justice, I, 316 ; leur serment, II, 55 n. (TOURS), — et conseillers nommés en assemblée générale en 1462, I, 218 ; cette institution est empruntée à La Roch., 219 ; sont supprimés et rétablis plusieurs fois, 220, 221, 225. (VERNEUIL), 53.

Paix de Dieu, en Poitou, I, 352.
Pampelune, *Pampilona*, capitale de la Navarre espagnole. Acte daté de —, II, 76.
Panetier du roi, (ROUEN), sa juridiction sur les boulangers, I, 36.
Paniot (Jean), envoyé de Louis XI à Tours, I, 179.
Pannecau (Pont), sur la Nive à Bay., I, 104, 172.
Parabère (comte de), gouverneur du château de Cognac en 1627, I, 286.
Parcours (droit de), concédé aux Bayonnais sur les bailliages de Gosse Seignanx et Labenne, I, 103, 104, 120, 122.
Pares. Voy. Pairs.
Paris, son organisation municipale donnée à Tours, I, 225, 226 ; cité, 179, 328, 369, 420 n ; II, 6. Actes datés de —, II, 64, 66, 69, 71, 101, 103, 104, 105.
Parjures, *Transgressor juramenti, Perjuri,* (ET., 37), leurs maisons rasées par la commune, I, 21 ; II, 42, 43.
Parlement de Bordeaux, transféré à Poitiers en 1469, I, 372.
Parlement de Paris, établi à Poitiers en 1418, I, 370. Arrêts de 1260 et de 1263 contre les bourgeois de Chât., I, 204, 205 ; de 1263 relatif à la ville de Verneuil, 53 ; de 1269 au sujet de la juridiction du bailli de Rouen, II, 66 ; de 1271 au sujet de la possession d'Angoulême, I, 322 ; de 1279 relatif à la commune de Rouen, 40 ; II, 63 n ; de 1280 en faveur des habitants de Saintes, I, 85 ; de 1282 et de 1283 en faveur des Rochelais, 71 n ; de 1292 contre les Rochelais, 69 ; de 1312 en faveur des Rochelais, 71 n ; de 1313 contre les habitants de Bay., 125 ; de 1318 en faveur de la commune de Niort, 254, 263, 264 ; de 1322 relatif à l'île de Ré, 96 ; de 1323, de 1423 et de 1462 relatifs à La Roch., 75, 76, 82 n ; de 1463 contre les

— 244 —

bourgeois de Tours, 220 ; de 1500 confirmant une sentence de la justice d'Angoul., 344 ; de 1507 relatif à la mairie de Poitiers, 375 ; de 1572 au sujet de la juridiction d'Angoul., 329 ; de 1615 en faveur de la juridiction d'Angoul., 345 ; de 1625, de 1633 et de 1634 au sujet du corps de ville d'Angoul., 338 ; de 1654 confirmant une sentence de la justice d'Angoul., 345 ; de 1682 en faveur de la juridiction de Poitiers, 418 ; de 1731 abolissant la justice de N.-D.-la-Grande, 417.

Pars (cent). Voy. Pairs.

Parthenay, Deux-Sèvres. Sire de —, reçoit en 1374 un prêt du roi de France, I, 368 n. Voy. Larchevêque.

Partis, entre lesquels était divisé Bay., 109, 142 ; la mairie au parti populaire de 1262 à 1271, 113 ; accord entre les partis en 1273, 113 ; la mairie au parti populaire de 1279 à 1286 ; troubles en 1286, 120, 121. Nouvelles divisions au XIVᵉ s., 132, 133.

Pascal, *Pascoau*. Voy. Viele.

Pascaudus. Voy. *Rupela*.

Pascaut (André), pair de S.-J.-d'A. en 1332, II, 137.

Pasnage, *Pasnagium*, droit de glandée, les habitants de Rouen en sont exempts, I, 30 ; II, 60.

Passepartout. Voy. Hannequin.

Pastoureaux, pillent Tours en 1251, I, 204.

Paturage (droit de), *Pasturagium*, les habitants de Rouen en sont exempts, I, 30 ; II, 60.

Pau, ses habitants prennent part à une expédition contre Amanieu d'Albret, I, 125.

Pavage, impôt levé à Tours au profit de la ville, I, 219, 222 ; II, 116. Voy. Barrage.

Pavie, ville d'Italie, disposition de sa coutume relative aux immersions, II, 25 n.

Payen. Voy. Gatineau.

Péages. (LA ROCH.), bourgeois exemptés de —, 69, 71 n. (NIORT), 242 ; — concédés à la commune, 253 ; — sur la Sèvre, 257 n. (OL.), — perçus par le duc d'Aquitaine, 89 ; — des Juifs, II, 24 n.

(POITIERS), exemptions de —, 360, 361, 408 ; II, 149, 159. (ROUEN), franchises de —, I, 27 ; — sous le pont de Rouen, 44 ; consentement du péage, II, 58, 59. (S.-J.-D'A.), — au XIᵉ s., 292 ; habitants exemptés de — à Tonnay-Boutonne, 318. (TOURS), — établis par les prudhommes, 212. Voy. Franchises, Impôts.

Pêche, à Bay., I, 104, 105.

Pêcheries, (BAY.), concédées à la famille de Viele, I, 124.

Peine de mort, (Angoul.), I, 344 ; II, 141. (BAY.), I, 171 ; grâce accordée au condamné à la — qu'une fille épouse, 173. (COGNAC), 274. Voy. Bûcher, Pendaison.

Peis. Voy. Pierre.

Pélegrin. Voy. Vielar, Viele.

Pélerins, à l'abbaye de S.-J.-d'A., I, 289.

Pembroke (Guillaume de Valence comte de), sénéchal de Gascogne en 1279, I, 120.

Pénalités, (Et., 9, 19), doublées si l'on sollicite les juges, I, 22 ; II, 16, 17, 26, 27 ; (BAY.), I, 164. Voy. Abattis de maison, Adultère, Amendes, Amende honorable, Bannissement, Bûcher, Confiscation, Essorillement, Fustigation, Immersions, Marque, Mutilation, Peine de mort, Pendaison, Pilori, Prison, Saisie.

Pendaison, à Angoul., I, 345 ; II, 142 ; à Bay., I, 173.

Pépin le Bref, roi de France, sa lutte contre Waifer, I, 351 ; concède en 768 un privilège d'immunité à S.-Hilaire de Poitiers, 353.

Pépin Iᵉʳ, roi d'Aquitaine, plaid tenu par ses officiers à Poitiers en 834, I, 350 n ; confirme en 834 l'immunité de S.-Hilaire, 353 ; aurait transformé en 838 sa résidence d'*Ingeriacum* en abbaye, 288.

Périgord. Voy. Sénéchal.

Péronne, ville de France, avait adopté les usages de S.-Quentin, II, 25 n.

Pers (cent). Voy. Pairs.

Petrus. Voy. Pierre.

Peuple, *Populus, Poble*, (BAY.), confirme l'acte de société des navi-

— 245 —

gateurs et la charte des malfaiteurs, I, 106, 107, 108, 156. Cf. Assemblée générale, Voisins.

Peuplement, *Poblement*, d'Angoul., par Jean Sans-Terre, I, 320 ; de Bay., par Guillaume IX, 103 ; de La Roch., par Guillaume X, 62 ; de Poitiers, par Guillaume IX ou X, 352. Cf. Asile.

Philippe Ier, roi de France, donne le bourg de S.-Pierre-le-Puellier à l'abbaye de S.-Martin, I, 192 n.

Philippe [II] Auguste, roi de France, sa politique à l'égard des villes, I, 358 ; registres de — qui contiennent les Et., 2, 3 ; II, 2, 4 ; cf. l'*erratum ;* a confirmé plutôt que concédé les Et., I, 433 ; caractères des privilèges qu'il a concédés à Poitiers, 407 ; (1181), il établit à Chât. une organisation municipale, 196 ; (1184), écrit aux bourgeois de Chât. au sujet de leur commune, 198 ; (1189), s'empare de Tours, 200 ; (1190), détermine ses droits sur Tours, *ibid.*, 208 ; (1194), se dispose à conquérir l'Aquitaine, 239 ; (1196), traite avec Richard Cœur de Lion, 319 n; (1202-1203), occupe et reconquiert Chât., 202 ; (1204), envahit la Normandie et assiège Rouen ; 31 ; organise la commune d'Andely sur le modèle de celle de Mantes, 52 ; confirme la commune de Caen, II, 62 n; confirme la commune de Falaise, 48 ; II, 62 n; confirme la commune de Niort et lui attribue les coutumes de Rouen, I, 4, 238, 240 ; donne la garde du château de Niort à G. Le Queux, 241 ; II, 125 ; s'empare de Poitiers, I, 358 ; confirme les privilèges de Poitiers et lui envoie les Et., 6, 358, 359 ; II, 4, 54, 62 n, 147 ; confirme la commune de Pont-Audemer, I, 50 ; promet de confirmer leurs coutumes aux habitants de Rouen, 31 ; confirme les privilèges de S.-J.-d'A. et lui envoie les Et., 7, 294, 295, 325 ; II, 62 n; (1205), confirme l'exemption de Lagan des habitants de Rouen, I, 31 n; (1206), met Poitiers en état de défense, 360 ; (1207), réprime une insurrection à Rouen et confirme ses privilèges, 32, 361 ; II, 56, 64, 66 ; (1212), traite avec Savari de Mauléon, I, 70 n; confirme une convention de S.-Martin avec les bourgeois de Chât., 203 ; II, 101 ; (1213), met les biens du chapitre de S.-Quentin sous la garantie du corps de ville, 435 ; (1214), concède des franchises aux habitants de Poitiers, 360 ; II, 149 ; (1218), enjoint de poursuivre les usuriers, I, 34 ; II, 62 n; (1220-1221), concède des privilèges à Caen et à Falaise, II, 62 n; (1222), traite avec Hugues de Lusignan, 91 ; concède des privilèges à Poitiers, 361, 366 ; II, 151.

Philippe [III] le Hardi, roi de France, (1271), confirme les privilèges de Rouen et de Niort, I, 36, 253 ; (1272), confirme ceux de La Roch., S.-J.-d'A. et Poitiers, 71, 297, 363 ; (1278), détermine les conditions de l'administration de la justice à Rouen, 36, 37 ; II, 64 ; (1280), crée un port sur la Charente à Angoul., I, 322.

Philippe [IV] le Bel, roi de France, sa politique à l'égard des villes, I, 441 ; (1285), confirme la charte de commune de Niort, 253 ; fait de Niort un port franc, 254 ; concède à Poitiers un port franc sur le Clain, 420 ; (1286), confirme les privilèges de La Roch. et de Poitiers, 71, 363 ; lève la taille à Rouen en dépit des franchises, 43 ; (1292), confirme les privilèges de S.-J.-d'A., 297 ; (1294), saisit la Guyenne, 121 ; (1296), concède des privilèges à l'évêque d'Evreux, 37 ; (1302), réunit l'Angoumois et la Marche à la Couronne, 322 ; (1305), confirme une sentence contre la commune de Chât., 206 ; II, 107 ; (1307), exempte les habitants de S.-J.-d'A. de péage à Tonnay-Boutonne, I, 318 ; (1308), met la main sur les comtés de La Marche et d'Angoul. et réunit Cognac à la couronne, 275 ; (1309), confirme les privilèges de Rouen, 44 ; (1312), intervient dans les démêlés des Bayonnais, 124, 125 ; (1313), mande au sénéchal de dispenser les maires de Poitiers d'assister aux exécutions, 364 n, 416 n.

Philippe [V] le Long, comte de Poitiers puis roi de France, (1311), reçoit le comté de Poitiers, I, 364 ; (1313), est suzerain d'Angoulême, 323 ; (1315), accorde des lettres de non-préjudice pour une levée d'aides sur les habitants de Poitiers, 364 ; (1317), confirme l'ordonnance de réformation de La Roch., I, 74 ; confirme les privilèges de S.-J.-d'A. et de Poitiers, 298, 364 ; reçoit l'hommage du corps de ville de Poitiers, 411 n; (1318), défend de porter atteinte aux privilèges de Poitiers, 364 ; (1320), fait faire enquête sur la situation financière de Rouen, 45 ; (1321), mande au sénéchal de Poitou de rappeler aux magistrats de Poitiers qu'ils sont tenus au serment de fidélité, 411.

Philippe [VI] de Valois, roi de France, (1331), concède des privilèges à S.-J.-d'A., I, 298, 312, 325 ; (1332), enjoint au sénéchal de ne pas contraindre les Niortais au payement des tailles, 255 n; (1336), confirme la levée d'un impôt à S.-J.-d'A., 298 n; (1337), prend la ville de S.-J.-d'A. sous sa protection, 298 ; (1338), concède aux bourgeois de S.-J.-d'A. le monopole de la vente de leur vin, 298 ; (1341), confirme les privilèges de Niort, 255 ; déclare que S.-J.-d'A. ne sera pas séparée de la couronne, 299 ; (1342), confirme les privilèges de Poitiers, 364 ; (1347), confirme les privilèges de Saintes, 85 ; concède Oleron à Foulques de Matha, 93.

Philippe, bâtard de Richard Cœur de Lion, reçoit la seigneurie de Cognac, I, 271.

Philippe, comte d'Evreux, épouse Jeanne fille de Louis X et devient comte d'Angoulême en 1318, I, 275, 323.

Philippe d'Alsace, comte de Flandre, assiège Rouen en 1174, I, 27.

Philippe le Hardi, duc de Bourgogne, confirme en 1385 les privilèges des marchands de S.-J.-d'A., I, 318.

Philippe, *Philippus*. Voy. Annier, Chetowind, Coraus, *Poverelli*, Prégent, Ulcot.

Picardie, Louis XI met ses frontières en état de défense en 1473, I, 375.

Picaut (Stephanus), condamné pour coups et blessures à Poitiers en 1243, II, 155.

Picquigny (traité de), impôts levés en 1475 pour son exécution, I, 375.

Pictons, habitants du Poitou, I, 348.

Pidoux, famille de Poitiers du parti de la Ligue, I, 387.

— (Pierre), maire de Poitiers en 1575, I, 379.

Pierre, évêque de Winchester en 1208, *Wintoniensis episcopus*, témoin à une charte de Jean Sans-Terre, II, 68.

Pierre, abbé de S.-Cyprien de Poitiers, *P. abbas S. Cypriani*, témoin à une charte de 1199, II, 144.

Pierre (maître), habitant de S.-J.-d'A. en 1331, II, 138.

Pierre, victime d'une insurrection à Chât. en 1305, II, 108.

Pierre, *Petrus*, *Peis*. Voy. Assailli, Assarit, Bazas, Bertin, Boisseau, Bonini, Brete, Broil, Chopin, Counties, Faict, Farsset, Ferrand, Foucher, Gavarret, Gimel, Guyon, Jatxou, Laigneau, Lailler, Marchand, Marenne, Montvoisin, Pidoux, Poyanne, Prévôt, Quetier, Rauzed, Roigné, Ruffec, S.-Père, Sarrasin, Saubaignac, *Sent-Miqueu*, Tey, Viele.

Pilori, *Pilloricum*, *Pillorium*, *Pidloric*, *Pilloric*, *Pillori*, (ET., 10, 15, 36), I, 21, 22 ; II, 18, 19, 22, 23, 42, 43 ; (BAY.), peine du voleur banni qui rentre dans la ville, I, 171 n; (S.-J.-D'A.), peine du voleur, I, 316.

Pilote du Boucau, *Leumant deu Bocau*, officier de la commune à Bay., I, 153 ; II, 94.

Pingui (*Arnaudus*), témoin d'une charte d'Eléonore de 1199, II, 146.

Pipon (Héliot), maire et juré de Cognac en 1492, I, 280.

Plaid de l'épée, *Placitum ensis*,

Placitum spade, haute justice en Normandie, I, 33, 37, 38 ; II, 57, 63, 64, 65 *n.* Cf. Juridiction.

Plantagenêt. Voy. Geoffroi, Henri II.

Pleseyo (Renaldus de), chevalier, procureur du chapitre de S.-Martin de Tours, II, 104.

Poblement. Voy.. Peuplement.

Podensac, Gironde, arr. de Bordeaux. Bertrand de —, chevalier, maire, châtelain et prévôt de Bay. de 1253 à 1255, I, 104 *n,* 110.

Podio (Bartholomeus de), sénéchal d'Angoulême en 1215, I, 272 *n.*

Podio Augusti (Willelmus de), prévôt de Poitiers sous Henri II, I, 357 *n.*

Podio-Liborelli (David de), Puilboreau, commune de S.-Xandre, cant. de La Roch., témoin d'une charte d'Eléonore de 1199, II, 144.

Poio Rebelli (ecclesia de), Puyravault, Charente-Inf., canton de Surgères, II, 70.

Poissy (Guillaume de), revendique la haute justice d'Hacqueville en 1260, I, 37 *n.*

Poitevins, appelés au secours de Jean Sans-Terre, I, 9.

Poitiers, a reçu les Et. de Philippe-Auguste en 1204 ; textes des Et. conservés dans ses archives, I, 1, 4, 6, 7, 10, 11, 54, 359 ; II, 4. HISTOIRE. Antiquité de —, I, 348 ; si le régime municipal romain s'y est perpétué, 349 ; autorité des évêques, 349, 351 ; autorité des comtes, 350, 356 ; — n'a pas été détruit par Dagobert en 636, 350 ; les comtes ; la paix de Dieu en Poitou, 351 ; incendie de 1018, 352 ; abolition d'abus par Guillaume V ; privilèges concédés par Guillaume IX ou X, 352 ; insurrection communale en 1138, réprimée par Louis VII, 355, 356 ; charte de commune octroyée par Eléonore en 1199, 357 ; II, 62 *n,* 143, 145 ; Philippe-Auguste s'empare de — en 1204 et confirme la charte de commune, I, 6, 240, 358 ; II, 62, 147 ; nouveaux privilèges concédés en 1214, I, 360 ; II, 149 ; privilèges empruntés à Rouen concédés en 1222, I, 361 ; II, 151 ; confirmation des privilèges par Louis VIII et Alfonse, I, 362 ; — sous l'administration d'Alfonse, expulsion des Juifs, 297, 363 ; confirmation des privilèges par Philippe III, Philippe IV, Philippe V et Philippe VI, 7, 363, 364 ; bataille de —, 211, 299, 323, 365 ; — retombe en 1361 sous la domination anglaise, 365 ; confirmation des privilèges par le prince de Galles, 366, 367 ; — reconquis par les Français en 1372 ; confirmation des privilèges par le duc de Berry et Charles V, 368 ; administration du duc de Berry ; réunion à la couronne en 1416 ; concession du comté au dauphin Charles en 1417, 369 ; — l'un des boulevards du parti du dauphin ; troubles à l'occasion de l'élection du maire en 1458, 370 ; concession des privilèges par Louis XI, 371 ; — sous Louis XI ; aides, 372, 373, 374 ; confirmation des privilèges par Charles VIII, Louis XII et François Ier, 375, 376 ; conflits avec l'abbaye de S.-Hilaire, 376 ; confirmation des privilèges par Henri II ; édit de 1547 qui interdit les charges municipales aux gens de robe longue, 377 ; protestations du corps de ville ; les « bourgeois et marchands » sont exclus du corps de ville, 378, 379 ; confirmation des privilèges par François II ; — aux mains des protestants, 379 ; prise de — par les catholiques en 1562 ; confirmation des privilèges par Charles IX, 380 ; la Ligue à — 381, 382 ; siège de 1569, 424 ; maintien des privilèges par Henri IV, 383 ; suspension des privilèges en 1601, 384 ; restitution des privilèges en 1602 ; enquête à leur sujet en 1609, 385 ; confirmation des privilèges par Louis XIII ; nouveaux troubles, 386 ; intervention de l'évêque, 387 ; élections de 1614 ; maîtres des requêtes en mission, 388 ; édit de pacification ; premiers intendants de justice, 389 ; rétablissement des privilèges en 1620 ; leur confirmation par Louis XIV,

— 248 —

390; confirmation de Louis XV; modification du corps de ville, perte des Et. en 1766, 391, 438.
— ORGANISATION MUNICIPALE. Le corps de ville, sa composition; les soixante-quinze pairs ou bourgeois, 392; le *mois et cent*, 393; la confrérie du Cent, 394, II, 156; mode de recrutement des pairs; les résignations, 395; nombre de pairs; droits de réception, 396; le maire, son élection, 370, 372, 373, 376, 385, 397, 398, 399, 400; II, 161; repas offert par le maire au corps de ville; émoluments du maire; son titre de premier baron du Poitou, 401; attributions du maire, 402; échevins, conseillers, jurés, 402; l'échevinage, le conseil, 403; droit d'entrée des échevins; leur anoblissement, 404; officiers de la commune - officiers royaux, 406; les habitants, citoyens, jurés ou bourgeois, 406; leurs privilèges, 407; exemption de tailles consentement de l'impôt, 408; impôts municipaux, privilèges de juridiction, service militaire, ban et arrière-ban, droit de franc-fief, 409; la commune, *communia* ou *communitas*, sa condition, 410; serment de fidélité et hommage au roi, 411; la banlieue, 411; sceaux de la commune, 412; ses revenus, 413; impôts communaux, 414. La justice; tribunal de la commune, 415; II, 155; exécutions criminelles, 415, 416; juridiction de N.-D.-la-Grande pendant les Rogations, 416, juridiction de la léproserie pendant les foires des lépreux, 417; II, 158; concession de la haute justice à la commune par le prince de Galles, I, 366, 367, 417; dérogation à l'édit de Moulins; le tribunal municipal, 378, 379, 380, 418. Les règlements municipaux; statuts des corporations, 418, 419; l'industrie à —, 419, 420; forme des règlements municipaux, 421. Le service militaire, 421; le maire chef de la milice, les hommes de la suite, 422; expéditions de la milice communale, 422, 423; le guet et la garde; la milice bourgeoise au XVIe s., 424; officiers de la milice, 425. Caractère de l'organisation municipale de Poitiers, 426, 433. — mentionné, 260; II, 73. Concile de —, I, 352. Grands jours de —, 377; II, 141, 142. Possessions de l'abbaye de la Trinité de Vendôme à —, II, 70. Abbaye et bourg de Montierneuf, I, 354, 418, 422, 423. Abbaye et bourg de S.-Cyprien, XIX; abbé, voy. Pierre. Abbaye et bourg de S.-Hilaire, 353, 354, 356, 376, 377, 416, 419, 422, 423. Bourg de S.-Saturnin dépendant de Montierneuf, 354. Chapitre de N.-D.-la-Grande, 416. Ecoles, 352. Eglise des Cordeliers, 395, 400. Léproserie, 417; II, 158. Maison des Frères-du-Sac, *Domus saccorum*, I, 395; II, 157. Place N.-D.-la-Grande; le gros horloge, I, 369. Place S.-Pierre, 388. Porte S.-Ladre, 365. Rue et porte de la Tranchée, 416. Université, 328. EVÊQUES, 190, 196, 349, 351. Voy. Ansoald, Chasteigner, *Dido*, Hugues. COMTES, 271, 350, 351, 354, 356. Voy. Abbon, Alfonse, Bernard, Eble, Eléonore, Gérin, Gui Geoffroi, Guillaume, Othon de Brunswick, Rainulfe, Richard.

Poitou, soulevé en 1138 contre le roi de France, I, 355; conditions des villes du — de 1215 à 1224, 243-249, 321; — conquis par Louis VIII en 1224, 250, 362; devient l'apanage d'Alfonse, 251; est concédé par Charles V au duc de Berry, 367 n; abandonné par les Anglais en 1373, 256; désordres en — sous le règne de Charles VII, 258. Barons du —, leurs brigandages de 1215 à 1224, et au XVe s., 243, 244, 258, 259; font hommage à Alfonse en 1241, 252. Possessions de l'abbaye de la Trinité en —, II, 70. Droit des Rochelais de posséder des immeubles en —, I, 69. Etats provinciaux du —, 401. Comté pairie, voy. Jean duc de Berry. Voy. Sénéchal.

Poix (Jeanne de), épouse un condamné à mort pour le gracier en 1352, I, 173 n.

— 249 —

Police. (ANGERS), — de la ville, I, 233, 235 ; (ANGOUL.), — exercée par le corps de ville, 342, 346 ; (BAY.), — sous la surveillance du maire, 147 ; voy. Guet; (CHAT.), — exercée par les prud'hommes, I, 196 ; (LA ROCH.), conflits au sujet de la —, 71. (OL.), bans de —, 95 ; (POITIERS), — des métiers au XIIIᵉ s., 363 ; — exercée par le corps de ville, 393 ; (ROUEN), maires chargés de la —, 39, voy. Sergents ; (SAINTES), — exercée par le corps de ville, 86, 87 ; (S.-J.-D'A.), — attribuée à l'abbaye, 294 ; juridiction de — exercée par le maire, 316 ; exercée au XVIᵉ s. par quatre jurats, 317 ; (TOURS), — exercée par les prudhommes, 212 ; conflits au sujet de la —, entre le prévôt des maréchaux et le corps de ville ; — attribuée au corps de ville, 224. — (ET., 6), — de l'échevinage, II, 12, 13, 14, 15.

Pons, Charente-Inf., arr. de Saintes, I, 423. Renaud de —, descendant des seigneurs de Lusignan, 93 ; sénéchal du Poitou, 244 n, 322 ; reçoit en garde le château de Cognac en 1204, 271 ; ses prétentions à la seigneurie de cette ville en 1220, 272, 273.

Pons. Voy. Mirebeau.

Pons Arche, Pons Archie. Voy. Pont-de-l'Arche.

Pont-Achard, pont et moulin sur la Boivre à Poitiers, I, 356 n.

Pont-à-Mousson, ville de France ; institution municipale nommée « la Centaine », I, 430.

Pont-Audemer, a été régie par les ET., I, 1, 51 ; II, 4 ; sa commune confirmée par Philippe-Auguste en 1204, I, 50 ; privilèges concédés par Louis VIII, 51 ; les Et. avaient disparu au XVᵉ s., *ibid*.

Pont-de-l'Arche, ville de Normandie, exceptée des franchises concédées à Rouen et à Poitiers, II, 56, 151.

Pontier, *Ponter*, architecte et ingénieur de la ville de Bay., I, 153.

Pontoise, ville de France, analogie de sa charte de commune avec les Et., I, 435.

Pontorson, ville de France dont la coutume était la même que celle de Verneuil, I, 52.

Ponts, de Bay., I, 104, 105 n, 153, 171, 172 ; II, 24 n ; — de Cognac, II, 134 ; — sur la Charente, I, 281 ; — sur la Seine, 31 ; — de Tours, 220 ; II, 120.

Portiers, *Portalers*, gardes des portes à Bay., I, 153, 177 ; II, 45 n, 91, 94. —, à Angoul., I, 336.

Poussard (Laurent), maire de La Roch. en 1302, I, 57.

Poussineau (Aimé), bourgeois de Poitiers en 1319, I, 418.

Poyanne, Landes, cant. de Montfort. Pierre de —, amiral et maire de Bay., défait la flotte française en 1337, I, 128, 147 ; nommé maire pour la durée de la guerre, en 1338 ; prend le titre de vicaire, 129, 172 ; renversé en 1343 ; condamné à la confiscation et au bannissement ; sa mort, 130.

Poverelli (Philippus), civis pictavensis, procureur de la commune de Poitiers en 1267, II, 158, 159, 160.

Præco, officier seigneurial de l'abbaye de S.-J.-d'A., I, 290.

Praguerie (la), en Poitou, I, 258, 259.

Préemption (droit de), droit féodal exercé sur le vin à Rouen en 1207, II, 59.

Prégent (Philippe), maire de Poitiers en 1470, I, 374.

Prescription d'an et jour à Ol., I, 90.

Présidial, d'ANGOUL., I, 329, 345, voy. Arnaud (François); de LA ROCH., 78 ; de SAINTES, 87 ; de TOURS, 228.

Preuve par témoin, seule admise par les Et., I, 23 ; non acceptée par les officiers royaux d'Oleron en 1146, I, 88 ; II, 73.

Prevost (Pierre), maire de Poitiers en 1540, I, 401 n.

Prévôt (ET., 45, *Prepositus, Prebost*), officier du roi dans la ville, I, 19 ; II, 46, 47 ; (ANGERS), — royal, I, 234 ; (ANGOUL.), voy. Dupuy (Barthélemy); (BAY., *Perbos*), était peut-être en 1204 un magistrat municipal, 107 ; le —

royal nommé maire, 110, 121, 127, 128, 144, 163, voy. Assarit (Pierre d'), Bergonh (Loup), Broc (Hugues de), Viele (Laurent de); conflits entre le — et les magistrats, 126, 127, 130 ; rôle du — dans l'administration de la justice, 158, 160, 163, 169 n, 171 n, 173 ; ses attributions, 175 ; (BORDEAUX), — communal, 107 ; (BOURGES), — royal, 229, 231 ; voy. Raoulet ; (COGNAC), — seigneurial ou royal, 271 n, 273, 274 ; II, 128, 129, 130 ; (LA ROCH.), — royal, I, 73, 83 ; (NIORT), — nommé par Alfonse, 252 ; conflits avec le maire, 254, 263, 264 ; (OL.), — royal, 88, 92 n, 93 ; (POITIERS), — royal, son rôle et ses attributions, 360, 363, 405, 423, voy. Galardon (Johannes de), Podio Augusti (Willelmus de), Willelmus ; (S.-J.-D'A.), — du château, 288 ; — de l'abbaye dans le bourg, 290 ; — du comte et — moine (prepositus monachus), 293 ; — royal, ses attributions, 298, 312, 313, 314, 315 ; — du comte de La Marche, 314, voy. Boscherii (P.); (TOURS), — de la cité au XII° s., 208 ; — royal au XV° s., 224.

Prévôt des marchands institué à Tours en 1565, I, 225.

Prévôt (Jean), conseiller du roi chargé d'une enquête sur les privilèges de S.-J.-d'A. en 1484, I, 301.

Prévôté. (BAY.), sceau de la —, I, 126 ; (LA ROCH.), revenus de la — concédés à Raoul et à Savari de Mauléon, 70 n; (OL.), aliénation des revenus de la —, 90 ; (S.-J.-D'A.), revenus de la — au XI° s., 292. Voy. Prévôt.

Prince Noir. Voy. Edouard.

Prison, Preson, Prisio, Carcer, Carce, Chartre (ET., 26, 47, 49, 50), I, 18, 20, 21, 22 ; II, 34, 35, 48, 49, 50, 51 ; (BAY.), — communale, I, 126, 130, 172 ; peine de ceux qui refusent le serment de commune, 154 ; II, 48 n, 49 n; peine des étrangers, I, 157, 162 ; II, 50 n; — préventive, I, 164, 169 ; l'accusé y est enchaîné au pain et à l'eau, 170 ; peine du banni qui rentre sans permission, du débiteur qui nie sa dette, etc., 167, 177 ; II, 14 n, 90, 91, 95 ; se trouvait dans la tour du château, I, 172 ; (COGNAC), — préventive, 273 ; (LA ROCH.), — royale, 74 ; (POITIERS), garde de la — royale, 361 ; II, 152 ; (ROUEN), garde de la — par les citoyens, I, 25, 27, 32 ; II, 58; — de la commune, I, 34, 39 ; II, 65.

Prisonnage, droit payé par les prisonniers, à Bay., I, 130 ; à La Roch., 74.

Privilèges. (ET., 30, Libertates civitatis, Le franquesse de le ville); — des villes dotées des Et., I, 19, 432, 438, 440 ; II, 38 ; — d'ALENÇON, I, 52 ; — d'ANDELY, 52 ; — d'ANGERS, 232-236 ; — d'ANGOUL., 319, 320, 324, 325, 327-331 ; II, 142 ; — de BAY., I, 103-106, 120, 122, 123, 127, 128, 130, 133-135, 176 ; II, 76, 78, 80 ; — de BOURGES, I, 229-231 ; — de CAEN, 49 ; — de CHAT., 189, 191, 196, 203, 205 ; II, 106 ; — de COGNAC, 269, 273-279, 282-284, 286, 287 ; II, 127, 132 ; — de FALAISE, I, 48, 49 ; — de LA ROCH., 55, 61-65, 68-72, 75-78, 82, 180, 181, 183, 235 ; II, 67, 123 ; — de NIORT, I, 238-241, 254-262, 264, 267, 268 ; — d'OL., 88-95 ; II, 69, 72, 74 ; — de POITIERS, 352, 355, 357, 358, 360-364, 366-371, 375-377, 379, 380-385, 390, 391, 405, 407-411, 417, 419, 425, 426 ; II, 143, 145, 147, 149, 151 ; — de PONT-AUDEMER, I, 51 ; — de RÉ, 95, 96 ; — de ROUEN, 25-27, 29, 31-33, 35, 36, 43, 44 ; II, 56, 64 ; — de SAINTES, I, 85, 86 ; — de S.-J.-D'A., 294, 296-305, 317, 318, 324, 325 ; — de TOURS, 178, 179, 181-183, 218-225, 227 ; II, 110-124 ; — de VERNEUIL, I, 53. Cf. Franchises.

Probi homines. Voy. Prudhommes.

Probolant (Jean de), receveur pour le roi dans la sénéchaussée de Poitou en 1329, I, 423 n.

Procédure, dans la coutume de Bay., I, 165 et suiv.; dans celle d'Ol., 95. Voy. Clameur, Enquest, Saisie, etc.

Procuration, Procuratio. Voy. Gîte (droit de).

Procureur du roi, à BAY., au XVIIIᵉ s., I, 137 ; à COGNAC, défense d'y recourir contre le seigneur (1352), II, 134 ; à LA ROCH., I, 74 ; à POITIERS, 398, 407 ; à TOURS, 228.

Procureur, officier municipal, à ANGERS, I, 234 ; à BAY., *(Procuraire ordinari, Procuraire e scindic)*, 131, 151 ; II, 14 n, 93, 94 ; à POITIERS, I, 374, 378, 405 ; à S.-J.-D'A., 316 ; à TOURS, 226, 227.

Procureur, officier seigneurial, à ANGOUL., I, 343 ; à COGNAC, 283.

Procureurs de la ville, députés au roi d'Angleterre pour l'informer des privilèges de La Roch. en 1360, I, 75.

Protestants. Voy. Huguenots.

Prudhommes, Probi homines, Prodome, Prohomis, Cives legales, (ANGERS), élus au nombre de six en 1377 par l'assemblée générale, I, 232 ; (BAY.), — a le sens de bourgeois, 106, 109 n ; — coutumiers, qui rédigent la coutume de 1273, 114 ; —, bourgeois notables qui participent aux délibérations de la centaine, 156 ; (BOURGES), quatre — élus, nommés aussi notables, élus ou syndics, forment le gouvernement municipal, 228 ; sont remplacés par des échevins en 1474, 229 ; rétablis en 1484, 231 ; (CHAT.), dix —, d'après la charte de 1181, forment le corps de ville, 196, 197 ; leur gouvernement supprimé en 1212, 202 ; élection en 1231 de six — chargés de rechercher les coupables d'une révolte, 203 ; (COGNAC), —, terme équivalent à celui de bourgeois ; deux — élus perçoivent la maltôte, 274 ; II, 130 ; (NIORT), —, est le synonyme de bourgeois, I, 263 n ; (OL.), 94 ; — qui rédigent la coutume ; siègent au tribunal du maire, 95 ; (RÉ), 95 ; (S.-J.-D'A.), nomination en 1331 de deux — pour négocier avec les villes de Flandre, corps de cent — ou notables pour représenter le peuple dans le corps de ville, 312 ; (TOURS), — qui, d'après A. Thierry, auraient formé l'administration municipale, 183, 217 ; élection au XIVᵉ s. de six — chargés des fortifications, 209 ; leurs attributions, 210, 211, 212 ; prennent le titre d' « Esleuz ». Voy. Elus.

Queste, *Questa*, les habitants des possessions de l'abbaye de la Trinité à Ol. en sont exempts, I, 88 ; II, 70.

Question. (BAY.), accusés mis à la —, I, 169.

Quetier l'ainé (Pierre), bourgeois de Tours en 1462, II, 96.

Queux (Jacob de), seigneur de Saint-Hilaire, maire de S.-J.-D'A. en 1612, I, 304, 307 n.

Quinta. Voy. Banlieue.

R., archidiacre d'Auge dans l'église de Lisieux, en 1305, II, 109.

R. Voy. *Fulcheri*, Richard.

Radulfus, doyen de Poitiers en 1267, II, 158.

Radulfus. Voy. *Cotevrat, Gernum*.

Radulphus, Henrici regis cancellarius, mentionné dans un acte entre 1173 et 1181, I, 28 n.

Raimond III (de Martres), évêque de Bay. (1121-25), I, 103, 104 n, 105 n.

Raimond, *Arremon*. Voy. *Dardir, Durfort, Viele*.

Rainulphe, comte de Poitiers et abbé de S.-Hilaire en 862, I, 354.

Rambaud (Henri), maire d'Angoul. en 1723, I, 331.

Ramberti (Magister Johannes), possesseur du ms. de la coutume d'Oleron en 1344, I, 9 n.

Rancon (Geoffroi de), chevalier de la famille des seigneurs de Taillebourg, convoite Niort en 1194, I, 239 ; témoin à une charte de Hugues de Lusignan en 1224, II, 75.

— (Raoul de), seigneur de Taillebourg, ses brigandages de 1220 à 1224, I, 246.

Randonneau, marchand de Poitiers en 1392, I, 408 n.

Raoul, roi de France, confirme en 931 l'immunité de S.-Martin-de-Tours, I, 187.

Raoul comte de Vermandois, sénéchal du roi de France en 1146,

— 252 —

I, 88 ; II, 71, 73 *n*. Cf. l'*Erratum* du t. II.

Raoul de Mauléon, reçoit en 1199 une rente sur les revenus de la prévôté de La Roch., I, 69, 70 *n*.

Raoul. Voy. Mauvoisin, Rancon.

Raoulet, prévôt de Bourges en 1474, I, 6.

Raphael. Voy. Collin.

Rauzed (Pierre de), *Petrus de Roseto*, maire, châtelain et prévôt de Bay. en 1251, I, 110.

Ré (île de), a eu les Et., I, 1, 54 ; ouvrage sur son histoire, xjx ; Henri III lui concède une commune en 1242, 95 ; confirmation de privilèges ; l'existence de la commune paraît y avoir été éphémère, 96.

Receveur. (ET., 43), — des revenus de la ville est le maire, I, 15 ; II, 46 ; (ANGERS), — de la *clouaison*, I, 232 ; — de la ville, 234 ; (ANGOUMOIS), — des tailles, 280 ; (BOURGES), — de la ville, 229 ; (COGNAC), — du seigneur, 281, 283 ; — de la ville, 285 ; (POITIERS), — de la commune, 405 ; (ROUEN), — de la maltôte, sa maison pillée en 1292, 42 ; — des revenus de la ville, 46 ; (TOURS), — général de la ville nommé par les élus, puis par le corps de ville, 212, 216, 218, 219, 221, 226, 227 ; II, 117.

Reconnaissance, *Recognitio*, (ET., 23), II, 32, 33 ; (ROUEN), I, 30, 32, 38 ; II, 57.

Record, *Recordatio*, *Arcordanse*, (ET., 22), I, 16 ; II, 28, 29 ; (ROUEN), I, 30, 32 ; II, 57.

Recteur, titre pris en 1341 par le maire de Bay., I, 129. Voy. Maire.

Redout, maire d'Angoul. en 1579, I, 340 *n*.

Réforme, Réformés. Voy. Huguenots.

Regent l'offici de la maiorie, *Regidor*, titres pris au XVᵉ s. par les maires de Bay. nommés directement par le roi ou par les cent-pairs, I, 131, 135, 143. Voy. Maire.

Régime municipal romain, ses ressemblances avec le régime créé par les Et., I, 429 ; n'a persisté ni à Tours, ni à Angoul., ni à Poitiers, I, 207, 319, 348, 349. Voy. Curie.

Reginaldus. Voy. *Mausacre*.

Règlements municipaux, (ANGOUL.), I, 338, 342 ; II, 6 *n*, 7 *n*, 8 *n*, 53 *n* ; (BAY.), 14 *n*, 16 *n*, 22 *n*, 42 *n*, 44 *n*, 48 *n*, 51 *n*, 52 *n* ; voy. Etablissements ; (LA ROCH.), I, 57 ; II, 6 *n*, 8 *n*, 9 *n*, 12 *n*, 13 *n*, 15 *n*, 17 *n*, 18 *n*, 22 *n*, 30 *n*, 35 *n*, 38 *n*, 43 *n*, 44 *n*, 46 *n*, 50 *n*, 52 *n*, 55 *n* ; (POITIERS), — relatifs aux corporations, I, 363, 420 ; — communs à la cité et au bourg Saint-Hilaire, 377, 419 ; — faits par le corps de ville, 393, 397, 413, 418, 419, 421 ; II, 161 ; (SAINTES), droit de faire des — attribué au corps de ville, I, 86 ; (S.-J.-D'A.), I, 298, 317 ; II, 6 *n*, 7 *n*, 8 *n*, 9 *n*, 25 *n*, 53 *n*.

Regnauld, comte de Boulogne, exempte les habitants de Rouen du droit de lagan en 1205, I, 31 *n*.

Regnaut (Jean), maire de Poitiers en 1369 et en 1374, I, 368.

Reims, mentionné, I, 179 ; archevêque de — (Guillaume aux blanches-mains), commis par le pape comme arbitre entre le chapitre de S.-Martin et les bourgeois de Chât. (1180-1184), 190, 196, 198, 199, 200 *n*.

Reims (Girard de), *Girardus de Remis*, maire de Poitiers en 1266, II, 156.

Reinaldus. Voy. S.-Valery.

Réintégrande à Bay., I, 167.

Relotgé, horloger, officier de la commune à Bay., I, 153 ; II, 94.

Rembaldus (*Guillelmus*), maire d'Ol. en 1253, I, 94 *n*.

Remiscere de Anglia, victime d'une rixe à Poitiers en 1243, I, 155.

Renaud, *Renaldus*. Voy. Fremaud, Pleseyo, Pons.

Renauld (François), maire et capitaine d'Angoulême en 1538, I, 344 *n*.

René d'Anjou, duc d'Anjou et roi de Sicile, l'administration municipale d'Angers sous son règne, I, 232, 233, 235.

René. Voy. Goret.

Rennes, évêque. Voy. Etienne.

Rentes, sur la prévôté de La Roch., I, 70 *n* ; sur la prévôté d'Ol., 90.

Réole (la). Voy. La Réole.
Repas, (Angoul.), dîner offert par le maire au corps de ville, I, 336 ; (Poitiers), déjeuner offert aux échevins après l'élection du maire, 400 ; dîner offert par le maire au corps de ville, 401.
Réquisitions, — de chevaux, (Et., 52), I, 19 ; II, 50, 51 ; (Bay.), 51 n ; (La Roch.), I, 73, 75 ; II, 52 n, 68 ; — de logements, (Poitiers), I, 362, 369 ; II, 154 ; (Rouen, I, 26, 27 ; II, 63.
Résignation, des pairies, à Angoul., I, 337, 338 ; à La Roch., 81 ; à Niort, 266 ; à Poitiers, 372, 395, 396 ; à S.-J.-d'A., 309, 310.
Resortum judicii, (Rouen, 1278), réservé à la justice royale, I, 37 ; II, 66. Voy. Appel.
Respublica synonyme de *Communia*, (Bay., lettres de Richard II, 1398), I, 132.
Richard Cœur-de-Lion, duc d'Aquitaine, comte de Poitiers, puis roi d'Angleterre, allusion à lui dans les art. 17 et 21 des Et., I, 11 ; II, 24, 28 ; donne son consentement à l'octroi de privilèges à La Roch. (v. 1170), I, 64 ; concède des privilèges à La Roch. (apr. 1170), I, 65 ; II, 62 ; (1174), confirme à l'évêque de Bay. la possession de la moitié de la cité, I, 103 ; vient à Bayonne et confirme les privilèges, 105 ; s'empare d'Angoul. à diverses reprises, en 1176, 1179, 1194, et garde cette ville jusqu'en 1196, 319 ; soulèvement des Rochelais contre lui v. 1186, 66 ; établit des foires à Poitiers (av. 1188), 357, 360, 419 ; II, 149 ; inféode les halles de Poitiers à G. Berland (1188), I, 419 n ; s'empare de Tours en 1189, 200 ; confirme les privilèges de Rouen en 1190, 29 ; II, 57 ; détermination de ses droits sur Tours (1190), 208 ; concession qu'il aurait faite aux Rochelais, 67 ; franchises concédées par lui à Niort, 239 ; il donne la seigneurie de Cognac à son fils Philippe, 271 ; — mentionné, II, 125.
Richard II, roi d'Angleterre, concède la Guyenne au duc de Lancastre, I, 130 ; ses rapports avec Bay., 132 n, 133.
Richard de Blosseville, R[ichardus], abbé de Mortemer. témoin d'une charte (1174-80), I, 28 n.
Richard le Poitevin, chroniqueur du XIIᵉ s., 61 n ; est probablement l'auteur d'une relation de la fondation de l'église S.-Barthélemy de La Roch., 62 n, 63 n ; renseignements qu'il donne sur l'histoire de La Roch., 64 n, 65, 66.
Richard. Voy. Humez, Marreys.
Richelieu, porte les derniers coups à l'esprit communal, I, 441.
Rigaud (Eudes), archevêque de Rouen, I, 36.
Rivo (*Clemens de*), condamné à mort. gracié à condition d'épouser Jeanne de Poix en 1352, I, 173 n.
Roannez (Louis Gouffier duc de), gouverneur de Poitiers en 1614, I, 88.
Roatin (Maurice), maire de Poitiers en 1594, I, 383.
Robert, abbé de la Trinité de Vendôme en 1146, II, 69, 72 n.
Robert [II] Courte-Heuse, duc de Normandie, conspiration à Rouen pour le déposséder, I, 25.
Robert le Fort, comte de Tours, I, 207.
Robert, duc de France, comte de Tours, abbé de S.-Martin, I, 186 n, 187 n.
Robert, *Robertus*. Voy. Bellême, Le Baveux, Torniant, Wesneval.
Rochefort, Charente-Inf., Chalon de —, *Chalo de Rochaforti, Kalo, Scalo de Rupeforti*, chevalier, témoin à des chartes d'Eléonore de 1199, II, 144, 146 ; l'un des barons qui dévastent le Poitou en 1220, I, 247 n.
— (Geoffroi de), l'un des seigneurs de La Roch. au XIIᵉ s., I, 62, 63 n.
— (Savari de), seigneur de S.-Maixent, reçoit en 1215 divers droits sur Niort, I, 243.
Rochefoucauld. Voy. La Rochefoucauld.
Rochelle (la). Voy. La Rochelle.
Rocheposay. Voy. Chasteigner.
Roches (Lucas de), pair de La Roch. en 1209, II, 15 n.

— 254 —

Rohan (Henri Ier duc de), gouverneur de S.-J.-d'A. au commencement du XVIIe s., I, 303, 304, 307.
— (Benjamin de), seigneur de Soubise, frère du précédent, défend S.-J.-d'A. contre l'armée royale en 1621, I, 304.
Roho, évêque d'Angoul. en 1018, I, 319 n.
Roi, ses droits dans les villes régies par les Et., (ET., 1, 17, 28, 34), I, 15, 17, 19, 20, 23, 35, 432; II, 6, 7, 24, 25, 36, 37, 40, 41; (BAY.), I, 110, 127, 129, 130, 136, 143; II, 40 n; (CHAT.), ses droits sur le bourg comme abbé de S.-Martin, I, 197, 200, 201; (FALAISE), 49; (LA ROCH.), 72, 79, 83; (POITIERS), 355, 357, 360, 361, 367, 384, 397, 405, 409, 411, 416, 417, 422; (PONT-AUDEMER), 51; (ROUEN), 33, 36, 37, 39, 40, 42, 43, 46; (TOURS), ses droits sur la cité, 208, 209; droits qui lui échoient en conséquence de la réforme de 1462, 222, 229. Politique de la royauté à l'égard des villes, 441.
Roies. Voy. Roye.
Roigné (Pierre), maire de Poitiers en 1470, I, 374 n.
Rolland (Antoine), candidat à la mairie de S.-J.-d'A. en 1612, I, 307.
Roseto (P. de). Voy. Rauzed.
Rouen, à quelle époque a reçu les Et.; textes des Et. qui proviennent de —, I, 4, 6, 10, 11, 28, 31, 55, 68, 427; II, 2-55. Le rouleau des Et. envoyé à Niort en 1341, I, 4, 255, 263. — centre de commerce dès le VIIe s.; ses privilèges commerciaux, I, 24; privilèges octroyés par Henri Ier, 25; II, 58 n; privilèges concédés lors de la lutte entre Etienne de Blois et G. Plantagenêt, confirmés par Henri II, I, 27; II, 56 n, 63 n; — nommé communia à la fin du règne de Henri II, I, 28; confirmation des privilèges par Richard Cœur-de-Lion en 1190, 29; II, 57; privilèges concédés par Jean Sans-Terre en 1199, I, 29; II, 56 n-62 n; conquête de Philippe-Auguste en 1204, 31; confirmation des privilèges par Philippe-Auguste en 1207, 32; II, 56-36; conflit avec le chapitre au sujet de la juridiction, I, 34; confirmation des privilèges par Louis VIII, ibid., II, 57 n; Louis IX confirme les privilèges, I, 35; compte municipal de 1260, ibid.; les Rouennais renoncent au monopole du commerce de la ville, II, 60. Philippe III détermine les conditions de l'administration de la justice en 1278, I, 36; II, 64-66; conflits avec les magistrats municipaux; désordres intérieurs; le maire massacré par le peuple en 1281, I, 41; règlement des des finances par des commissaires royaux, ibid; troubles de 1292, 42; confiscation, puis restitution de la commune en 1293, 43; confirmation des privilèges par Philippe IV en 1309, 44; luttes entre le commun et les magistrats; envoi de commissaires royaux, 45; réforme de l'organisation municipale en 1321; — perd les Et., 4, 46, 434. Villes auxquelles elle a transmis les Et., I, 1, 47, 48, 54. Communes associées à celle de —, 48. Son organisation donnée comme modèle en 1204 à Angoulême, 8, 320; à Caen, xviij; à Niort, 4, 238; à S.-J.-d'A., 295; à Verneuil, xviij. Sa charte de 1207 concédée à Poitiers en 1222, 361; II, 151. Archevêque de —, sollicite en 1218 des poursuites contre les usuriers, I, 34. Voy. W[alterus]. Notre-Dame de —, II, 32 n. Abbaye de S.-Ouen, I, 34.
Royan, Charente-Inf., arr. de Marennes. Seigneur de —. Voy. Matha (Foulque de).
Roye, Somme, arr. de Montdidier, Barthélemy de —, chambrier de France, Bartholomeus camerarius, souscrit des diplômes royaux de 1212, 1214, 1222, II, 103, 150, 154; Bartholomeo de Roies, témoin d'une charte de Hugues de Lusignan de 1224, 75. Seigneur de —. Voy. Mathieu.
Ruffec (Pierre de), bourgeois de La Roch. donné par Eléonore à Fontevraud en 1199, I, 84.

Rupela (*Pascaudus* et *Santius de*), témoins à une charte d'Eléonore de 1199, I, 144.

Ruzé (Jean), bourgeois de Tours, élu en 1463, maire en 1465, I, 220 n; II, 96, 123.

Sagium, Séez, ville de Normandie; acte daté de —, I, 294 n.

Sain. Voy. Cloche.

Saint-Agnant-les-Marais, *Boscus Sancti Aniani*, compris dans les possessions de l'abbaye de la Trinité, Charente-Inf., arr. de Marennes, II, 70.

Saint-Amand, abbaye de femmes de la ville de Rouen, I, 29 n.

Saint-André (Jacques d'Albon de), maréchal de France, prend Poitiers en 1562, I, 380.

Saint-Barthélemy, paroisse de La Roch., établie en 1152, I, xjx, 62 n, 63 n, 79.

Saint-Cyprien (abbaye de). Voy. Poitiers.

Saint-Denis. Foire de —, I, 24. Abbé de —. Voy. Mathieu de Vendôme.

Saint-Emilion, classé à tort parmi les villes régies par les Et., I, 435.

Sainte-Marthe, famille de Poitiers, I, 387; ses membres bannis en 1614, 388; rentrent en 1616, 389.

— (Nicolas de), maire de Poitiers en 1614, I, 388.

— (Scévole de), échevin chargé d'administrer Poitiers en 1601, I, 384.

Saintes, a reçu les Et. de La Roch. en 1199, I, 1, 11, 54, 67, 85; II, 62 n; forme en 1200 une partie du douaire d'Isabelle d'Angoulême, I, 239; les Juifs en sont expulsés en 1249, 297; confirmation de ses privilèges par Philippe VI, Louis XI, Charles VIII, François Ier, Henri II, Charles IX, Henri III et Henri IV, 86; le corps de ville réduit en 1700 à quatre échevins élus et annuels, 87. Evêques, 63 n; voy. Bernard; administrateurs du diocèse le siège vacant, 281.

Sainte-Vaubourg, Seine-Inf., commune du Val-de-la-Haye, cant. de Grand-Couronne, siège de la justice ducale v. 1150, I, 27.

Saint-Georges, prieuré de l'île d'Oleron, dépendant de l'abbaye de la Trinité de Vendôme, I, 88; II, 70.

Saint-Germain-en-Laye. Paix de —, I, 284, 329. Actes datés de —, 377 n, 378 n, 379 n, 380 n.

Saint-Hilaire (abbaye de). Voy. Poitiers.

Saint-Hilaire (seigneur de). Voy. Queux.

Saint-Jean-d'Angely, a reçu les Et. en 1204, I, 1, 3, 4, 7, 8, 10, 54, 295, 325. HISTOIRE. Origine; lieu de pèlerinage autour duquel se forme le bourg, I, 288; privilèges concédés à l'abbaye par la comtesse Agnès, 289; administration du bourg par l'abbaye, 290, 291, 292; confirmation de ses privilèges par Louis VIII et Alfonse de Poitiers, 293; concession d'une charte de commune à la ville par Jean Sans-Terre en 1199, 294; confirmation de la commune et concession de nouveaux privilèges par Philippe-Auguste en 1204, 294; II, 62 n. La ville redevient anglaise en 1206, I, 295; sa décadence de 1220 à 1224, 246 n, 248, 295; elle est conquise en 1224 par Louis VIII, qui confirme les privilèges, 250, 295; confirmation des privilèges par Louis IX en 1228; Hugues de Lusignan suzerain de —, de 1230 à 1241; — passe à Alfonse de Poitiers, 296; confirmation des privilèges par Philippe III, Philippe IV et Philippe V, 297, 325; le comte de Derby s'empare de — en 1346; la ville est reprise par Charles d'Espagne en 1351; confirmation des privilèges par le roi Jean, 299; — redevient anglais après le traité de Brétigny; les habitants chassent les Anglais en 1372, 299; confirmation et concession de privilèges par Jean de Berry, Charles V, Charles VII et Louis XI, 300, 325; confirmation des privilèges par Charles VIII, Louis XII, François Ier et Henri II, 301; décadence au XVIe s.; pillage par

— 256 —

les protestants en 1562 ; prise de la ville par Charles IX en 1569 ; confirmation des privilèges par Charles IX, Henri III et Henri IV, 302 ; troubles en 1612 ; la ville aux Huguenots, 303 ; siège de 1621 ; les privilèges révoqués ; ruine de la ville, 304, 438 ; arrêt du conseil de 1700 qui y rétablit un corps de ville, 87 *n*, 305. — ORGANISATION MUNICIPALE. Le maire ; « la forme et manière de l'élection du maire », 306 ; II, 6 *n* ; les élections de 1612, I, 307 ; présentation des candidats à la mairie ; serment du maire, 308 ; II, 53 *n* ; sous-maire, sergents, I, 308 ; attributions du maire, 309 ; le corps de ville, pairs, échevins, conseillers, *ibid.* ; II, 8 *n*, 9 *n* ; la *mésée*, I, 310 ; II, 9 *n* ; *Electi ad negocia ville*, I, 311 ; II, 136 ; assemblée générale des bourgeois, I, 311 ; les cent notables, 312 ; juridiction ; privilèges de 1331, 298, 312, 325 ; II, 25 *n* ; rôle judiciaire du maire et du prévôt, 314 ; les pénalités ; juridiction de police, 316 ; règlements municipaux, 317, 325 ; commerce de la ville ; privilèges commerciaux, 317 ; II, 138. Organisation municipale de — donnée comme modèle à Angoulême et à Cognac, I, 8, 272, 295, 324. — mentionné. 182 ; II, 96, 97, 110, 124.

Saint-Jean-d'Angle, Charente-Inf., cant. de S.-Agnant, I, 302.

Saint-Jean-de-Luz, *Sent-Johan-de-Lus*, formait l'une des limites de la juridiction de Bay., II, 81.

Saint-Jean (Vidal de), vicaire de Bay. en 1398, I, 132.

Saint-Léger (prieuré de). Voy. Cognac.

Saint-Maixent, ville de France ; les Juifs en sont expulsés en 1249, I, 297 ; pillé par le duc d'Alençon en 1440, 259. Acte daté de —, 252. Abbé de —, témoin à des chartes d'Eléonore de 1199, II, 144, 146. Seigneur de —, voy. Rochefort.

Saint-Martin (abbaye de) de Tours ; ses immunités, I, 184, 185, 186, 187 ; représentée au XVe par un délégué dans le corps de ville de Tours, 216. Voy. Châteauneuf, Tours.

Saint-Martin-de-Hinx. Voy. *Sent Johan de Vintz*.

Saint-Martin-de-Seignanx, Landes, arr. de Dax, formait la limite de la juridiction de Bayonne, II, 81.

Saint-Michel-en-l'Herm, Vendée, cant de Luçon. Abbaye de —, I, 60 *n*. Cf. xviij.

Saint-Nicolas-du Château-d'Oleron, église donnée en 1034 à l'abbaye de la Trinité, I, 88.

Saint-Omer, ville de France, procès avec des marchands de S.-J.-d'A. en 1293, I, 318, disposition de sa coutume pour atteindre les étrangers, II, 26.

Saintonge, *Pagus Xanctonicus*. Possessions de l'abbaye de la Trinité en —, II, 70. Ruine des villes de — au commencement du XIIIe s., I, 243-249 ; conquête de la — par les Anglais, 278 ; révocation de l'édit de Nantes, 287. Sels de —, 328. Sénéchal, voy. Sours (Jean de), Vilette (Jean de).

Saint-Ouen (abbaye de). Voy. Rouen.

Saint-Père (Jean de), bailli de Touraine en 1357, I, 211.

— (Pierre de), bourgeois de Tours en 1357, I, 211.

Saint-Pierre-le-Puellier, église et bourg auj. compris dans la ville de Tours, autrefois dépendant de S.-Martin, I, 190 *n*, 192, 198 *n*, 201.

Saint-Pierre (prieuré de) à Oleron, I, 94.

Saint-Pol (comte de). Voy. Louis de Luxembourg.

Saint-Quentin, ville de France, disposition de sa coutume relative aux immersions, II, 25 ; analogies de ses institutions avec celles des villes régies par les Et., I. 435, 436.

Saint-Savinien, Charente-Inf., cant. de S.-J.-d'A., II, 138.

Saint-Sever, Landes, I, 131.

Saint-Valery (Bernard de), *Bernardus de S.-Walerico, dominus feodi*, (fin du XIIe s.), I, 28 *n* ; II, 32 *n*.

— (*Walterus de*), frère du précédent, cité dans une charte de la fin du xiie s., II, 32 n. Voy. Gautier.
— (*Reinaldus de*), père du précédent, témoin à une charte de la fin du xiie s., I, 29 n.
Saisie, des biens, meubles et immeubles du débiteur, I, 15, 22, 33 ; voy. Paie de commune. Saisie symbolique du tison et du pichet à Bay., 167. Droit de —, Othon de Brunswick y renonce à Ol., 89.
Salbart (château de), auj. le Coudray-Salbart, commune d'Echiré, Deux-Sèvres, cant. de Niort, I, 246.
Salisbury (William Longespée, comte de), I, 248 n.
Salisbury (Jean de), évêque de Chartres, délégué par le pape pour connaître des différends entre les bourgeois de Chât. et S.-Martin, I, 194, 195.
Salt, Sault-de-Navailles, Basses-Pyrénées, cant. d'Orthez. *Arnaldus de* —, témoin à une charte de l'évêque de Bay. v. 1125, I, 105.
Sancerre (comte de). Voy. Louis de Bueil.
Sanche le Fort, roi de Navarre, traite avec la ville de Bay. en 1204, I, 107 ; II, 76.
Sanche, *Sancius*, voy. Fortin, Garcia, *Rupela* ; — (Arnaud), voy. Luc ; — (Pierre), voy. Jatxou.
Sancti Aniani boscus. Voy. Saint-Agnant.
Sarrasin (Pierre), maire de Niort en 1336, I, 263 n.
Sarrasins, leurs invasions en Poitou, I, 351.
Saubaignac (Amanieu de, Pierre Arnaud de), citoyens de Bay. condamnés par le Parlement de Paris en 1313 pour avoir pris part à l'expédition contre Amanieu d'Albret, I, 125.
Saubat. Voy. Mente.
Saumur, ville de France, Alfonse de Poitiers y est mis en possession de son apanage, I, 252, 362.
Saussart de Varaize (Aimeri), présent à une réunion à S.-J.-d'A. en 1331, II, 138.
Sauveterre, Basses-Pyrénées, arr. d'Orthez, ses habitants prennent part à une expédition contre Amanieu d'Albret, I, 125.
Savari de Mauléon, reçoit de Jean Sans-Terre en 1199 une rente sur la prévôté de La Roch., I, 69, 70 n ; se fait promettre par le roi de France en 1212 la concession de La Roch., 70 ; surprend Niort en 1205, 241 ; sénéchal du Poitou pour le roi d'Angleterre, 242 ; témoin à la charte de Jean Sans-Terre pour Bay. en 1215, II, 4, 5 ; nommé une seconde fois sénéchal du Poitou, I, 248 ; livre Niort puis La Rochelle à Louis VIII en 1224, I, 71, 250.
Savari, maire de Poitiers en 1200, I, 358.
Savari, *Savaricus*. Voy. *Chiriaco*, Rochefort.
Savaricus, témoin à une charte d'Eléonore de 1199, II, 146.
Savoie. Voy. Louise.
Scabini. Voy. Echevins.
Scalo. Voy. Rochefort.
Sceau, de la commune de Bay., *Lou grant saiet de le comunautat, Seied de nostra comuna*, I, xjx, 106, 147 ; II, 80 ; — de la mairie, *Saget de le maiorie*, 94 ; — de la prévôté, I, 126 ; de la cour municipale, 165. — de la commune de Cognac, 275, 281. — de La Roch., II, 99. — du maire d'Ol., I, 94. — de la commune de Poitiers, 412 ; falsification de —, crime réservé à la juridiction royale, 367, 417. — de la commune de Rouen, 28 n. — de la commune de S.-J.-d'A., II, 136.
Scévole. Voy. Sainte-Marthe.
Schupfe, supplice en usage à Strasbourg, II, 25 n.
Sclavinage, Sclevinadge, Sclavins. Voy. Echevinage, Echevins.
Secrétaire de l'échevinage, I, 18. — greffier de la commune à Angoulême, 340 n, 341 ; — greffier de l'hôtel de ville à Poitiers, 391, 399, 405. Voy. Clerc.
Sédition (Et., 13, *Sedicio in urbe, Discension de baralhe, Traïson en la cité*), crime justiciable de la commune, I, 17, 21 ; II, 18, 19. Cf. Conjuration, Conspiration, Emeutes.

Giry, *Etablissements de Rouen*.   Tome II. — 17

Séez. Voy. *Sagium.*
Segni, ville d'Italie. Actes datés de —, I, 63 *n.*
Segurtat d'estar a dret, espèce de caution *judicatum solvi* donnée par le plaideur étranger devant le tribunal de la commune à Bay., I, 160, 167. *Caucion d'estre a droit* à S.-J.-d'A., 313.
Seignanx (bailliage de), correspond à peu près au canton actuel de S.-Martin-de-Seignanx, Landes ; était compris dans le ressort de la juridiction de Bay., I, xjx, 103 *n*, 104 *n*, 122, 123, 159 ; II, 81.
Seigneurs, leurs relations avec la justice communale ; quand peuvent requérir leur cour (Et., 24, 25, 27, 34, 49), I, 20 ; II, 32-35, 40, 41, 50, 51 ; réserve de la juridiction des seigneurs qui ont des fiefs dans la ville ou dans la banlieue (Rouen, 1207), I, 32 ; II, 57 ; (Poitiers, 1222), I, 361 ; II, 152. Voy. Juridiction seigneuriale.
Seine (la), fleuve, monopole de la navigation sur — concédé aux Rouennais, I, 27, 30 ; II, 59, 60 ; suppression et restitution de ce monopole, I, 43, 44.
Seinhanx. Voy. Seignanx.
Seinhau. Voy. Marque.
Sel. (Angers), monopole du commerce du — attribué au corps de ville, I, 235 ; (Angoul.), franchises du — de Saintonge, 328 ; (Aunis), commerce du —, 253 ; (Chat.), droit sur le mesurage du — perçu par le trésorier de S.-Martin, 202 ; (Cognac), commerce du —, 270, 273 ; (Ol.), renonciation au droit de saisir le — par Othon de Brunswick, 89 ; (Tours), impôt sur le —, appliqué aux fortifications, 219 ; monopole du commerce du — attribué au corps de ville, II, 121 ; (S.-J.-d'A.), droit sur le transport du —, I, 292. Voy. Gabelle.
Selles, Loir-et-Cher, arr. de Romorantin. Actes datés de —, I, 370.
Sénéchal d'Angoulême, son rôle et ses attributions, (Angoul.), I, 326, 329, 331, 332, 333, 335, 336, 344 ; (Cognac), 276, 277 ; II, 133, 134 ; il est supprimé momentanément en 1316, 323. Voy. Dupuy (Barthélemy), Le Baveux (Robert).
— d'Anjou, ses rapports avec la ville d'Angers, I, 234, 236.
— d'Aquitaine. Voy. Thouars (Aimeri de).
— ou bailli de Bayonne, I, 105, 106.
— de Gascogne ou de Guyenne, son rôle et ses attributions, (Bay., *lo senescaut maior*), I, 122, 125, 126, 128, 130, 131, 133, 175 ; (Ol.), 90, 91. Voy. Barentin (Dreux de), Cusance (Henri de), Ferrières (Jean de), Hanstede (Jean de), Ingham (Olivier d'), Neville (Geoffroi de), Pembroke (comte de), Pons (Renaud de), Tany (Luc de).
— des Lannes, juge d'appel de la justice de Bay., I, 130, 137, 174.
— de Normandie, enjoint aux habitants d'Evreux d'établir la commune, I, 47 *n.*
— d'Oleron. Voy. *Chasteaus (Guarners).*
— de Périgord, prend possession d'Angoul. au nom du roi de France en 1271, I, 322.
— de Poitou, son rôle, I, 248, 259 ; ses relations avec Angoul., 320 *n* ; avec Niort, 242 *n*, 243, 254, 255 *n*, 260, 262, 264, 266 ; II, 125, 126 ; avec Poitiers, I, 363, 364 *n*, 365, 366, 368, 402 *n*, 405, 415 *n*, 416, 417, 423. Voy. Bertin (Pierre), Burgh (Hubert de), Neville (Geoffroi de), Pons (Renaud de), Savari de Mauléon, Ulcot (Philippe de), Thouars (Aimeri de), Torniant (Robert de).
— de Saintonge, la sénéchaussée d'Angoul. comprise en 1316 dans sa circonscription, I, 323 ; ses relations avec La Roch., 70, 71, 79, 80 ; avec S.-J.-d'A., 297, 304, 306, 308, 314, 315 ; II, 6 *n*, 54 *n.* Voy. Sours (Jean de), *Tiays (Guillelmus li)*, Vilette (Jean de).
— du royaume de France, ses droits sur l'île d'Oleron, I, 88 ; II, 70. Cf. l'*erratum* du t. II.
Senlis, évêque. Voy. Garin.
Sens. Actes datés de —, I, 295 *n* ; II, 54. Archevêque. Voy. Gautier.

— 259 —

Sent-Johan de Vintz, formait la limite de la juridiction de Bay. Cette indication doit provenir d'une erreur de scribe pour S.-Martin de Hinx, Landes, cant. de S.-Vincent-de-Tyrosse, chef-lieu de la justice du bailliage de Gosse, qui se trouve en effet sur le tracé de la limite indiquée, II, 89.

Sent-Miqueu (Peis de), nommé garde-champêtre à Bay. en 1304, II, 89.

Sergent-major, chef de la milice de Poitiers au XVIe s., I, 424, 425.

Sergents du prévôt des maréchaux, en conflit avec le corps de ville de Tours en 1469, I, 224.

Sergents, *Servientes, Serbens,* officiers municipaux, (Et., 6, 7), I, 18, 21; II, 14, 15; (ANGOUL.), — du maire, I, 341; II, 6 *n;* (BAY.), *Sergens de masse, Sirvens deu maire,* huissiers de la cour du maire, I, 150; II, 14 *n,* 83, 93, 94; — du guet, I, 151; (LA ROCH.), —, II, 15; (POITIERS), — de la ville, I, 374, 405; II, 153; —, officiers de la milice communale, I, 423; (ROUEN), — du maire, 33, 46; II, 63, 65; (S.-J.-D'A.), — de la ville, I, 308, 313; II, 6 *n.* (TOURS), — institués par les élus, I, 212, 216.

Sergents, officiers royaux ou seigneuriaux, (CHAT.), — du roi de France exerçant la justice, I, 201, — du trésorier de S.-Martin, 205; (LA ROCH.), — de la prévôté, 74; (OL.), — royaux, 88; II, 72; (ROUEN), —, officiers du duc, I, 25, 26, — du roi, II, 59, 65; (S.-J.-D'A.), — royaux, I, 313, 315; (TOURS), — du comte, 208.

Serment de commune, (ET., 30, 38, 47, *Sacramentum, Juramentum communie, Lo segrement de le .comunie),* I, 15, 18, 359, 432; II, 38, 39, 42, 43, 48, 49; (ANGOUL.), I, 346; (BAY.), *Lo segrement de besiautat,* 154; II, 48 *n,* 49 *n;* (CHAT.), *Commune sacramentum,* I, 194, 197, 199, 205; II, 101, 106, 107; (LA ROCH.), I, 84; (POITIERS), 356, 406, 407 *n.*

Serment de fidélité, prêté au roi par les habitants des communes, I, 440; (ANGOUL.), — au roi, 321, 322; — dû par le maire à l'abbaye de la Couronne, 340; (BAY.), — des citoyens en 1254, 1261 et 1273, 111, 112, 113; — au roi d'Angleterre refusé par des citoyens, 129; — prêté par le peuple, 155; (CHAT.), — des habitants, 199, 203; (COGNAC), — au seigneur, I, 277; II, 133, 134; (LA ROCH.), — prêté à Louis VIII par les habitants, 62, 71; (OL.), — au comte de la Marche, 91; (POITIERS), — au roi, 362, 402; II, 154; — du corps de ville au roi Philippe V, 364; — de la commune à Philippe VI, *ibid.;* — du corps de ville à Jean Chandos, 366; — des habitants, 367; — au roi par les magistrats, 411; — des hommes de la suite au maire, 422.

Serment judiciaire (ET., 13, 14, 18, 46), I, 14, 16, 17, 21, 53 *n;* II, 20, 21, 26, 27, 46-49.

Serments, (ET., 2, 53, 54), des membres du corps de ville, I, 14, 15; II, 8, 9, 52, 53; (ANGOUL.), — du maire et des pairs, I, 306; II, 8 *n,* 54 *n;* (BAY.), — des magistrats et officiers municipaux, 135, 137, 142, 145, 148, 150, 152; II, 45 *n,* 52 *n,* 53 *n,* 84, 85, 89, 94; — du sénéchal, I, 105; du duc de Guyenne, 123; des gens d'église, 155; du sénéchal des Lannes, 174; du sénéchal de Guyenne, 175; du prévôt, *ibid.;* des gens du guet, 177 *n;* (BOURGES), — du corps de ville, I, 229; (CHAT.), — des élus, 202; II, 101, 102; du trésorier et du chapitre de S.-Martin, 103; (COGNAC), — du maire, des conseillers et des échevins, 133, 134; (LA ROCH.), — du sénéchal de Saintonge, I, 71, 72 *n;* du maire, 80; II, 52 *n;* (POITIERS), — des membres du corps de ville, I, 362, 372, 400; des officiers de la milice, I, 425; (S.-J.-D'A.), — des membres du corps de ville, 306, 308, 309 *n*; II, 8 *n,* 9 *n,* 54 *n,* 55 *n;* (TOURS), — des maîtres des métiers, I,

— 260 —

212; du corps de ville, 219; II, 113.

Servage, son origine d'après la coutume de Bay., I, 118.

Service militaire dans les communes régies par les Et., (ET., 28, 29), I, 23, 432, 434, 439; II, 36, 37; (ANGERS), les habitants y sont obligés par Louis XI, I, 233, 236; (ANGOUL.), 346, 347; (BAY.), I, 105, 128, 129, 176, 177; II, 83, 86; (CHAT.), — dû au comte d'Anjou, I, 201; refusé au chapitre de S.-Martin, 204; (LA ROCH.), I, 69, 70; (NIORT), — des membres du corps de ville anoblis, 260 n, 267; (OL.), 88, 89, 90; (POITIERS), 362, 371, 409, 421, 425; II, 145, 148, 149, 154; (SAINTES), I, 85; (TOURS), 210, 212, 223. Voy. Armes, Ban et arrière-ban, Guet et garde, Host et chevauchée, Milice communale.

Sèvre (la), commerce, navigation et port de Niort, I, 238, 239, 253, 254, 256, 257.

Simon. Voy. Montfort, Nesle.

Soissons, évêque. Voy. Goslenus.

Soixante-quinze (les), nom donné aux pairs, à Poitiers, I, 392; II, 161.

Sorde (abbé de S.-Jean de), arbitre en 1397 entre l'évêque et la commune de Bay., I, 132.

Sorroila (Johan de), Sarrail, Basses-Pyrénées, commune de Lanneplàa, cant. d'Orthez, témoin dans une enquête faite à Bay. au XIIIe s., I, 105 n.

Soubise (seigneur de). Voy. Rohan.

Sortidors, (BAY., 1327), déchargeurs de poissons, officiers municipaux, I, 153; II, 94.

Soule (vicomté de), expédition qu'y font les seigneurs gascons, I, 112.

Sours (Jean de), sénéchal de Saintonge de 1255 à 1265, I, 293, 297 n.

Sous-bailli à Tours, I, 208. Voy. Bailli.

Sous-maire, (ANGERS), est nommé par le maire, I, 234; (ANGOUL.), —, était le maire de l'année précédente, 328, 335, 336; II, 6 n; représenté dans une peinture, I, 341; juge des contraventions de police, 342; (BAY.), nommé par le maire depuis 1451; change tous les deux ans, 136; (COGNAC), 281, 286; (LA ROCH.), I, 80; (S.-J.-D'A.), 308; II, 6 n. Voy. Lieutenant de maire.

Stagnum. Voy. Estanc.

Statuts municipaux. Droit de faire des — attribué au corps de ville, à Angers, I, 235; à Saintes, 86. Voy. Établissements, Règlements municipaux.

Stephanus. Voy. Baysebon, Picaut.

Strasbourg, disposition de ses statuts relative aux immersions, II, 25 n.

Suger, accompagne Louis VII dans les provinces de l'Est, I, 355; le rejoint à Poitiers, 356.

Suisses, gardent les remparts de Poitiers en 1616, I, 389.

Sully, gouverneur du Poitou depuis 1603, I, 385; écrit au corps de ville de Poitiers en 1609, 386.

Syndics, (BAY.), syndic ou procureur du roi au XVIIIe s., I, 137; (BOURGES), sindici ville, voy. Prudhommes; (LA ROCH.), —, nommés par les habitants pour défendre leurs droits, I, 77.

Syre (Guillelmus de), I, 63 n.

Tabellionage d'Anjou, I, 235. Voy. Notaires.

Tage (le), fleuve, I, 176.

Taillebourg, Charente-Inf., cant. de S.-Savinien, I, 328 n. Seigneurs de —. Voy. Rancon.

Taille, (ANGOUL.), les habitants en sont exempts, I, 327, 346; (CHAT.), — payée à la commune, 199; — royale, 204; (COGNAC), — établie par le maire, 276; levée en 1492, 281; exemptions de —, 283, 284, 286; (FALAISE), les bourgeois y sont soumis, 49; (LA ROCH.), exemption de —, 69; (NIORT), exemptions de —, 242, 256, 261; — à l'occasion de la chevalerie de Jean de France, du mariage de la princesse Marie, de la croisade, 254, 255; exemption de — des magistrats anoblis, 267; (OL.), habitants des domaines de l'abbaye de la Trinité exempts de —, I, 88; II, 70; (POITIERS), hommes de Montierneuf en sont exempts, I, 354; —

royale, 360, 408; II, 149; consentement de la —, I, 362; II, 152; — municipale, I, 409; (ROUEN), consentement de la —, 27; II, 58; — établie malgré l'exemption, I, 43; (S.-J.-D'A.), exemption de —, 297; — pour les fortifications, 300, 302 *n* ; les habitants assujettis à la —, 304, 317; (TOURS), exemption de —, 224. La — a dans les communes le caractère des aides féodales, I, 440. Voy. Aides.

Taillée, Talleia, Tailliata. (POITIERS), impôt destiné à pourvoir aux gages du maire, I, 401 ; taxe municipale, 414, 420 *n* ; (S.-J.-D'A.), II, 136.

Taillefer, surnom des comtes d'Angoul., I, 319.

Tamise (la), fleuve, I, 176.

Tancarville, Seine-Inf., cant de S.-Romain. Redevance due par les navires venant d'Irlande au chambellan de —, II, 61.

Tannerie à Bay., I, 104 *n*.

Tany (Luc de), sénéchal de Guyenne à la fin du XIIIe s., I, 113, 120.

Taquehan, insurrection, I, 41.

Taunay (Guillaume de), clerc de Poitiers au XIVe s., I, 407; autre personnage du même nom échevin en 1335, II, 161.

Taverniers, *Tabernarii*, officiers de S.-Martin pour l'exercice du banvin à Chât., I, 188, 189 *n*, 202. Voy. Banvin, Vin.

Teis, Tenis, Ubert teis, excuses, II, 10, 32, 85.

Teler (Aymeri), procureur du roi à La Roch., I, 65 *n*.

Témoignages en justice (ET., 13, 14, 22, 46), I, 14, 16, 17 ; II, 20, 21, 28, 29, 46, 47 ; (BAY.), I, 158, 170 ; (ROUEN), I, 27.

Témoins, privilégiés ou légaux, caractère reconnu aux membres du corps de ville, (ET., 13, 14, 22), I, 14, 16, 17, 23, 431 ; II, 20, 21, 28, 29 ; (BAY.), I, 143 ; (OL.), 95 ; (POITIERS), *Testes legales*, II, 152 ; (ROUEN), 58. Faux —, comment étaient punis à Bay., I, 171.

Templiers, leur commerce maritime, I, 251, 253 ; — de La Roch., I, 83.

Tenis. Voy. Teïs.

Terrasson (François), sous-maire d'Angoul. désigné à la mairie par lettres de cachet, I, 328, 329.

Testaments. (BAY.), matière réservée à la juridiction ecclésiastique, I, 132, 160 ; (LA ROCH.), privilèges pour leur exécution, 65. Voy. Confès, Déconfès.

Tester (liberté de), concédée à LA ROCH., I, 65 ; contestée au XIVe s., 74 ; concédée à OL., 89 ; à POITIERS, 352, 357, 407 ; II, 143, 147 ; à SAINTES, I, 85 ; à S.-J.-D'A., 295.

Tey (Pierre Arnaud du), bourgeois de Bay. en 1261, I, 112 *n*.

Thémines (Pons de Lauzières, marquis de), envoyé de Marie de Médicis à S.-J.-d'A. en 1612, I, 303.

Thibaut Ier, roi de Navarre et comte de Champagne, fait écrire en 1236 les cartulaires de Navarre, II, 76 *n* ; traite en 1248 avec la commune de Bay., I, 109 ; II, 78.

Thibaut II, roi de Navarre et comte de Champagne, traite en 1253 avec la commune de Bay., I, 110.

Thierry III, roi de France, II, 48 *n*.

Thomas. Voy. Amboise, Burton.

Thouars, Deux-Sèvres, arr. de Bressuire, I, 250. Ducs, voy. Trémoille (la). Vicomtes de —, voy. Amboise, Gui, Jean, Jean-Tristan.

— (Aimeri de), sénéchal de Poitou et d'Aquitaine, prend Niort en 1204, I, 241 ; ses brigandages de 1220 à 1224, 246, 247 *n* ; les Niortais dissuadent Henri III de le nommer sénéchal, 248.

— (Hugues de), ses brigandages de 1220 à 1224, I, 246.

Tiays (Guillelmus li), sénéchal de Saintonge au commencement du XIIIe s., I, 314 *n*.

Tiffauges, Vendée, cant. de Mortagne. Gervaix de —, échevin de Poitiers en 1335, II, 161.

Tinbrum martrinarum, ballot de peaux de martres. Voy. Martres.

Tireurs d'armes, leurs statuts à Poitiers en 1629, I, 393 *n*.

Tonlieu, réglementé à Rouen en 1144, I, 27.
Tonnay-Boutonne, Charente-Inf., arr. de S.-J.-d'A., péage sur la Boutonne, I, 318.
Torniant (Robert de), sénéchal du Poitou, a le château de Cognac en garde av. 1204, I, 271.
Torture. Voy. Question.
Touchart (Mace), bourgeois de Tours en 1462, II, 96.
Toulouse, disposition de sa coutume relative aux immersions, II, 25 n. Comte de —, expédition de Louis VII contre lui, I, 188 n. Université de —, ses privilèges imités à Angoul., I, 328.
Touraine, ravagée par les Normands, I, 185 ; mentionnée, 179, 200. Lieutenant du roi en —, voy. Louis Ier comte d'Anjou. Bailli de —, voy. Saint-Père (Jean de).
Tours, a reçu les Et. de La Roch., I, 1, 54, 178, 183, 218, 437 ; II, 99, 123 ; a transmis son organisation à Bourges et à Angers, 230, 234. HISTOIRE. Non-persistance de la municipalité romaine ; les évêques, les comtes ; administration féodale, 207 ; officiers seigneuriaux puis royaux, 208 ; division de — en cité et en bourgs, 184 ; diplômes de Louis VII appliqués à Tours et qui concernent Châteauneuf, 188 n. — pris par Philippe-Auguste et Richard en 1189, 200 ; guerres du commencement du XIIIe s., 202 ; Louis VIII part de — en 1224 pour conquérir le Poitou, 250 ; — pillé par les pastoureaux en 1251, 204 ; le parlement y siège en 1318, 254 ; — et Châteauneuf compris dans une même enceinte ; prudhommes chargés des fortifications, 209, 210 ; le dauphin réduit à six le nombre des prudhommes, 211 ; ils nomment des officiers municipaux et lèvent des impôts, 212 ; nomination des élus en 1359, 213 ; l'institution des élus devient définitive en 1380, 214 ; leur nombre, 215 ; leurs fonctions ; leur origine, 183, 216 ; confirmation des privilèges par Louis XI en 1461, 178 ; il veut transporter à Tours l'organisation de La Roch., 178 ; négociations ; raisons de cette modification, 179-183 ; II, 96 ; ordonnance de 1462, I, 182, 218 ; II, 110-124 ; organisation municipale qui en résulte, I, 219 ; réclamations du clergé et rétablissement momentané du gouvernement des élus, 220 ; accord avec les gens d'église en 1465, 221 ; II, 110-123 ; condition de la ville, I, 223 ; la nomination du corps de ville aux mains du roi, 229 ; confirmation des privilèges par Charles VIII, Louis XII, François Ier et Henri II, 224 ; réformes dans l'administration municipale sous Henri II, Charles IX et Henri III ; suppression des pairs, 225 ; persistance de l'institution des élus, 226 ; modifications dans le corps de ville, 227 ; réduction du nombre des membres du corps de ville ; disparition des derniers vestiges des Et., 228, 438. Archevêque, 200 n, 211 ; il était représenté dans le gouvernement de la ville, 216, 225. Archidiacre, voy. Geoffroi. Official, 204 ; II, 100. Cathédrale, I, 196. Abbaye de S.-Martin, représentée dans le corps de ville, I, 225 ; ses privilèges, II, 115, voy. Châteauneuf. Comtes, I, 207. Eglise et place S.-Gatien, 211, 225. Ponts, 220 ; II, 120. Porte d'Orléans, Arènes, *Sala maledicta*, 190 n. Tour-Hugon, 189 n, 207. Voy. Châteauneuf.
Traïson en la cité. Voy. Sédition.
Trajan, empereur romain, sa légende dans la coutume de Bay., I, 118 n.
Treize (les), expression par laquelle on désignait les échevins à Poitiers, I, 403 ; II, 162.
Trémoille (François de la), confirme les privilèges de Ré, I, 96 n.
— (Georges de la), sa conduite en Poitou sous Charles VII, I, 258.
— (Louis de la), confirme les privilèges de Ré, I, 96 n.
Trésorier du chapitre de S.-Martin-de-Tours, administrait la ville de Chât., I, 188-191, 196, 197,

— 263 —

199, 201-203, 205; II, 101-103, 104. Voy. Châteauneuf.

Trésorier de la commune à Bay., I, 147, 151.

Trésoriers généraux des finances, I, 284, 285.

Trêves rompues, cas de haute justice, I, 38.

Treyte d'arme, crime poursuivi d'office par le maire de Bay., I, 168.

Triaize (Pierre de), maire de La Roch. en 1323, I, 57.

Tribunal de la commune. Voy. Juridiction municipale.

Trinité (abbaye de la), de Vendôme, donation qui lui est faite au XIe s., I, 208; ses possessions à Oleron, en Poitou et en Saintonge, I, 88; II, 69, 72. Voy. Oleron. Michel, abbé de la —, commissaire du roi sur le fait de la guerre en Poitou en 1345, I, 423. Voy. Robert.

Trompette, officier de la commune à Bay., I, 153; II, 94.

Tumbrellum, Tymboralis poena. Voy. Immersions.

Tutelle. (Angoul.), I, 343; (Falaises), 49; (Ol.), 90, 91; (Saintes), 85; (S.-J.-d'A.), 295.

Ulcot (Philippe de), sénéchal de Poitou en 1220, I, 248, 361 n.

Universitas (Chat., XIIe s.), l'ensemble des habitants de la ville, II, 100.

Université, d'Angoul., créée par François Ier, I, 328; d'Angers, le sénéchal puis le maire conservateurs des privilèges, 235; — de Poitiers, établie en 1432, 370; le lieutenant du sénéchal conservateur des privilèges, 381; la nation de Poitou à l'—, 395.

Urdax, *Urdacum*, village de la Navarre espagnole, sur la route de Bay. à Pampelune, I, 109; II, 78, 79.

Urraca, mère de Bertrand, vicomte de Bayonne, I, 104 n.

Urruzaga (*Willelmus Bernardi de*), témoin à une charte de Raimond de Martres, évêque de Bayonne, I, 104 n.

Usages (droits d'), de la commune de Bay., confirmés en 1294, I, 122.

Ustaritz, Basses-Pyrénées, arr. de Bay., formait l'une des limites de la juridiction de Bay., II, 81.

Usure (Bay.), matière réservée à la juridiction ecclésiastique, I, 132, 160; (Chat.), habitants exemptés de poursuites pour —, 189, 190 n; (Falaise et villes de Normandie), privilèges de n'être pas poursuivis pour —, 49; II, 62; (Poitiers), même privilège, I, 362; II, 153; (Rouen), même privilège, I, 33, 34; II, 62.

Uzès (Charles-Emmanuel de Crussol, duc d'), gouverneur de l'Angoumois en 1720; convention avec le sénéchal au sujet de la nomination du maire d'Angoulême, I, 331-334, 438.

Vachier (Margot), servante d'Angoul. décapitée pour infanticide en 1542, II, 142.

Vairin. Voy. Garin.

Valasse (abbaye du), diocèse de Rouen, I, 48 n.

Valleteau de Mouillac (Jean), maire d'Angoulême en 1738, I, 332.

Vareie, Varaize, Charente-Inf., cant. de S.-J.-d'A., II, 138.

Varenilla. Voy. *Claudia*.

Vendôme, ville de France. Traité de — (1227), I, 91, 252, 272. Abbaye de la Trinité de —, voy. Trinité.

Ventes (droits de), *Vendae, Venditiones*, (Poitiers), les habitants en sont exempts, I, 360, 408; II, 149, 159; (S.-J.-d'A.), — possédés par l'abbaye, I, 291, 293.

Vermandois. Voy. Raoul.

Vernet (Joseph), son tableau représentant le port de Bay., I, 172.

Verneuil, ville de Normandie, a été régie par les Et., I, xviij, 1, 53; coutumes de —, xxij, 52; cité, 174.

Vernon, Eure, arr. d'Evreux. Acte daté de —, II, 107, 109.

Verola, Italie, prov. de Brescia. Bulle datée de —, I, 197 n.

Verone, ville d'Italie. Bulles datées de —, 197 n, 198 n, 200 n.

Vesiautat. Voy. Voisinage.

Vexin normand, est excepté des territoires où les habitants de Rouen et de Poitiers ont des franchises, II, 56, 151.

Viarii. Voy. Voyers.

Vic (de), conseiller d'Etat en mission à Poitiers en 1616, I, 389.

Vicaire, titre pris à Bay. par le délégué du roi au gouvernement de la ville ou par les maires élus par les cent-pairs, I, 129, 130, 131, 143. Voy. Maire.

Vicini. Voy. Voisins.

Vicomte, *Vicecomes, Beguer* (ET., 45, 48), officier royal, I, 19; II, 46, 47, 48, 49; (PONT-AUDEMER), I, 51; (ROUEN), I, 28 *n*; II, 58.

Vicomte de Bayonne ou de Labourd, I, 106; II, 82. Voy. Labourd.

Vicomté de l'eau à Rouen, II, 61 *n*.

Vicomté, *Vicecomitatus*, (ROUEN), II, 58; (POITIERS), 152.

Vidal. Voy. Saint-Jean.

Vielar (Pélegrin de), maire de Bay. en 1391, I, 131.

Viele, *Biele, Bille, Ville,* Vielle, Landes, cant. d'Aire. Nom d'une famille de Bay. du parti populaire dont les membres ont fréquemment occupé la mairie, I, 124, 127.

— (Arnaud de), banni de Bay. pour refus de serment au maire en 1341, I, 129.

— (*Arremon Duran de*), maire de Bay. en 1299, II, 85.

— (Jean de), maire de Bay. en 1284, I, 121.

— (Laurent de), maire de Bay. de 1318 à 1320; maire et prévôt en 1326, maire de nouveau en 1328, I, 127, 128.

— (Pascal de), *Pascoau de Bille,* bourgeois de Bay., réfugié en Angleterre, I, 121; reprend Bay. sur les Français, est nommé maire et capitaine du château en 1295 et 1296, 122; II, 81; élu maire en 1297, 123; établissement promulgué par lui en 1295, 163.

— (Pélegrin de), maire de Bay. en 1298-99 et en 1304, I, 123; II, 84, 87, 89.

— (Pierre Arnaud de), maire de Bay. de 1266 à 1268, et en 1279, I, 113, 120; maire en 1281; condamné à faire amende honorable, 121; ses nasses détruites dans une insurrection en 1312, il porte plainte au roi de France, 124, 126.

— (Pierre de), maire de Bay. en 1343, I, 130.

— (W. Arnaut de), *Guilhem Arnaut de* —, maire de Bay. en 1336, I, 97.

Viguerie, justice, réservée au duc d'Aquitaine à Bay. au XIIe s., I, 103.

Viguier, *Vicarius,* (BAY.), officier de la justice seigneuriale, I, 105, 106; (S.-J.-D'A.), officier de l'abbaye, 290. Cf. Voyers.

Villepreux, Seine-et-Oise, cant. de Marly. Hervé de. — abbé de Marmoutiers, commis en 1184 pour rétablir la paix entre le chapitre de S.-Martin et ses bourgeois, I, 198.

— (Louis de), commissaire enquêteur à La Roch. en 1315, I, 65 *n*, 74.

Vilette (Jean de), sénéchal de Saintonge de 1265 à 1271, I, 297 *n*.

Villette (Geoffroi de), bailli de Tours en 1261 et 1262, I, 208.

Villiers (Frémin de), maire de La Roch. en 1335, I, 57.

— (Louis de), seigneur de Compairé, maire de Niort en 1579, I, 268.

Vin. (OL.), Othon de Brunswick renonce au droit de s'en emparer, I, 89; (POITIERS), commerce du —, 362; II, 153; (ROUEN), impôt sur le —, I, 27; conditions auxquelles le suzerain peut en acquérir, I, 30; II, 59; commerce du —, II, 60; (S.-J.-D'A.), commerce de — avec la Flandre, I, 296 *n*, 302, 311, 318; II, 138; monopole du commerce du — dans la ville attribué aux bourgeois, I, 298, 299; suppression des droits d'entrée en 1372, 300; (TOURS), impôt sur le — au profit de la ville, II, 119, 120. Voy. Apetissement, Banvin, Chiquet, Estanc, Impôts, Taverniers.

Vincennes. Acte daté de —, II, 104, 105.

Vingt-cinq (les), (POITIERS), nom donné aux membres du corps des jurés et conseillers, I, 403; II, 162; « les XXV nobles », 404; (S.-J.-D'A.), nom donné aux membres du collège des jurés, I, 310. Voy. Conseillers, Jurés.

— 265 —

Vingt-quatre (les), (ET., 2, 13), nom donné aux jurés, II, 6, 7, 8, 9, 19; (BAY.), II, 14 n; (LA ROCH.), II, 8 n. Voy. Jurés.
Viol, cas de haute justice, I, 38; justiciable de la commune à Angoul., 344.
Vivianus. Voy. Beidestrau.
Vivonne (Savari de), capitaine souverain de Poitou et Saintonge en 1338, I, 423.
Voirie, (ANGERS), I, 233, 235; (ANGOUL.), 342, 346, 347; (BAY.), 147; (POITIERS), 393; (S.-J.-D'A.), 317; (TOURS), II, 121.
Voisinage, Vesiautat, Besiautat, droit de bourgeoisie à Bay., comment on l'acquérait, I, 154.
Voisins, Vicini, nom donné aux bourgeois ou jurés de commune (ET., 10, 19), I, 18; II, 16, 17, 26, 27; (BAY.), Vesins, leur condition, I, 104, 153, 154; II, 82; soumis au service militaire, 105, 175, 177; II, 86, 90; serment qu'ils prêtent au prince Edouard en 1254, I, 111; refusent le serment en 1338 au maire nommé par le roi d'Angleterre, 129; leur rôle dans l'organisatiou municipale, 106, 107, 156; leurs obligations, 158, 159; II, 87; comment on perd la qualité de voisin, II, 42 n. Voy. Bourgeois, Citoyens, Habitants, Jurés.
Voisins (Guillaume de), châtelain de Niort en 1250, I, 252 n.
Vol, Furtum, Layrois, (ET., 15, 34), crime puni du pilori, I, 19, 21; II, 22, 23; cas de haute justice, I, 38; il entrainait la confiscation des meubles, 19, 20; II, 40, 41. Voy. Latro.
Vouillé, Vienne, arr. de Poitiers. Bataille de —, I, 350.
Vouneuil, Vienne, cant. de Poitiers, I, 423.
Vousy (Guillaume), maire de Poitiers en 1458, I, 371.
Voyers, Viarii, Vicarii, officiers de justice du comte d'Anjou à Tours, tenant des assises à Chât., I, 201, 205, 208, 209. Cf. Viguier.

Vulcassinus, Vulquasinus Normannus. Voy. Vexin.
Waifer, duc d'Aquitaine, I, 351.
W[alterus], Gautier de Coutances, archevêque de Rouen, témoin à une charte de Jean Sans-Terre en 1199, I, 294 n. Cf. Coutances (Gautier de).
Walterus. Voy. Castellione, Gautier, Saint-Valery.
Warenne (Guillaume comte de), W. com de Barenn, témoin à la charte de Jean Sans-Terre pour Bayonne en 1215, II, 45.
Wesneval, Esneval. Robertus de —, témoin à une charte du XIIe s., I, 29 n.
Willelmus, prévôt de Poitiers v. 1143, I, 356 n.
Willelmus primogenitus Bernardi Commin. Témoin à une charte de la fin du XIIe s., I, 28 n.
Willelmus. Voy. Guillaume, Malapalude, Urruzaga.
Winchester. Evêque de —, I, 242 n; voy. Pierre. Acte daté de —, II, 67, 68.
Wisigoths, leur domination à Poitiers, I, 349.
Wulgrin III, comte d'Angoulême, I, 319.

Xaintray, Deux-Sèvres, cant. de Champdeniers, les habitants conduits en expédition à Niort par Guillaume Larchevêque, I, 246 n.
Xanctonicus pagus. Voy. Saintonge.

Yolande, héritière du comté d'Angoulême, traite avec Philippe le Bel de son abandon en 1302, I, 322.
Ytier. Voy. Bernard.
Yves. Voy. Landunac.
Yvon. Voy. Fou.

Zaleucus législateur des Locriens, Zelongus consul, un trait de son histoire dans la coutume de Bayonne, I, 118.

GIRY, Etablissements de Rouen.   Tome II. — 17.

ERRATUM DE LA TABLE

Aragon. *Ce mot qui se trouve entre:* Arles et Armes *devrait être placé entre:* Aquitaine et Arbert.
Bailli. (Tours), *ajouter*: i, 216.
Ban et arrière-ban. (Poitiers), *ajoutez:* i, 375 n.
Bayonne. *Ajouter à la fin de l'article:* Porte Marine, i, 122.
Blois (États de), *au lieu de:* 1576, *lisez:* 1588. *Ajouter:* Voy. Étienne.
Charles VIII, *ajouter:* rétablit l'ancienne administration de Limoges, ii, vj.
Charles d'Orléans, *ajouter à la fin de l'article:* confirme au maire d'Angoul. en 1430 le droit de garder les clefs de la ville, i, 336.
Cognac. Prieuré et bourg de S.-Léger, *ajouter:* i, 281.

Dupuy (Barthélemy), sénéchal en 1214, *ajouter:* i, 272.
Établissements, règlements municipaux de Bay., *ajouter:* ii, 14 n, 16 n, 22 n, 42 n, 44 n, 46 n, 48 n, 51 n, 52 n.
Guarinus, au lieu de: *Vasallus*, lisez: *vasallus*.
Guillaume VI, duc d'Aquitaine, *ajouter:* ses violences à S.-J.-d'A., i, 289.
Jean-Baptiste (Saint), son chef à S.-J.-d'A., i, 288, 289.
Limoges, ville de France, influence des Ét. sur son organisation municipale au xve s. ii, vi.
Louis XI, *ajouter:* (1470 et 1476), réforme l'organisation de Limoges, ii, vj.
Royan, *ajouter:* n'a pas été régie par les Ét., ii, x.

Chartres. Imp. Durand, rue Fulbert.

32e fascicule : Essai sur le règne de Trajan, par C. de la Berge. 12 fr.
33e fascicule : Etudes sur l'industrie et la classe industrielle à Paris au XIIIe et au XIVe siècle, par G. Fagniez. 12 fr.
34e fascicule : Matériaux pour servir à l'histoire de la philosophie de l'Inde, par P. Regnaud, 2e partie. 10 fr.
35e fascicule : Mélanges publiés par la section historique et philologique. Avec 10 planches gravées. 15 fr.
36e fascicule : La religion védique d'après les hymnes du Rig-Veda, par A. Bergaigne, Tome 1er. 12 fr.
37e fascicule : Histoire critique des règnes de Childerich et de Chlodovech, par M. Junghans, traduit par G. Monod, et augmenté d'une introduction et de notes nouvelles, 6 fr.
38e fascicule : Les Monuments égyptiens de la Bibliothèque nationale (cabinet des médailles et antiques), 1re partie, par E. Ledrain. 12 fr.
39e fascicule : L'Inscription de Bavian, texte, traduction et commentaire philologique avec trois appendices et un glossaire par H. Pognon. 1re partie. 6 fr.
40e fascicule : Patois de la commune de Vionnaz (Bas-Valais), par J. Gilliéron, accompagné d'une carte. 7 fr. 50
41e fascicule : Le Querolus, comédie latine anonyme, par L. Havet. 12 fr.
42e fascicule : L'Inscription de Bavian, texte, traduction et commentaire philologique avec trois appendices et un glossaire par H. Pognon, 2e partie. 6 fr.
43e fascicule : De Saturnio latinorum versu scripsit L. Havet. 15 fr.
44e fascicule : Etudes d'archéologie orientale, par Ch. Clermont-Ganneau, tome premier. 1re livraison. 10 fr.
45e fascicule : Histoire des institutions municipales de Senlis, par J. Flammermont. 8 fr.
46e fascicule : Essai sur les origines du fonds grec de l'Escurial, par Ch. Graux. 15 fr.
47e fasc. : Les monuments égyptiens de la biblioth. nat., par E. Ledrain. 2e et 3e liv. 25 fr.
48e fasc. : Etude sur le texte de la vie latine de Ste Geneviève de Paris, par Ch. Kohler. 6 fr.
49e fasc. : Deux versions hébraïques du Livre de Kalîlâh et Dimnâh, par J. Derenbourg, 20 fr.
50e fascicule : Recherches sur les relations politiques de la France avec l'Allemagne, de 1292 à 1378, par Alfred Leroux. 7 fr. 50
51e fascicule : Principaux monuments du Musée égyptien de Florence, par W. B. Berend, 1re partie. Stèles, bas-reliefs et fresques. Avec 10 pl. photogravées. 50 fr.
52e fascicule : Les lapidaires français du moyen âge des XIIe, XIIIe et XIVe siècles, réunis classés et publiés, accompagnés de préfaces, de tables et d'un glossaire par L. Pannier avec une notice préliminaire par G. Paris. 10 fr.
53e et 54e fasc. : La religion védique d'après les hymnes du Rig-Veda, par A. Bergaigne, Vol. II et III. 27 fr.
55e fascicule : Les Etablissements de Rouen, par A. Giry, tome Ier. 15 fr.
56e fascicule : La métrique naturelle du langage, par P. Pierson. 10 fr.
57e fascicule : Vocabulaire vieux-breton avec commentaire contenant toutes les Gloses en vieux-breton, gallois, cornique, armoricain connues, par J. Loth. 10 fr.
58e fascicule : Hincmari de ordine palatii epistola. Texte latin traduit et annoté par M. Prou. 4 fr.

COLLECTION PHILOLOGIQUE. Recueil de travaux originaux ou traduits, relatifs à la philologie et à l'histoire littéraire. Format in-8°.

1er fascicule : La théorie de Darwin ; de l'importance du langage pour l'histoire naturelle de l'homme, par A. Schleicher. 2 fr.
2e fascicule : Dictionnaire des doublets ou doubles formes de la langue française, p. A. Brachet. 2 fr. 50
3e fascicule : De l'ordre des mots dans les langues anciennes comparées aux langues modernes, par H. Weil. Nouvelle édition. 4 fr.
4e fascicule : Dictionnaire des doublets ou doubles formes de la langue française, par A. Brachet. Supplément. 50 c.
5e fascicule : Les noms de famille, par E. Ritter. 3 fr. 50
6e fascicule : Etudes philologiques d'onomatologie normande, par H. Moisy. 8 fr.
7e fascicule : Essai sur la langue basque, par F. Ribary, professeur à l'Université de Pesth. Traduit du Hongrois par J. Vinson. 5 fr.
8e fascicule : De conjugatione latini verbi « Dare », a James Darmesteter. 1 fr. 50
9e fascicule : De Floovante vetustiore gallico poemate scripsit A. Darmesteter. 5 fr.
10e fascicule : Histoire des participes français, par Amédée Mercier. 5 fr.
11e fascicule : Etude sur Denys d'Halicarnasse et le traité de la disposition des mots par Emile Baudat. 3 fr.
12e fascicule : De neutrali genere quid factum sit in gallica lingua scripsit A Mercier. 2 fr.
13e fascicule : Du génitif latin et de la préposition DE. Etude de syntaxe historique sur la décomposition du latin et la formation du français, par P. Clairin. 7 fr. 50

BERGAIGNE (A.). Manuel pour étudier la langue sanscrite. Chrestomathie. Lexique. Principes de grammaire. Gr. in-8. 12 fr.
BIBLIOTHÈQUE FRANÇAISE DU MOYEN AGE publiée sous la direction de M. G. Paris et P. Meyer, membres de l'Institut. Format petit in-8º.
   Vol. I, II : Recueil de motets français des XIIᵉ et XIIIᵉ siècles, publiés d'après les manuscrits avec introduction, notes, variantes, etc., par G. Raynaud, suivis d'une étude sur la musique au siècle de saint Louis, par H. Lavoix fils. 18 fr.
   Vol. III : Le Psautier de Metz, tome Iᵉʳ, texte et variantes, publié d'après les manuscrits par F. Bonnardot. 9 fr.
BREKKE (K.). Etude sur la flexion dans le voyage de saint Brandan, poème anglo-normand du XIIᵉ siècle. In-8º. 3 fr.
CHRESTOMATHIE de l'ancien français (IXᵉ-XVᵉ siècles) à l'usage des classes, précédée d'un tableau sommaire de la littérature française au moyen âge et suivie d'un glossaire étymologique détaillé par L. Constans. In-8º cartonné. 5 fr.
CURTIUS (G.). Grammaire grecque classique, traduite sur la quinzième édition allemande par P. Clairin. In-8º. 7 fr. 50
DIEZ (F.). Grammaire des langues romanes, traduite sur la 3ᵉ édit. allemande, refondue et augmentée. T. Iᵉʳ traduit par A. Brachet et G. Paris. T. II et III traduits par A. Morel-Fatio et G. Paris. Gr. in-8º. 36 fr.
FLAMENCA (le roman de), publié d'après le manuscrit unique de Carcassonne, avec introduction, sommaire, notes et glossaire par P. Meyer. Gr. in-8º. 12 fr.
GODEFROY (F.) Dictionnaire de l'ancienne langue française et de tous ses dialectes, du XIᵉ au XVᵉ siècle, composé d'après le dépouillement de tous les plus importants documents, manuscrits ou imprimés qui se trouvent dans les grandes bibliothèques de la France et de l'Europe, et dans les principales archives départementales, municipales, hospitalières ou privées. Publié sous les auspices du Ministère de l'Instruction publique, et honoré par l'Institut du grand prix Gobert.
   Paraît par livraisons de 10 feuilles gr. in-4º à trois colonnes au prix de 5 fr. la liv. L'ouvrage complet se composera de 100 livraisons.
LOTH (J.). Vocabulaire vieux-breton avec commentaire contenant toutes les gloses en vieux breton, gallois, cornique, armoricain connues, précédé d'une introduction sur la phonétique du vieux-breton et sur l'âge de la provenance des gloses. Gr. in-8º. 10 fr.
MÉMOIRES de la Société de linguistique de Paris. Tome Iᵉʳ complet en 4 fascicules ; T. 2ᵉ complet en 5 fascicules ; T. 3ᵉ complet en 5 fascicules ; T. 4ᵉ complet en 5 fascicules ; T. 5ᵉ complet en 5 fascicules. 114 fr.
MOREL-FATIO (A.). La Comedia espagnole du XVIIᵉ siècle. Cours de langues et littératures de l'Europe méridionale au Collège de France. Leçon d'ouverture. In-8º. 1 fr. 50
MYSTÈRE (le) de la Passion d'Arnoul Gréban, publié d'après les mss. de Paris, avec une introduction et un glossaire par G. Paris et G. Raynaud, 1 fort vol. gr. in-8º à 2 col. 25 fr.
PARIS (G.). Etude sur le rôle de l'accent latin dans la langue française. In-8º. 4 fr.
— Dissertation critique sur le poème latin du Ligurinus attribué à Gunther. In-8º. 2 fr.
— Le petit Poucet et la Grande-Ourse, 1 vol. in-16. 2 fr. 50
— Les contes orientaux dans la littérature française du moyen âge. In-8º. 1 fr.
— Grammaire historique de la langue française. Cours professé à la Sorbonne en 1868. Leçon d'ouverture. 4 fr.
RECUEIL d'anciens textes bas-latins, provençaux et français, accompagnés de deux glossaires et publiés par P. Meyer. 1ʳᵉ partie : bas-latin, provençal. Gr. in-8º. 6 fr.
— 2ᵉ partie : vieux français. Gr. in-8º. 6 fr.
VIE (la) de saint Alexis, poème du XIᵉ siècle. Texte critique publié par G. Paris. Petit in-8º. 1 fr. 50

REVUE CELTIQUE publiée avec le concours des principaux savants français et étrangers par M. Gaidoz. Chaque volume se compose de 4 livraisons d'environ 130 pages chacune. — Prix d'abonnement : Paris, 20 fr.; départements et pays d'Europe faisant partie de l'Union postale, 22 fr.; édition sur papier de Hollande : Paris, 40 fr.; départements et pays faisant partie de l'Union postale, 44 fr.
   Le sixième volume est en cours de publication.
ROMANIA, recueil trimestriel consacré à l'étude des langues et des littératures romanes, publié par MM. Paul Meyer et Gaston Paris. Chaque numéro se compose de 160 pages qui forment à la fin de l'année un vol. gr. in-8º de 640 pages. — Prix d'abonnement : Paris, 20 fr.; départements et pays d'Europe faisant partie de l'Union postale, 22 fr.; édition sur papier de Hollande : Paris, 40 fr.; Départements et pays d'Europe faisant partie de l'Union postale, 44 fr.
   La treizième année est en cours de publication.
   Aucune livraison de ces deux recueils n'est vendue séparément.

Chartres. — Imprimerie Durand

www.ingramcontent.com/pod-product-compliance
Lightning Source LLC
Chambersburg PA
CBHW070825170426
43200CB00007B/901